ESG 경영 패러다임

ESG 경영 패러다임
지속 가능한 미래를 위한 경영 전략

초판 1쇄 발행 2025년 9월 19일

지은이 정현경, 이정수, 이주성, 차재영
펴낸이 장길수
펴낸곳 지식과감성#
출판등록 제2012-000081호

교정 한장희
디자인 정윤솔
편집 정윤솔
검수 김지원, 이현
마케팅 김윤길

주소 서울시 금천구 벚꽃로298 대륭포스트타워6차 1212호
전화 070-4651-3730~4
팩스 070-4325-7006
이메일 ksbookup@naver.com
홈페이지 www.knsbookup.com

ISBN 979-11-392-2805-2(03320)
값 22,000원

- 이 책의 판권은 지은이에게 있습니다.
- 이 책 내용의 전부 또는 일부를 재사용하려면 반드시 지은이의 서면 동의를 받아야 합니다.
- 잘못된 책은 구입하신 곳에서 바꾸어 드립니다.

지식과감성#
홈페이지 바로가기

ESG 경영 패러다임

지속 가능한 미래를 위한 경영 전략

정현경 · 이정수 · 이주성 · 차재영 지음

목차

Prologue
— ESG 경영 패러다임: 지속 가능한 미래를 위한 전략적 전환 … 12

Part 1. ESG의 개념과 시대적 흐름

제1장 ESG 개념과 중요성 … 18

1. ESG 정의와 구성 요소 … 18
  1.1 ESG 개념 이해 … 18
  1.2 ESG 핵심 요소 … 19
  1.3 ESG의 다양한 관점 … 21

2. ESG 등장 배경과 시대적 발전 … 24
  2.1 ESG의 등장 … 24
  2.2 ESG의 발전의 역사 … 25
  2.3 국내 ESG 확산과 정책 강화 … 38

3. 지속가능발전과 ESG의 연계 … 40
  3.1 지속가능발전(Sustainable Development) 개념 … 40
  3.2 지속가능경영(Sustainable Management)의 이해 … 48
  3.3 ESG와 지속가능발전의 관계 … 49

제2장 ESG 경영의 도입과 과제   52

1. ESG 경영의 필요성 및 사례   52
    1.1 ESG 경영의 필요성   53
    1.2 국내외 기업의 ESG 도입 사례   59
    1.3 ESG 경영전략과 리스크관리   69

2. ESG 워싱(washing)의 유형과 문제점   83
    2.1 ESG 워싱(Washing)의 유형   84
    2.2 ESG 워싱의 문제점   90
    2.3 기업의 ESG 워싱 사례 분석   91

3. ESG 워싱의 법적 규제   103
    3.1 ESG 워싱의 리스크와 법적 대응   103
    3.2 그린워싱(Greenwashing) 방지법 개요   105
    3.3 자본시장 및 제품·서비스 시장 규제   109

Part 2. 기후 변화와 환경 대응 전략

제3장 탄소중립과 기후변화 대응 전략   113

1. 탄소중립(Carbon Neutrality)과 넷-제로(Net Zero)   113
    1.1 탄소중립(Carbon Neutrality)의 개념 정의   113
    1.2 탄소중립(Carbon Neutrality)의 필요성과 기업의 역할   114
    1.3 넷-제로(Net Zero)의 의미와 전환 전략   115

2. 글로벌 탄소중립(Carbon Neutrality) 정책과 기업의 대응   119
2.1 국제기구의 탄소중립(Carbon Neutrality) 정책 동향   119
2.2 기업의 넷-제로 대응 전략과 이행 계획   121
2.3 탄소 감축 목표설정과 재생에너지 전환 전략   123

3. 글로벌 탄소중립 정책(Carbon Neutrality)과 기업의 대응   126
3.1 탄소 배출량 관리와 감축의 적용   127
3.2 탄소배출 규제 전략과 기업 대응의 상호보완적 역할   132

제4장 ESG 금융과 지속 가능한 투자   135

1. ESG 금융의 이해와 글로벌 확산 동향   135
1.1 ESG 금융의 핵심 개념과 적용 사례   135
1.2 블랙록(BlackRock) 래리 핑크(Larry Fink) 회장의 연례 서한   138
1.3 ESG 금융시장의 성장배경과 최근 동향   141

2. ESG 금융상품과 투자 전략   144
2.1 ESG 금융의 핵심 투자원칙   145
2.2 ESG 금융상품과 적용 기준   150
2.3 지속가능성을 고려한 ESG 투자 전략   153

3. ESG 분류체계: 택소노미(Taxonomy)   163
3.1 ESG 금융과 택소노미(Taxonomy)   164
3.2 EU 택소노미(Taxonomy) 구조와 적용 사례   168
3.3 한국형 녹색분류체계(K-Taxonomy)의 특징 및 과제   183

Part 3. ESG 공시 및 가이드라인

제5장 ESG 공시제도와 국제표준   191

1. 글로벌 협약(Global Agreements)과 이니셔티브(Initiatives)   191

    1.1 글로벌 협약(Global Agreements)과 이니셔티브(Initiatives)의 관계   191

    1.2 ESG 글로벌 협약과 이니셔티브의 시대적 발전   194

2. 국제표준 및 프레임워크의 글로벌 통합 트렌드   214

    2.1 국제표준(International Standards)과 프레임워크(Frameworks) 이해   214

    2.2 글로벌 ESG 공시기준 통합 동향   220

    2.3 ISSB 중심의 국제 협력구조   222

3. ESG 정보공시의 필요성과 전략   224

    3.1 ESG 정보공시의 필요성   224

    3.2 ESG 공시 규범과 원칙   225

    3.3 글로벌 공시 프레임워크의 활용   228

    3.4 KRX(한국거래소) ESG 공시 가이드   233

제6장 중대성(Materiality) 평가와 공급망 실사   235

1. 중대성 평가의 개념과 절차   235

    1.1 중대성 평가의 중요성   235

    1.2 ESG 중대성 평가의 적용   237

    1.3 중대성 평가의 국제 기준과 유형   238

2. 단일 중대성(Single Materiality)과 이중 중대성(Double Materiality)   240

    2.1 글로벌 공시제도의 중대성 평가   240

    2.2 중대성 평가 프로세스   242

    2.3 기후공시 규칙의 중대성 평가   245

3. ESG 공급망 실사(Supply Chain Due Diligence)   **246**
   3.1 ESG 공급망 실사(Supply Chain Due Diligence)의 필요성   246
   3.2 공급망 법률과 규제   247
   3.3 EU 지속가능성 실사 지침
       (Corporate Sustainability Due Diligence Directive)   251
   3.4 ESG 공급망 평가기관   257

제7장   ESG 평가·인증·검증 체계의 구조와 활용 전략   **263**

1. 글로벌 ESG 평가 체계 개요   **265**
   1.1 MSCI: 투자 관점의 ESG 등급   265
   1.2 DJSI: 지속가능성 지수의 대표 주자   269
   1.3 CDP(Carbon Disclosure Project): 글로벌 환경 정보 공시의 표준   272
   1.4 ESG 등급(ESG Rating)과 기업의 지속가능성의 연계   278

2. ESG 인증(ESG Certification)의 이해와 기업 적용 전략   **283**
   2.1 ESG(ESG Certification) 인증 유형   283
   2.2 ESG 인증의 전략적 효과   290
   2.3 업종별 ESG 인증 활용   291

3. 실사형 평가 플랫폼(Assessment Platform)   **292**
   3.1 에코바디스(EcoVadis)   293
   3.2 Sedex(Supplier Ethical Data Exchange)   300
   3.3 NQC(SupplierAssurance)   304
   3.4 실사형 평가 플랫폼별 평가방식 차이점   310

4. ESG 검증(Verification)   **311**
   4.1 책임 있는 기업연합(RBA, Responsible Business Alliance)   312
   4.2 AccountAbility: AA1000AS(AccountAbility Assurance Standard)   314
   4.3 ISAE 3000(International Standard on Assurance Engagements)   315

Part 4. ESG 경영 전략과 실행체계

제8장 ESG 경영 시스템과 국제표준 — 318

1. ISO 국제표준화 기구와 ESG 경영 — 318
- 1.1 ISO(국제표준화기구)의 개요 — 318
- 1.2 ESG 경영과 ISO 표준의 연계 — 330
- 1.3 ISO 표준을 활용한 ESG 경영 전략 — 335

2. ISO 경영 시스템 표준과 HLS — 339
- 2.1 고위 구조(HLS) 개요와 ESG 시스템 — 339
- 2.2 HLS 기반 ISO 표준의 적용 사례 — 342
- 2.3 HLS 경영 시스템의 핵심 원칙 — 343
- 2.4 ESG 시스템 구축의 필수 요소 — 345
- 2.5 ISO 기반 ESG 시스템 도입 기업 사례 비교 — 351

3. ESG 경영 시스템 — 358
- 3.1 ESG 경영 시스템 개요와 적용 프레임워크 — 358
- 3.2 ESG 시스템 기반 전략 수립 — 364
- 3.3 ESG 경영시스템의 실행과 지원 — 370
- 3.4 ESG 경영 시스템의 평가와 개선 — 373

제9장 ESG 경영 컨설팅 — 376

1. 지속 가능한 미래를 위한 ESG 경영 컨설팅 — 376
- 1.1 ESG 전략 실행을 위한 컨설팅 구성과 원칙 — 376
- 1.2 ESG 경영 컨설팅 프로세스의 단계별 접근 — 384
- 1.3 ESG 컨설팅 시장의 발전 방향과 미래 전망 — 389

2. ESG 경영 컨설팅의 필요성과 컨설턴트의 역할 398
  2.1 ESG 경영 컨설팅의 필요성 398
  2.2 ESG 경영 컨설턴트의 역할 401
  2.3 내부 ESG 팀 vs. 외부 컨설팅: 역할과 차이점 비교 403

3. ESG 경영 컨설턴트의 전문성 406
  3.1 ESG 컨설팅에 필요한 실무 기술과 인증 자격 406
  3.2 ESG 경영 컨설턴트의 핵심역량과 전문 지식 410

Part 5. ESG 보고서와 커뮤니케이션

제10장 지속가능성보고서(Sustainability Report) 415

1. 지속가능성보고서의 개념과 필요성 415
  1.1 지속가능성보고서(Sustainability Report)의 의미 415
  1.2 ESG 보고를 위한 글로벌 프레임워크의 이해와 활용 421
  1.3 ESG 보고서를 위한 규제 요건 432

2. 글로벌 표준 기반 ESG 보고서 작성 전략 434
  2.1 지속가능성경영보고서 작성 프로세스 435
  2.2 고품질 지속가능성 보고서 구성법 437
  2.3 ESG 보고서의 핵심 구성 요소 이해 439

3. ESG 보고서의 신뢰 구조 441
  3.1 신뢰성 확보를 위한 외부 검증 441
  3.2 데이터 신뢰성과 비교가능성 검토 445
  3.3 ESG 리스크 및 기회 요소 분석 448

Prologue

ESG 경영 패러다임:
지속 가능한 미래를 위한 전략적 전환

　기후 위기, 사회적 불평등, 그리고 지배구조의 불안정성이 동시에 심화되는 오늘날, 기업은 생존을 넘어 지속 가능한 미래를 설계해야 하는 전환의 시대에 직면하고 있습니다. 이러한 변화의 한가운데에서 ESG(Environmental, Social, Governance)는 일시적인 경영 트렌드를 넘어, 글로벌 비즈니스 생태계 구조를 근본적으로 재편하는 핵심 기준으로 부상하고 있습니다.

　기후 위기, 인권 침해, 거버넌스 실패 등 복합적인 리스크가 동시다발적으로 발생하는 전 지구적 전환기 속에서, ESG는 기업이 이에 능동적으로 대응하기 위한 '통합적 전략'으로 작동하고 있습니다. 이제 ESG는 도덕적 선택의 문제가 아니라, 법적 준수, 시장의 신뢰, 투자 유치, 지속 가능한 생존 전략이라는 네 가지 축 위에서 기능하는 새로운 경영의 기준이 되고 있습니다.

　특히 2024년 이후, 발효된 EU의 공급망 실사 지침(CSDDD), 미국 SEC의 ESG 공시기준 강화, 탄소국경조정세(CBAM)의 확대, 국제지속가능성기준위원회(ISSB)의 공시기준 도입 등은 ESG를 자율적 보고 수준에서 '법적 책임을 수반하는 공시 체계'로 전환시키고 있습니다. 이는 기업이 자발적으로 공급망 전반에 걸친 환경적·사회적 영향을 면밀하게 파악하고 개선하도록 압박하며, 특히 노동 인권 및 기후 리스크와 관련된 정보 비대칭 문제를 적극적으로 해소할 것을 촉구합니다(Georg &

Justesen, 2023). 또한 ESG 경영은 투자자, 고객, 정부, 지역사회 등 이해관계자들의 요구를 통합하는 '이해관계자 자본주의(stakeholder capitalism)'의 실현 도구로서 그 역할을 확장하고 있습니다.

환경(E) 부문에서는 IPCC의 6차 보고서 발표 이후, 탄소배출(Scope 1, 2, 3) 측정·감축, 기후리스크 대응 전략이 경영성과와 직결되고 있으며, 사회(S) 부문에서는 다양성·형평성·포용성(DE&I, Diversity, Equity & Inclusion), 공급망 인권 실사(HRDD), 지역사회 기여가 기업의 평판과 브랜드 충성도를 좌우합니다. 거버넌스(G)의 측면에서는 AI 윤리, 이사회 구성의 다양성, 내부 통제 시스템 등이 주요 ESG 평가모델(예: MSCI, Sustainalytics)의 핵심 지표로 반영되며, 이는 투자자들의 의사결정에도 실질적인 영향을 미치고 있습니다.

한편, 학계에서는 ESG를 재무적 성과 측정 도구가 아닌, 비재무적 자산의 전략적 운용 프레임워크로 재조명하고 있습니다.
Porter와 Kramer(2011)의 공유가치 창출(CSV, Creating Shared Value) 이론은 ESG의 개념적 기반을 확장하며, 사회적 가치와 경제적 이익을 동시에 추구하는 통합적 경영 전략의 중요성을 강조합니다. 또한, 최근 대두되는 ESG 회의론(ESG backlash)에 대응하기 위해, 실증적 성과 측정 모델과 이중 중대성(Double Materiality) 원칙이 더욱 정교하게 발전하고 있습니다(Florackis et al., 2022).

이 책은 이러한 ESG의 복합성이 경영 전략에 미치는 영향을 바탕으로, 기업과 조직이 직면한 현실적 과제와 미래 지향적 대응 사이의 연결고리를 제시하고자 합니다. ESG의 기본 개념과 역사, 글로벌 규제 동향, 이해관계자 분석, 주요 기업 사례는 물론, GRI, SASB, ISSB 등 국제 기준에 따른 지속가능경영보고서 작성 실무까지 총체적으로 다루었습니다.

환경(E), 사회(S), 지배구조(G)의 세 축을 중심으로 ESG가 기업 경영에 어떤 의미를 갖는지를 정리하고, 이를 실천 가능한 전략으로 구체화할 수 있는 방법을 제시하고자 합니다. ESG를 처음 접하는 독자에게는 이해의 출발점을, 실무자와 경영자에게는 실행의 나침반을 제공하는 것을 목표로, ESG에 입문하는 대학생부터 실무 적용을 고민하는 전문가까지 누구나 활용할 수 있도록 각 장을 구성했습니다.

이론과 사례, 분석과 실행의 균형을 갖춘 이 책이 ESG의 흐름 속 각자가 속한 조직과 사회에서 어떤 역할을 수행할 수 있을지를 함께 고민해 보는 실천적 안내서가 되기를 바랍니다.

ESG 경영 패러다임: 지속 가능한 미래를 위한 전략적 전환

ESG 패러다임은 ESG(Environmental, Social, Governance)를 경영 트렌드가 아닌, 지속 가능한 미래를 위한 전략적 경영 패러다임으로 조망합니다.
ESG의 기본 개념부터 역사적 흐름, 글로벌 기준, 기업의 전략적 대응, 그리고 실무 적용까지 전 과정을 체계적으로 담아, 이해와 실천을 잇는 종합 안내서로 구성했습니다.

Part 1. ESG의 개념과 시대적 흐름

제1장부터 제2장까지는 ESG 경영의 기본 개념을 시작으로, ESG가 등장하게 된 배경과 시대적 발전 과정을 상세히 설명합니다. ESG의 핵심 구성 요소와 다양한 해석 관점을 살펴보며, 지속가능발전과의 연계성을 심층적으로 분석합니다. 또한, 국내외 ESG 확산 현황과 정부 정책의 강화 흐름을 통해 ESG 경영의 기초와 현재 위치를 조망합니다. 이 파트는 ESG 경영의 기본 개념, 역사적 배경, 그리고 지속가능발전과의 연계를 종합적으로 다룹니다.

Part 2. 기후변화와 환경 대응 전략

제3장과 제4장은 탄소중립과 넷-제로를 중심으로 한 기후변화 대응과 기업 전략을 다룹니다. 국제기구 및 각국의 탄소중립 정책 동향을 소개하고, 기업의 넷-제로 목표 수립과 실행 과정, 탄소 감축 및 재생에너지 전환 전략 등 실질적 대응 방안을 제시합니다. 또한, 탄소 배출 관리 제도와 국가별 규제 전략을 분석해 기업의 효과적인 대응 전략 수립을 지원합니다.

Part 3. ESG 공시 및 가이드라인

제5장부터 제7장까지는 ESG 정보공시의 중요성과 글로벌 표준 통합 흐름, 중대성 평가, 공급망 실사, ESG 평가 체계를 중심으로 다룹니다. 주요 국제 협약과 이니셔티브, ISSB 중심의 공시 기준 통합 동향을 통해 ESG 공시의 변화 방향을 전망합니다. 중대성 평가의 개념과 단일·이중 중대성의 적용 방식, 공급망 실사 및 EU 지속가능성 실사 지침(CSDDD) 등 글로벌 규제 동향도 함께 소개합니다. 아울러 MSCI, DJSI, CDP 등 주요 글로벌 평가기관의 역할과 기준을 분석하며 ESG 평가 체계의 실무적 활용 방안도 제시합니다.

Part 4. ESG 경영전략과 실행 체계

제8장과 제9장에서는 ISO 국제표준과 HLS 구조를 기반으로 한 ESG 경영 시스템 구축 전략과 실행 체계를 소개합니다. ISO 표준과 ESG의 연계를 바탕으로 체계적인 시스템 운영 방안을 제시하고, HLS 기반 경영시스템의 핵심 원칙과 기업 도입 사례를 통해 실질적인 운영 노하우를 제공합니다. 또한 ESG 경영 컨설팅의 단계별 프로세스와 컨설턴트에게 요구되는 전문 역량을 설명하며, 효과적인 컨설팅의 중요성을 다룹니다.

Part 5. ESG 보고서와 커뮤니케이션

제10장에서는 지속가능경영보고서의 개념과 목적, 주요 국제 프레임워크(GRI, SASB, ISSB 등)를 활용한 작성 전략을 다룹니다. 고품질 보고서 작성을 위한 핵심 요소와 ESG 성과지표 선정, 외부 검증을 통한 신뢰도 확보 방안을 제시하며, ESG 리스크 및 기회 요인 분석을 통해 효과적인 커뮤니케이션 전략을 설명합니다. 이를 통해 기업이 이해관계자와의 신뢰를 높이고 ESG 성과를 체계적으로 공개할 수 있는 실무적 가이드를 제공합니다.

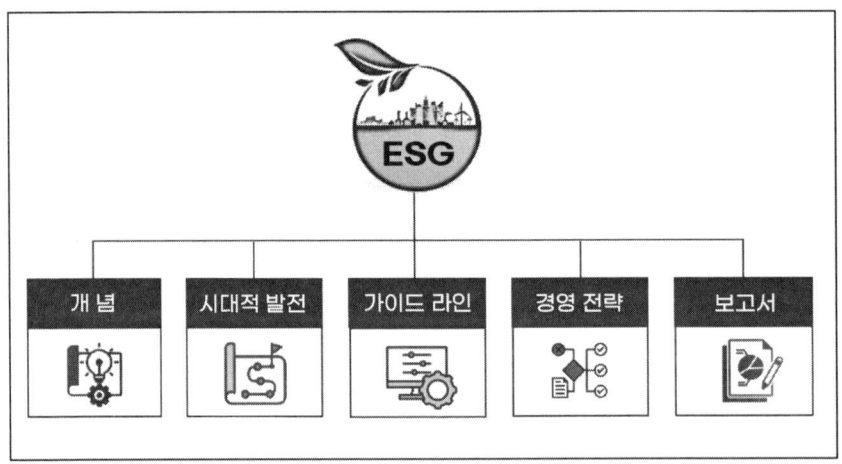

Part 1.
ESG의 개념과 시대적 흐름

제1장 ESG 개념과 중요성

1. ESG 정의와 구성 요소

1.1 ESG 개념 이해

ESG는 환경(Environment), 사회(Social), 지배구조(Governance)를 의미하며, 기업의 지속가능성과 사회적 책임을 평가하는 핵심 요소다. 과거에는 기업 평가가 투자 규모나 수익 창출 등 재무적 지표에 집중되었지만, 기후변화, 환경 보호, 사회적 책임에 대한 관심이 높아지면서 비재무적 요소 또한 핵심 척도로 인식되고 있다.

오늘날 투자자와 소비자는 기업의 지속가능성과 사회적 책임을 중요한 판단 기준으로 삼고 있으며, 이에 따라 기업들은 장기적인 성장과 지속가능성을 실현하기 위해 ESG 경영 전략을 필수적으로 도입하고 있다. ESG는 기존의 경영 기법을 넘어, 재무적 성과뿐 아니라 환경적·사회적 영향까지 포괄하는 새로운 경영 패러다임이다. 이는 리스크관리, 브랜드 가치 제고, 투자 유치 등 다양한 측면에서도 핵심적인 역할을 한다.

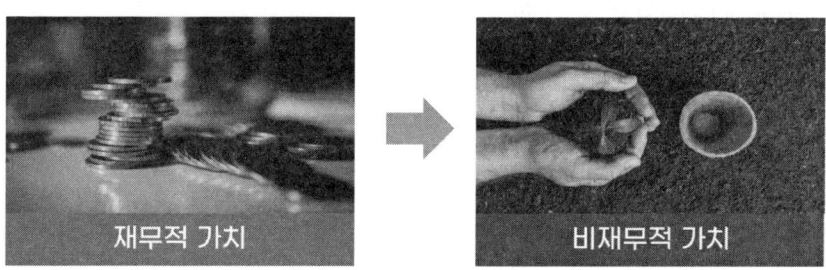

1.2 ESG 핵심 요소

ESG는 환경(Environment), 사회(Social), 지배구조(Governance)의 세 가지 요소로 구성된다. 이는 기업의 장기적인 지속가능성과 가치 창출을 위한 필수적인 경영 패러다임으로, 기업이 환경과 사회에 미치는 영향을 체계적으로 관리하고 윤리적이며 투명한 지배구조를 확립함으로써 이해관계자의 신뢰를 확보하는 것을 목표로 한다.

가. 환경(Environment)적 요소

환경적 요소는 기업이 환경에 대한 책임을 다하고, 지속 가능한 운영 방식을 실천하는지를 평가하는 중요한 기준이다. 이는 기후변화 대응, 자원 효율성, 에너지 사용, 폐기물 관리, 생태계 보호 등 기업 활동이 자연환경에 미치는 영향을 어떻게 관리하고 개선하는지에 초점을 둔다.

환경적 책임을 성실히 이행하는 기업은 법적 규제 위험을 줄이는 동시에, 친환경 정책을 통해 소비자와 투자자의 신뢰를 얻을 수 있다. 이는 궁극적으로 기업의 장기적인 경쟁력 강화로 이어진다. 지속 가능한 환경 경영은 기업 이미지를 제고하는 데 그치지 않고, 비용 절감과 운영 효율성 향상을 통해 실질적인 비즈니스 가치를 창출하는 요소로 작용한다.

나. 사회(Social)적 요소

사회적 요소는 기업이 직원, 고객, 공급망, 지역사회 등 다양한 이해관계자와의 관계를 통해 사회적 책임을 다하는지를 평가하는 기준이 된다. 노동환경 개선, 인권 보호, 다양성과 포용성(DEI) 증진, 소비자 보호, 지역사회 공헌 등의 활동을 포함하며, 기업이 사회적 가치를 실현하는 핵심 요소로 작용한다.

기업이 사회적 책임을 충실히 이행하면 우수 인재 유치, 고객 충성도 향상, 지역사회와의 신뢰 강화 등의 긍정적인 효과를 가져오며, 지속 가능한 성장 기반을 확보하는 데 중요한 역할을 한다. 또한, 기업의 사회적 기여는 브랜드 이미지 개선과 기업 평판 강화로 이어져 장기적인 경쟁력 확보에 영향을 미친다.

다. 지배구조(Governance)적 요소

지배구조적 요소는 기업 운영의 투명성과 윤리성을 보장하고, 이해관계자의 이익을 공정하게 보호하기 위한 체계와 절차를 의미한다. 이사회 독립성, 경영진의 책임성, 내부 통제 시스템, 반부패 정책, 주주 권리 보호 등을 포함하며, 기업의 의사결정 과정에서 공정성과 신뢰성을 강화하는 역할을 한다.

기업이 투명한 의사소통과 윤리적 경영을 실천하면 내부 리스크를 최소화할 수 있으며, 외부 투자자와 이해관계자들의 신뢰를 높여 지속적인 성장을 도모할 수 있다. 건전한 지배구조는 기업의 장기적인 안정성과 경쟁력 확보에 핵심 요소로 작용한다.

1.3 ESG의 다양한 관점

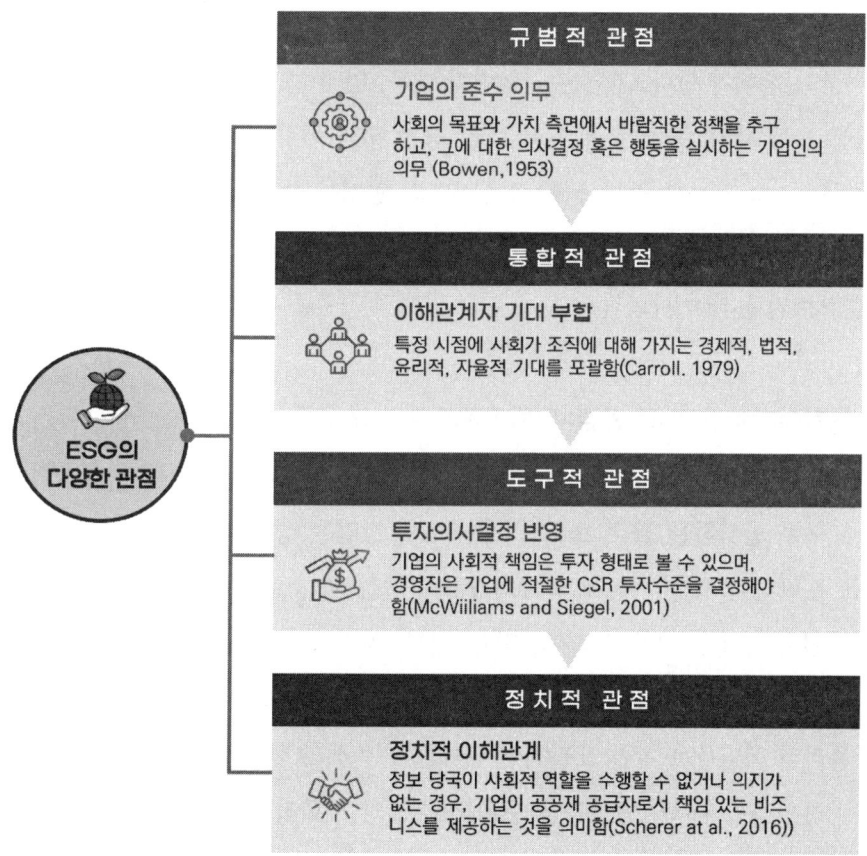

출처: Corporate Social Responsibility, Andreas Rasche, Mette Morsing, Jeremy Moon(2017) 재정리

ESG는 기업이 지속 가능한 성장을 이루고 사회적 책임을 다하기 위해 필수적으로 고려해야 하는 요소이며, 이에 대한 접근 방식은 규범적(Normative), 통합적(Integrative), 도구적(Instrumental), 정치적(Political) 관점으로 나뉜다. 따라서 기업과 투자자는 다양한 관점에서 접근하여 지속 가능한 성장과 글로벌 경쟁력을 확보하기 위한 전략으로 활용할 필요가 있다.

가. 규범적(Normative) 관점: 기업의 준수 의무

규범적(Normative) 관점에서 ESG는 사회적 목표와 가치 실현을 위한 기업의 필수적 의무로 인식되며, 기업은 환경보호, 사회적 책임, 윤리적 경영을 고려한 정책을 수립하고 실행해야 한다. 기업은 기후변화 대응, 인권 보호, 탄소중립 전략을 수립하고, 아동 노동 금지, 공급망 내 인권 보호, 공정 무역 원칙 준수를 실천함으로써 사회적 가치와 지속 가능한 발전 목표(SDGs)와의 연계를 중시하며 사회적 책임을 다해야 한다. 또한, ESG 공시 및 지속가능경영보고서 작성을 통해 기업 경영의 투명성을 확보함으로써 윤리적·사회적 가치 실현의 필수적 기준을 확립하는 데 기여해야 한다.

나. 통합적(Integrative) 관점: 이해관계자의 기대 충족

통합적(Integrative) 관점에서 ESG는 기업이 이해관계자의 기대에 충족하고 사회적 요구를 반영하는 필수 요소로 인식되며, 기업은 경제적, 법적, 윤리적, 자율적 책임을 포함하여 특정 시점에서 사회가 요구하는 기대를 충족해야 한다. 이를 위해 ESG 경영을 통해 소비자, 투자자, 직원, 정부, 지역사회 등 다양한 이해관계자의 신뢰를 확보하고 지속 가능한 성장을 도모해야 하며, 법적 준수뿐만 아니라 사회적 가치와 윤리적 책임을 포함한 포괄적인 기대를 충족해야 한다. ESG를 경영 전략과 통합하여 장기적인 지속가능성을 확보하고 기업의 사회적 책임(CSR)과 ESG를 운영 및 경영 전략의 중심 요소로 포함해야 한다. 이에 따라 ESG 공시 및 지속가능경영보고서 발간을 통해 투명성을 확보하고, RE100(재생에너지 100%) 참여 및 친환경 기술 투자를 통해 친환경 브랜드 이미지를 강화하며, 공정 노동, 다양성과 포용성(DEI) 정책 시행, 공급망 지속가능성 확보 등을 통해 윤리적 기대를 충족해야 한다.

다. 도구적(Instrumental) 관점: 투자 의사결정 반영

도구적(Instrumental) 관점에서 ESG는 기업의 재무성과 및 시장 경쟁력 확보를 위한 투자 전략으로 인식되며, 기업의 사회적 책임(CSR)은 윤리적 의무가 아닌 투자로 여겨질 수 있으므로, 경영진은 이에 대한 적절한 투자 수준을 결정해야 한다. ESG 경영을 통해 비용 절감, 리스크관리, 시장 기회 창출, 브랜드 가치 상승 등의 경제적 이익을 실현하는 것을 목표로 하며, ESG 요소를 재무적 가치 창출 및 투자 의사결정 과정에서 중요한 요소로 고려해야 한다. 또한, 지속 가능 경영이 기업의 장기적인 이윤 극대화와 주주 가치 증대에 충족할 수 있다는 논리에 기반하여, 친환경 기술 개발 및 저탄소 제품 출시 등의 ESG 투자를 통해 경쟁 우위를 확보하고 금융시장에서 긍정적인 평가를 받을 수 있다. 기술 개발을 통해 시장 점유율을 확대하고 기업가치를 상승시키며, ESG 채권 발행 및 지속 가능 금융 확대를 통해 친환경 프로젝트에 대한 자본을 조달할 수 있다. 또한, ESG 성과가 높은 기업은 기관투자자로부터 자금 유입이 증가하며 주가 상승효과를 기대할 수 있다.

라. 정치적(Political) 관점: 정치적 이해관계

정치적(Political) 관점에서 ESG는 정부의 역할이 부족하거나 미흡한 경우, 기업이 공공재 공급자로서 책임 있는 비즈니스를 수행하는 역할로 인식되며, 경제 주체로서 사회적·정치적 영향을 행사하며 공공 영역에서 중요한 역할을 담당해야 한다. 특히, 정부 정책과 밀접하게 연결될 수 있도록 정부 당국이 사회적 역할을 수행할 수 없거나 의지가 부족할 때, 기업이 지속 가능한 발전과 사회적 가치 창출을 주도하는 역할을 해야 한다.

ESG 기준은 국제 무역과 규제의 핵심 요소로 자리 잡아 정부 및 글로벌 규제기관의 정책 도구로 활용되고 있다. 이에 따라 기업은 환경보호, 노동권 보장, 사회적 공헌 등의 활동을 통해 공공 부문의 역할을 대신할 필요가 있으며, EU의 탄소국경조정제도(CBAM) 도입과 같은 정책적 변화로 인해 탄소 감축 노력이 부족한 국가의 제품에는 추가 비용이 부과되는 등 ESG 규제가 강화되고 있다. 결국, 기업은 정부의 역할을 보완하며 ESG 경영을 선도하고 사회 문제 해결에도 적극적으로 참여해야 한다.

기업은 ESG를 사회적 책임(규범적 관점), 성과 통합(통합적 관점), 리스크 관리(도구적 관점), 글로벌 과제 대응(정치적 관점) 등 다양한 시각에서 전략적으로 활용해야 한다. 이는 지속가능성과 장기적 가치 창출이 오늘날 경영의 필수 요소임을 보여 주며, 기업과 투자자 모두 ESG를 중심으로 지속 가능한 성장을 추구할 필요가 있다.

2. ESG 등장 배경과 시대적 발전

ESG는 18세기 산업혁명 이후 환경 문제에 대한 인식에서 출발하여, 인권 보호와 지속가능성 개념을 거쳐 현대 기업 경영의 필수 원칙으로 발전해 왔다. 초기에는 환경보호와 노동권 보장을 중심으로 논의되었으며, 시간이 지나면서 사회적 책임(CSR)과 지배구조 개선까지 포함하는 개념으로 확장되었다.

2.1 ESG의 등장

'ESG'라는 용어는 2004년 유엔 글로벌 컴팩트(UNGC)의 「Who Cares Wins(누가 신경 쓰느냐가 승리한다)」 보고서에서 처음 등장했다. 이후 2006년, 유엔 책임투자원칙(PRI)이 ESG를 금융 투자 원칙으로 강조하면서 본격적인 프레임워크가 구축되기 시작했다. 자본주의 4.0과 이해관계자 자본주의 담론이 확산되면서, ESG는 점차 기업 경영과 투자 결정의 핵심 요소로 자리 잡았다. 특히 코로나19 팬데믹을 계기로 기후변화, 공중보건, 환경 보호 등 ESG 관련 이슈에 대한 관심이 급격히 증가하였다.

ESG의 발전은 글로벌 이니셔티브와 국제 협약을 기반으로 이루어졌으며, 환경보호, 사회적 책임 강화, 투명한 지배구조 확립을 요구하는 새로운 기업 경영 패러다임의 등장을 이끌었다. 이러한 변화는 ESG가 기업의 지속 가능한 성장과 장기적인 가치 창출을 위한 필수 요소로 정착되는 계기가 되었다.

2.2 ESG의 발전의 역사

ESG는 18세기 산업혁명(1760년대)을 기점으로 환경 문제에 대한 인식이 확대되면서 그 뿌리를 두게 되었으며, 이후 기업의 사회적 책임(CSR)과 지속가능발전(Sustainability) 개념을 기반으로 발전해 왔다. 오늘날에는 ESG가 하나의 경영 패러다임으로 정립되며, 기업의 지속 가능한 성장과 책임 있는 경영의 중심축으로 떠올랐다.

  **산업혁명과 환경 문제의 시작**

1760년 산업혁명의 시작과 함께 대량 생산과 에너지 소비가 급증하면서 자원 고갈과 환경 오염 문제가 본격적으로 대두되어 환경 문제의 중요성을 처음으로 인식하는 계기가 되었다. 이러한 변화는 지속가능성 개념의 초기 형성에 영향을 미치며, 이후 지속 가능한 발전에 대한 배경을 형성하는 기반이 되었다.

| 1948 ~ 1960 |  | 세계2차 세계대전 이후 전 세계적으로 인권에 대한 논의 본격화 |

1948~1960년대는 기업이 인권 보호와 사회적 책임을 경영에 통합해야 한다는 인식이 본격적으로 확산된 시기로, 기업의 사회적 책임(CSR)의 출발점이 되었다. 이러한 논의는 ESG 경영 원칙의 이론적 기반을 제공하며, 지속 가능한 경영의 근간을 구축하는 역할을 했다.

유엔 세계인권선언(Universal Declaration of Human Rights)의 채택

1948년 유엔 세계인권선언의 채택은 모든 인간의 기본적인 자유와 권리를 보장하는 데 있어 중요한 전환점이 되었으며, 이를 계기로 기업의 인권 보호와 사회적 책임을 강조하는 국제적 논의가 본격적으로 시작되었다. 이 선언은 기업이 노동 환경, 공급망, 지역사회에서 인권을 존중하고 보호해야 한다는 개념을 정립하는 기반이 되었으며, ESG 경영에서 사회(S) 요소의 핵심적인 출발점으로 작용했다.

『기업인의 사회적 책임(Social Responsibilities of the Businessman)』

1953년 하워드 R. 보웬(Howard R. Bowen)은 저서 『기업인의 사회적 책임』에서 기업의 사회적 책임 수행의 중요성을 강조하며, 현대적 의미의 기업의 사회적 책임(CSR) 개념의 기초를 마련했다. 그의 주장은 기업이 장기적인 지속가능성을 확보하기 위해 이해관계자의 기대를 반영하여 사회적 가치를 창출해야 한다는 인식을 만드는 전환점이 되었다.

기업 경영에서 윤리적 책임과 사회적 책임을 강조하는 움직임이 확대

1960년대에는 기업의 사회적 책임(CSR)은 경제적 이익 추구와 함께 사회적 기여를 통해 이해관계자의 신뢰를 구축해야 한다는 방향성을 제시하였다. 이는 ESG 경영에서 사회(S)와 지배구조(G) 요소가 강조되는 기초가 되었으며, 기업이 지속가능성과 책임 경영을 실천해야 한다는 인식을 확산시키는 계기가 되었다.

 **환경 보호 운동의 부상** (1961 ~ 1970)

1961~1970년대는 환경보호 운동과 함께 인권 및 노동권 강화, 평화와 공정 사회를 위한 시민운동이 활발히 전개된 시기로, 이러한 사회적 변화는 환경(E) 보호, 사회(S)적 책임, 투명한 지배구조(G)의 필요성이 초기 단계에서 명확하게 인식되기 시작한 시기였다. 이 흐름은 기업 경영에서 지속가능성과 책임 경영의 중요성을 강조하는 기반이 되었으며, 기업이 환경 보호와 사회적 책임을 경영 전략에 반영해야 한다는 개념이 기반을 정착시키게 되었다.

『침묵의 봄(Silent Spring)』은 환경 보호 운동의 기초를 형성

1962년 레이첼 카슨(Rachel Carson)의 『침묵의 봄(Silent Spring)』은 화학 농약이 생태계와 인간 건강에 미치는 심각한 영향을 경고하며, 환경 문제에 대한 대중의 인식을 급격히 확산시켰다. 이를 통해 환경보호의 필요성이 사회적으로 공론화되었으며, 이후 각국에서 환경 규제와 관련 법안이 본격적으로 구축되기 시작했다.

유럽 68혁명을 기점으로 인권 보호와 환경 책임의 사회적 요구 확산

1968년 유럽 68혁명은 프랑스를 중심으로 노동자와 학생들이 주도한 대규모 시위로, 노동권 강화, 평등, 반자본주의, 인권 보호를 요구하며 사회 전반에 걸친 변화를 촉진했다. 한편, 1961~1970년대 미국에서는 민권운동(Civil Rights Movement), 환경 보호, 평화 운동이 결합되면서, 기업이 인권 보호와 환경 책임을 동시에 고려해야 한다는 사회적 요구가 커졌다. 이러한 변화는 기업 경영에 대한 사회적 기대 수준을 높이며, ESG 개념이 정착되는 역사적 배경이 되었다.

EPA의 법률시행으로 환경(E) 요소가 기업 평가의 핵심 기준으로 구축

1970년 미국 환경보호청(EPA, Environmental Protection Agency)의 설립은 대기, 수질, 토양 오염을 체계적으로 관리하고 환경 규제를 강화하기 위한 전환점이 되었으며, 이후 전 세계적으로 환경 규제 정책 수립에 영향을 미쳤다. 또한 EPA는 청정대기법(Clean Air Act), 청정수법(Clean Water Act), 유해물질관리법(Toxic Substances Control Act) 등의 법률을 시행하며 기업과 산업의 환경적 책임을 강화했고, 이를 통해 ESG의 환경(E) 요소가 기업 평가의 핵심 기준으로 구축되었다.

1971 ~ 1980  첫 환경법과 규제 도입

1971~1980년대는 기업의 사회적 책임(CSR)과 지속가능발전(Sustainable Development) 개념이 체계적으로 정립된 시기로, 환경보호, 다국적기업의 책임 강화, 그리고 경제 성장의 한계에 대한 논의가 본격적으로 진행된 시기였다.

환경(E)에 대한 인식을 전환시키는 지속가능성 담론의 출발점

1972년 로마클럽(Club of Rome)의 보고서 『성장의 한계(*The Limits to Growth*)』는 자원 고갈과 환경 파괴의 위험을 경고하며, 무제한적인 경제 성장과 산업화가 지구의 자정 능력과 자원 공급 한계를 초과하여 환경 붕괴를 초래할 수 있음을 시사하며, ESG 경영의 토대를 마련한 중요한 전환점으로 작용했다. 환경(E) 요소에 대한 경각심을 일깨우며, 지속 가능한 발전의 필요성이 강조되었다.

스톡홀름 유엔 인간환경회의, 글로벌 환경 거버넌스의 출발점

1972년 스톡홀름 유엔 인간환경회의(UN Conference on the Human Environment)는 인류 역사상 최초로 전 지구적 환경 문제를 논의한 국제회의로, "하나뿐인 지구(Only One Earth)"라는 슬로건 아래 113개국의 정부 대표, 국제기구, 시민단체 등이 참여하여 환경 보호를 위한 공동의 노력을 다짐하였다.

이를 계기로 유엔환경계획(UNEP, United Nations Environment Programme)의 설립으로 국제 환경 정책 수립과 ESG 경영의 기초가 마련되었다.

OECD 다국적기업 가이드라인 ESG 경영의 글로벌 이정표로 작용

1976년 OECD 다국적기업 가이드라인(OECD Guidelines for Multinational Enterprises)은 다국적기업들이 전 세계적으로 공정하고 책임 있는 경영을 실천하도록 촉진하기 위해 마련된 국제적 지침이다. 기업이 지속 가능한 성장을 위해 환경 보호, 인권 존중, 노동권 보호, 부패 방지 등을 경영 전략에 체계적으로 반영하도록 안내하는 기준점이 되었다.

CSR 피라미드 ESG 경영의 이론적 기초를 마련한 이정표

1979년 아치 캐롤(Archie B. Carroll)은 CSR 피라미드(CSR Pyramid)를 발표하며, 기업의 사회적 책임(CSR, Corporate Social Responsibility)을 4가지 계층적 책임으로 구조화하였다. CSR 피라미드는 기업이 경제적, 법적, 윤리적, 자선적 책임을 단계적으로 실천해 나가기 위한 가이드라인을 제시하였다.

1981 ~ 1990 지속 가능한 발전 개념의 구체화

1981~1990년대는 지속가능발전이 공식적으로 정의되고 환경 보호가 기업 경영

의 핵심 가치로 확립되는 시기였다. 이 시기를 기점으로 ESG 경영은 선택이 아닌 필수 요소로 정착되었으며, 이후 지속 가능한 미래를 위한 경영의 핵심 전략으로 발전하게 되었다.

ESG가 지속 가능한 발전을 위한 핵심 경영 원칙으로 정립

1987년 유엔 세계환경개발위원회(Brundtland Commission)는 『우리 공동의 미래(Our Common Future)』 보고서를 통해 경제 성장, 사회적 형평성, 환경 보호를 통합적으로 고려해야 지속 가능한 발전이 가능함을 강조하였다. 기업의 지속 가능성과 사회적 가치 창출을 위한 책임 경영의 필요성을 제시하며, 미래 세대를 위한 환경적 책임은 탄소중립, ESG 공시, 사회적 가치 실현의 출발점이 되었다.

GRI(Global Reporting Initiative) 설립과 환경성과 보고 체계화의 기반

1989년 미국 알래스카 해역에서 엑손 발데즈호(Exxon Valdez)의 좌초 사고로 약 4만 톤의 원유가 유출되는 대규모 환경 재앙이 발생하였다.

이 사고는 기업의 환경적 책임 부재가 생태계에 심각한 피해를 초래할 수 있음을 경각심을 일깨운 사건으로 기록되었다. 이 사고를 계기로 환경책임경제연합(Coalition for Environmentally Responsible Economies, CERES)은 발데즈 원칙(Valdez Principles)을 발표하고, 기업이 환경 지속가능성을 경영 전략에 포함하도록 10대 원칙을 제시했다.

1991 ~ 2000  기후 변화와 국제협약의 강화

1991~2000년대는 ESG 개념이 환경(E), 사회(S), 지배구조(G) 전반에서 구체화되며, 지속 가능한 경영의 글로벌 기반이 형성된 시기로 평가된다.

이 시기에는 환경보호, 노동권 강화, 윤리적 경영에 대한 국제적 관심이 높아지면서, 기업의 사회적 책임(CSR)과 ESG 경영이 본격적으로 경영 전략에 통합되기 시작하였다. 또한, ESG의 글로벌 기준이 정립되는 과정에서 기업이 환경 및 사회적 가치 창출을 경영 전략에 반영하는 것이 필수 요소로 자리 잡게 되었으며, 이를 통해 ESG가 기업의 지속가능성 확보와 장기적인 경쟁력 강화의 핵심 요소로 인식되는 전환점이 되었다.

지속 가능한 발전을 위한 실천적 기반이 마련

1992년 브라질 리우데자네이루에서 열린 유엔환경개발회의(UNCED), 리우 환경회의(Rio Earth Summit)는 환경보호와 지속가능발전을 위한 국제적 협력의 획기적 전환점이 되었으며, 이 회의를 통해 유엔기후변화협약(UNFCCC), 생물다양성협약(CBD), 사막화방지협약(UNCCD) 등 지구 환경보호를 위한 3대 환경협약이 발표되었다. 이를 통해 국가와 기업의 환경적 책임이 명확히 규정되고 환경보호가 전 지구적 과제로 공식화되면서 ESG 경영에서 환경(E) 요소를 강화하는 글로벌 기준이 확립되는 전환점이 되었다.

공급망 전반의 인권 실사(Due Diligence)가 경영의 필수 과제로 인식

1996년 나이키의 아동 노동 착취 사례가 언론에 폭로되면서 기업의 사회적 책임(CSR)을 공급망 관리(Supply Chain Management) 전반에 적용해야 할 필요성이 대두되는 중대한 전환점이 되었다. 이 사건은 소비자와 시민단체의 강력한 반발을 불러왔으며, ESG 역사에서 이정표가 되었다.

지속가능성과 사회적 책임(CSR)을 핵심 가치로 도입하는 전환점

1998년 국제노동기구(ILO)는 "노동에 있어 기본 원칙과 권리에 관한 선언"을 발표하며, 글로벌 노동권 보호를 위한 4대 핵심 원칙(결사의 자유와 단체 교섭권 존중,

강제 노동 철폐, 아동 노동 근절, 고용과 직업에서의 차별 철폐)을 제시하였다. 이 선언은 ESG 경영의 사회(S) 요소에서 노동권 보호와 공정한 고용 관행이 중심축 역할을 하게 되었다.

CSR에서 ESG 경영으로의 패러다임 전환을 이끄는 계기

2000년 7월 26일, 코피 아난(Kofi Annan) 전 UN 사무총장주도로 유엔 글로벌 컴팩트(United Nations Global Compact, UNGC)가 뉴욕 유엔 본부에서 공식 출범하였다. UNGC는 기업의 사회적 책임(CSR)을 영역별로 구분하고, 각 영역에 10대 원칙(Principles)을 제시하며, 기업의 사회적 책임을 경영 전략에 통합시키는 국제적 기준을 마련하였다. 10대 원칙은 ESG 경영의 지침서로 작용하며 기업 지속가능성과 사회적 가치 창출을 위한 국제 사회의 나침반 역할을 하고 있다.

2001 ~ 2010  ESG의 체계적 발전

2001~2010년대는 ESG 경영이 CSR(사회적 책임)에서 기업 전략의 핵심 요소로 변화한 시기로, 기후변화, 사회적 불평등, 기업 윤리에 대한 사회적 관심이 증가하면서 기업 경영 패러다임이 단기적 이익 추구에서 장기적 지속가능성을 고려하는 방향으로 전환되었다. 이러한 변화는 ESG 경영이 기업 경쟁력의 필수 요건으로 기반을 정착시켰다.

ESG 용어가 「Who Cares Wins」 보고서에서 최초로 등장

2004년 유엔 글로벌 컴팩트(UNGC)와 스위스 연방 정부가 주도하여 발간한 보고서 「배려하는 자가 승리한다(Who Cares Wins)」에서 ESG라는 용어가 처음으로 등장했다. 이 보고서는 ESG 요소를 투자 의사결정에 통합할 경우, 기업가치와 성과가 장기적으로 강화된다고 강조하며, ESG 경영의 중요성을 부각시켰다. 이 메시지는 21세기 기업 경영의 핵심 철학으로 자리 잡았으며, ESG 경영의 글로벌 표준을 마련하는 전환점이 되었다.

PRI 6가지 원칙을 투자 전략에 반영하도록 권장

2006년 UN 책임투자원칙(Principles for Responsible Investment, PRI)은 유엔환경계획 금융이니셔티브(UNEP FI)와 유엔 글로벌 컴팩트(UNGC)의 공동 주도로 발표되었다. 기후변화, 사회적 불평등, 지배구조 문제가 글로벌 금융시장에 미치는 영향이 커지면서, UN PRI는 6가지 원칙을 통해 투자자들이 ESG 경영 철학을 투자 전략에 반영하도록 권장하였다. 이 원칙은 ESG 요소를 투자 의사결정의 중심에 배치하고, 기업 경영 전략을 지속가능성 중심으로 전환하는 글로벌 흐름을 가속화하였다.

ESG 요소가 기업의 지속가능성이 평가 기준으로 인식

2008년 리먼 브라더스(Lehman Brothers) 파산으로 글로벌 금융위기가 촉발되었으며, 이 위기는 금융기관과 기업들이 단기 수익 극대화에 집중한 주주 자본주의(Shareholder Capitalism)의 한계를 드러내며, 위험 관리 부실 및 기업 지배구조(G)의 취약성이 금융시장 붕괴를 초래한 주요 요인으로 지목되었다. 이를 계기로 ESG 경영이 리스크관리 도구로 각광받으며, 기업의 지속가능성이 평가 기준으로 인식되었다.

『자본주의 4.0』 이해관계자를 고려한 지속 가능 경영으로 전환되는 계기

2009년 아나톨 칼레츠키(Anatole Kaletsky)는 저서 『자본주의 4.0』에서 ESG 경영이 자본주의의 새로운 형태로 정립될 것으로 전망하였다. 이 개념은 시장 자율성에 의존하던 기존 자본주의에서 벗어나, 사회적 가치 창출과 책임 있는 경영을 통합하는 새로운 방향성을 제시하였다. 특히 환경보호, 사회적 포용, 투명한 지배구조는 장기적인 경제 성장을 위한 필수 조건으로 강조되었다.

2011 ~ 2020  ESG 공시와 평가 강화

2011~2020년대는 ESG가 세계 경제와 정책의 중심축으로 정립되는 시기로, ESG 경영이 국제 규범과 정책을 통해 공식적인 경영 전략으로 제도화된 역사적 전환점이었다.

ISO 26000으로 CSR의 모호함을 ESG 실천 방향으로 명확화

2010년 발표되어 2011년부터 적용된 ISO 26000은 기업의 사회적 책임(CSR)을 구체적인 실천 방안으로 제시하며, 기업, 정부, 비영리기관, 공공기관 등이 사회적 책임을 효과적으로 이행할 수 있도록 가이드라인을 제공하였다. CSR의 사회적 책임을 ESG의 전략적 가치로 연결하는 글로벌 표준 프레임워크이다.

공유가치 창출(CSV)로 ESG 경영의 사회적 책임을 구체화

2011년 하버드 비즈니스 리뷰에서 마이클 포터(Michael E. Porter)와 마크 크레이머(Mark R. Kramer)가 발표한 공유가치 창출(Creating Shared Value, CSV)은 기업이 사회적 가치 창출과 경제적 성과 향상을 동시에 달성할 수 있도록 하는 혁신적인 전략으로, ESG 경영의 사회(S) 요소 강화하는 계기가 되었다. CSV는 사회적 가치와 경제적 이익을 연계하는 접근 방식으로, 기업이 지속가능성을 장기적으로 확보하는 전략적 기반을 제공한다.

SDGs, 지속 가능한 미래를 위한 필수 경영 전략 확립

2015년 유엔은 지속가능발전목표(Sustainable Development Goals, SDGs)를 발표하며, 지속 가능한 발전을 위해 2030년까지 달성해야 할 17개 목표를 채택하였다. SDGs는 환경보호, 사회적 가치 창출, 투명한 경영을 통해 ESG 경영의 실천 방향을 구체적으로 제시하였다.

지구 평균 온도 상승을 1.5°C 이하로 제한하는 목표설정

2015년 파리기후협약(Paris Agreement)은 COP21(제21차 유엔기후변화협약 당사국총회)에서 195개국이 만장일치로 채택한 국제 기후변화 협약이다. 이 협약은 '기후 위기 대응'의 중대한 전환점을 마련하며, 국가와 기업이 넷-제로(Net Zero)를 향해 나아가는 계기가 되었다. 각국이 온실가스 감축 목표(NDC)를 수립하도록 요구하였으며, 이에 따라 넷-제로(Net Zero) 목표는 기업 생존을 위한 새로운 표준으로 정립되었으며, ESG 경영의 핵심 동력이 되었다.

ESG 정보 공개를 법적으로 의무화

2018년 EU는 기후변화, 사회적 책임, 투명한 지배구조에 대한 이해관계자의 요구 증가와 ESG 금융시장 성장에 대응하여 ESG 정보 공개 규정을 공식 발효하였다. 이를 위해 비재무정보 공시지침(Non-Financial Reporting Directive, NFRD)과 지속가능금융공시규정(Sustainable Finance Disclosure Regulation, SFDR)을 도입하여 ESG 정보 공개를 법적으로 의무화하고 글로벌 ESG 공시 표준화를 위한 기틀을 마련하였다. EU ESG 정보 공개 규정의 발효는 투자자와 이해관계자들에게 투명성과 신뢰를 제공하는 기반이 되었으며, ESG 경영이 글로벌 금융시장에서 평가 기준으로 정립되었다.

ESG가 기업 전략의 중심 요소가 구축되는 전환점

2019년 미국 비즈니스 라운드 테이블(BRT, Business Roundtable)은 "기업의 목적은 주주 이익 극대화가 아니라, 이해관계자의 가치를 창출하는 것"이라는 기업 목적 확대 선언을 발표하였다. 181개 CEO의 공동 서명을 통해 기존의 주주 자본주의를 공식 폐기하고, ESG와 이해관계자 자본주의(Stakeholder Capitalism)를 공식적으로 지지한다고 선언하며, ESG 경영을 장기적 지속가능성과 사회적 책임의 핵심 가치로 설정하였다.

이 선언은 기업이 이해관계자 모두의 가치 창출을 지향하는 새로운 경영 패러다임으로 나아가는 방향성을 제시하였다.

기후변화 대응을 위해 EU 그린딜(Green Deal) 선언

2019년 유럽연합(EU)은 기후변화 대응을 위해 2050년까지 넷-제로(Net Zero) 달성을 목표로 하는 EU 그린딜(Green Deal)을 선언하며, 기업들이 기후변화와 지속가능성 목표를 경영 전략에 통합하도록 강력한 압박을 가하는 계기가 되었다. EU 그린딜은 ESG 경영의 글로벌 표준으로 구축되면서, 탄소 배출 감축, 재생에너지 확대, 순환 경제로의 전환 등을 포함하여 지속 가능한 경제 모델로의 전환을 가속화하는 역할을 하였다.

ESG 경영이 글로벌 경쟁력 확보를 위한 필수 요소임을 공식 선언

2020년 스위스 다보스에서 열린 세계경제포럼(WEF)은 "결속력 있고 지속 가능한 세계를 위한 이해관계자(*Stakeholders for a Cohesive and Sustainable World*)"를 주제로, 기업이 주주 이익 극대화를 넘어 사회 전체의 가치 창출을 지향해야 한다고 강조하며, 이해관계자 자본주의와 ESG 경영의 중요성을 재확인하였다. 또한 UN 지속가능발전목표(SDGs)와 기후변화 대응을 경영 전략에 통합할 필요성을 강조하며, ESG는 장기적 기업가치를 창출하는 핵심 원칙이 되었다.

2020 ~  ESG 규제 강화와 글로벌 표준

2021년 이후는 ESG의 글로벌 표준화와 규제 강화가 가속화되는 시기로, ESG가 글로벌 경제와 사회에서 필수적인 표준으로 정립하는 단계에 접어들었다. 글로벌 ESG 공시 규제 강화, 넷-제로(Net Zero) 목표 이행 촉진, 이해관계자 자본주의 확산, 국내외 ESG 정책 강화 등을 통해 기업들이 지속 가능한 미래를 위한 책임 있는 경영의 중요성이 강조되었다. 환경 변화, 사회적 요구, 투자자들의 기대와 함께 기업 경영의 중심축이 ESG 표준화로 빠르게 전환되고 있다.

ESG 공시의 글로벌 표준화를 위한 다양한 프레임워크 통합

2021년 IFRS 2021년 IFRS 재단은 ESG 공시의 글로벌 표준화를 위해 국제 지속가능성 기준위원회(International Sustainability Standards Board, ISSB)를 설립하였다. 기존 ESG 공시 체계는 다양한 프레임워크와 기준이 혼재되어 기업의 공시 부담을 가중시키고, 국제적 비교를 어렵게 하는 문제를 안고 있었다. ISSB는 TCFD, SASB, CDSB 등 기존 프레임워크를 통합하여 글로벌 공시 표준을 제공하며, ESG 공시의 복잡성을 해결하기 위해 설립되었다. 이를 통해 기업들이 ESG 정보를 체계적이고 일관되게 공개할 수 있도록 지원하며, 투자자와 이해관계자에게 신뢰를 제공하는 기반을 마련하였다.

COP26, 기후 변화 대응 전략이 정착되도록 하는 글로벌 협력의 전환점

2021년 COP26(제26차 유엔기후변화협약 당사국총회)에서는 기후 변화 대응을 위한 국제 협력을 강화하고, Net Zero 목표 달성을 위한 구체적 실행 계획을 논의하였다. 이를 통해 2050년까지 Net Zero 달성을 위한 글로벌 선언을 공식화하고, 120여 개국이 넷-제로 목표를 공식 발표하였으며, 국가별 NDC(국가 온실가스 감축

목표) 상향 조정을 통해 2050 Net Zero 목표를 강화하였다. COP26은 2050 Net Zero 선언을 통해 전 세계가 기후 변화 대응을 위해 하나로 움직이는 계기를 마련하였다.

> **CSRD 도입, ESG 경영을 전 세계적으로 정착시키는 중요한 전환점**

2022년 EU가 도입한 지속가능성 보고 지침(Corporate Sustainability Reporting Directive, CSRD)은 기업의 ESG 정보공시를 의무화하기 위한 법적 규제 프레임워크이다. 지속가능성 보고 지침은 기존 비재무정보 공시지침(Non-Financial Reporting Directive, NFRD)의 한계를 보완하며, ESG 공시 대상을 확대하고 공시내용의 질적·양적 수준을 강화하였다. EU CSRD은 기업이 지속 가능한 성장을 이루기 위해 필수적으로 고려해야 할 핵심 규제이다.

현재 ESG는 글로벌 표준화, 규제 강화, 지속가능성 전략 통합, 투자자 요구 증가와 함께 빠르게 진화하고 있다. IFRS ISSB, EU CSRD 등 국제 규범을 중심으로 ESG 공시기준이 통합되고 있으며, 넷-제로(Net Zero) 목표 달성을 위한 탄소 감축과 친환경 경영도 확대되고 있다.

이에 따라 ESG는 국제표준화 흐름 속에서 기업 전략의 핵심 요소로 자리 잡으며, 투자자와 소비자의 기대에 부응하기 위한 필수 전략으로 확립될 것이다.

2.3 국내 ESG 확산과 정책 강화

국내에서는 2020년부터 ESG 경영을 글로벌 ESG 기준에 부합하는 정책과 기후변화 대응 전략을 강화해 왔다. 정부는 ESG 공시 의무화 로드맵을 발표하고, K-ESG 가이드라인을 통해 기업의 체계적인 ESG 경영을 지원하며 주요 영역에서 ESG 확산이 이루어지고 있다.

가. 국민연금공단(NPS) ESG 평가 강화 및 금융권 확산

2020년 7월, 국민연금공단(NPS)은 2022년까지 ESG 평가 기준을 도입하여 ESG 성과가 미흡한 기업에 대해 투자 제한 또는 적극적인 주주권 행사를 실시할 것을 발표했다. 또한, 탄소 배출량 등 비재무적 성과를 분석하고 장기 수익성을 평가하여 ESG 성과를 투자 의사결정에 반영하도록 하였으며, 투자 기업의 50%를 ESG 평가 대상으로 확대할 계획을 밝혔다.

국민연금의 ESG 평가 강화는 금융권에서도 ESG 요소를 고려한 책임투자 원칙을 확산시키는 계기가 되었으며, 이를 기반으로 국내 금융기관들은 ESG 대출 및 지속가능채권(그린본드, 소셜본드 등) 발행을 확대하고 있다. 또한, 한국은행과 금융위원회는 ESG 금융 가이드라인을 정비하여 ESG 금융의 체계적 운영을 지원하고 있으며, ESG 금융의 체계적인 운영과 확산을 뒷받침하고 있다.

나. ESG 공시제도 개선안 발표 및 체계화

2020년, 정부는 ESG 정보 가이던스를 발표하며 ESG 공시를 체계화하기 위한 지침과 제도적 개선을 추진하였다. 이를 통해 IFRS ISSB(국제지속가능성 공시기준)와의 정합성을 고려한 ESG 공시 가이드라인을 마련하고, 국내 실정에 맞춘 K-ESG 가이드라인을 도입함으로써, 중소·중견기업 또한 체계적으로 ESG 정보 공개를 준비하고 대응할 수 있도록 기반을 구축하였다. ESG 공시를 체계화하기 위한 지침과 제도적 개선은 ESG 경영 투명성을 강화하고 국내 기업들이 글로벌 ESG 평가(MSCI, S&P ESG)에서 우수한 성과를 달성할 수 있도록 기반을 구축하였다.

다. 넷-제로(Net Zero) 정책 및 친환경 산업 육성

2020년, 한국 정부는 2050년까지 넷-제로(Net Zero) 목표를 선언하며, 이를 실현하기 위한 정책적 지원을 확대하였다. 이를 위해 한국판 그린뉴딜을 추진하여 친환경 산업과 재생에너지 분야의 연구개발 및 투자를 촉진하고, K-Taxonomy(한국형 녹색 분류체계)를 도입하여 친환경 금융 확대 및 기업의 녹색 전환을 지원하는 체계를 구축하였다. 이를 통해 탄소중립을 위한 산업 구조 전환 가속화와 지속 가능한 경제 모델 구축이 가능하도록 정책적 기반을 마련하고 있다.

라. ESG 공시 의무화 확대

2025년부터 코스피 상장사를 대상으로 ESG 공시 의무화(K-ESG)가 시행되며, 2030년까지 모든 상장사로 확대될 예정이다. 또한, K-ESG 가이드라인 도입을 통해 국내 기업들이 글로벌 ESG 기준(IFRS ISSB, EU CSRD 등)에 부합하는 ESG 공시를 체계적으로 준비할 수 있도록 지원하고 있다.

ESG 공시 의무화는 기업의 지속가능성 공시를 강화하고, 글로벌 ESG 평가 기준에 맞춰 국내 기업의 경쟁력을 높이는 역할을 하고 있다.

3. 지속가능발전과 ESG의 연계

지속가능발전과 ESG는 상호 밀접한 관계를 가지며, 지속가능발전의 원칙이 ESG 경영의 중심축을 이루고 있다. 지속가능발전이 환경보호, 사회적 책임, 경제적 성장의 균형을 강조하는 개념이라면, ESG는 이를 기업 경영에 적용하여 지속 가능한 가치를 창출하는 실행 프레임워크로 기능한다.

3.1 지속가능발전(Sustainable Development) 개념

지속가능발전은 환경 보호와 사회적 형평성, 자원의 지속 가능한 활용까지 포괄하는 통합적 개념이다. 현재 세대의 필요를 충족하면서도 미래 세대가 자신들의 필요를 충족할 수 있는 능력을 저해하지 않는 발전 방식이다. 다시 말해, 오늘의 번영이 내일의 가능성을 앗아가지 않도록 균형 잡힌 선택과 책임 있는 행동이 요구되는 발전 전략이다.

경제적, 사회적, 환경적 지속가능성이라는 세 가지 핵심 요소를 중심으로 논의되며, 지속적인 경제 성장과 빈곤 감소, 고용 창출을 목표로 하는 경제적 지속가능성, 모든 사람에게 공평한 기회를 제공하고 기본적인 인권을 보장하는 사회적 지속가능성, 그리고 자연환경을 보전하고 자원을 효율적으로 사용하여 환경 파괴를 최소화하는 환경적 지속가능성을 포함한다. 지속가능발전의 원칙은 지속가능발전목표(SDGs)를 통해 구체화되었으며, 전 세계가 지속 가능한 미래를 위해 협력하는 핵심 기준이 되고 있다.

가. 지속가능발전 과정

지속가능발전 과정은 환경, 경제, 사회가 조화를 이루며 미래 세대의 필요를 충족할 수 있도록 발전하는 개념으로, 1713년 지속가능성(Sustainability) 개념이 처음 등장한 이후, 1987년 브룬트란트 보고서(Our Common Future)에서 공식적으로 제안되었다. 1992년 리우 환경개발회의(UNCED)에서 지속가능발전이 국제적 의제로 채택되었으며, 2000년 UN 밀레니엄 개발 목표(MDGs)와 2015년 지속가능발전목표(SDGs)를 통해 구체적인 목표와 실행 전략이 마련되었다. 현재 지속가능발전은 기후 변화 대응, 자원 순환, 사회적 형평성, 경제적 포용성을 포함하는 글로벌 패러다임으로 기반을 형성하고 있다.

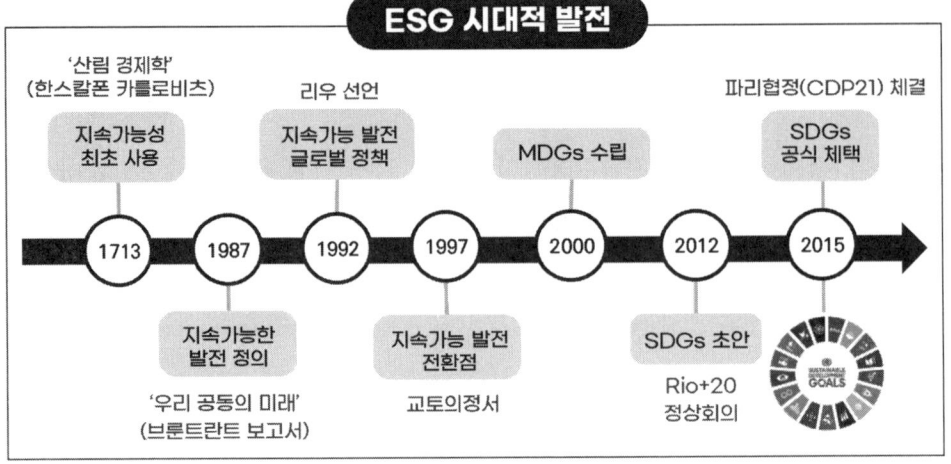

지속가능성(Sustainability) 개념의 기원

지속가능성 개념은 1713년 독일 산림학자 한스 칼 폰 카를로비츠(Hans Carl von Carlowitz)가 저서 『산림경제학(*Sylvicultura Oeconomica*)』에서 처음 사용한 용어로, 그는 삼림 자원의 고갈을 우려하며 자연 자원의 효율적 사용과 장기적인 보전 관리의 필요성을 강조하였다. 이를 통해 환경보호와 지속 가능한 경제 발전의 이론적 기초를 마련하였으며, 오늘날 ESG 경영의 환경(E) 분야에서 핵심 요소로 작용하고 있다.

『우리 공동의 미래(Our Common Future)』 보고서

1987년 발간된 『우리 공동의 미래(*Our Common Future*)』 보고서는 지속 가능한 발전(Sustainable Development)을 공식적으로 정의하며, 환경보호와 경제 성장의 균형 필요성을 국제 사회에 강조하였다. 이 보고서는 기후변화 대응, 자원 보호, 사회적 형평성을 기업 경영의 필수 원칙으로 제시하며, 기업의 사회적 책임(CSR) 및 ESG의 이론적 기반을 구축하였다. 전 세계 국가와 기업이 지속 가능한 미래를 위해 환경 보호와 경제 발전을 분리된 영역이 아닌 상호 보완적인 목표로 인식하고, 이를 통합적으로 접근해야 한다는 인식이 확산되었다.

리우 환경 정상회의(Earth Summit)

1992년 유엔환경개발회의(UNCED)에서 지속 가능한 발전을 글로벌 정책 어젠다로 설정하며, 이를 기업 경영에 통합하는 과정에서 ESG 개념이 구체화되었다. 또한, 기업의 사회적 책임(CSR)에서 ESG 경영으로의 패러다임 전환이 필수적이라는 인식을 확산시키며, 지속 가능한 발전 원칙의 실천을 강조하였다.

교토의정서(Kyoto Protocol)

1997년 12월 11일, 일본 교토에서 개최된 제3차 유엔기후변화협약 당사국총회(COP3)에서 교토의정서(Kyoto Protocol)가 공식 채택되었다. 이 협약은 온실가스 배출 감축을 위한 국제 사회의 첫 구속력 있는 협약으로, 지속 가능한 발전과 ESG 경영의 환경(E) 부문 발전에 전환점이 되었다.

UN 밀레니엄 개발 목표(MDGs) 수립

2000년 유엔(UN)은 전 세계적인 빈곤 감소와 지속 가능한 발전을 목표로 밀레니엄 개발 목표(MDGs, Millennium Development Goals)를 수립하였다. MDGs는 빈곤 퇴치, 교육 확대, 성평등, 보건 개선, 환경 지속가능성 확보 등 8가지 핵심 목표를 설정하였다. 국제 사회의 협력을 통한 지속 가능한 발전의 초석이 되었으며, 이후 2015년 지속가능발전목표(SDGs)로 발전이 이루어졌다.

리우+20 정상회의(Rio+20 Summit)

2012년 리우+20 정상회의는 1992년 지구정상회의(리우 회의) 이후 20주년을 기념하여 192개국에서 약 4만 명이 참석한 대규모 국제회의로 개최되었다. 이 회의에서는 ESG 경영에서 환경(E)과 사회(S) 요소의 중요성을 강조하며, 지속 가능한 발전을 위한 국제적 협력 강화를 논의했다. 또한, 지속가능발전목표(SDGs) 초안을 발표하며 ESG 경영이 글로벌 표준으로 확립되는 기반이 되었다.

지속가능발전목표(SDGs) 채택 및 파리협정(Paris Agreement) 체결

2015년 유엔(UN)은 지속가능발전목표(SDGs)를 공식 채택하며, 기후 변화 대응과 사회적 책임을 국제적 표준으로 확립했다. 같은 해 제21차 유엔기후변화협약 당사국총회(COP21)에서 채택된 파리협정(Paris Agreement)은 지구 평균 기온 상승을 1.5°C 이하로 제한하는 목표를 설정하였다. 이에 따라 ESG 경영은 SDGs 목표 달성을 위한 핵심 전략으로 자리 잡았으며, 사회적·경제적 불평등 해소와 지속 가능한 발전을 위한 국제적 협력 기반이 구축되었다.

나. 지속가능발전목표(SDGs: Sustainable Development Goals)

지속가능발전목표(SDGs)는 2030년까지 인류의 보편적 문제(빈곤, 질병, 교육, 여성, 아동, 난민, 분쟁 등), 지구 환경 문제(기후변화, 에너지, 환경 오염, 물, 생물다양성 등), 경제·사회 문제(기술, 주거, 고용, 생산·소비, 사회구조, 법, 대내외 경제) 등을 해결하기 위해 설정된 국제적 공동 목표이다.

SDGs는 17개의 주요 목표와 169개의 세부 목표로 구성되어 있으며, 지속 가능한 발전을 촉진하기 위해 환경보호, 사회적 형평성, 경제 성장의 균형을 강조한다. 이를 통해 글로벌 사회는 지속 가능한 미래를 위한 공동의 노력과 협력을 강화하고 있다.

1) 지속가능발전목표(SDGs) 수립

2013~2014년 SDGs 형성 배경과 논의

2013년, 유엔은 지속가능발전목표(SDGs)의 초안을 마련하기 위해 오픈 워킹 그룹(OWG, Open Working Group)을 구성하고, 다양한 이해관계자와 협력하여 목표를 논의하였으며, 2013년부터 2014년까지 전 세계 70여 개국의 정부, 시민사회, 기업, 학계 등이 참여하여 경제 성장, 사회적 형평성, 환경보호 목표를 구체화했다.

2015 유엔총회, SDGs 공식 채택

2015년 9월, 제70차 유엔총회에서 193개 회원국이 지속가능발전목표(SDGs)를 공식 채택하였으며, SDGs는 기존 MDGs의 한계를 보완하며 선진국과 개발도상국 모두가 참여해야 하는 17개 주요 목표와 169개 세부 목표를 포함한 국제 공동 목표로 확정되었다. 또한, 기후 변화 대응, 지속 가능한 소비·생산, 생물다양성 보호, 포용적 경제 성장, 양질의 교육 등 다양한 주제를 포함하여 모든 국가가 함께 지속 가능한 미래를 구축할 것을 강조하였다.

2016년 이후 이행·모니터링

 2016년 이후 각국 정부, 기업, 시민사회, 국제기구 등이 SDGs 이행을 위한 정책을 추진하며, 다양한 평가와 보고가 이루어지고 있으며, 유엔 고위급 정치포럼(HLPF, High-Level Political Forum)에서 매년 SDGs의 이행 현황을 점검하며 지속적인 모니터링을 진행하고 있다.

 지속가능발전목표(SDGs)는 MDGs의 한계를 보완하며, 2012년 리우+20 정상회의에서 논의된 후 2015년 UN 총회에서 공식 채택되었다. SDGs는 선진국과 개발도상국이 함께 지속 가능한 미래를 만들어 가기 위한 보편적인 목표로 수립되었으며, 환경 보호, 사회적 형평성, 경제 성장을 조화롭게 발전시키기 위한 국제 사회의 협력 모델로 활용되고 있다.

2) SDGs의 핵심 목표와 주요 특징

 SDGs(지속가능발전목표)는 환경, 경제, 사회의 균형을 추구하는 통합적 글로벌 이정표이다. 국제사회가 2015년 유엔 총회를 통해 채택한 SDGs는 총 17개의 주요 목표와 169개의 세부 목표로 구성되어 있으며, 빈곤 퇴치, 기아 종식, 양질의 교육 보장, 성평등 실현, 기후변화 대응, 지속 가능한 도시 구축, 해양 및 육상 생태계 보호 등 다양한 분야에서 지속 가능한 미래를 지향한다.

〈SDGs의 17가지 목표〉

번호	목표 내용
1	빈곤 증식(No Poverty)
2	기아 증식과 지속 가능한 농업 발전(Zero Hunger)
3	건강하고 행복한 삶 보장(Good Health and Wellbeing)
4	양질의 교육 보장(Quality Education)
5	성평등 실현(Gender Equality)
6	깨끗한 물과 위생 보장(Clean Water and Sanitation)
7	저렴하고 깨끗한 에너지 보급(Affordable and Clean Energy)
8	지속 가능한 경제 성장과 양질의 일자리 제공(Decent Work and Economic Growth)
9	산업, 혁신, 인프라 구축(Industry, Innovation and Infrastructure)
10	불평등 감소(Reduced Inequality)
11	지속 가능한 도시와 공동체 조성(Sustainable Cities and Communities)
12	지속 가능한 소비와 생산 촉진(Responsible, Consumption and Production)
13	기후변화 대응(Climate Action)
14	해양 생태계 보호(Life Below Water)
15	육상 생태계 보호(Life on Land)
16	평화, 정의, 강한 제도 구축(Peace, Justice and Strong Institutions)
17	목표 달성을 위한 글로벌 파트너십 강화(Partnerships for the Goals)

SDGs의 핵심 가치와 균형 전략

- 환경적 지속가능성: 기후변화 대응, 탄소 배출 감축, 신재생에너지 확대, 생물다양성 보호 등을 통해 지구 환경의 보전과 회복력을 강화하는 데 중점을 둔다.
- 경제적 지속가능성: 불평등 해소와 양질의 일자리 창출, 산업 혁신 및 인프라 확충을 통해 포용적이고 지속 가능한 성장을 도모한다.
- 사회적 지속가능성: 빈곤과 차별의 해소, 교육 및 보건 서비스 보장, 복지 체계 강화를 통해 사회 전반의 포용성과 형평성을 실현하는 것을 목표로 한다.

3) SDGs 이행과 국제적 협력

SDGs가 공식 채택된 이후, 각국 정부, 기업, 시민 사회, 국제기구는 목표 달성을 위해 다양한 정책과 전략을 수립하고 실행하고 있다. 유엔(UN)은 매년 고위급 정치 포럼(HLPF, High-Level Political Forum)을 통해 SDGs의 이행 현황을 점검하며, 국가별 이행 보고서(VNR, Voluntary National Review)를 발표하여 지속적인 모니터링을 수행하고 있다.

기업들은 ESG 경영을 실천하며 SDGs 목표 달성에 기여하고 있으며, 지속 가능한 공급망 구축, 넷-제로(Net Zero), 사회적 책임 강화 등의 노력을 기울이고 있다. 금융시장에서도 지속 가능 금융(Sustainable Finance)이 활성화되면서, 투자자들은 ESG 성과가 우수한 기업을 선호하며, 책임 있는 투자(Responsible Investment)를 확대하고 있다. 또한, 국제기구 및 비정부기구(NGO)는 개발도상국 지원, 기후변화 대응 프로젝트, 교육 및 보건 프로그램 등을 추진하며, SDGs의 글로벌 이행을 촉진하고 있다. 이를 통해 SDGs는 글로벌 협력과 거버넌스를 강화하여 지속 가능한 발전을 실현하는 핵심적인 정책 및 경영 지침으로 확립되었다.

3.2 지속가능경영(Sustainable Management)의 이해

가. 지속가능성 개념의 확장과 경영 적용

지속가능성(Sustainability)은 환경, 사회, 경제의 균형을 유지하며 장기적으로 지속 가능한 상태를 이루는 개념으로, 이를 실현하기 위한 발전 전략이 지속가능발전(Sustainable Development)이다.

지속가능발전(Sustainable Development)은 현재 세대의 필요를 충족하면서도 미래 세대의 자원 이용 능력을 저해하지 않는 발전 방식으로, 환경보호, 경제 성장, 사회적 형평성을 고려하는 종합적인 접근법을 포함한다.

지속가능경영(Sustainable Management)은 지속가능발전의 원칙을 기업 운영 전반에 통합하여, 장기적인 가치 창출과 책임 있는 기업 활동을 동시에 실현하려는 전략적 접근이라 할 수 있다.

나. 지속가능성·지속가능발전·지속가능경영과 ESG의 연결

ESG는 지속가능경영의 대표적인 실천 방식으로 자리 잡으며, 오늘날 기업이 지속 가능한 가치를 창출하는 핵심 전략으로 주목받고 있다. 지속가능성은 가장 근본적인 개념으로, 지속 가능한 상태를 유지하는 원칙이며, 이를 실현하기 위한 발전 방향이 지속가능발전이다. 이를 기업의 경영 활동에 구체적으로 적용한 형태가 지속가능경영이다.

구분	지속가능성	지속가능발전	지속가능경영
초점	상태 (지속 가능한 균형)	과정 (발전 및 역사)	실행 (기업경영전략)
대상	사회 전반	정책 및 국제적 발전	기업 및 조직
핵심 요소	환경, 사회, 경제의 균형	경제 성장, 사회적포용, 환경보호	환경, 사회, 지배구조
사례	생물다양성보호, 기후변화완화	SDGs, 파리협정	ESG 경영, 탄소중립, 지속가능경영보고서

ESG 핵심 요소가 기업 경영에 적용되면서 기업이 장기적인 경쟁력을 확보하고, 미래 세대를 위한 책임 경영을 실현하는 핵심 연결고리 역할을 한다. 최근 경영 및 투자 분야에서 ESG의 중요성이 강조되고 있지만, 이는 새로운 개념이 아니라 지속가능발전(Sustainable Development) 개념을 기반으로 발전해 온 것이다.

3.3 ESG와 지속가능발전의 관계

기업 경영에서 지속가능발전 개념이 반영되면서 CSR(사회적 책임)이 확산되었다. 이후 CSV(공유가치 창출) 개념이 등장하고 기업이 사회적 문제 해결과 경제적 가치 창출을 동시에 추구해야 한다는 논의가 심화되었다. 이러한 변화 속에서 ESG는 기존 개념을 통합하고 확장하면서 지속가능경영을 실현하는 핵심 패러다임으로 자리 잡게 되었다.

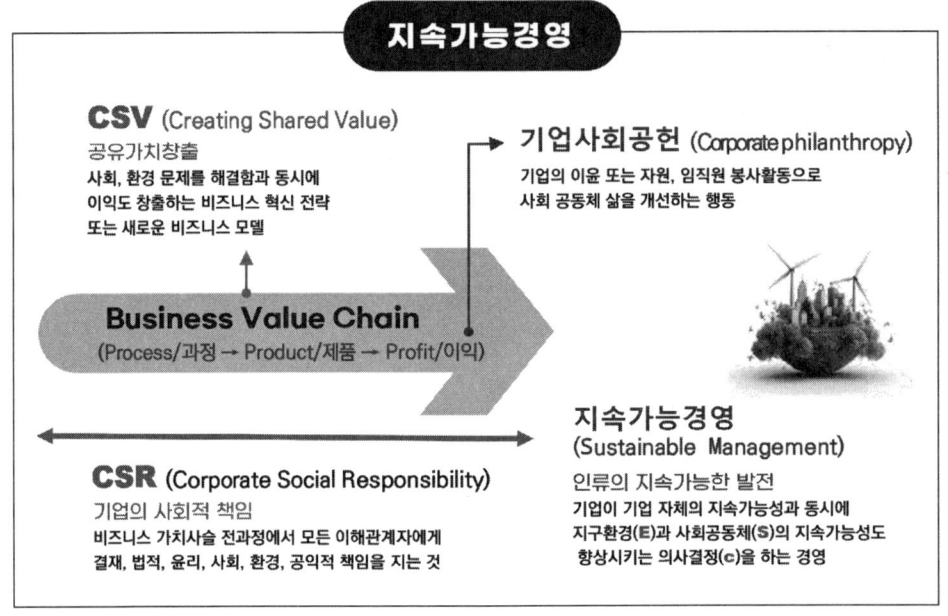

CSR(사회적 책임), CSV(공유가치 창출), ESG(환경·사회·지배구조)는 모두 기업의 사회적 책임과 지속가능성을 실현하는 목표를 가지지만, 접근 방식에서 차이가 있다. CSR은 법적·윤리적 책임 이행에 중점을 두며, CSV는 사회적 문제 해결과 경제적 가치 창출을 동시에 달성하는 것을 강조한다. 반면, ESG는 지속가능경영을 실천하는 경영 원칙으로, 기업의 장기적인 성장과 이해관계자 신뢰 확보를 위한 전략적 방향성을 제시한다.

ESG 경영이 Global Standard로 자리 잡으면서, 기업들은 환경보호, 사회적 책임, 투명한 지배구조 확립을 위한 전략적 대응이 필수적으로 요구되고 있다. 특히, 기후변화 대응과 탄소중립 목표 달성을 위한 친환경 기술 도입, 공급망의 윤리적 관리, 이해관계자 중심의 거버넌스 체계 구축이 기업의 지속가능성을 결정하는 핵심 요소가 되고 있다.

또한, 투자자와 소비자의 ESG 요구가 증가함에 따라 기업의 ESG 정보공시 투명성이 강조되며, 지속가능경영을 평가하는 핵심 기준으로 작용하고 있다. 이에 따라, 기업들은 ESG 리스크를 최소화하고 지속 가능한 비즈니스 모델을 구축하기 위해 ESG 요소를 경영 전반에 내재화하는 것이 필수적이다.

제2장 ESG 경영의 도입과 과제

1. ESG 경영의 필요성 및 사례

오늘날 기업 경영 환경은 급속한 기후변화, 사회적 불평등, 투명한 지배구조 요구 등 복합적인 이슈에 직면하고 있다. 이러한 변화 속에서 기업의 역할은 이윤 창출뿐만 아니라, 사회적 책임과 지속가능성을 실현하는 방향으로 확대되고 있다. 이에 따라 글로벌 시장에서는 환경, 사회, 지배구조를 중심으로 한 ESG 경영이 새로운 표준으로 기업의 경쟁력과 지속가능성 확보를 위한 핵심 전략으로 주목받고 있다.

특히 기업이 주주의 이익만을 우선시하던 주주 자본주의(Shareholder Capitalism)에서 벗어나, 고객, 직원, 지역사회, 환경 등 다양한 이해관계자의 가치를 포괄하는 이해관계자 자본주의(Stakeholder Capitalism)로의 전환이 빠르게 진행되고 있다. ESG 경영은 이러한 변화에 부응하는 실천적 도구로 작용하며, 기업의 사회적 책임 이행과 장기적 가치 창출을 동시에 가능케 한다. 실제로 2019년 미국 비즈니스 라운드테이블(BRT)의 "기업 목적 확대 선언"을 기점으로, ESG 중심의 이해관계자 경영이 세계적으로 확산하며 새로운 경영 패러다임으로 전환되고 있다.

1.1 ESG 경영의 필요성

ESG 경영은 기업의 지속가능성과 경쟁력 확보를 위해 기후 변화 대응, 인권 보호, 윤리적 경영에 대한 사회적 요구가 증가함에 따라, 기업이 장기적으로 생존하고 성장하기 위해서는 ESG 요소를 경영 전반에 통합하는 것이 필수적이다. 특히 블랙록(BlackRock)과 같은 글로벌 자산운용사를 중심으로 ESG를 투자 의사결정의 핵심 기준으로 삼는 책임투자(Responsible Investment)가 확산되면서, ESG 성과가 우수한 기업이 투자유치에 유리한 환경이 조성되고 있다. 또한, 유럽연합(EU)의 CSRD(기업지속가능성보고지침), SFDR(지속가능 금융공시규정) 등 ESG 관련 규제와 공시 의무가 강화되며, 기업의 대응 필요성도 커지고 있다.

밀레니얼 및 Z세대를 중심으로 한 소비자와 이해관계자들은 ESG 친화적인 브랜드를 선호하며, ESG 가치는 브랜드 충성도와 기업 이미지에 큰 영향을 미치고 있다.

가. ESG와 기업가치 변화

기업 경영 환경은 급변하는 글로벌 이슈들과 함께 새로운 기준을 요구받고 있다. 과거에는 매출, 영업이익, 주가 등 재무적 성과가 기업의 가치를 결정짓는 핵심 요소였다.

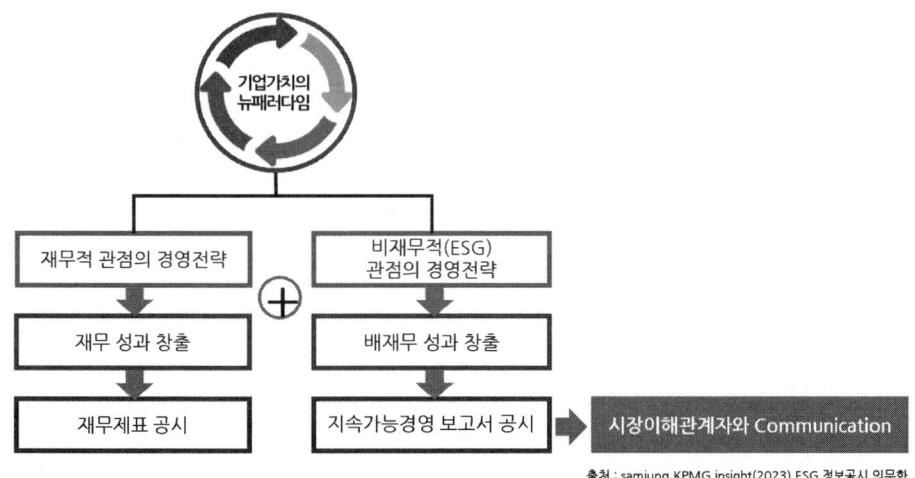

출처 : samjung KPMG insight(2023) ESG 정보공시 의무화

그러나 기후변화, 사회적 불평등, 윤리적 경영에 대한 관심이 높아지면서 기업의 책임과 지속가능성에 대한 평가가 요구되고 있다.

이러한 흐름 속에서 등장한 ESG는 비재무적 요소를 포함한 기업의 장기적인 생존력과 시장 경쟁력을 좌우하는 핵심 평가 기준이 되고 있다. 이제 기업 가치는 재무적 수치뿐만 아니라, 환경보호 노력, 사회적 기여, 투명하고 책임 있는 지배구조 등 ESG 요소를 종합적으로 반영한 새로운 가치 평가 패러다임으로 전환되고 있다.

1) ESG 기반 기업 가치 평가

ESG 기반 기업 가치 평가는 재무와 비재무적 요소를 통합적으로 반영하는 새로운 접근 방식으로 최근에는 그린본드, 지속가능채권, ESG ETF 등 ESG 요소를 반영한 금융상품이 빠르게 확대되고 있다. 블랙록(BlackRock), 뱅가드(Vanguard)와 같은 글로벌 기관투자자들도 ESG 성과가 우수한 기업에 대한 투자를 확대하고 있다. 이러한 흐름은 ESG 경영성과가 기업의 가치와 투자유치에 직접적인 영향을 미친다는 것을 나타낸다.

또한, 유럽연합의 CSRD(기업지속가능성보고지침), IFRS 산하 ISSB(국제지속가능성공시기준), GRI 등 글로벌 차원의 공시기준이 강화되면서, 기업은 ESG 정보를 투명하고 체계적으로 관리하고 보고할 책임을 지게 되었다.

ESG 공시의 신뢰성과 비교 가능성이 높아짐에 따라, ESG 요소는 기업의 장기적 가치를 평가하는 필수 기준으로 투자자와 이해관계자의 의사결정에도 중대한 영향을 미치고 있다.

2) ESG가 기업 가치에 미치는 영향

ESG 경영은 환경적 지속가능성, 사회적 책임, 투명한 지배구조를 강화함으로써 기업은 투자자 신뢰를 확보하고 금융시장 접근성을 높이며, 지속 가능한 성장을 실현할 수 있다. 미래의 기업 가치는 ESG 요소를 고려한 평가 방식이 정교해지며, 기업의 장기적 성장과 가치를 결정짓는 핵심 요소이다.

- 환경(Environment)적 요소: 탄소중립 전략을 통해 탄소배출을 감축함으로써 장기적인 환경 리스크를 줄이고, 친환경 시장에서의 경쟁력을 확보할 수 있다. 또한, 재생에너지 및 친환경 기술 혁신에 대한 투자를 통해 지속 가능한 제품을 생산하면, 기업의 이미지 제고와 함께 투자유치에도 긍정적인 효과를 기대할 수 있다.

- 사회(Social)적 요소: 소비자와 이해관계자의 요구 변화에 대응하여 기업의 사회적 책임을 적극적으로 실천하는 것이 기업 가치에 결정적인 영향을 미치고 있다. 이를 위해 노동 환경 개선과 인권 보호를 위한 윤리적 노동 관행과 포용적 고용 정책을 도입함으로써 지속 가능한 성장을 도모할 수 있으며, 공유가치 창출(CSV) 전략과 지역사회 기여 활동을 강화함으로써 브랜드 이미지를 제고하고 사회적 신뢰를 구축할 수 있다.

- 지배구조(Governance)적 요소: 투명하고 책임 있는 지배구조가 기업 신뢰도와 지속가능성 확보의 핵심으로 작용한다. 이사회 구성의 독립성과 투명성을 강화하여 경영진을 효과적으로 견제하고, 독립적인 이사회 운영을 통해 기업의 지속가능성을 높여야 하며, 동시에 반부패 정책과 윤리 경영을 강화하여 내부 감사 및 리스크관리 체계를 구축함으로써 투명성을 제고하고 ESG 평가에서도 우수한 성과를 달성할 수 있다.

⟨ESG 기업 가치 평가 모델⟩

평가기준	전통적 기업 가치 평가	ESG 기반 기업 가치 평가
재무적 요소	매출, 이익, 주가, 배당 등	동일
환경적 요소(E)	고려하지 않음	탄소 배출량, 에너지 사용, 친환경 제품
사회적 요소(S)	제한적으로 고려	노동 환경, 인권 보호, 사회적 가치 창출
지배구조 요소(G)	일부 반영	이사회 독립성, 반부패 정책, 공정한 경영

ESG 경영의 실천은 기업가치 상승에 직접적인 영향을 미친다. ESG 성과가 높은 기업일수록 기업가치가 향상되며, 특히 벤처기업의 경우 ESG 경영성과가 기업가치에 긍정적인 영향을 미치는 것으로 나타났다. 또한, ESG 평가 등급이 높은 기업은 자본 비용이 낮아지고 신용평가에서 긍정적인 평가를 받는 경향이 있다. 따라서, ESG 경영은 기업의 재무적 성과뿐만 아니라 장기적인 경쟁력과 지속가능성 확보에 필수적인 요소로 작용하고 있다.

나. ESG 경영을 위한 실천과제

ESG 경영을 효과적으로 수행하기 위해서는 전략 수립, 목표설정, 실행 방안 마련, 성과 평가 등의 구체적인 실천과제가 필요하다.

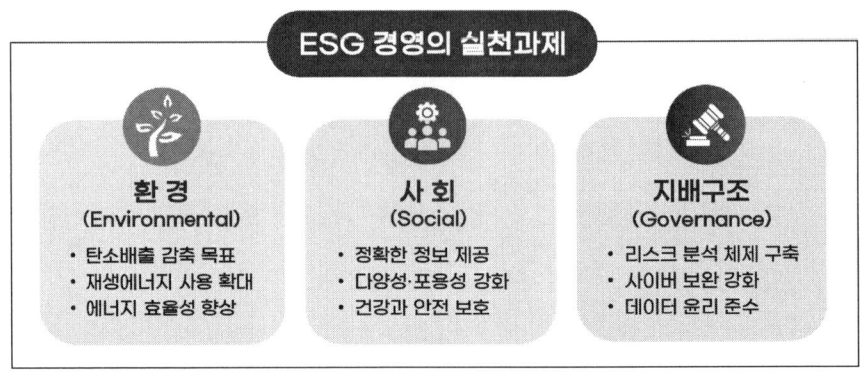

1) 환경(Environment)적 실천과제

환경보호와 기후 변화 대응은 현대 기업 경영에서 필수적인 요소로, 기업은 친환경 경영을 통해 환경 리스크를 최소화하고 지속가능성을 강화해야 한다. 탄소배출 감축 목표를 설정하고, 재생에너지 도입 및 에너지 효율화를 통해 지속 가능한 경영을 실현해야 한다.

과학기반감축목표(SBTi)와 RE100 이니셔티브를 이행하며, 기후 관련 재무 정보 공개를 강화하여 기후 리스크를 투명하게 공개함으로써 이해관계자의 신뢰를 확보할 수 있다. 지속 가능한 공급망 구축, 순환 경제 모델 도입, ESG 혁신 기술 투자를 통해 친환경 제품과 서비스를 개발해야 한다.

친환경 원자재 활용, 폐기물 절감 프로세스 도입, 재활용·재사용 시스템 마련, 전기차 및 탄소 포집 기술 등 친환경 기술 개발에 투자함으로써 기업 이미지를 제고하고 투자유치를 용이하게 할 수 있다.

국제 환경 규제 준수, 환경성과의 투명한 공개, 오염 저감 및 생물다양성 보호를 통해 환경 리스크를 효과적으로 관리해야 한다. 이를 위해 유럽연합의 지속가능금융 분류체계(EU Taxonomy), 탄소국경조정제도(CBAM) 등 국제 규제를 준수하고, 글로벌 보고 기준(GRI)과 국제지속가능성기준위원회(ISSB) 기준에 따른 환경성과를 공개하며, 물 사용 절감, 폐기물 관리, 생태계 보전 활동 등을 실천해야 한다.

2) 사회(Social)적 실천과제

기업이 사회적 책임을 다하기 위해서는 인권 존중, 노동 환경 개선, 지역사회 기여 등을 실천하여 신뢰를 구축하고 장기적인 성장 기반을 강화해야 한다.

국제노동기구(ILO)의 국제 노동 기준을 준수하고, 다양성과 포용성(DEI)을 강화하며, 근로자의 안전과 건강을 보호하여 지속 가능한 노동 환경을 조성해야 한다. 이를 위해 아동 및 강제노동을 금지하고, 공정한 임금과 근로조건을 제공하며, 노동자의 결사의 자유를 보장해야 하며, 여성과 소수자 인력의 확대, 평등한 승진 기회 제공 등을 통해 포용적인 기업 문화를 구축해야 한다.

공급망 실사(Due Diligence) 절차를 도입하고, 공정거래 및 윤리적 조달 정책을 시행하며, 지역사회 기여를 확대함으로써 공급망 내 ESG 책임을 위해 경제협력개발기구(OECD) 다국적기업 가이드라인과 유럽연합(EU)의 기업 지속가능성 실사 지침(CSDDD)을 준수하여 공급업체의 환경 및 사회적 책임을 점검하고, 인권침해 및 환경 오염 리스크를 사전에 파악해야 한다.

소비자 보호와 제품 안전성 강화, 디지털 책임 및 개인정보 보호, 그리고 공유가치 창출(CSV, Creating Shared Value)을 실천하여 고객 신뢰를 확보하고 사회적 가치를 창출해야 한다. 이를 통해 지속 가능한 성장을 실현할 수 있다.

3) 지배구조(Governance)적 실천과제

기업의 지속가능성을 확보하기 위해서는 투명하고 신뢰할 수 있는 지배구조를 구축하는 것이 필수적이다.

이사회의 독립성과 투명성을 높이기 위해 이사회 구성의 다양성을 확보하고, 독립적인 감사위원회를 운영하며, 윤리적인 의사결정 시스템을 구축해야 한다. 여성과 외부 전문가의 비율을 확대하여 의사결정의 공정성을 높이고, 독립적인 감사위원회를 통해 내부 통제를 강화하며, 부패 방지를 위한 대책을 마련해야 한다. 또한, 기업 윤리 헌장과 행동 강령을 수립하여 책임 있는 경영을 실천하고 이해관계자의 신뢰를 확보해야 한다.

반부패 및 준법 경영을 강화하기 위해 경제협력개발기구(OECD) 반부패 가이드라인을 준수하고, 부패 리스크 예방 시스템을 마련해야 한다. 내부 고발자 보호 정책을 통해 신고 채널을 운영하고 투명성을 강화하며, 인공지능(AI) 및 데이터 윤리 가이드라인을 마련하여 알고리즘의 편향성을 제거하고 공정한 의사결정 시스템을 구축해야 한다.

ESG 공시 및 평가에 대응하기 위해 ESG 데이터 관리 체계를 구축하여 지속가능성 성과를 체계적으로 측정하고 보고해야 한다. 글로벌 ESG 공시기준을 준수하여 투명성을 확보하고, 모건스탠리캐피털인터내셔널(MSCI), 스탠더드앤드푸어스(S&P), FTSE4Good 등의 ESG 평가에서 우수 등급을 획득함으로써 기업의 신뢰도를 제고해야 한다.

1.2 국내외 기업의 ESG 도입 사례

ESG의 경영은 국제적 협력과 지속 가능한 경영에 대한 사회적 요구가 결합된 결과이다. 국내외 기업들의 성공적인 ESG 사례는 ESG가 기업의 장기적 성장을 보장하고, 투자자 및 이해관계자의 신뢰를 강화하는 핵심 전략으로 글로벌 경쟁력을 좌우하는 기준이 될 것이다.

가. 글로벌 기업의 ESG 도입사례

파리협정, SDGs, PRI와 같은 글로벌 협약은 기업들이 ESG 경영을 실천하는 데 명확한 방향성을 제공하며, 규제 준수를 넘어 지속가능성을 위한 필수 요소로 작용하고 있다. 또한, 글로벌 사례들은 ESG가 기업 경쟁력을 강화하고 사회적 가치를 창출할 수 있음을 입증하고 있으며, 기업들은 이러한 협약과 사례를 바탕으로 ESG 전략을 구체화하여 장기적 성장과 환경·사회적 책임을 실현하는 방향으로 나아가야 한다.

파리협정 이행 사례: 애플(Apple)

애플은 파리협정의 목표를 실천하는 대표적인 글로벌 기업으로, 탄소중립 달성을 위해 적극적으로 기후 변화 대응 전략을 실행하고 있다. 특히, 재생 가능 에너지 사용 확대(RE100), 친환경 원자재 사용, 폐기물 감축을 통해 환경적 책임을 강화하고 있으며, 이를 통해 ESG 선도 기업으로서 지속가능성 정책의 기준을 제시하고 있다.

2020년 환경 발전 보고서에서 2030년까지 탄소 배출량을 75% 감축하고, 나머지 25%는 혁신적인 탄소 제거 솔루션을 통해 상쇄하여 탄소중립을 달성하겠다는 목표를 발표했다. 이를 위해 RE100 이니셔티브에 참여하여 재생에너지를 통한 전력 조달을 확대하고, 공급망과 제품 전반에 걸쳐 탄소중립을 실현하는 것을 목표로 설정했다. 또한, 아이폰, 맥북 등 주요 제품에 100% 재활용 알루미늄을 사용하고, 환경친화적인 원자재 채택을 확대하며, 탄소 배출을 줄이기 위한 친환경 제조 공정을 도입하였다. 자원 재활용 프로그램을 운영하여 폐기물을 최소화하고 순환 경제를 촉진하는 등 지속 가능한 생산 체계를 구축하고 있다.

2030년까지 탄소중립 달성을 목표로, 전 세계 데이터 센터와 오피스에서 100% 재생 가능 에너지를 사용하고 있다. 또한, 공급망 내 320개 이상의 협력업체가 2030년까지 재생에너지로 전환할 것을 약속하며, 공급망 전반에서 탄소배출 감축을 추진하고 있다. 이러한 노력은 2024년 한 해 동안 2,550만 메가와트시의 재생에너지 생산과 1,850만 톤의 탄소배출 감축으로 이어졌다.

애플은 기업 차원을 넘어 국가 및 지방정부와 협력하여 재생 가능 에너지 정책 개발을 촉진하고 있다. 최근에는 중국에서 7억 2,000만 위안(약 9,922만 달러) 규모의 청정에너지 기금을 설립하여, 중국 내 청정에너지 역량 확대에 기여하고 있다. 이러한 노력으로 애플은 ESG 선도 기업으로 평가받고 있으며, 2024년 미국 최고의 경영 기업 순위에서 1위를 차지하였다.

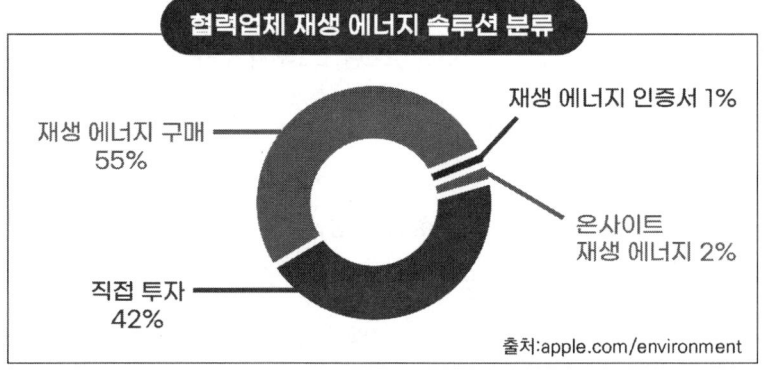

또한, 공급망뿐만 아니라 다른 글로벌 기업들과 협력하여 기후 변화 대응을 위한 확장 가능한 솔루션을 개발하고, 친환경 시장 형성을 지원하며, 기업의 사회적 책임을 실천하고 있다.

SDGs 실천 사례: 유니레버(Unilever)의 지속가능성 전략 및 성과

유니레버는 2010년부터 2020년까지 "지속 가능한 삶 계획(USLP)"을 통해 ESG 경영을 기반으로 한 10년 전략을 수립하였다. 이 계획은 70개의 세부 목표를 설정하여, 10억 명의 건강과 위생 개선, 기업의 환경 발자국 절반 감축, 여성과 소외계층의 삶의 질 개선이라는 세 가지 핵심 목표를 추진하였다.

10억 명의 건강과 위생 개선 목표 달성을 목표로 2020년 말 기준으로 13억 명에게 건강 및 위생 개선 프로그램을 제공하였으며, 현지 프로그램을 통해 6억 2,500만 명, TV 광고를 통해 7억 1,500만 명에게 보건 및 위생 메시지를 전달하였다. 또한, 리프, 도브, 헬만스 등 주력 브랜드를 활용하여 위생 교육 및 영양 개선 캠페인을 적극적으로 진행하였다.

탄소 발자국 감축 및 환경보호를 위해 재생 가능 에너지 사용 확대 및 탄소배출 절감을 통해 환경 발자국 감축에 힘쓰고 있으며, 쓰레기 감축, 지속 가능한 포장재 도입, 플라스틱 오염 저감을 위한 재활용 기술 개발을 추진하였다.

여성과 소외계층 지원 확대를 통해 성별 평등, 다양성, 포용성을 개선하기 위한 다양한 프로그램을 운영하며, 공정 노동 관행을 촉진하고 글로벌 공급망 내 노동자의 권리를 보호하는 정책을 강화하여 여성과 소외계층의 삶의 질 향상을 위해 지속적으로 노력하고 있다.

2021년부터는 USLP의 성과를 기반으로 "유니레버 콤파스(Compass)" 전략을 발표하였다. 이 전략은 기후 변화 대응, 플라스틱 오염 해결, 사회적 불평등 해소, 건강·웰빙 개선을 핵심 과제로 설정하며, 지속가능성을 기업 경영과 통합하여 ESG 전략과 수익 창출을 분리하지 않는 지속 가능 경영 모델을 강조하고 있다.

PRI를 활용한 투자 사례: 블랙록(BlackRock)

세계 최대 자산운용사인 블랙록(BlackRock)은 ESG 요소를 투자 결정의 필수 조건으로 삼고 있으며, ESG 성과가 낮은 기업에 대한 투자를 제한하거나 중단하겠다고 발표하면서 책임 투자를 실천하고 있다.

2006년 UN 책임투자원칙(PRI, Principles for Responsible Investment) 수립 이후 지난 15년 동안 ESG 투자 시장은 꾸준히 성장하여, 2020년 기준 PRI에 서명한 기관은 3,308개에 달하며, 이들의 운용자산은 약 103조 달러로 전 세계 운용

자산의 2/3를 차지하고 있다.

전 세계 ESG 투자 규모도 2012년 13.3조 달러에서 2018년 30.7조 달러로 약 3배 증가하였으며, 2021년에는 ESG 펀드의 투자 규모를 전년 대비 40% 확대하며 책임투자를 선도하고 있다.

ESG 투자 활성화 및 글로벌 투자 환경 변화로 블랙록은 ESG 공시와 투명한 경영을 요구하며, ESG 경영을 실천하는 기업들에 자본을 유입시켜 지속 가능한 기업 생태계를 조성하고 있다. 이에 따라 ESG 경영을 강조하는 기업들이 증가하면서 글로벌 투자 환경에서도 지속가능성이 중요한 평가 요소가 되었다.

기관투자자의 영향력 확대로 ESG 공시와 투명한 경영을 유도하며 지속 가능한 기업 생태계를 조성하고, 글로벌 투자 환경을 개선하면서 ESG 경영을 실천하는 기업들에 자본을 유입시키고 있다. 특히 미국에서는 3대 기관투자자(블랙록, SSGA, 뱅가드 등)가 S&P500 기업 주식의 20% 이상을 보유하고 있으며, 전체 의결권의 약 25%를 행사하고 있다.

나. 국내 기업의 ESG 도입사례

국내 정부는 2050년 탄소중립 달성을 목표로 설정하고, ESG를 국가적 어젠다로 채택하여 다양한 정책을 추진하고 있다.

"국가 지속가능발전목표(K-SDGs)"를 수립하여 경제, 사회, 환경 등 5대 전략과 17개 목표, 122개 세부 목표를 2030년까지 달성하기 위해 노력하고 있다. 또한, 정부는 2021년 8월 "ESG 인프라 확충 방안"을 발표하여 ESG 경영공시 활성화, 중소·중견기업 ESG 역량 강화, 공공기관 ESG 경영 촉진 등 다양한 정책을 추진하고 있다.

국내 주요 기업들도 ESG 경영을 핵심 전략으로 도입하여 지속가능한 성장과 글로벌 경쟁력 강화를 위한 체계를 구축하고 있다.

포스코는 "기업 시민"이라는 경영이념을 선포하고, ESG 경영 체계를 갖추어 활발하게 이행하고 있다. 또한, 현대백화점은 정부와 협력하여 도시 숲 조성, 재생에너지 활용 등 ESG 기반 프로젝트를 추진하며 글로벌 ESG 트렌드에 발맞추고 있다.

1) 정부와 협력하는 민관 협력 프로젝트

환경·경제·사회 통합형 ESG 비전: 포스코의 '그린스틸' 선언 사례

포스코는 정부의 2050년 탄소중립 선언에 발맞춰, 환경적 가치 측면에서 혁신기술로 탄소중립 사회를 선도하고, 경제적으로는 철의 새로운 가치 창조를 통해 지속 성장하며, 사회적으로는 인류의 더 나은 미래를 만들어 가는 기업을 지향하는 비전을 발표하였다.

"그린스틸로 창조하는 더 나은 세계(Better World with Green Steel)"라는 비전을 선포하고, 탄소중립을 선도하며 철의 새로운 가치 창조를 통해 지속 성장하고자 한다.

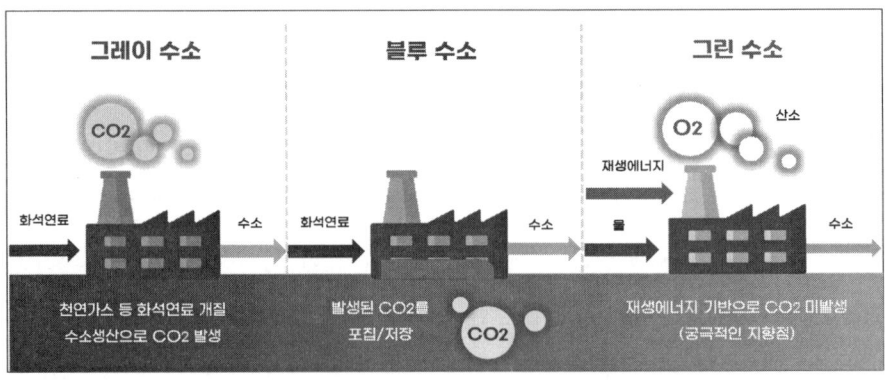

이러한 전략은 철강업계의 지속가능성을 높이는 동시에, 글로벌 탄소중립 기조에 부합하는 친환경 산업 구조를 구축하는 데 기여하고 있다. 또한, 포스코는

"Greenate"라는 탄소 저감 마스터 브랜드를 런칭하여, 친환경 제품과 관련 기술, 공정 등 ESG 경영 강화와 탄소 저감 기술 선도는 철강업계의 친환경 생태계 조성에 중요한 이정표가 되고 있다.

현대백화점의 '탄소중립의 숲' 조성 사례

현대백화점은 2021년 8월 산림청과 "탄소중립 활동과 ESG 협력 협약"을 체결하고, 2022년부터 경기도 용인시 처인구 백암면의 국유림에서 "탄소중립의 숲" 조성 및 관리 활동을 진행하고 있다.

출처: 산림청

이 프로젝트는 2027년까지 약 16.5ha(약 5만 평) 규모의 국유림에 총 3만여 그루의 나무를 심고 가꾸는 것을 목표로 2023년에 현대백화점 임직원과 생명의 숲 회원 등 40여 명이 참석해 스트로브잣나무 200그루를 식재하였다.

탄소 저감과 지속 가능한 환경 조성을 위한 ESG 경영으로 현대백화점은 기업의 사회적 책임을 강화하고 탄소중립을 위한 실질적인 환경보호 활동을 확대하고 있다.

2) 국내 기업의 ESG 경영사례

기업명	ESG 전략	주요 활동
SAMSUNG	탄소중립 선언	2030년 탄소중립 및 친환경 반도체 개발
SK	Net Zero 및 사회적 가치 창출	RE100 가입 및 친환경 사업 전환
HYUNDAI	수소 경제 및 전기차 전환	전기·수소차 확대 및 탄소배출 절감
LG	순환 경제 및 기후 변화 대응	재생에너지 도입 및 탄소배출 감축

삼성전자의 ESG 통합경영 사례

삼성전자는 지속 가능한 미래를 위해 ESG 경영을 도입하고 있다. 환경(Environmental)적 요소에서 2050년까지 글로벌 사업장에서 탄소중립 목표를 설정하고, 이를 위해 재생에너지 전환을 추진하고 있다.

2022년 RE100(재생에너지 100%)에 가입하여 친환경 에너지 사용을 확대하고 있으며, 2022년 기준으로 사용 전력의 31%를 재생에너지로 조달하였다. 2030년까지 모든 모바일 및 가전제품에 재활용 소재를 사용하고, 폐제품 수거 체계를 확대할 계획이다.

사회(Social)적 요소에서 인권 및 인재 양성을 위해 2023년 2월, UN 기업과 인권 이행원칙에 따른 글로벌 인권 원칙을 발표하고, 임직원의 역량 강화를 위한 교육 플랫폼 "The UniverSE"를 운영하고 있다. The UniverSE는 리더십 아카데미, 첨단기술 아카데미, 글로벌 CX 아카데미 등 3개의 아카데미와 12개의 School로 구성되어 있으며, 전 임직원을 대상으로 직무 및 리더십 역량 강화를 지원한다. 2023년 9월, 금융감독원 및 5대 금융지주와 1조 원 규모의 "협력회사 ESG 펀드"를 조성하여 협력사의 ESG 경영을 지원하고 있다.

지배구조(Governance)적 요소는 이사회 독립성 강화로 전원 사외이사로 구성된 이사회 산하 지속 가능경영위원회를 통해 주요 ESG 안건을 논의하고 있으며, 삼성준법감시위원회를 운영하여 윤리 경영을 강화하고 있다.

이러한 노력의 결과로, 삼성전자는 글로벌 ESG 평가기관인 MSCI로부터 "AA" 등급을 획득하여 국내 ICT 업계 최고 수준의 평가를 받았다.

RE100과 친환경 산업 전환: SK의 탄소중립 실현 사례

SK그룹은 에너지, 화학, 통신, 반도체 등 다양한 산업 분야에서 활동하는 대표적인 대기업으로, 1953년 섬유 산업으로 시작하여 현재 186개의 계열사를 보유하고 있다. 2021년 기준으로 약 1,175억 달러의 매출을 기록하였으며, ESG 경영을 선도적으로 실천하며 지속 가능한 성장을 추구하고 있다.

국내 기업 최초로 2050년까지 사용 전력의 100%를 재생에너지로 조달하는 RE100에 가입하여 탄소중립 및 친환경 사업 전환 2050년까지 탄소중립을 달성하겠다는 목표를 수립하고, 이를 위해 전기차 배터리, 수소, 소형모듈원자로(SMR) 등 그린에너지 사업을 추진하고 있다. SK이노베이션과 SK E&S는 전기차 배터리와 친환경·신재생 에너지 기업으로 전환하고 있으며, SKC는 2차전지 소재인 동박을 제조하는 그린 기업으로 변모하고 있다.

기업이 창출하는 사회적 가치를 수치화하여 공표함으로써, 기업이 사회에 어떻게 기여하는지에 대한 공감대를 형성하고 있다. 이를 통해 경제적 가치와 사회적 가치를 동시에 추구하는 "더블 보텀 라인(Double Bottom Line)" 경영을 실천하고 있다. 1974년 설립된 한국고등교육재단을 통해 현재까지 4천여 명의 장학생과 820여 명의 박사를 배출하였으며, 1970년대부터 50년간 장학퀴즈를 후원하며 인재 양성에 기여하고 있다.

최태원 회장은 글로벌 스탠더드 수준으로 이사회 경영을 강화하는 거버넌스 스토리를 구축하고 "행복을 함께 나누는 기업"이라는 경영이념 아래, 지속 가능한 성장과 사회적 가치 창출을 위해 다양한 분야에서 혁신과 투자를 이어 가고 있다.

협력사와 함께 만드는 지속가능한 가치: 현대자동차의 공급망 ESG 전략

현대자동차는 ESG 경영을 강화하며 지속 가능한 미래 모빌리티 기업으로의 전환을 추진하고 있다. 2035년부터 유럽 시장에서 내연기관 차량 판매를 중단하고, 전기차(BEV) 및 수소전기차(FCEV) 중심의 전동화 전략을 본격적으로 시행할 계획이다. 이를 통해 2040년까지 주요 시장에서 판매 차량의 100%를 전동화하는 것을 목표로 친환경 모빌리티 전략을 강화했다. 2045년까지 탄소중립 달성을 목표로, 생산 공정에서의 탄소배출 감축을 위해 재생에너지 사용 확대와 저탄소 친환경 제조 공정을 운영하고 있다.

친환경 자동차 개발과 생산 공정 내 탄소 감축을 실현하며, 협력사의 ESG 경영 수준을 평가하고 관리하기 위해 품질 경쟁력, 기술 경쟁력, 공급 안정성, 공정거래 준수, 친환경 생산 체계 등 5대 전략 방향과 주요 성과 지표를 설정하여 협력사의 지속가능성 성과를 평가하고 관리하고 있다.

RE100과 자원 순환으로 실현하는 LG의 탄소중립 전략

LG그룹은 환경, 사회, 지배구조(ESG) 경영을 강화하며 지속 가능한 성장을 추구하고 있다. LG전자는 2050년까지 국내외 전 사업장의 사용 전력을 100% 재생에너지로 전환하는 RE100 목표를 설정하고, 2030년 60%, 2040년 90%, 2050년 100%

로 전환 비율을 확대할 계획이다.

또한, 공정 개선과 에너지 절감 기술 도입을 통해 2030년까지 온실가스 배출량을 저감하고 탄소중립 달성을 위해 제품 생산 단계에서는 재활용 플라스틱 사용을 확대하고, 폐가전 회수 및 재활용을 통해 자원 순환을 촉진하고 있다. 협력사와의 동반 성장을 위해 ESG 평가 및 윤리적 조달 정책을 강화하며, 상생 협력 펀드를 운영하며, 협력사의 경쟁력 강화를 지원하고 있다.

1.3 ESG 경영전략과 리스크관리

가. ESG 경영전략의 필요성

ESG 전략 수립은 기업의 장기적인 성공과 지속가능성을 확보하기 위한 종합적인 경영 전략이며, 기업의 경쟁력 강화와 투자유치에 필수 요소가 되고 있다. 이를 효과적으로 추진하기 위해서는 체계적이고 통합적인 접근 방식이 필요하며, 기업의 비즈니스 모델과 연계된 ESG 전략 수립이 요구된다.

환경(E), 사회(S), 지배구조(G) 요소를 균형 있게 고려하여 ESG 목표를 설정하고, 이를 실행하기 위한 구체적인 정책과 실행 계획을 수립해야 한다.

ESG 성과를 측정하고 정기적으로 평가하여 지속적인 개선을 추진하기 위해 핵심성과 지표(KPI)의 도입과 EU 택소노미, 한국형 녹색분류체계 등의 산업별 ESG 기준을 반영한 정책을 수립해야 한다. 또한, ESG 위원회 및 전담 부서를 신설하고, 최고경영진 및 이사회 차원의 논의 체계를 마련하여 전사적인 ESG 관리체계를 구축해야 한다.

공급망 전반에 ESG를 적용하는 전략도 중요하다. 협력업체에 대한 ESG 평가를 실시하고, 친환경 원자재 사용과 윤리적 생산 방식 도입을 통해 공급망의 지속가능성을 강화해야 하며, 탄소중립 목표설정, 친환경 사업 확대, 투명한 ESG 정보공시, 윤리적 공급망 관리 등 구체적인 실행을 통해 ESG 경영을 기업의 핵심 전략으로 내재화해야 한다.

이러한 ESG 경영 전략을 통해 기업은 글로벌 ESG 규제 변화에 유연하게 대응하고, 지속 가능한 성장과 기업가치 제고를 실현할 수 있으며, 동시에 브랜드 가치 강화, 투자유치, 시장 경쟁력 확보, 이해관계자 신뢰 구축 등 다양한 긍정적인 효과를 기대할 수 있다.

나. ESG 경영의 트렌드

1) ESG 3단계 발전 로드맵과 기업 혁신의 방향

ESG 경영은 ESG 1.0 → ESG 2.0 → ESG 3.0의 단계로 진화하면서, 규제 대응과 리스크관리에서 기업의 핵심 전략과 혁신의 중심으로 통합되는 방향으로 발전하고 있다.

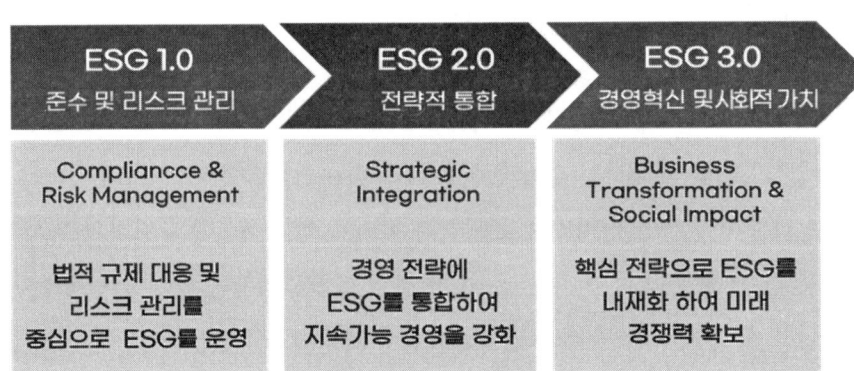

ESG 1.0: 준수 및 리스크관리(Compliance & Risk Management) 중심의 초기 단계

기업은 ESG를 주로 법적 규제 대응과 리스크관리 관점에서 접근하며, 지속가능보고서 작성, ESG 공시, 내부 윤리 규정 수립 등을 통해 외부 이해관계자의 요구에 수동적으로 대응한다.

이 단계에서는 ESG를 비용 요소로 간주하고, 기업 경영에 미치는 영향 역시 제한적으로 인식되며, 사후적·부서 중심의 대응이 이루어진다.

ESG 2.0: 전략적 통합(Strategic Integration) 단계

ESG 요소를 경영 전략에 통합하고, 친환경 기술 도입, 탄소중립 목표 수립, RE100 참여 등 전사적 ESG 활동을 강화하는 시기이다.

이 단계에서 기업은 ESG를 지속 가능한 성장의 기회로 인식하고, 이해관계자의 기대를 반영하여 성과를 정량화하고 투명하게 공개하며, 고위 경영진의 참여와 부서 간 협력을 통해 ESG 실행력을 높인다.

ESG 3.0: 경영 혁신 및 사회적 가치 창출(Business Transformation & Social Impact) 단계

ESG가 기업의 내부 전략과 사회 변화를 이끄는 핵심축으로 작용하는 단계이다. 기업은 ESG를 기반으로 순환 경제, 탄소중립 기술 등 지속 가능한 혁신을 추진하고, ESG 기반의 신규 비즈니스 모델을 개발하여 장기적인 경쟁력을 확보한다. 동시에 기후 변화 대응, 인권 보호, 지속 가능한 공급망 구축 등 글로벌 이슈 해결에 주도적으로 참여하며, 사회적 가치 창출과 산업 표준 선도에 기여한다. 이 단계에서는 ESG가 기업의 모든 경영활동의 중심축으로 경제적 수익과 사회적 책임을 동시에 실현하는 지속가능경영의 본질적 요소로 수립한다.

2) 미래를 바꾸는 ESG의 통합 대응

ESG 경영의 최신 트렌드는 디지털 전환, 에너지 전환, 사회적 책임 등 다양한 글로벌 변화 흐름을 반영하며, 기업의 지속가능성과 장기적인 성공을 위해 통합적이고 전략적인 대응이 필수적이다.

- 디지털 전환(Digital Transformation): ESG 실천의 기반 인프라로 자리매김하고 있다. 인공지능(AI), 빅데이터, 클라우드 기술은 ESG 정보의 수집, 분석, 공시의 정확성과 신뢰성을 높이며, 디지털 기술을 활용한 에너지 절감, 공급망 투명화, ESG 리스크 모니터링 등이 ESG 경영의 새로운 표준으로 부상하고 있다.

- 에너지 전환(Energy Transition): 기후 변화 대응의 핵심 요소로, 탄소중립을 위한 재생에너지 확대, 에너지 효율 향상, 녹색 기술 투자 등이 기업의 지속가능 경영 전략에서 우선순위를 차지하고 있다. 특히, EU의 탄소국경조정제도(CBAM) 등 국제 규제 강화에 따라 에너지 구조의 친환경적 전환은 글로벌 기업에게 선택이 아닌 필수 과제로 대두되고 있다.

- 사회적 책임(Social Responsibility): 다양성과 포용성(DEI), 인권 존중, 노동자 권익 보호 등 기업의 내외부 이해관계자와의 신뢰 구축을 위한 핵심 요소로, 기업의 사회적 신뢰와 브랜드 가치를 결정짓는 주요 기준이 되고 있다.

ESG 경영은 리스크 중심의 소극적 접근에서 전략 중심의 적극적 실행, 그리고 혁신과 사회적 가치 실현을 통한 미래 경쟁력 확보로 진화하고 있으며, 환경, 사회, 지배구조뿐 아니라 디지털 기술, 기후 정책, 사회 변화 등 다양한 외부 트렌드를 반영한 다차원적 전략 수립이 요구된다.

다. ESG 경영의 리스크 사례와 대응 전략

2024년 세계경제포럼(WEF)과 유라시아 그룹 등 주요 기관들이 발표한 글로벌 장기 리스크 상위 10가지에는 환경(Environmental), 사회(Social), 지배구조(Governance) 측면의 복합적인 리스크들이 상호 연관되어 있다.

ESG 각 분야의 다양한 리스크를 체계적으로 관리하는 것은 기업의 지속가능성과 회복탄력성을 확보하는 핵심 요소로 작용한다.

2024년 글로벌 장기 리스크 Top 10

1. 기상이변 및 기후변화	6. 인공지능 및 빅데이터 관련 위험
2. 잘못된 정보와 허위정보의 확산	7. 천연자원 부족과 생물다양성 손실
3. 사회적 양극화와 불평등 심화	8. 에너지 위기
4. 지정학적 갈등과 불안정성	9. 팬데믹 및 전염병 위험
5. 사이버 보완 위협	10. 금융 불안정성

■ 환경 ■ 사회 ■ 거버넌스

1) ESG 환경적 문제

환경적 측면에서는 기후변화와 극심한 기상이변으로 인한 재난이 증가하고, 자원의 과도한 사용과 환경 파괴로 인해 생물다양성 손실과 천연자원 부족 문제가 심화되고 있으며, 에너지 수급의 불안정성과 가격 변동성도 경제와 사회에 큰 영향을 미치고 있다.

이에 따라 기업은 탄소배출 감축 목표설정, 재생에너지 사용 확대, 에너지 효율 향상 등으로 기후 리스크를 저감하고, 물리적 피해에 대한 사전 대비책을 마련해야 한다. 따라서 자원의 효율적 사용과 재활용을 촉진하고, 생태계 보전을 위한 정책을 수립하고, 에너지 위기에 대응하기 위해 효율적인 기술과 대체 에너지 개발을 통해 공급 안정성을 확보할 필요가 있다.

미국 식품 대기업 콘아그라(ConAgra)

다양한 소비자 제품에서 환경적 요소를 과장하거나 잘못 표기한 혐의로 소비자들과의 법적 분쟁에 직면한 사례다. 일부 제품 포장이나 광고에서 "친환경적", "자연 유래" 등의 용어를 사용했으나, 실제 성분이 인공 첨가물이거나 환경에 유해한 요소를 포함한 것으로 드러나며 그린워싱에 대한 법적 책임이 문제로 부각되었다.

이 사례는 ESG 정보공시의 정확성과 명확성, 그리고 소비자 보호 측면에서의 법적 기준 마련의 필요성을 시사한다.

페루의 농부 사울 루시아노 리우야(Saul Luciano Lliuya)

독일의 에너지 대기업 RWE를 상대로 제기한 기후변화 관련 소송이다. 리우야는 안데스산맥의 빙하가 지구온난화로 급속히 녹고, 자신이 사는 지역의 홍수 위험이 증가했다고 주장하며, RWE가 유럽 내 최대 이산화탄소 배출 기업 중 하나로서 그 책임이 있다고 지적했다.

그가 독일 법원에 기후변화로 인한 피해 분담을 요구한 것은 기후 정의(climate justice) 차원에서 다국적기업의 환경적 책임을 묻는 상징적 소송으로 평가받는다.

사례들은 환경적 리스크가 기업 이미지 문제가 아닌 실질적 법적 리스크로 전환되고 있다는 것을 나타내며, 기업들이 ESG 전략을 수립할 때 형식적인 선언이 아닌 법적 대응까지 고려한 실질적인 실행과 투명한 정보 공개가 필수임을 강조한다.

2) ESG 사회적 문제

사회적 측면에서는 인공지능(AI) 기술의 발전으로 잘못된 정보와 허위정보가 빠르게 확산되고, 경제적 격차와 사회적 갈등의 심화는 정치적 불안정을 초래하고 있다. 여기에 팬데믹 등 전염병의 출현은 공중보건과 경제에 심각한 위협이 되고 있으며, 이에 대한 대비책 마련이 중요하다.

기업은 정확한 정보 제공과 투명한 커뮤니케이션을 통해 신뢰를 구축하고, 다양성과 포용성을 강화하며 공정한 기회를 제공함으로써 사회적 책임을 이행해야 하며, 직원과 지역사회의 건강과 안전을 보호할 수 있는 체계적인 대응 방안을 수립해야 한다.

세계 최대 규모의 다이아몬드 주얼리 리테일 기업 Signet Jewelers

2017년 사내 성차별 및 성희롱 문제가 언론에 의해 공개되면서, 사회적 책임(CSR)과 ESG 대응의 필요성을 절실히 체감한 대표적인 사례로 꼽힌다.

워싱턴포스트가 해당 문제를 보도한 직후, Signet Jewelers의 주가는 하루 만에 8.3% 폭락했고, 기업의 사회적 평판과 투자자 신뢰에도 심각한 타격을 입었다. 이 사건은 기업이 공시한 윤리강령 및 행동 강령과 실제 운영 사이의 괴리를 보여 주는 지배구조(G)와 사회적 책임(S) 부문에서의 ESG 리스크로 부각되었다. 특히 미국 법원은 Signet이 SEC(미국 증권거래위원회)에 제출한 기업 윤리 규정에서 "능력에 따라 인사 결정을 내린다"라고 명시한 내용이 과장되었다고 판단하면서, ESG 공시의 신뢰성 문제 또한 지적되었다.

Signet Jewelers는 해당 사건 이후, 지배구조의 투명성과 조직 내 다양성, 포용성(Diversity & Inclusion) 강화를 위한 제도 개선에 착수했으며, ESG 전반의 리스크 대응 체계를 재정비하는 계기로 삼았다.

이 사례는 기업의 사회적 책임 실천이 선언에 그칠 경우, 법적·재무적 리스크뿐 아니라 평판 리스크로까지 연결될 수 있음을 보여 주는 중요한 ESG 경고 신호로 해석된다.

3) ESG 지배 구조적 문제

지배구조(Governance) 측면에서는 지정학적 갈등과 국제 정세의 불안정성이 증가하며 글로벌 경제와 안보에 부정적인 영향을 미치고 있으며, 디지털화의 가속화로 인해 사이버 공격과 데이터 유출 등의 위험이 커지고 있다.

또한 AI와 빅데이터의 활용이 확대되면서 편의성이 향상되는 동시에 윤리적 문제와 개인정보 보호 이슈가 새롭게 대두되고 있으며, 글로벌 금융시장의 변동성과 불확실성도 기업 경영에 리스크로 작용하고 있다.

기업은 이러한 리스크에 대응하기 위해 리스크 분석 체계를 구축하고, 최신 보안기술 도입과 전사적 보안 교육을 강화하며, 데이터 윤리와 개인정보 보호 원칙을 철저히 준수해야 한다. 또한 금융시장의 변화에 유연하게 대응할 수 있는 전략을 마련하고, 정책 변화와 시장 흐름을 면밀히 모니터링할 필요가 있다.

구글과 메타의 ESG 윤리 위반 논란은 글로벌 IT 기업조차도 ESG 경영의 사회(S)와 지배구조(G) 측면에서 중대한 리스크에 직면할 수 있음을 보여 주는 대표적인 사례다.

"사회적 책임 이행 실패: 구글의 임금차별 소송"

구글은 전직 여성 임원이 남성 동료보다 낮은 급여를 받았음에도 이를 시정하지 않고 계약을 통해 문제 제기를 막은 사실로 소송에 휘말렸다. 이것은 다양성과 포용성을 강조하는 외부 메시지와 달리, 실제 조직 내 성평등이 제대로 실현되지 않았다는 점에서 사회적 책임 이행의 괴리를 드러낸다.

"메타의 의결권 불균형과 투명경영 원칙 훼손"

메타에서는 마크 저커버그의 우선주 구조로 인해 대부분의 의결권을 장악하고 있어, 소액주주 28%가 경영에 반대 의사를 밝혔음에도 실질적인 영향력을 행사하지 못하는 구조적 문제가 발생했다. 이는 기업이 지배주주의 이익을 우선시하며 이해관계자의 의견을 배제한 사례로, 투명한 지배구조 원칙을 훼손한 것으로 평가된다.

기업의 다양한 사례들은 ESG 정보공시와 실제 실행 간의 괴리가 투자자 신뢰 저하, 법적 책임, 기업 평판 악화로 이어질 수 있음을 경고하며, ESG 경영의 실질적 내재화와 윤리적 책임의 중요성을 나타낸다. ESG 각 분야에서 발생하는 복합적인 리스크를 선제적으로 식별하고 체계적으로 대응하는 역량은, 기업이 지속 가능한 성장을 실현하고 회복탄력성을 강화하는 데 있어 핵심적인 경쟁력이 되고 있다.

라. 리스크관리 체계 구축

리스크관리 체계 구축은 기업의 지속가능성과 장기적인 경쟁력 확보를 위한 핵심 전략으로, ESG 리스크관리는 그 중심에 있다.

1) 리스크관리 필요성

ESG 리스크를 효과적으로 관리하지 못할 경우, 기업은 법적 규제 위반, 평판 하락, 투자유치 실패 등 다양한 위기에 직면할 수 있으며, 재무적 성과 악화로 이어질 수 있다. 반면, ESG 리스크를 선제적으로 인식하고 대응 전략을 체계적으로 수립하는 기업은 국제 규제 변화에 유연하게 대응하고, 글로벌 투자자의 신뢰를 확보하며, 지속 가능한 성장 기반을 강화할 수 있다.

따라서 ESG 리스크관리는 기업 생존과 미래 경쟁력을 좌우하는 필수 전략으로 작용하며, 이를 정교하게 운영하는 역량은 글로벌 시장에서의 지속 가능한 리더십을 결정짓는 핵심 요소가 되고 있다.

글로벌 리스크가 전방위적으로 증가하는 가운데, 기후변화 리스크는 탄소배출 증가로 인해 이상 기후, 해수면 상승, 자연재해의 발생 빈도가 높아지며 기업의 생산성과 운영에 직접적인 영향을 미치고 있다.

지정학적 리스크는 글로벌 공급망이 분산된 상황에서 미·중 무역 갈등, 러시아·우크라이나 전쟁 등 국제 분쟁으로 인해 원자재 조달과 물류 차질 가능성을 높이고 있으며, 사회적 리스크는 인권 보호와 노동 착취 문제에 대한 글로벌 규제가 강화되면서 윤리적 경영이 필수적인 과제로 부상하고 있다.

기업 지배구조 리스크는 내부 부패와 비윤리적 경영이 발생할 경우, 기업의 지속가능성을 위협하고 글로벌 시장에서 신뢰를 상실할 수 있다는 점에서, 중점적으로 관리해야 할 요소로 작용하고 있다.

ESG 투자가 확대됨에 따라 글로벌 자산운용사들은 ESG 성과가 우수한 기업에 우선적으로 투자하고 있으며, 반면 ESG를 고려하지 않는 기업은 투자유치에 제약을 받는 상황이 되고 있다. ESG 채권 및 지속가능 금융의 활성화로 인해 기업들은 친환경 프로젝트와 사회적 가치 창출을 위한 금융 수단(그린본드, 지속가능채권 등)에 대한 적극적 참여로 ESG 기반의 경영 전략 수립을 가속화시키고 있다.

정보 공개에 대한 글로벌 규제가 강화되면서, 각국 정부는 EU 택소노미, 한국형 녹색 분류체계(K-Taxonomy) 등과 같은 분류체계를 통해 기업이 환경 데이터를 투명하게 공개하도록 요구하고, 탄소배출 공시 의무화를 지속적으로 확대하고 있다. 글로벌 ESG 공시기준이 강화됨에 따라, 기업들은 ESG 관련 정보를 정교하고 체계적으로 공개해야 할 필요성에 직면하고 있다.

이에 따라 각국의 규제 기관은 기업 지배구조의 투명성 제고를 위해 내부 감시 시스템을 강화하고 있으며, ESG 경영 리스크를 사전에 예방하고 관리하기 위한 기업의 책임 있는 대응이 선택이 아닌 필수 조건으로 작용하고 있다.

2) ESG 리스크관리 프로세스

ESG 리스크관리 프로세스는 리스크를 인지하고, 이를 평가한 후, 적절한 개선 전략을 수립 및 실행하며, 성과를 지속적으로 모니터링하는 체계적인 절차로 구성된다.

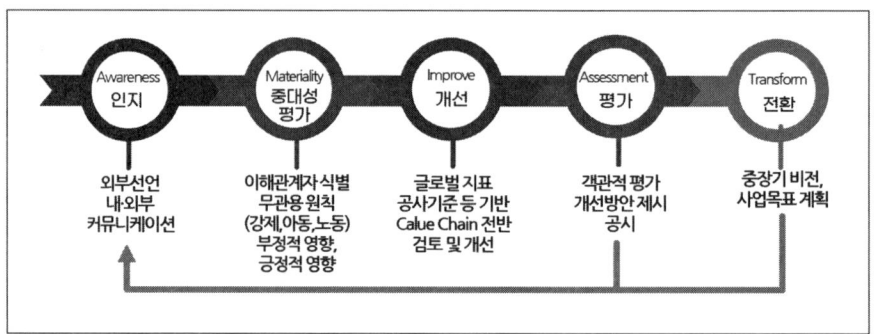

이러한 과정을 통해 기업은 급변하는 ESG 관련 규제와 외부 환경 변화에 신속하게 대응할 수 있으며, 지속 가능한 경영을 실현하는 동시에 투자자와 이해관계자의 신뢰를 확보하는 기반을 마련할 수 있다. ESG 리스크관리 프로세스는 5단계로 구성된다.

1단계: 인지(Risk Identification)

기업이 직면할 수 있는 환경, 사회, 지배구조 관련 리스크를 식별하는 것으로, 기후변화, 탄소배출, 인권 문제, 공급망 리스크, 규제 변화, 기업 윤리 등의 위험 요소를 포괄적으로 파악한다.

2단계: 중대성 평가(Materiality Assessment)

식별된 리스크의 중요도와 사업에 미치는 영향을 분석하여 우선순위를 설정한다. 이 과정에서는 재무적 영향, 평판 리스크, 법적 규제 위반 가능성 등을 종합적으로 고려한다.

3단계: 개선 및 대응 전략 수립(Risk Mitigation & Strategy)

ESG 리스크를 최소화하기 위한 구체적인 대응(탄소 감축 목표 설정, 친환경 기술 도입, 지속 가능한 공급망 구축, 윤리적 지배구조 강화 등) 방안과 전략을 수립하고 실행한다.

4단계: 평가(Assessment)

개선 조치의 이행 여부와 성과를 정량·정성 지표를 활용해 분석하고, 그 결과를 이해관계자에게 투명하게 공개한다.

5단계: 전환 및 모니터링(Implementation & Monitoring)

ESG 경영을 전사적 시스템과 문화로 내재화하며, 리스크관리 전 과정을 주기적으로 점검하고 최신 ESG 트렌드에 맞게 전략을 지속적으로 업데이트하여 지속 가능한 경영을 실현해 나간다.

3) ESG 리스크관리 방향성 및 전략적 접근

기업은 ESG 관련 리스크를 도출하고 체계적으로 관리함으로써 지속가능경영을 위한 전략적 방향성을 수립해야 하며, 이를 위해 ESG 기반의 리스크관리(RM) 체계를 구축하고, 국제적인 기준과 가이드라인을 준수하는 효과적인 대응 전략이 필요하다.

ESG 요소를 포함하는 종합적인 리스크관리 체계를 수립하고, 이를 전사적 리스크관리(ERM) 체계와 ESG 전략과 통합함으로써 지속 가능한 비즈니스 모델을 운영할 수 있어야 한다. 또한, ESG 전략 및 리스크 관점에서 비즈니스 중대성 평가를 수행하여, 기후변화, 공급망 리스크, 인권 및 노동 이슈, 윤리적 경영 등 주요 ESG 이슈가 재무성과와 기업의 운영 지속성에 미치는 영향을 체계적으로 분석하고 반영해야 한다.

COSO(기업리스크관리프레임워크), KGCS(한국기업지배구조원) 등 국내외 ESG 관련 가이드라인의 준수 여부를 점검하고, 각 가이드라인의 세부 항목을 ESG 전략과 연계하여 분석함으로써, 기업은 실질적인 개선 방안과 실행 가능한 ESG 리스크 대응 체계를 구축해야 한다.

라이벌 기업인 남양유업과 매일유업의 매출 역전 사례는 ESG 경영의 중요성을 나타낸다.

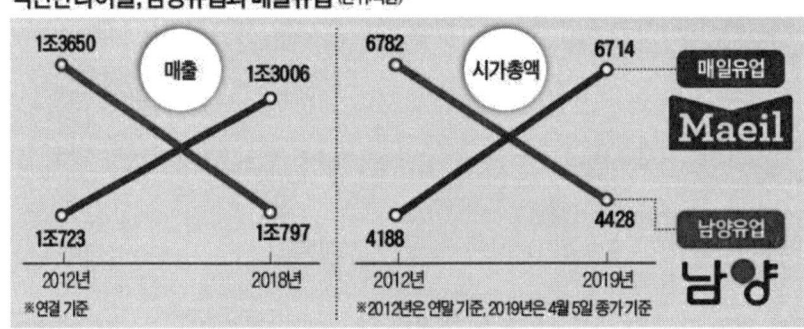

불공정 거래와 신뢰 붕괴: 남양유업의 사회적 리스크

남양유업은 회장 홍원식이 대리점주들에게 불공정한 계약 조건과 과도한 물량을 강제로 떠안기는 "갑질" 행위로 인해 큰 사회적 비난을 받았다.

이 사건은 2021년 남양유업의 기업 이미지에 심각한 타격을 입혔고, 결국 홍 회장은 사퇴를 발표하게 되었다. 이 사례는 ESG의 "사회(S)" 부문에서 기업이 이해관계자와의 신뢰를 잃었을 때 발생할 수 있는 위기의 전형적 사례다.

> **환경과 사회를 품은 기업 성장: 매일유업의 ESG 내재화 사례**

매일유업은 유아식품 및 헬스뉴트리션 분야에서 ESG 가치를 내재화하며 차별화된 전략을 실행하고 있다. 친환경 포장재 개발, 저탄소 유통망 구축, 지역사회 공헌 활동 등 환경(E)과 사회(S) 중심의 실질적 ESG 경영을 통해 브랜드 신뢰도를 높이고 지속가능한 성장 기반을 다져 가고 있다.

기업의 위기 대응 능력은 ESG 경영의 핵심 가치로 작용하며, 이해관계자의 신뢰 회복과 지속가능성 강화에 중대한 영향을 미친다. 동일 업종 내에서의 대비되는 사례는 ESG 경영은 기업의 위기 대응력과 장기 경쟁력에 결정적 영향을 미칠 수 있으며, 위기를 기회로 전환하고 미래 경쟁력을 높이는 실질적인 경영 전략이라는 사실을 보여 준다.

2. ESG 워싱(washing)의 유형과 문제점

ESG 워싱(Washing)은 기업이 실질적인 ESG 경영 활동을 수행하지 않으면서도, 환경보호, 사회적 책임, 윤리적 지배구조를 실천하는 것처럼 과장하거나 오해를 유발하는 행위를 말한다. 이러한 워싱은 ESG의 본래 가치와는 달리, 마케팅이나 홍보 중심의 이미지 전략에 집중하여 기업의 지속가능성을 포장하지만, 실제 성과나 변화는 수반되지 않는 경우가 많다.

2.1 ESG 워싱(Washing)의 유형

ESG 워싱은 여러 유형으로 구분되며, 각기 다른 방식으로 기업의 지속가능성을 왜곡하거나 과장한다.

〈ESG 워싱의 유형〉

용어	내용
그린워싱	기업이 환경친화적인 이미지를 강조하지만 실제로는 환경에 해를 끼치는 행위를 하거나 환경(E)을 고려하지 않는 것
워크워싱	기업이 노동자의 권리나 사회(S)적 문제를 해결하려는 것처럼 보이지만 실제로는 그러한 노력을 실천하지 않는 것
거버넌스워싱	기업이 거버넌스(G) 원칙을 준수하거나 공정한 의사결정 구조를 강조하지만 실제로는 원칙을 따르지 않는 것
핑크워싱	기업이 LGBTQ+(성소수자) 커뮤니티를 지지하는 것처럼 홍보하지만 실제 진정한 노력을 기울이지 않는 것
블루워싱	기업이 국제적인 규범을 따르는 것처럼 보이기 위해 홍보하지만 실제로는 규범을 제대로 준수하지 않는 것

그린워싱(Greenwashing), 소셜 워싱(워크워싱, Social Washing), 거버넌스 워싱(Governance Washing), 블루워싱(Bluewashing) 등 다양한 ESG 워싱 유형은 기업이 사회적 책임, 환경보호, 노동자 권리, 윤리적 경영 등을 외면하면서도 표면적으로만 긍정적인 이미지를 구축하려는 시도로, 이해관계자와 시장을 오도할 수 있으며 신뢰 훼손, 평판 리스크, 투자자 이탈로 이어질 수 있다. 따라서 진정성 있는 ESG 실천이 중요하며, 성과 중심의 투명한 공시와 검증 가능한 활동이 요구된다.

가. 그린워싱(Greenwashing)

그린워싱은 기업이 실질적인 환경보호 노력은 미흡하거나 전무한 상태에서, 마치 친환경 경영을 적극적으로 실천하는 것처럼 과장하여 홍보하는 행위를 의미한다. 소비자를 기만할 뿐만 아니라 기업의 신뢰도와 지속가능성을 해칠 수 있는 중요한 리스크 요인으로 인식되고 있다.

탄소배출 감축 노력 없이 "탄소중립"을 강조하거나, 재활용이 어려운 제품을 친환경적인 포장으로 바꾼 후 친환경 제품인 것처럼 광고하거나 제품이나 서비스가 실제로는 환경에 부정적인 영향을 끼치거나 유해한 요소를 포함하고도 친환경적인 이미지로 포장하여 소비자를 오도하는 것이 대표적인 그린워싱 사례에 속한다.

그린워싱의 주요 유형과 특징

- 모순 감추기(Hidden Trade-Off): 기업이 일부 친환경적인 요소만을 강조하면서 동시에 환경에 해로운 활동을 병행하는 경우.
- 모호한 설명(Vague Language): 구체적 근거나 수치를 제시하지 않고 모호한 표현을 사용해 실제 환경 성과를 확인할 수 없도록 하는 방식.
- 허위 표시(False Labeling or Misleading Claims): 환경에 긍정적인 기여를 하지 않으면서 친환경적이라는 인상을 주는 잘못된 정보를 소비자에게 전달하는 것.
- 투자용도 상이(Lack of Transparency in Fund Allocation): 친환경 프로젝트에 투자하겠다고 밝히지만 실제로는 다른 용도로 자금을 사용하는 경우.

나. 워크워싱(Woke-washing)

워크워싱(Woke-washing)은 기업이 인권, 평등, 다양성, 포용성(DEI) 등 사회적 정의(Social Justice) 이슈를 지지하는 것처럼 홍보하면서도, 실제 내부 정책이나 조직 운영 방식에서는 해당 가치를 제대로 반영하지 않는 행위를 의미한다.

기업이 사회적 책임을 다하는 것처럼 이미지를 포장하는 데 집중하면서, 실질적 행동과는 괴리를 보이는 행위로, 소비자와 사회의 신뢰를 떨어뜨리고 장기적으로는 평판 리스크로 이어질 수 있는 중대한 문제로 인식되고 있다. 외부적으로 다양성과 인권을 강조하면서도 내부 노동 환경에서는 차별적 요소나 구조가 유지되는 경우가 이에 해당한다. 특히, 2020년 미국 조지 플로이드 사망사건 이후 전 세계적으로 확산된 "흑인의 생명도 소중하다(Black Lives Matter, BLM)" 운동과 같이, 인종차별에 반대하고 다양성을 존중하는 목소리가 높아지면서, 이에 편승하려는 워크워싱 사례도 증가하고 있다. 워크워싱의 형태는 다음과 같다.

워크워싱(Woke-washing)의 주요 유형과 특징

- 겉으로만 사회적 가치를 지지(Superficial Support): 인권과 다양성에 대해 공공연히 지지하는 입장을 밝히지만, 실제 조직 내부에서는 관련 정책이 실행되지 않는 상황이다.
- 사회적 이슈를 마케팅에 이용(Exploiting Social Movements for Profit): LGBTQ+, 페미니즘, BLM 등과 같은 사회 운동을 지지하는 듯한 메시지를 광고에 활용하면서 실질적인 가치 실천이나 구조 개선은 이루어지지 않는다.
- 일관성 없는 행동(Contradictory Actions): 사회적 가치를 홍보하면서 동시에 이를 저해하는 내부 정책이나 외부 활동을 병행하는 모순된 행동을 의미한다.
- 토크니즘 및 보여 주기식 캠페인(Tokenism & Performative Activism): 세계 여성의 날이나 프라이드 먼스 등 특정 기념일에만 한정적으로 해당 가치를 홍보하고, 평상시에는 관련 노력이 전혀 동반되지 않는 경우를 말한다.

다. 거버넌스 워싱(Governance Washing)

거버넌스 워싱(Governance Washing)은 기업이 윤리적이고 투명한 지배구조를 갖추고 있는 것처럼 외부에 홍보하지만, 실제로는 이사회 독립성 부족, 내부 감시 시스템 미비, 주주 권리 제한 등 다양한 구조적 문제를 내포하고 있다. 기업의 투명성과 신뢰성을 저해하는 중요한 리스크 요인이며, 장기적으로는 투자자, 이해관계자, 소비자로부터의 신뢰 상실과 평판 하락으로 이어질 수 있기 때문에, 실질적이고 검증 가능한 지배구조 개선 노력이 요구된다.

ESG 보고서나 공시 자료를 통해 거버넌스 개선을 강조하면서도, 정작 독립적인 감사기구가 존재하지 않거나, 경영진의 부패, 비윤리적 행위가 반복되는 사례 등에서 드러난다. 또한, 주주 친화적 정책을 도입했다고 홍보하면서도 소수 주주의 의결권을 제한하거나, 불투명한 경영 구조를 지속하는 사례도 거버넌스워싱의 대표적인 예로 꼽힌다.

거버넌스 워싱(Governance Washing)의 주요 유형과 특징

- 형식적인 이사회 구성 및 윤리 경영 선언(Superficial Governance Reforms): 실질적 변화 없이 정책만 발표하거나 외부에 선언적으로 알리는 경우이다.
- 이사회 독립성 위장(False Board Independence): 독립적인 의사결정 구조를 홍보하지만, 실제로는 CEO나 경영진의 영향력 아래 운영되는 구조를 뜻한다.
- 윤리 경영 및 반부패 정책을 홍보하고도 내부 비리가 존재(Ethical Commitment vs. Reality)하는 경우: 기업의 대외 이미지와 실제 내부 운영 사이의 괴리가 크다는 점에서 문제가 된다.
- ESG 평가 점수 조작 또는 부풀리기(ESG Ratings Manipulation): 실제 개선 없이 형식적 수치나 문서를 조작해 높은 점수를 획득하려는 시도이다.
- 임직원 다양성 및 포용성 위장(False Claims on Diversity & Inclusion): 성별·인종·문화적 다양성이 부족한 조직임에도 다양성과 포용성을 과장하여 홍보하는 경우이다.

라. 핑크워싱(Pinkwashing)

핑크워싱(Pinkwashing)은 기업이 LGBTQ+ 커뮤니티를 지지하는 것처럼 마케팅을 전개하면서도, 실제로는 성소수자 인권 보호를 위한 실질적인 정책이나 내부적인 변화가 부족한 경우를 의미한다. 기업이 성소수자 또는 사회적 약자의 권익을 지지하는 척하지만, 실질적 실행과 책임은 결여된 채 외형적인 이미지만을 강조하는 행위로, 브랜드 신뢰도를 크게 훼손할 수 있으며, 장기적으로는 윤리적 소비자 및 투자자 이탈이라는 리스크로 이어질 수 있다.

기업이 프라이드 마케팅(Pride Marketing)을 통해 무지개 깃발 등 LGBTQ+ 상징을 활용한 광고나 캠페인을 진행하면서도, 정작 성소수자 직원에 대한 차별적 고용 관행을 유지하거나 LGBTQ+ 친화적 근무 환경을 마련하지 않는 경우에 해당한다. 또한 기업이 겉으로는 LGBTQ+ 단체와의 협력을 홍보하면서도, 실제로는 성소수자 권리를 억압하는 국가나 단체와 협력하거나 후원하는 모순된 행보를 보이는 경우도 핑크워싱의 대표적인 사례에 속한다.

핑크워싱(Pinkwashing)의 주요 유형과 특징

- LGBTQ+ 지지를 표방하지만 정책은 차별적인 경우(Superficial Support for LGBTQ+): 성소수자 권리를 홍보하면서도 실질적인 내부 제도나 보호장치가 부재한 경우이다.
- 유방암 캠페인 활용 마케팅(Exploiting Breast Cancer Awareness for Profit): 유방암 인식 증진을 이유로 핑크색 제품을 판매하거나 마케팅에 활용하면서, 실제 기부금의 사용처가 불분명하거나 건강에 해로운 제품을 함께 판매하는 경우이다.
- 일시적인 LGBTQ+ 마케팅 후 실질적 지원 부족(Rainbow Capitalism): 프라이드 행사 기간(6월) 동안 무지개 로고나 LGBTQ+ 관련 제품을 출시하지만, 연중 지속적인 인권 보호 활동에는 소극적인 경우를 말한다.
- 정치·사회적 지지 캠페인 후 반대 단체 후원(Contradictory Corporate

Actions): 성소수자 권리를 지지하는 마케팅을 펼치면서 동시에 차별적 법안이나 반LGBTQ+ 입장을 지지하는 정치인이나 단체에 기부하거나 협력하는 이중적 태도를 말한다.
- 여성 건강 및 성평등 강조 후 실제 성차별 존재(False Feminism & Gender Equality): 여성의 권리와 건강, 성평등을 표방하는 캠페인을 전개하면서도, 기업 내에 성차별적 문화나 구조적 불평등이 여전히 존재하는 경우이다.

마. 블루워싱(Bluewashing)

블루워싱(Bluewashing)은 기업이 유엔 글로벌 콤팩트(UNGC)와 같은 국제적 사회책임 이니셔티브에 참여한다고 홍보하면서도, 실제로는 책임 있는 경영을 제대로 실천하지 않는 경우를 의미한다. 실질적인 변화 없이 긍정적 이미지만을 구축하려는 시도로, 장기적으로는 이해관계자의 신뢰 상실과 심각한 평판 리스크를 초래할 수 있다.

특히 다국적 기업들이 UNGC의 10대 원칙(인권 보호, 노동권 보장, 환경보호, 반부패 등)을 지지한다고 선언하면서도, 실제로는 협력업체의 노동력 착취, 환경 파괴, 비윤리적 공급망 유지 등 심각한 문제를 방치하거나 외면하는 것이다. ESG 보고서나 지속가능경영보고서를 통해 윤리적 공급망, 공정한 노동 관행, 지속가능성 실현을 강조하면서도, 실제 운영에서는 최저임금 미준수, 장시간 노동, 불공정 거래 등이 지속되는 것 또한 블루워싱의 대표적인 사례이다.

기업이 외형적으로는 ESG 원칙이나 국제 협약을 지지한다고 주장하면서도, 실제로는 이를 이행하지 않는 다양한 방식으로 나타난다. 대표적인 형태로는, 기업이 유엔 글로벌 콤팩트(UNGC)나 지속가능발전목표(SDGs)와 같은 국제 기준의 준수를 강조하지만, 실제 조직 운영에서는 인권, 환경, 노동 관련 문제를 해결하지 않는 형식적 참여(Superficial Commitment to UN Principles)가 있다.

ESG 경영을 강조하며 관련 보고서를 발간하고 대외적으로 홍보하지만, 내부적으로는 여전히 부패, 불공정 노동, 인권 침해가 존재하는 비윤리적 구조 유지(False ESG Commitment)도 그 일례이다.

이 외에도, 노동권 보호 및 인권 존중을 표방하고 착취적 노동 환경과 저임금 문제가 개선되지 않는 표면적 인권 준수(Superficial Human Rights & Labor Rights Commitment), 친환경성과 지속가능성을 앞세우면서 실제로는 환경을 파괴하는 것은 그린워싱과 결합된 블루워싱(Greenwashing with Bluewashing)이다. 그리고 유엔이나 SDGs 참여 사실을 홍보에 활용하면서 실질적인 ESG 실천 결여하는 국제 기준을 이용한 이미지 세탁(False Association with International Standards) 등이 있다.

2.2 ESG 워싱의 문제점

오늘날 ESG를 기업의 지속가능성과 사회적 책임을 평가하는 핵심 기준으로 구축되고 있는 흐름 속에서 일부 기업들은 ESG에 대한 관심을 이용해 이미지 개선이나 마케팅 효과를 노리고, 실제보다 ESG 성과를 과장하거나 오해를 유도하는 "ESG 워싱(Washing)" 행위를 벌이고 있다.

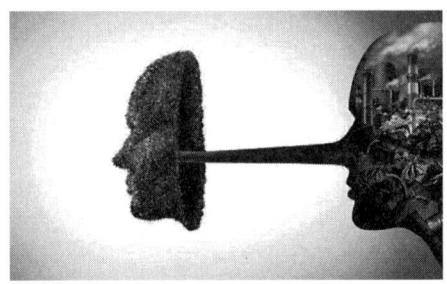

ESG 워싱은 기업의 진정성과 투명성을 훼손하고, 투자자와 소비자 등 이해관계자들에게 왜곡된 정보를 전달함으로써 신뢰 기반을 무너뜨리는 심각한 문제로 대두되

고 있다. 실질적인 실천 없이 형식적인 ESG 활동에만 집중하는 기업은 오히려 지속 가능성과 평판에 중대한 리스크를 안게 된다.

기업이 ESG 성과를 과장하거나 왜곡할 경우, 소비자와 투자자, 규제 기관 등의 신뢰를 잃게 되어 브랜드 가치 하락과 장기적인 경쟁력 약화로 이어질 수 있으며, 투자 유치 기회도 줄어들게 된다. 소비자 또한 마케팅을 통해 부풀려진 ESG 메시지에 속아 제품을 구매함으로써 기만당하거나 권익을 침해당하는 문제가 발생하며, 윤리적 소비 문화의 신뢰도 저하로 이어진다.

이러한 ESG 워싱이 지속될 경우, ESG를 성실히 실천하는 기업과 형식적인 워싱 기업 간의 비용·경쟁력 격차가 커지며 시장의 공정성도 훼손된다. 정부와 규제 기관은 공시 정보의 신뢰성 확보를 위해 법적 규제를 강화할 가능성이 높아지고, 이에 따른 기업의 공시 부담과 규제 리스크도 증가한다.

특히 과거 CSR(기업의 사회적 책임)을 형식적으로 운영했던 관행이 ESG에도 그대로 이어지며, 일부 기업들은 ESG를 내재화하지 않은 채 표면적 공시와 마케팅에 집중하는 워싱 행위를 반복하고 있다. 이로 인해 ESG의 본래 목적은 훼손되고 있으며, ESG 경영이 실질적인 변화가 아닌 이미지 조작의 수단으로 악용되는 심각한 문제가 되고 있다. 따라서 ESG 워싱은 일시적인 평판 관리의 문제가 아니라, 기업과 사회의 지속 가능한 미래를 위협하는 구조적 리스크로 인식되어야 한다.

2.3 기업의 ESG 워싱 사례 분석

최근 ESG 공시 의무화와 글로벌 규제가 강화되면서, ESG를 형식적으로만 활용하거나 실질적인 이행 없이 과장된 이미지를 전달하는 'ESG 워싱'이 심각한 기업 리스크로 부상하고 있다. 기업들이 ESG 성과를 부풀리거나 검증되지 않은 정보를 공시하는 경우, 신뢰도 하락에 그치지 않고, 법적 제재·투자자 이탈·재정 손실로까지 연결되는 사례가 점차 늘어나고 있다. 다음은 기업들의 ESG 워싱 사례를 유형별로 분석한 내용이다.

가. 스타벅스의 그린워싱(Greenwashing): 창사 50주년 기념 공짜 다회용 컵 제공

2021년 스타벅스는 환경보호와 지속가능성을 강조하며, 전 세계 매장에서 리유저블 컵(Reusable Cup) 사용 시 할인 제공과 같은 인센티브를 통해 일회용 컵 사용을 줄이겠다고 홍보했다. 이를 통해 소비자들에게 기업이 적극적으로 친환경 정책을 실천하고 있다는 이미지를 전달하려 했지만, 실행 과정에서 많은 문제점이 드러나면서 그린워싱(Greenwashing) 논란이 제기되었다.

'친환경' 라벨을 사용하여 제품을 과장 홍보

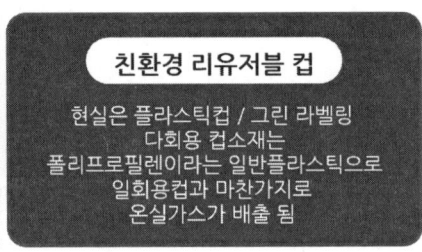

1) 친환경 목표와 현실의 괴리

실제 리유저블 컵 사용률은 극히 저조했으며, 매장 내에서도 일회용 컵 사용이 지속되었다. 리유저블 컵 사용을 대대적으로 홍보하면서도, 매장 내에서 이를 적극적으로 권장하는 실질적인 조치는 부족했고, 코로나19 팬데믹 동안 위생 문제를 이유로 일회용 컵 사용을 다시 권장하며, 리유저블 컵 정책을 중단했다.

일회용 플라스틱 사용량을 줄이겠다는 입장과 상반되는 행보였으며, 소비자들에게 혼란을 초래했다. 팬데믹으로 인해 일회용 컵 사용량이 급증하며, 결과적으로 스타벅스의 친환경 캠페인의 효과는 더욱 미미해졌다.

장기적인 지속가능성 목표를 제시하면서도, 실질적인 실행 방안과 성과가 부족했다. 환경보호와 관련된 마케팅은 지속적으로 강조했으나, 매장 내 일회용 컵 사용을 적극적으로 줄이기 위한 조치는 미흡했다. 일부 국가에서는 리유저블 컵 사용을 장려하는 캠페인을 진행했지만, 전 세계적으로 일관된 정책이 시행되지 못했다.

2) 표면적 친환경 마케팅의 함정

스타벅스 사례는 친환경적 실천이 부족한 상태에서 마치 환경보호에 적극적으로 나서고 있는 것처럼 홍보한 그린워싱(Greenwashing)의 대표적인 사례로 꼽힌다. 리유저블 컵 사용 장려 캠페인을 통해 지속가능성을 강조했지만, 실제 효과는 제한적이었고 팬데믹 이후 일회용 컵 사용이 증가하면서 실제 운영과의 괴리가 발생하였다. 이러한 결과는 소비자에게 과장되거나 허위로 인식될 수 있는 친환경 이미지를 전달하며, 결국 기업의 신뢰도 하락과 브랜드 평판 손상으로 이어졌다.

이와 같은 논란은 정부 및 규제 기관이 기업의 친환경 정책을 엄격하게 검증하는 계기가 되었고, 일부 국가에서는 일회용 컵 사용 제한 및 플라스틱 규제 강화를 포함한 정책적 대응이 확대되었다. 소비자들도 스타벅스의 환경보호 실천에 대한 신뢰를 잃기 시작했으며, 표면적 친환경 마케팅에 대한 비판 여론이 증가하면서, ESG 전략 전반에 대한 의구심이 확산되었다. 이에 따라, 기업은 ESG 정책의 실행력과 투명성 확보를 위해 실제 성과를 외부에 명확히 공개하고 검증받는 노력이 요구되며, 스타벅스 역시 지속적인 비판 속에서 강력하고 신뢰 가능한 친환경 전략 수립의 압박을 받게 되었다.

이 사례는 이미지 관리 중심의 ESG 활동이 오히려 리스크로 전환될 수 있음을 보여 주며, ESG를 진정성 있게 내재화하지 않은 기업은 장기적으로 사회적 신뢰와 경쟁력 모두를 상실할 수 있다.

나. 토탈에너지스의 그린워싱(Greenwashing): 넷-제로(Net Zero) 목표
1) 2050 Net Zero 약속의 허상과 단기 면피성 접근

토탈에너지스는 2050년까지 Net Zero 달성을 약속하며 친환경 전환과 지속가능성을 강조했지만, 실제로는 석유 및 천연가스 탐사·개발·판매를 확대하고 신규 정유시설과 LNG 수출 인프라에 대한 투자도 지속하고 있어 전략과 실행 간의 명백한 괴리가 드러났다. 또한 탄소배출을 줄이기 위한 근본적인 감축 노력보다는 탄소 상쇄(Carbon Offsetting)에 의존하는 경향을 보였다. 기업이 장기적인 Net Zero 목표를 선언하면서도, 실제로는 화석연료 사업을 계속 확장하고 있다는 점에서 대표적인 ESG 이행 불일치 사례로 지적되고 있다.

산림 복원이나 탄소 포집·저장 기술을 활용해 배출량을 보완하려는 방식은 장기적으로 실효성 있는 감축 전략이 되기 어렵다는 비판을 받고 있으며, 이는 단기적 면피성 접근으로 간주되고 있다. 게다가 Net Zero 달성을 위한 구체적인 로드맵이나 성과 공개에 있어 투명성 부족도 주요한 문제로 지적된다.

탄소 감축 계획과 실제 이행 현황 사이의 불일치가 반복되고 있음에도 이를 외부 이해관계자에게 충분히 설명하지 않음으로써 기업 신뢰도를 약화시키고 있다.

2) 탄소 상쇄에 기댄 친환경 경영의 한계

토탈에너지스(TotalEnergies)의 사례는 Net Zero 목표를 내세우면서도 화석연료 사업을 지속적으로 확장하고, 탄소 상쇄에 의존하는 이중적 행보로 인해 대표적인 그린워싱(Greenwashing) 문제로 평가받고 있다.

기업은 지속가능성을 강조하며 탄소 상쇄 수단을 통해 Net Zero 달성을 했다고 주장하지만, 실질적인 온실가스 감축보다는 기존 석유·가스 중심 비즈니스에 무게를 두는 경영 전략을 유지하고 있는 것은 ESG 공시와 실제 전략 간의 불일치를 보여 주는 전형적인 이행 불성실 사례로 지적된다.

토탈에너지스의 행보는 ESG 규제 강화와 정보공시에 대한 감시를 촉진시키는 계기가 되었으며, Net Zero 전략의 진정성과 투명성에 대한 사회적 의심을 증폭시켰다. 그 결과, 투자자와 소비자의 신뢰가 하락하였고, 기업이 친환경 경영을 강조하기 위해서는 실질적인 감축 노력과 객관적인 성과 공개가 반드시 수반되어야 한다는 압박이 커지게 되었다. 이 사례는 장기 목표보다 실천력이 ESG 신뢰 형성의 핵심 요소임을 나타낸다.

다. DWS의 그린워싱(Greenwashing) 및 ESG 워싱(ESG-Washing)

도이치뱅크 자회사인 DWS의 사례는 ESG 기준을 실제로는 적용하지 않으면서, 이를 과장하여 투자자에게 잘못된 인식을 심어 준 대표적인 사건으로 꼽힌다.

1) 친환경 펀드의 허상: DWS의 ESG-Washing 파문

2021년, 자산운용 부문을 ESG 원칙을 기반으로 한 투자 전략을 운영하고 있다고 대대적으로 홍보했으나, 내부 고발을 통해 실제 펀드 포트폴리오에는 ESG 기준이 충분히 반영되지 않았음이 드러났다. 이에 대해 미국 증권거래위원회(SEC)와 독일 금융감독당국(BaFin)이 조사에 착수하였다. DWS는 결국 ESG 기준 적용을 과장했음을 시인하고, CEO였던 아쇼카 월더만이 사임했으며, 주가가 약 24% 하락하는 등 기업의 신뢰도와 평판에 큰 타격을 입었다.

- 그린워싱(Greenwashing) 측면에서 DWS는 ESG 펀드가 친환경 투자를 기반으로 한다고 강조했지만, 실제로는 탄소배출이 많은 산업에 속한 기업들도 포함되어 있었고, 지속가능성 목표와 일치하지 않는 투자가 다수 존재해, 실질적인 친환경성과 괴리를 보였다.

- ESG 워싱(ESG-Washing) 관점에서도 DWS는 ESG 점수가 낮은 기업들(화석연료 관련 기업이나 노동권 문제가 있는 기업 등)까지 포트폴리오에 포함시켜 "ESG 투자"로 홍보했다. 투자자들이 ESG 펀드에 신뢰를 가지고 투자하도록 유도한 뒤, 실제 투자 성격과의 불일치를 방치한 이중적인 행보로 비판을 받았다.

2) ESG 투자 신뢰 붕괴: DWS 사태가 남긴 금융시장 경고

DWS의 사례는 ESG 투자에 대한 허위 또는 과장된 정보 제공이 어떤 문제를 초래하는지를 단적으로 보여 주는 사건으로, 금융시장 전반에 걸쳐 신뢰도 저하와 규제 강화, 시장 왜곡이라는 부정적 파급 효과를 낳았다. 그린워싱과 ESG 워싱의 가장 큰 문제는 투자자 기만과 신뢰도 하락이다. ESG 펀드에 투자한 많은 투자자들은 DWS가 홍보한 내용에 따라 ESG 기준이 엄격히 적용된 투자처라고 믿었지만, 실제로는 환경 파괴 또는 비윤리적 기업들이 포함된 포트폴리오가 운영된 것은 투자자에게 잘못된 정보를 제공한 행위로 간주될 수 있다. 결과적으로 투자자 신뢰는 무너지고, ESG 펀드 전체에 대한 회의감이 확산되는 계기가 되었다.

이 사건은 법적 리스크를 현실화한 대표 사례로, 미국 SEC와 독일 BaFin의 조사를 촉발시켰으며, 2022년에는 독일 검찰이 DWS 본사를 압수 수색하는 등 사법 절차가 본격화되었다. 이로 인해 기업은 법적 책임, 과징금, 평판 손실 등의 삼중 리스크에 직면했으며, 브랜드 이미지 역시 크게 실추되었다.

SEC(증권거래위원회)와 BaFin의 조사를 통해 ESG 공시에 대한 규제와 검증 기준이 강화되고 있으며, 앞으로 금융기관과 자산운용사들은 ESG 성과의 정량적 검증 및 외부 감시 체계 도입이 필수적 과제로 부각되었다. DWS 사태는 ESG 금융상품의 투명성과 신뢰도를 확보해야 한다는 글로벌 요구를 강화시키는 계기와 ESG 시장의 건전성과 지속가능성을 지키기 위한 중요한 전환점으로 평가된다.

라. 나이키의 워크워싱(Woke-Washing)

기업이 사회적 정의, 다양성, 인권 등의 진보적 가치를 내세우면서도, 실제 내부 정책이나 실행 면에서는 이를 따르지 않아 위선적이라는 비판을 받은 대표적인 사례다.

나이키의 "You Can't Stop Sport" 캠페인 포스터

1) 광고 속 사회 정의 vs. 내부 침묵: 나이키의 이중 메시지

나이키는 인종 평등과 사회 정의를 지지하는 광고 및 캠페인을 통해 진보적인 브랜드 이미지를 구축해 왔다. 대표적으로, NFL 선수 콜린 캐퍼닉(Colin Kaepernick)을 모델로 기용해 용기 있는 행동을 지지하며 나이키 광고 캠페인에서 사용된 "자신의 신념이나 가치를 지키기 위해 어떤 대가가 따르더라도 포기하지 말라"라는 의미를 담고 있는 유명한 슬로건 "Believe in something. Even if it means sacrificing everything."이라는 메시지 광고를 선보이며 인종차별 반대 운동에 동참하는 모습을 보였다. 또한, Black Lives Matter(BLM) 운동 이후 다양한 캠페인을 전개하며 '의식 있는 기업'으로서의 입장을 대외적으로 강조해 왔다. 그러나 내부적으로는 인종 다양성에 대한 데이터를 공개하지 않거나, 미국 평등 고용기회 위원회(EEOC)에 관련 자료를 제출하지 않는 등 실질적인 변화에는 소극적이었다.

특히, 주주 행동주의 단체인 "애즈 유 소우(As You Sow)"가 다양성 자료 공개를 주주총회 결의안으로 제시하자, 나이키는 미국 증권거래위원회(SEC)에 결의안 무효 요청을 제출하며 광고 메시지와 실제 정책 간의 괴리를 부각시켰다. 이 같은 이중적인 태도는 소비자와 투자자들에게 실망감을 주었으며, 진정성 없는 사회 정의 마케팅이라는 비판을 불러일으켰다.

2) 브랜드 신뢰를 무너뜨린 의식 있는 척 마케팅

나이키는 외부적으로는 인종 평등과 다양성에 대해 적극적으로 보였지만, 내부적으로는 이를 뒷받침할 정책적 실행과 투명성이 부족했다. 이러한 모순은 기업이 사회적 가치를 상업적으로 이용하며, 실제로는 정책 개선이나 조직 문화 변화에 소극적인 "의식 있는 척(Woke)" 마케팅 전략으로 해석될 수 있으며, 소비자 기만이라는 비판으로 이어졌다.

나이키의 워크워싱 논란은 기업이 사회 정의와 인권 보호를 강조할 때 마케팅 메시지만으로는 충분하지 않으며, 실질적인 실행과 조직 내부의 변화가 반드시 동반되어야 함을 보여 준 사례이다.

이 사건은 소비자 신뢰 저하와 브랜드 이미지 훼손을 초래했을 뿐만 아니라, ESG 정보공시 및 사회적 책임에 대한 투명성 요구를 확대시키고, 기업 내부에서 다양성과 포용성을 실질적으로 강화하려는 정책 개선 압력을 높였으며, 더 나아가 글로벌 기업들이 사회적 이슈를 활용할 때 지켜야 할 윤리적 기준에 대한 사회적 기대와 감시를 강화하는 계기가 되었다.

마. KFC의 핑크워싱(Pinkwashing)
1) 건강을 팔며 건강을 논한 KFC 버킷 캠페인의 모순

KFC의 핑크워싱 논란은 기업이 여성 건강이라는 사회적 가치를 내세운 마케팅을 펼치면서도, 실제 제품과 캠페인 간의 모순된 메시지로 인해 진정성을 의심받은 대표적인 사례다.

유방암 예방 단체인 수잔 코멘과 함께한 KFC의 "버킷 포 더 큐어(Buckets for the Cure)" 캠페인.
출처: kansansforlife.files.wordpress.com

2010년, "유방암 퇴치를 위한 후원 버킷 판매(Buckets for the Cure)" 캠페인을 통해 핑크색 치킨 버킷을 판매하고 유방암 재단(Susan G. Komen for the Cure)에 수익금을 기부하겠다고 밝혔지만, 해당 캠페인은 비판에 직면했다. 유방암 인식 증진을 위한 진정한 노력이라기보다는, 브랜드 이미지 제고를 위한 상업적 마케팅 전략이라는 의심을 불러일으켰다.

KFC는 고지방·고칼로리 튀김류를 주력 제품으로 판매하는 기업인데 비만 및 유방암과 같은 건강 문제와 연관된 식품을 기반으로 여성 건강을 강조하는 캠페인을 전개했다는 점에서 모순적인 행보로 비쳤다.

2) 사회공헌의 핵심은 말이 아닌 실행

이 캠페인은 "여성 건강을 위하는 척"하면서, 실질적으로는 건강을 해칠 수 있는 고칼로리 제품을 판매한다는 점에서 위선적이라는 비판을 받았다. 특히, 장기적인 사회공헌이나 건강 증진 노력이 뒷받침되지 않은 채, 단기적인 판매 촉진과 브랜드 이미지 개선에 집중한 표면적 CSR(사회적 책임) 행보로 간주되며, 소비자들의 실망을 불러일으켰다.

KFC의 핑크워싱 논란은 소비자들에게 기업의 도덕성과 진정성에 의문을 제기하게 했으며, 앞으로 기업들이 사회공헌 캠페인을 진행할 때는 관련 메시지와 제품, 정책이 일관되고 투명하게 연결되어야 함을 시사한다. 결국, 사회적 캠페인은 "말"이 아니라 "실질적인 실행"이 핵심이라는 점을 상기시킨 사례다.

바. 폭스바겐(Volkswagen) 거버넌스워싱
1) 윤리 경영의 가면 뒤, 디젤게이트의 진실

폭스바겐은 디젤게이트(2015 Dieselgate) 스캔들로 디젤 차량의 배출가스 데이터를 조작하여 환경 규제를 회피한 거버넌스워싱(Governance-Washing) 논란에

휩싸였다. 독일에서 첫 집단소송이 본격적으로 시작되어 전 세계적으로 1,100만 대의 리콜이 진행되었으며 참여하는 인원이 무려 47만 명에 달했다.

기업이 투명성과 윤리 경영을 강조하면서도 내부적으로는 규제를 위반하는 이중적인 행태를 보인 대표적인 사례로 평가된다.

폭스바겐 디젤게이트 배상 현황

- 미국 1인당   최대 1,150만원
- 캐나다 1인당   최대 530만원
- 호주 1인당   최대 120만원
- 한국 피해자   1심 10% 보장

2) 규제 회피에서 전기차 전환까지: 디젤게이트가 남긴 교훈

2015년 미국 환경보호청(EPA)은 폭스바겐이 디젤 차량의 배출가스 데이터를 조작한 사실을 밝혀냈다. 폭스바겐은 디플리트 디바이스(Defeat Device)라는 소프트웨어를 차량에 탑재해 실험실 테스트에서는 규제 기준을 충족하는 것처럼 보이게 했지만, 실제 도로 주행 시에는 기준치보다 최대 40배 높은 질소산화물(NOx)을 배출하도록 설계되어 있었다.

"클린 디젤"과 "친환경 기술(BlueMotion)"을 내세우며 소비자와 투자자에게 긍정적인 이미지를 전달했지만, 실제로는 의도적인 조작을 통해 환경 규제를 회피했다.

이로 인해 폭스바겐은 1,500억 달러(약 200조 원) 이상의 벌금 및 보상금을 지불했고, CEO 사임과 함께 대대적인 경영진 개편이 이뤄졌으며, 전 세계적으로 디젤차에 대한 신뢰가 무너지고 관련 규제가 대폭 강화되는 결과를 초래했다. 이 사건은 기업 지배구조의 투명성과 윤리성이 ESG 실천에서 핵심적인 요소임을 보여 주며, 이미지 마케팅만으로는 진정한 ESG 경영이 성립될 수 없고, 실질적인 내재화와 책임 경영이 필수적임을 시사한다. 또한, 자동차 산업 전반에 걸쳐 전기차 전환을 가속화하는 계기가 되었으며, 지속가능성 전략 수립의 중요성을 강조하는 결정적인 전환점이 되었다.

사. 네슬레(Nestlé)의 블루워싱(Bluewashing)

1) 국제 기준의 가면

네슬레는 유엔 글로벌 콤팩트(UNGC) 가입을 통해 인권 보호와 윤리 경영을 강조하며 국제 기준을 준수하는 기업으로 홍보해 왔지만, 실제로는 코코아 공급망에서 아동 노동과 열악한 노동 환경이 지속되고 있음에도 실질적인 개선 조치를 취하지 않아 블루워싱(Bluewashing) 논란이 제기되었다.

특히 2001년 미국에서 아동 노동 착취와 관련된 집단소송이 제기되면서 네슬레의 공급망 문제가 본격적으로 부각되었고, 이후 수차례 아동 노동 근절을 선언했음에도 불구하고 실효성 있는 조치가 부족하다는 점에서 비판을 받아 왔다.

2) 보고서 속 '착한 기업', 현실 속 '인권 침해'

공급망 내 아동들은 코트디부아르, 가나 등 주요 코코아 생산 지역에서 위험한 작업 환경 속에 저임금으로 노동을 강요받고 있음에도, 외부적으로는 공정무역 인증 제품을 홍보하며 윤리적 소비 이미지를 강조해 왔다. 하지만 실제로는 이러한 문제 해결보다는 이미지 관리에 집중하며, 윤리적 마케팅과 지속가능성 보고서를 통해 "착한 기업" 이미지를 유지에 주력해 왔다는 지적을 받았다.

네슬레의 블루워싱 논란은 기업이 인권 보호를 외치면서도 실질적 조치를 소홀히 할 경우, 브랜드 신뢰도와 ESG 평가에서 심각한 타격을 받을 수 있다는 점을 보여 주었다. 이는 소비자 불신, 국제 사회 비판, 규제 압력, 공급망 내 인권 개선 요구로 이어져 기업의 지속가능 전략 전반에 부정적인 영향을 미쳤다.

3. ESG 워싱의 법적 규제

ESG 워싱에 대한 법적 규제는 글로벌 차원에서 점차 강화되고 있으며, 미국, 유럽연합(EU), 중국, 한국 등 주요 국가들은 기업의 ESG 활동에 대한 공시 의무화와 정보 신뢰성 확보를 통해 기업들이 실질적으로 ESG를 이행하도록 강제하고 있다. 법적·제도적 수준에서 ESG 워싱을 방지하고, ESG 공시의 투명성과 신뢰도를 높이려는 흐름으로 해석된다.

3.1 ESG 워싱의 리스크와 법적 대응

기업의 ESG 이행이 투자자와 소비자의 결정에 미치는 영향이 커짐에 따라, 표면적인 ESG 적합성만을 추구하는 "ESG 워싱"으로 인한 리스크가 증가할 것으로 예상된다. 실질적인 변화를 동반하지 않는 표면적인 ESG 준수는 리스크를 초래할 수 있음에 따라 미국, 유럽연합(EU), 한국, 중국은 ESG 워싱에 대응하기 위한 법적 규제를 점차 강화하고 있으며, 이를 통해 기업의 ESG 활동에 대한 공시 의무 확대와 정보의 투명성과 신뢰성을 확보하고 있다.

- 미국에서는 SEC(증권거래위원회)가 2022년부터 기후 관련 공시기준을 강화하기 위한 규정 초안을 발표하였다. ESG 투자 상품에 대해 실질적인 ESG 기준이 적용되었는지를 조사하며, 허위·과장 광고 시 소송 및 제재를 가능하게 하고 있다. 특히, 그린워싱 대응 차원에서 ESG 펀드에 대한 감시를 강화하고, 정보 왜곡 방지를 위한 데이터 기반 공시를 요구하고 있다.

수사 대상	사유	연도
골드만삭스 자산운용	ESG 투자 규정 및 관련 절차 미이행	2022
컴파스미네럴 인터네셔널	투자자 오인정보 표기	2022
헬스인셔런스 이노베이션	투자자 허위정보 표기	2022
BNY 멜론	ESG 관련 왜곡정보 표기 및 정보누락 표기	2022
발레	안전 관련 투자자 오인정보 표기	2022
와헤드 어드바이저스	소비자 오인정보 표기	2022

- EU는 2024년부터 단계적으로 시행되는 CSRD(기업지속가능성보고지침)를 통해 약 5만 개 기업에 대해 ESG 공시 범위를 확대하고 감사 의무 및 표준화된 기준(SFDR, ESRS)을 적용하고 있다. 금융기관에는 SFDR(지속가능금융공시규정)을 통해 ESG 투자 성과와 리스크 공시를 의무화하고 있으며, 그린워싱 방지를 위한 "EU 그린 클레임 지침(Green Claims Directive)" 도입 논의도 진행 중이다. 이 지침은 친환경 주장 시 과학적 근거와 검증자료를 제시하도록 요구하고, 허위 ESG 정보 제공 시 법적제재를 부과할 수 있도록 규정하고 있다.

- 한국은 2021년 K-ESG 가이드라인을 도입하여 기업이 자율적으로 ESG를 진단하고 실천할 수 있도록 지원하고 있으며, 2025년부터는 자산 2조 원 이상 상장사의 ESG 공시를 의무화하고, 2030년까지 전체 유가증권시장 상장사로 확대할 예정이다. 금융감독원과 금융위원회는 그린워싱 점검을 강화하고 ESG 공시기준을 마련하고 있으며, 국민연금과 산업은행 등 공적 투자기관도 투자 시 ESG 실적 반영을 확대하고 있다.

- 중국은 상하이·선전 증권거래소를 통해 일부 대기업에 ESG 정보공시 권고안을 제시하였고, 2023년부터는 국유기업 중심의 ESG 공시 시범제도를 시행하고 있다. 탄소배출 및 환경 리스크 공개가 주요 내용이며, 국가 환경부는 지속가능공시

가이드라인을 준비하여 ESG 워싱 방지와 ESG 공시 체계의 기반을 마련하고 있다. 비록 현재는 의무화 수준이 낮지만, 그린 금융과 탄소중립 달성을 위한 제도 정비가 점차 강화되고 있다.

3.2 그린워싱(Greenwashing) 방지법 개요

그린워싱 방지법은 기업이나 조직이 환경친화적인 이미지를 주장할 때, 그에 상응하는 실질적인 환경 보호 활동을 수행하도록 강제하는 법적 장치로, ESG 공시의 신뢰성을 높이고 소비자 보호를 강화하는 역할을 한다.

가. 그린워싱(Greenwashing)을 규제하는 법률

유럽연합(EU), 영국, 미국, 프랑스, 한국 등 주요 국가 및 지역에서는 그린워싱(Greenwashing)을 방지하기 위한 규제와 법률이 각기 다른 형태로 도입되고 있으며, 법제화 수준과 강제력도 차이를 나타낸다.

국가	법률 및 제도	시행
EU	그린 클레임 지침(Green Claims Directive)	2024년 초안 확정 2026년 도입 예정
영국	Green Claims Code(영국경쟁시장청, CMA)	2021년부터 적용 중 (가이드라인 형태)
미국	Green Guides(연방거래위원회, FTC)	2024년 개정
프랑스	기후 및 회복력법(Loi Climat et Résilience)	2023년부터 법제화
한국	명확한 개별법 없음(표시광고법 등 간접 규제)	간접 규제만 존재 직접적 처벌 규정 없음

1) EU, 허위·과장 친환경 광고에 법적 철퇴

EU는 가장 강력하고 구체적인 그린워싱 방지 법안을 마련 중으로, 향후 친환경 주장에 대해 과학적 근거와 검증 의무를 부과할 예정이며, 환경 주장은 검증자료로 입증해야 하며, 허위·과장 시 법적제재를 받을 수 있고, 공인 인증 없는 "친환경" 문구는 사용이 금지된다.

2) 프랑스, 그린워싱 방지의 가장 앞선 규제 시행국

프랑스는 탄소중립 광고를 원천 금지하고 제품 전 과정에 걸친 환경정보 공개를 의무화하는 등 부분적인 성과나 보완적 수단만으로 탄소중립·친환경을 주장할 수 없으며, 과학적 근거와 전 생애주기 관점이 필수화되어 선도적인 법률을 이미 시행하고 있다.

3) 영국, 그린워싱 근절을 위한 집행 조사 강화

영국은 Green Claims Code라는 가이드라인을 중심으로 환경 관련 주장은 객관적 검증자료가 필수이며, 허위·과장 시 법적제재가 가능하고, 공인 인증 없이 "친환경" 문구 사용은 금지된다. 소비자 기만 여부에 대한 집행 조사를 엄격히 시행하고 있다.

4) 미국 FTC, 그린워싱 차단을 위한 규제 전면 개편

미국 연방거래위원회(FTC)는 2024년 Green Guides를 개정하여, 기업이 환경 관련 주장을 광고할 때 표현의 명확성, 객관적·과학적 검증자료, 소비자 오해 방지 등을 의무적으로 충족하도록 요구하고 있다. 또한, "친환경", "생분해성", "탄소중립" 등의 용어를 사용할 때는 반드시 근거 자료와 증명 가능성이 요구되며, 허위·과장 광고 시 제재가 가능하다.

5) 한국, 친환경 광고 규제는 있으나 종합적 대응은 부족

한국은 환경부의 "친환경 제품 표시기준"을 위반할 경우, 과태료가 부과될 수 있으나 그린워싱에 대한 종합적이고 구체적인 규제 체계는 아직 미흡한 상황으로 실효성 있는 법적 장치 마련과 함께 그린워싱 방지를 위한 제도화가 시급하다는 지적이 제기되고 있다.

나. 그린워싱(Greenwashing) 판단 기준

그린워싱(Greenwashing)으로 친환경적인 이미지를 홍보하는 행위를 판단하기 위한 기준은 소비자 보호와 기업의 투명성 확보 측면에서 매우 중요하다. 다양한 유형의 그린워싱은 소비자 기만을 유발할 뿐 아니라 기업의 진정성과 신뢰도에 중대한 손상을 초래할 수 있으며, ESG 평가 및 지속가능 경영 전반에 부정적인 영향을 끼치는 주요 리스크로 인식되고 있다.

1) 국제 7가지 그린워싱(Greenwashing) 판단 기준

① 숨기기(Hidden Trade-off): 제품의 일부 친환경적 요소만을 부각시키며 다른 심각한 환경 문제는 의도적으로 감추는 것

② 불충분한 증거(No Proof): 친환경적 주장에 대해 객관적 자료나 공식 인증 없이 광고하는 방식으로, 소비자를 오도하는 행위

③ 애매모호한 주장(Vagueness): "에코", "그린", "내추럴" 등 명확한 정의 없이 막연하고 해석이 다양한 용어를 사용하는 것

④ 관련 없는 주장(Irrelevance): 환경에 아무런 영향을 미치지 않는 요소를 마치 친환경적 가치인 것처럼 강조하는 방식이며, 이미 법적으로 금지된 물질을 "무첨가"라고 광고하는 것

⑤ 유해 상품 정당화(Lesser of Two Evils): 환경에 해로운 제품의 일부 개선 요소만을 부각시켜 제품 전체를 친환경적인 것처럼 포장하는 경우

⑥ 거짓말(Fibbing): 인증을 받지 않았거나 실제 사실이 아닌 내용을 친환경 주장으로 홍보하는 것

⑦ 허위 라벨 부착(False Labels): 공식 인증이 아닌 자체 제작한 로고나 마크를 통해 소비자에게 인증된 친환경 제품인 것처럼 보이게 하는 방식

그린워싱의 7가지 판단 기준은 국제 소비자 보호 단체나 환경 NGO, 법률가이드(미국 FTC Green Guides, EU Green Claims Directive) 등에서도 자주 인용되는 그린워싱 식별 도구이다.

2) 국내 그린워싱 방지를 위한 '환경 광고 심사지침'의 7가지 기준

한편, 국내에서는 공정거래위원회의 표시·광고의 공정화에 관한 법률(표시광고법)에 따라 "환경 관련 표시·광고 심사지침"을 통해 구체적인 심사 기준을 마련하고 2022년 9월부터 개정안이 시행되어 그린워싱을 예방하고 소비자의 합리적 선택을 지원하기 위해 7가지 그린광고 판단 기준을 제시하고 있다.

공정거래위원회의 그린광고 판단 기준	
진실성	객관적 사실에 근거
명확성	표현, 방법이 정확하고 명료
상당성	환경에 영향을 미치는 정도가 상당
실증성	정확하고 재현 가능한 객관적·과학적 최신 근거가 바탕
전과정성	상품의 원료 획득, 생산, 유통, 소비, 폐기 등 전 생애주기 고려
구체성	대상이 제품이나 포장 중 어디에 관한 것인지 명확
완전성	소비자의 구매 선택에 중요한 영향을 미칠 수 있는 사실이나 내용의 누락, 은폐 축소 없을 것

① 진실성: 광고 내용이 사실에 기반해야 하며, 허위나 과장 표현이 없어야 한다는 원칙이다.
② 명확성: 소비자가 광고의 의미를 명확히 이해할 수 있도록 표현해야 하며, "친환경", "에코"와 같은 모호한 용어만 사용해서는 안 된다.
③ 상당성: 친환경성이 제품 또는 서비스 전체에 충분히 적용되어야 하며, 일부 요소만 친환경적임에도 전체를 그렇게 보이게 해서는 안 된다는 것이다.
④ 실증성: 광고에 사용된 친환경 주장에 대해 과학적이고 객관적인 근거를 제시하고, 필요에 따라 이를 입증할 수 있어야 함을 의미한다.
⑤ 전과정성: 제품의 원재료 생산부터 제조, 유통, 폐기까지 전 과정에 걸쳐 환경성을 평가해야 하며, 특정 단계만 친환경적임에도 전체가 그런 것처럼 표현하는 것은 부적절하다.
⑥ 구체성: 어떤 기술이나 기준, 수단을 통해 친환경적인지를 명확히 제시해야 하며, 포괄적이고 추상적인 표현만으로는 부족하다.
⑦ 완전성: 소비자에게 중요한 정보를 숨기거나 왜곡하지 않아야 하며, 핵심 정보의 누락은 소비자를 오도할 수 있다는 점에서 금지된다.

공정거래위원회의 7가지 판단 기준은 기업이 환경 관련 광고를 할 때 진정성과 투명성을 갖추도록 촉진하며, 소비자가 정확한 정보를 기반으로 합리적인 선택을 할 수 있도록 한다.

3.3 자본시장 및 제품·서비스 시장 규제

가. ESG 워싱의 자본시장 규제

ESG 워싱에 대한 자본시장 규제는 전 세계적으로 빠르게 강화되는 추세이며, 기업의 ESG 정보공시의 신뢰성과 투명성을 확보하려는 법제적 움직임이 두드러지고 있다. 최근 몇 년간 ESG 요소가 기업 가치 평가와 투자 의사결정의 핵심 기준으로 부상하면서, 이를 악용한 '워싱(Washing)' 행위에 대한 시장 감시와 제재도 강화되고 있다.

1) 글로벌 ESG 공시 규제의 흐름

유럽연합은 SFDR(지속가능금융공시규정)과 CSRD(기업지속가능성보고지침)을 통해 금융기관과 기업에 대해 ESG 관련 정보의 정확한 공시를 의무화하고 있으며, ESG 투자 상품이 실제로 지속가능성을 갖추었는지를 검증할 수 있는 체계를 구축 중이다.

미국은 ESG 공시, 특히 기후 관련 공시에 대한 법제화를 상당히 구체적으로 진행하고 있으며, 2024년 3월 6일, 미국 증권거래위원회(SEC)가 기후 관련 공시 최종 규정(Final Rule)을 공식 채택했다.

한국은 2025년부터 자산 2조 원 이상 상장사를 대상으로 ESG 공시 의무화를 시행하고, 금융감독원과 금융위원회 중심으로 ESG 정보의 진위를 점검하는 시스템을 구축하고 있다. 이와 함께 ESG 성과를 과장하거나 허위로 제공한 기업에 대해 자본시장법상 허위 공시 및 기만적 행위로 간주해 법적제재를 가할 수 있도록 관련 법률도 정비 중이다.

2) ESG 정보공시의 6가지 원칙

자본시장에서의 ESG 워싱 규제는 투자자 보호와 공정한 시장 질서 유지를 위한 핵심 규제 영역으로 부상하고 있으며, 기업들은 ESG 정보의 실질성과 공시의 투명성 확보를 위해 체계적이고 진정성 있는 경영 전략을 수립해야 하는 상황에 직면해 있다. 이에 따라 아래와 같이 기업의 ESG 정보공시는 6가지 원칙을 충족해야 한다.

① 정확성: 기업이 제공하는 ESG 정보가 사실에 기반하고 오류 없이 명확히 반영되어야 한다는 것으로, 실제 성과와 일치해야 투자자와 이해관계자가 신뢰할 수

있다.
② 명확성: 공시 정보가 누구나 이해할 수 있도록 구체적이고 간단한 언어로 표현되어야 하며, 모호한 용어나 추상적인 표현은 지양해야 한다.
③ 비교가능성: 기업 간, 산업 간, 시기 간 비교가 가능하도록 표준화된 기준과 동일한 지표를 적용하여 투자자들이 ESG 성과를 합리적으로 비교할 수 있도록 해야 한다.
④ 균형: ESG 정보에 있어 긍정적인 측면뿐 아니라 부정적인 측면도 함께 포함하여 균형 있게 제공해야 하며, 일방적인 홍보는 신뢰를 훼손할 수 있다.
⑤ 검증가능성: 공시된 정보가 제3자에 의해 검증될 수 있도록 근거 자료와 투명한 데이터가 뒷받침되어야 하며, 허위 공시와 워싱을 방지하는 핵심 요소다.
⑥ 적시성: ESG 정보가 시의적절하게 제공되어야 함을 의미하며, 과거 데이터에만 의존하지 않고 최신 정보를 적시에 공시함으로써 투자자들이 효과적으로 의사결정을 내릴 수 있도록 해야 한다.

이러한 원칙들은 ESG 공시의 신뢰성과 실효성을 확보하고, 자본시장 내 지속 가능한 투자 문화를 정착시키는 기반이 된다.

나. ESG 워싱의 제품·서비스 시장 규제

제품이나 서비스의 지속가능성과 관련한 조작 행위에 대한 규제는 소비자 보호와 투자자 신뢰를 높이기 위한 핵심 수단으로 강화되고 있다.

국내에서는 ESG 정보의 과잉 생성과 함께 표시·광고법 위반 리스크가 커지고 있으며, 실제로 환경안전 요소에 대한 허위 또는 과장 광고 사건이 증가하는 추세다. 대표적인 사례로는 가습기 살균제 사건과 자동차 연비 조작 사건이 있으며, 이들은 모두 허위 친환경성을 내세운 결과로 사회적 파장이 컸다.

이와 함께 ESG 정보를 과도하게 강조하면서도 실질적 검증 없이 표시하거나, 허위·기만적 표현을 사용하는 경우가 많아지면서 공정거래위원회는 표시·광고의 공정화에 관한 법률을 통해 그린워싱 행위에 대한 제재를 강화하고 있다.

특히 징벌적 손해배상, 집단소송제 확대, 디스커버리 제도 도입 논의 등은 ESG 정보 왜곡에 따른 법적 리스크를 한층 더 높이고 있다.

이러한 규제 강화 흐름 속에서 기업은 ESG 관련 정보공시 및 광고를 진행할 때, 객관적이고 투명한 정보를 바탕으로 해야 하며, 실질적인 지속가능성 활동과 데이터 기반의 증거를 통해 그린워싱 리스크를 철저히 관리할 필요가 있다.

Part 2
기후 변화와 환경 대응 전략

제3장 탄소중립과 기후변화 대응 전략

1. 탄소중립(Carbon Neutrality)과 넷-제로(Net Zero)

1.1 탄소중립(Carbon Neutrality)의 개념 정의

가. 탄소중립(Carbon Neutrality)

탄소중립(Carbon Neutrality)은 1990년대 후반부터 등장한 개념으로, 이산화탄소(CO_2) 배출량을 줄이거나 배출된 만큼을 흡수 또는 상쇄(Carbon Offset)하여 실질적인 배출량을 "0"으로 만들어 균형을 맞추는 기후변화 대응 전략이다. 2000년대 초반부터 기업과 국가들이 이를 선언하면서 탄소중립은 점차 기후변화 대응의 핵심 개념으로 기반이 구축되고 있다.

나. 기후중립(Climate Neutrality)

기후중립(Climate Neutrality)은 인간 활동이 기후에 전반적으로 영향을 미치지 않는 상태를 의미하며, 탄소중립과 넷-제로보다 포괄적인 개념으로, 이산화탄소뿐만 아니라 메탄(CH_4), 아산화질소(N_2O) 등 모든 온실가스를 포함하여 온실가스 배출량을 '0'으로 만드는 것을 의미한다.

또한, 기후중립은 온실가스 감축뿐만 아니라 기후변화에 영향을 미치는 모든 활동(산림 파괴, 수자원 고갈, 공기 오염 등)을 포함하여 환경 영향을 최소화하는 것을 목표로 한다.

1.2 탄소중립(Carbon Neutrality)의 필요성과 기업의 역할

가. 기후변화의 파급효과와 탄소중립의 필연성

국제 사회는 온실가스로 인한 지구온난화의 심각성을 인식하고, 한 국가의 노력만으로 해결할 수 없는 기후 변화 문제를 지속 가능한 방식으로 해결하기 위해 탄소중립을 추진하고 있다. 온실가스 배출 증가로 인한 지구온난화가 이상 기후, 해수면 상승, 생태계 파괴 등 심각한 문제를 초래함에 따라 지구 평균 기온 상승을 1.5°C 이내로 억제하는 것이 필수적이다.

기후변화로 인한 극단적인 기상 현상, 생태계 파괴, 해수면 상승 등의 심각한 영향을 최소화하고 지속 가능한 환경을 유지하기 위한 필수적인 기준이다.

지구 온도가 1.5°C 이상 상승할 경우, 폭염, 홍수, 가뭄 등의 기상이변이 심화되어 자연재해의 빈도와 강도가 증가하며, 생태계 변화로 인해 생물다양성이 급격히 감소하고 일부 종은 멸종 위기에 처할 가능성이 커진다. 빙하와 극지방의 얼음이 급속도로 녹아 해수면 상승이 가속화되면서 해안 지역 거주민들의 생존을 위협하고 일부 섬나라는 국토가 물에 잠길 위험이 커지며, 기후 난민 발생 가능성이 증가한다.

나. 기후위기 시대, 탄소중립은 선택이 아닌 의무

또한, 기후변화로 인한 자연재해는 농업, 산업, 경제 전반에 심각한 타격을 주며, 특히 빈곤층과 개발도상국이 큰 피해를 입고, 기후 위기로 인한 생산성 저하 및 인프라 손상은 경제적 불평등을 심화시킬 가능성이 높다.

기온 상승은 열사병과 전염병 확산 등 인류 건강에 직접적인 위협을 가하는 동시에 공기 질 악화로 호흡기 질환 환자가 증가할 가능성이 크고, 깨끗한 물과 식량 자원의 부족이 심각해지면서 공공 안전과 국가 간 갈등 위험도 증가할 수 있다.

따라서 탄소중립은 환경보호뿐만 아니라 경제적 경쟁력 확보와 지속 가능한 성장을 위한 핵심 요소로 작용하며, 기업과 정부, 금융권의 적극적인 참여가 필수적이다. 지구 온도 상승을 1.5°C 이내로 억제하는 것은 인류의 생존과 직결된 문제로, 이를 달성하기 위해 탄소중립과 온실가스 감축 노력이 필수적이다. 정부, 기업, 개인이 협력하여 지속 가능한 미래를 위해 즉각적인 기후 행동을 실천해야 하며, 국제 사회의 공동 대응이 필요하다.

1.3 넷-제로(Net Zero)의 의미와 전환 전략

넷-제로(Net Zero)는 기후 변화 대응의 핵심 개념으로, 온실가스 배출량을 줄이고 남은 배출량을 흡수 또는 상쇄(Carbon Offset)하여 순 배출량을 '0'으로 만드는 것을 의미하며, 탄소중립(Carbon Neutrality)보다 포괄적인 개념으로 메탄(CH_4), 아산화질소(N_2O) 등 모든 온실가스를 포함하여 지구온난화를 유발하는 배출량을 완전히 상쇄하는 것이다.

가. 넷-제로(Net Zero) 목표

1) 글로벌 넷-제로(Net Zero) 연대

2050년까지 온실가스 순 배출량을 '0'으로 달성하고, 지구 평균 기온 상승을 1.5°C 이하로 제한하여 기후변화의 심각한 영향을 방지하는 것을 목표로 하며, 이를 위해 산업, 교통, 건설, 농업 등 모든 부문의 배출량을 감축하고 불가피한 배출량은 탄소 상쇄(Carbon Offset)를 통해 제거하는 전략을 추진한다.

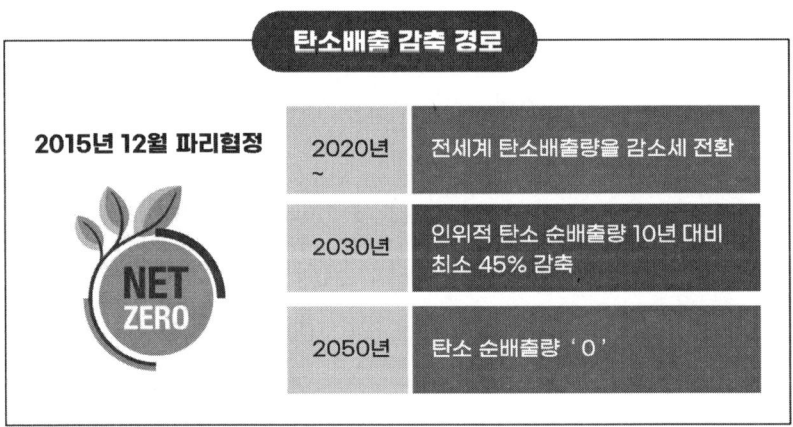

2015년 파리기후협약(Paris Agreement)에서 공식적으로 넷-제로 목표가 설정되었다. 파리협정을 통해 지구 평균 기온 상승을 산업화 이전 대비 1.5°C 이하로 유지하는 것을 목표로 하며, 이를 실현하기 위해 2050년까지 넷-제로 달성이 필수적이라고 강조하고 있다. 이에 따라 많은 국가와 기업들이 넷-제로 목표를 설정하고 있으며, 금융권과 투자자들도 넷-제로 투자 전략을 도입하여 친환경 산업에 대한 지원을 강화하고 있다.

2) 재생에너지와 혁신기술이 이끄는 넷-제로 전환

넷-제로는 경제와 산업 전반의 패러다임을 변화시키는 핵심 요소로 작용하며, 기업들은 넷-제로 목표를 달성하기 위해 공급망 관리, 재생 가능 에너지 활용, 탄소배출 저감 기술 도입, 지속 가능한 금융 전략 등을 적극적으로 추진해야 한다. 또한, 넷-제로 실현은 기후변화 완화뿐만 아니라 경제적 경쟁력을 강화하고 글로벌 시장에서 지속가능성을 확보하는 데 핵심적인 역할을 한다.

탄소배출뿐만 아니라 에너지 효율 향상, 재생 가능 에너지 확대, 지속 가능한 생산과 소비 패턴 정착을 통해 실현된다. 산업, 건물, 수송 등 다양한 분야에서 탄소배출 감축 기술과 전략을 도입하여 탄소배출을 줄이고, 남은 배출량은 자연 기반 해법(Nature-Based Solutions, NBS)이나 탄소 포집 및 저장(Carbon Capture and Storage, CCS) 기술을 활용하여 제거하는 방식으로 진행된다. 따라서, 넷-제로 목표 달성은 기후 변화 대응뿐만 아니라 지속 가능한 경제 성장과 미래 산업 경쟁력 확보를 위한 필수 과제가 되며, 각국 정부, 기업, 금융기관, 시민사회가 협력하여 넷-제로 전략을 실행하는 것이 중요하다.

나. 넷-제로(Net Zero) 주요 전략

넷-제로(Net Zero) 주요 전략은 2050년까지 온실가스 배출을 최대한 감축하고 불가피한 배출량을 기술적·자연적 방법으로 제거하여 실질적인 순 배출량을 '0'으로 만드는 것을 목표로 탄소중립(Carbon Neutrality) 개념이 아닌 온실가스 전체 감축을 최우선으로 하고 최소한의 배출량만을 제거하는 방식으로 접근해야 한다. 이를 위해 정부, 기업, 금융기관, 시민사회가 협력하여 적극적인 정책과 실행을 추진해야 한다.

1) 저탄소 전환을 향한 에너지·산업 혁신 전략

온실가스 감축 및 저탄소 산업 전환을 위해 화석연료(석탄, 석유, 천연가스 등) 사용을 감축하고 재생에너지를 확대하며, 전력, 운송, 건설, 산업 부문의 탈탄소화를 추진하고 기업들의 RE100(100% 재생에너지 전환) 참여를 확대하는 동시에, 친환경 산업 및 전기차, 수소 경제 등 저탄소 기술 개발을 촉진하여 산업 구조를 저탄소 방식으로 전환해야 한다.

또한, 탄소 포집 및 제거 기술 활용을 위해 탄소 포집 및 저장(CCUS) 기술을 개발하고 적용하며, 숲 복원과 해양 탄소 흡수 등 자연 기반 해결책을 활용하여야 한다. 직접 공기 포집(DAC) 기술을 도입하여 온실가스 배출량을 효과적으로 제거해야 하며, 지속 가능한 경제 및 정책 지원을 위해 탄소 배출권 거래제(ETS)를 운영 및 강화하고, 탄소국경조정제도(CBAM)를 도입하여 산업 경쟁력을 보호하는 동시에 정부와 금융권의 친환경 투자 확대 및 ESG 경영 강화를 추진해야 한다.

2) 투명성과 협력으로 가는 글로벌 넷-제로 전략

글로벌 협력 및 규제 강화를 위해 파리기후협약과 UN 기후변화 협약을 기반으로 국제 협력을 확대하고, 각국 정부 및 기업이 넷-제로 로드맵을 수립하여 이행목표를 설정하며, 기업 및 금융기관의 탄소배출 정보를 CDP와 IFRS S2 기준에 따라 공개하여 투명성을 강화해야 한다.

2050년까지 넷-제로 목표를 달성하기 위해서는 국가뿐만 아니라 기업과 금융기관, 시민사회가 함께 협력해야 하며, 이를 위한 정책 강화, 기술 혁신, 국제 협력, 민간 부문의 적극적인 참여가 필수적이다.

다. 탄소중립(Carbon Neutrality)과 넷-제로(Net Zero)

탄소중립은 이산화탄소(CO_2) 배출량을 줄이고 상쇄하는 개념으로 시작되었으며, 이후 넷-제로(Net Zero)로 확장으로 2050년까지 모든 온실가스 배출을 줄이고 상쇄하는 국제적인 목표로 발전하였다.

2015년 파리기후협약을 계기로 탄소중립에서 넷-제로로 전환되었으며, 현재는 넷-제로가 글로벌 기후 목표의 핵심 개념으로 구축되었다.

탄소중립(Carbon Neutrality)	넷-제로(Net Zero)
이산화탄소(CO_2)	모든 온실가스(GHG)
배출된 탄소를 제거하거나 흡수	온실가스 감축을 최우선으로 불가피한 배출은 상쇄
탄소배출 감축 + 탄소 흡수 (나무 심기, 탄소 포집 기술 등)	온실가스 감축 + 자연·기술적 방법을 통한 온실가스 제거
기업 및 국가별 개별 목표설정	2050년까지 넷-제로 목표(UN, IPCC)

2. 글로벌 탄소중립(Carbon Neutrality) 정책과 기업의 대응

2015년 파리기후협약은 지구 평균 온도 상승을 1.5°C 이하로 제한하고 2050년까지 탄소중립 목표를 달성하는 것을 목표로 하며, 각국은 자발적으로 국가별 온실가스 감축 목표(NDC)를 설정하고 이를 주기적으로 보고 및 강화하도록 요구하고 있다.

2.1 국제기구의 탄소중립(Carbon Neutrality) 정책 동향

글로벌 주요 탄소중립 정책은 탄소배출 감축, 재생에너지 확대, 탄소배출권 거래제(ETS) 도입, 탄소국경조정제도(CBAM) 시행 등 다양한 방식으로 추진되고 있으며, 2050년까지 탄소중립을 달성하기 위한 국제적인 노력이 가속화되고 있다.

〈탄소중립제도의 국제적 추진 현황〉

국가	주요 탄소중립 정책	목표
EU	유럽 그린딜(European Green Deel), 탄소국경조정제도(CBAM), 탄소배출권 거래제(ETS)	2050 넷-제로
미국	인플레이션 감축법(RA), 청정에너지 투자확대	2050 넷-제로
중국	2060년 탄소중립 목표, 국가 탄소배출권 거래제(ETS)	2050 탄소중립
한국	2050년 탄소중립 기본법, 탄소배출권 거래제(ETS), 재생에너지 확대	2050 탄소중립

- EU는 2019년 "유럽 그린딜(European Green Deal)"을 발표하고 2050년까지 탄소중립 목표를 법제화하였으며, 산업별 감축목표와 규제를 설정해 탄소배출량을 줄이고 있다. 특히 철강, 시멘트, 알루미늄 등 고탄소 제품에 대해 탄소국경조정제도(CBAM)를 시행해 탄소 감축 노력이 미흡한 국가의 제품에 비용을 부과함으로써 EU 기업의 경쟁력을 보호하고 국제 무역의 공정성을 도모하고 있으며, 신재생에너지 사용 의무화와 탄소 감축 목표 강화를 통해 재생에너지 확대를 추진 중이다.

- 미국은 2021년 "인플레이션 감축법(IRA)"을 시행해 탄소 감축 및 재생에너지 지원을 확대하고 있으며, 국내 넷-제로(Net Zero) 실현과 함께 전기차(EV) 산업 육성, 친환경 에너지 기반 전환, 관련 인프라 구축, 보조금 제공 등을 통해 산업구조 전환을 가속화하고 있다.

- 중국은 2020년 "2060 탄소중립 선언"을 통해 2030년까지 탄소배출 정점 도달 후 2060년까지 넷-제로(Net Zero) 달성을 목표로 설정하였고, 신재생에너지 확대와 화석연료 의존도 감소를 추진하면서, 2021년부터 국가 차원의 ETS를 시행해 감축 노력을 제도화하고 있다.

- 한국은 2021년 "2050 탄소중립 기본법"을 제정해 법적 탄소중립 목표를 수립하였으며, 2030년까지의 국가 온실가스 감축목표(NDC)를 강화하고, ETS를 확대 운영하면서 신재생에너지 확대 및 친환경 산업 지원 정책을 병행 추진하고 있다.

2.2 기업의 넷-제로 대응 전략과 이행 계획

기업들은 탄소배출 감축, 재생에너지 전환, 친환경 기술 개발, 지속 가능한 공급망 구축 등의 전략을 통해 탄소중립을 실현하고 있다. 온실가스 감축, 재생에너지 전환, 탄소 제거 기술 활용, 친환경 공급망 구축 등의 다각적인 접근을 통해 실행되며, 환경 보호뿐만 아니라 국제 규제 대응 및 글로벌 시장 경쟁력 확보에도 필수적인 요소가 되고 있다.

가. 탄소배출 감축 및 재생에너지 전환

기업과 산업 전반에서 지속가능성을 강화하는 핵심 전략으로, 산업 공정과 에너지 사용 효율을 개선하여 탄소 배출량을 감축하고, 태양광 및 풍력과 같은 친환경 전력원을 활용하며, 전력, 운송, 건설 부문의 탈탄소화를 적극적으로 추진하고 있다.

전력 부문에서는 석탄 및 화석연료 기반 발전소를 신재생에너지로 전환하고, 운송 부문에서는 전기차(EV)와 수소차 도입 및 친환경 물류 시스템을 구축하며, 건설 부문에서는 친환경 건축자재 활용 및 에너지 효율적인 설비 도입을 통해 탄소배출 감축을 강화하고 있다.

나. 탄소 제거 기술 및 자연 기반 해결책 활용

기후 변화 대응과 탄소중립 실현을 위한 핵심 전략으로, 탄소 포집 및 저장(CCUS), 자연 기반 해결책(Nature-Based Solutions), 직접 공기 포집(DAC) 등의 기술을 활용하여 배출된 이산화탄소를 효과적으로 제거하는 방안을 마련하고 있다.

- 탄소 포집 및 저장(CCUS): 철강, 시멘트, 화학 산업 등에서 발생하는 이산화탄소를 포집하여 저장하거나 활용하는 기술로 활용되고, 자연 기반 해결책은 숲 복원, 해양 탄소 흡수, 토양 탄소 저장 등을 통해 배출된 탄소를 자연적으로 제거하는 방식으로 추진된다.

- 직접 공기 포집(DAC) 기술: 대기 중에서 이산화탄소를 직접 포집하여 제거하는 기술로 스위스와 캐나다 등에서 파일럿 프로젝트가 진행 중이며, 향후 기술 발전을 통해 본격적인 활용 가능성이 높아지고 있다.

다. 지속 가능한 공급망 구축 및 친환경 산업 육성

넷-제로 목표 달성과 지속 가능한 경제 전환을 위한 핵심 전략으로, 기업들은 공급망 탄소배출 모니터링 및 감축, 순환 경제 활성화, 탄소배출권 거래 및 금융 지원 활용 등의 전략을 추진한다.

협력업체까지 포함하여 탄소중립 목표를 설정하고 저탄소 원자재 사용을 확대하는 한편, 폐기물 재활용 촉진, 제품의 수명 연장, 자원 효율성 극대화 등의 순환 경제 전략을 도입하고 있다. 또한, 탄소배출권 거래제(ETS) 참여 및 ESG 금융 조달을 통해 친환경 사업 투자를 확대하며, 탄소 감축을 위한 재정적 기반을 마련하고 친환경 산업 육성을 촉진하고 있다.

이러한 대응 전략은 환경보호뿐만 아니라 국제 규제 대응 및 글로벌 시장 경쟁력 확보에도 필수적인 요소가 되며, 정부, 금융권, 기업이 협력하여 넷-제로(Net Zero) 목표 달성을 위한 정책 및 기술 혁신을 지속적으로 추진하는 것이 중요하다.

2.3 탄소 감축 목표설정과 재생에너지 전환 전략

가. 탄소정보 공개프로젝트(CDP, Carbon Disclosure Project)

CDP는 2000년 영국에서 시작된 글로벌 이니셔티브로, 기업과 기관의 온실가스 배출량, 기후변화 대응 전략 및 환경 영향을 평가하고 공개하여 지속 가능한 경영을 촉진한다. 투자자와 금융회사에 기후변화 대응 및 환경 경영 관련 정보를 제공하고 다양한 환경 리스크 관리 프로젝트를 운영하는 역할을 한다.

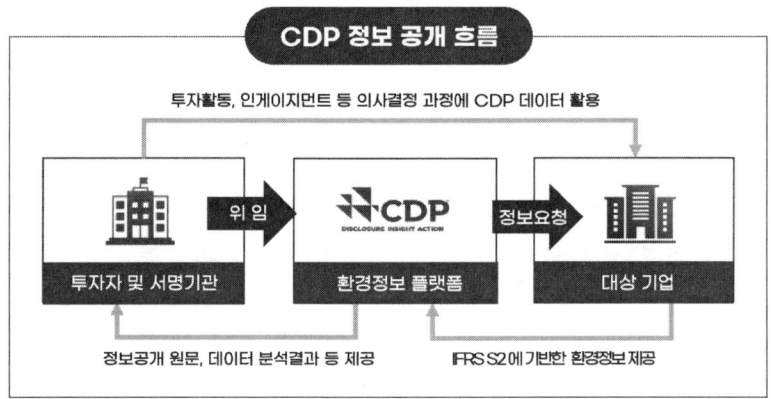

2000년 기후변화 대응 정보를 공개하는 "기후변화(Climate Change)" 부문을 시작으로, 2008년에는 공급망의 환경 리스크 관리 정보를 제공하는 "공급망(Supply Chain)"을 도입했으며, 2010년에는 물 관련 환경 리스크 정보를 공개하는 "물/수자원(Water)" 부문을 추가하였다.

이후 2011년에는 생물다양성과 숲 관련 정보를 다루는 "산림(Forest)", 도시 단위의 기후변화 대응 정보를 제공하는 "도시(Cities)", 기관투자자의 공동 행동 플랫폼 역할을 하는 "탄소대응/탄소감축활동(Carbon Action)" 등을 운영하며 환경 리스크 관리를 위한 영역을 지속적으로 확장해 왔다.

기업의 탄소 배출량, 기후 리스크, 탄소 감축 계획을 측정하고 이를 공시하도록 요구한다. 공시된 데이터를 기반으로 기업과 기관이 온실가스를 포함한 감축 계획을 공시하고, 실질적으로 넷-제로 목표를 달성하는 ESG 경영을 평가한다. 또한, 기업의 탄소 감축목표와 이행 수준을 평가하여 A~F 등급으로 분류하며, CDP 보고서는 투자자 및 정부 기관이 기업의 지속가능성을 판단하는 주요 기준으로 활용되고 있다.

나. RE100(Renewable Energy 100%)
1) 지속가능성과 기후 대응의 핵심 전략

RE100은 2014년 9월 비영리단체인 더 클라이밋 그룹(The Climate Group)과 탄소정보공개프로젝트(CDP)가 공동으로 주도하여 기업들이 100% 재생 가능 에너지로 운영을 전환하도록 설립된 글로벌 이니셔티브다. RE100에 가입한 기업들은 신재생에너지를 구매하거나 직접 생산하여 화석연료 기반 전력 사용을 줄이고 탄소배출을 감축하며, 각국 정부는 세제 혜택 및 친환경 금융 지원을 통해 이를 정책적으로 지원하고 있다.

또한, RE100 가입은 글로벌 무역과 공급망에서 중요한 요소로 작용하며 지속가능성을 위한 필수 요건으로 자리 잡고 있다. 이를 통해 온실가스 배출을 줄이고 기후변화를 완화할 수 있을 뿐만 아니라, 에너지 가격 변동의 영향을 덜 받아 기업의 비용 안정성을 높일 수 있다. 즉, RE100은 기업의 지속가능성을 강화하고 기후변화 대응을 위한 글로벌 기준으로 탄소중립(Carbon Neutrality) 달성을 위한 핵심 전략 중 하나로 활용되고 있다.

2) 국내 기업의 RE100 참여와 재생에너지 전환 가속화

국내 기업들은 사용 전력량의 100%를 풍력, 태양광 등 재생에너지로 조달하겠다는 RE100 캠페인에 자발적으로 참여하고 있다. RE100 참여대상은 연간 100GWh 이상 전력을 소비하는 기업으로, 2030년까지 60%, 2040년까지 90%, 2050년까지

100% 재생에너지 전환 목표를 설정하도록 권고되고 있다. 2020년 11월 2일 SK 그룹의 8개 자회사가 최초로 글로벌 RE100에 가입하며 선도적인 역할을 하였으며, 이후 국내 주요 기업들도 RE100에 동참하며 재생에너지 전환을 가속화하고 있다.

순번	기업명	사업 영역	RE100 달성 목표 연도	가입연도
23	삼성전자	반도체, 휴대폰, 가전제품 등	2050년	2022년
20	KT	유무선통신, 초고속인터넷 등	2050년	2022년
15	현대자동차	완성차 제조 및 판매	2045년	2022년
9	한국수자원공사	수자원 개발 및 관리, 생활용수 공급	2050년	2021년
1	SK하이닉스	메모리 반도체, 시스템 반도체 등	2050년	2020년

다. CDP와 RE100의 공통점과 차이점

CDP와 RE100은 기업의 탄소 감축 및 지속가능성을 강화하는 대표적인 글로벌 이니셔티브로, CDP는 기업의 탄소 배출량과 감축 전략을 평가 및 공개하여 기후 대응의 투명성을 강화하는 역할을 하며, RE100은 기업이 100% 재생에너지를 사용하도록 하여 직접적인 재생에너지 전환을 추진하는 목표를 갖고 있다. CDP는 온실가스 감축을 위한 전반적인 기후 리스크관리와 대응 전략을 평가하는 반면, RE100은 기업의 에너지 사용을 재생에너지로 전환하는 구체적인 실천 방안을 제시하는 차이가 있다. 두 정책은 상호보완적으로 작용하여 기업의 넷-제로 목표 달성을 촉진하고 있다.

- CDP는 넷-제로(Net Zero)에 초점을 맞춰 기업과 기관이 탄소 배출량뿐만 아니라 모든 온실가스를 포함한 감축 계획을 공시하고 기후 변화 대응 전반을 평가하여 넷-제로 달성 여부를 측정하는 역할을 한다.

- RE100은 탄소중립(Carbon Neutrality)에 초점을 맞춰 기업들이 전력 소비에서 화석연료 사용을 줄이고 재생에너지를 활용하여 이산화탄소(CO_2) 배출을 감축하도록 하며, 100% 재생에너지(태양광, 풍력 등) 사용을 목표로 설정하여 넷-제로의 직접적인 목표보다는 탄소중립 실현을 위한 에너지 전환에 집중한다.

CDP (Carbon Disclosure Project)	RE100 (Renewable Energy 100%)
넷-제로(Net Zero)	탄소중립(Carbon Neutrality)
모든 온실가스(GHG) 감축	이산화탄소(CO_2) 배출 감축
기업 및 기관의 온실가스 배출량 감축, ESG 평가 및 공시	기업의 100% 재생에너지 사용 권장
넷-제로 달성을 위한 기업의 기후 대응 전략을 평가 및 공개	탄소중립 실현을 위한 에너지 전환 촉진
A~F등급 평가를 통해 기후 변화 대응 수준을 측정	RE100 가입 여부와 목표 달성 진행도를 평가

CDP는 넷-제로(Net Zero) 달성을 위한 기업의 전반적인 기후 전략을 평가하는 데 집중하는 반면, RE100은 탄소중립(Carbon Neutrality)을 목표로 하여 기업의 재생에너지 사용 확대를 촉진하는 데 중점을 둔다.

3. 글로벌 탄소중립 정책(Carbon Neutrality)과 기업의 대응

탄소배출 규제 전략은 온실가스 배출을 줄이고 기후변화 대응을 강화하기 위한 정부 및 기업 차원의 정책과 제도적 조치를 포함하며, 이를 통해 산업 및 경제 전반에서 탄소배출 감축과 지속 가능한 성장 모델을 구축하는 것이 목표이다.

3.1 탄소 배출량 관리와 감축의 적용

탄소 배출량 관리 및 감축을 위한 제도는 탄소세(Carbon Tax), 탄소배출권 거래제(ETS, Emissions Trading System), 탄소국경세(Carbon Border Tax), 탄소국경조정제도(CBAM, Carbon Border Adjustment Mechanism) 등으로 기업과 산업이 저탄소 기술을 도입하도록 촉진하는 정책적 수단이다.

제도	적용대상	운영 방식
탄소세 (Carbon Tax)	화석연료, 산업 부문	배출량에 따라 세금 부과
탄소배출권 거래제 (ETS)	기업, 산업 전반	탄소배출권을 할당·거래
탄소국경세 (Carbon Border Tax)	수입 제품	수입 시 탄소 배출량에 따른 관세 부과
탄소국경조정제도 (CBAM)	EU 수입품 (철강, 시멘트 등)	탄소 배출량을 기준으로 추가 비용 부과

가. 탄소세(Carbon Tax)

탄소세는 기업과 소비자의 온실가스 배출을 줄이도록 유도하는 시장 기반 정책으로, 이산화탄소(CO_2) 배출량에 따라 세금을 부과하는 제도이다. 이 제도는 탄소배출에 경제적 비용을 부여함으로써, 기업이 저탄소 기술을 개발하거나 친환경 에너지를 도입하도록 하며, 전반적인 온실가스 감축을 촉진한다.

석탄, 석유, 천연가스 등 화석연료의 탄소 함량을 기준으로 세율이 책정되며, 기업은 일정량의 이산화탄소(CO_2)를 배출할 경우, 톤당 탄소세를 납부해야 한다. 과세 기준은 연료 사용량 또는 직접적인 배출량을 기반으로 한다.

탄소세는 예측 가능성과 행정적 단순성이 강점이며, 정부는 이를 통해 탄소 가격

신호를 시장에 전달하고, 장기적으로 저탄소 경제 전환을 촉진할 수 있다.

주요 도입 국가로는 세계 최초 1990년 핀란드를 시작으로 1991년 스웨덴이 탄소세를 도입한 이후 현재는 톤당 약 130달러 수준으로 세계에서 가장 높은 탄소세를 유지하고 있다. 캐나다는 2019년부터 연방 차원의 탄소세를 시행하고 있으며, 2024년 기준 톤당 50캐나다달러를 부과하고 있다.

한국도 현재 ETS(배출권 거래제)를 운영 중이며, 탄소세 도입에 대한 정책 논의가 진행되고 있는 단계이다. EU 내에서는 프랑스, 핀란드, 덴마크 등 일부 회원국이 개별적으로 적용 중이며, 2024년 기준 약 28개국이 탄소세를 도입 중이다.

나. 탄소배출권 거래제(ETS, Emissions Trading System)

ETS는 정부가 기업별 온실가스 배출 허용량(Cap)을 설정하고, 해당 기업이 할당된 배출량을 초과할 경우, 배출권을 구매하고, 감축에 성공하면 남은 배출권을 시장에 판매할 수 있도록 하는 시장 기반의 온실가스 감축 제도이다.

탄소세와 달리 직접적인 세금이 부과되지 않으며, 기업 간 배출권 거래를 통해 자율적으로 감축을 유도하는 것이 특징이다.

〈배출권 거래제 할당 방식〉

유상 할당	무상 할당	
경매	과거 활동자료 기반할당 BM (Benchmark)	과거 배출량 기반할당 GF (Grandfathering)

출처 : 국가환경 물개롱(2021) · 재구성

정부는 배출권을 무료로 배분하거나 경매 방식으로 판매하며, 기업은 실질 배출량이 허용치를 초과할 경우, 추가 배출권을 구매해야 하고, 감축 시에는 잉여 배출권을 통해 경제적 이익을 창출할 수 있다.

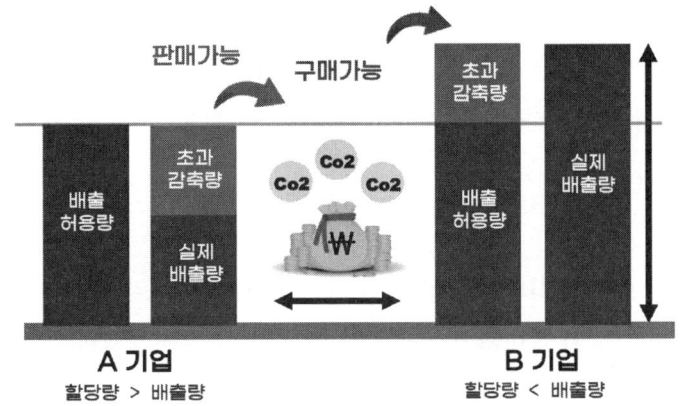

ETS의 핵심 목적은 탄소 배출량을 효과적으로 줄이면서도, 기업들이 자율적으로 온실가스 감축에 참여하도록 권장하고, 저탄소 경제로의 전환을 촉진하는 데 있다. EU가 2005년 세계 최초이자 최대 규모의 ETS를 도입하여 운영 중이며, 미국은 캘리포니아주와 동북부 일부 주(RGGI 등)에서 지역 기반으로 시행하고 있다. 중국은 2021년 공식적으로 ETS를 출범시켜 세계 최대 배출국으로서 감축 시스템을 도입하였고, 한국은 2015년 ETS를 도입해 600여 개 온실가스 다배출 기업을 대상으로 제도를 시행 중이다. ETS는 현재 전 세계적으로 가장 널리 활용되는 기후변화 대응 시장 메커니즘 중 하나이다.

다. 탄소국경세(Carbon Border Tax)

탄소국경세는 자국 내 탄소 규제를 회피하려는 문제를 방지하고, 국제적인 온실가스 감축 노력을 촉진하기 위해 해외에서 생산된 제품에 대해 수입 시 추가적인 관세를 부과하는 제도이다.

탄소배출이 많은 국가에서 생산된 제품이 규제가 강한 국가에서 가격 경쟁력을 갖는 현상, 즉 탄소누출(carbon leakage)을 방지하고, 국제 무역에서 공정한 경쟁 환경을 조성하는 것을 목적으로 한다.

제품 생산 과정에서 발생한 탄소 배출량을 산정한 후, 그에 상응하는 세금을 부과하는 방식으로 적용되며, 철강, 시멘트, 화학제품 등 탄소배출 강도가 높은 산업군이 주요 대상이다. 이 제도를 통해 탄소규제가 엄격한 국가는 탄소 감축 의무가 약한 국가로부터의 수입품에 대해 가격 조정 압력을 가함으로써, 해당 국가 기업들의 감축 유인을 촉진하게 된다.

현재 제도적으로 구체화되지는 않았으나 미국, 캐나다 등 일부 국가에서 도입을 검토 중이며, 한국은 아직 도입하지 않았지만, EU의 탄소국경조정제도(CBAM)에 대응하기 위한 관련 정책과 방안을 논의 중이다.

탄소국경세는 탄소국경조정제도(CBAM)와 유사한 목적을 가지지만, 관세 형태의 접근 방식을 취하는 것이 특징이며, 향후 글로벌 탄소규제의 일환으로 중요한 역할을 할 수 있는 제도로 주목받고 있다.

라. 탄소국경조정제도(CBAM, Carbon Border Adjustment Mechanism)

탄소국경조정제도는 EU가 탄소국경세 개념을 구체화하여 도입한 환경 규제다. 탄소 감축 노력이 부족한 국가에서 생산된 철강, 시멘트, 알루미늄, 비료, 전기, 수소 등 고탄소 제품이 EU로 수출될 경우, 해당 제품의 탄소배출량을 산정한 뒤 이에 상응하는 비용을 부과하는 제도이다. 이 제도는 탄소규제가 느슨한 국가를 통한 편법적 수출을 차단하고, EU 역내 기업들의 탄소 감축 노력과 비용 부담을 보호하며, 동시에 국제 무역의 공정성을 확보하는 것을 주요 목적으로 한다.

⟨CBAM 단계별 이행 로드맵⟩

시기	주요 내용
2023년 10월	CBAM 과도기(Transition) 단계 시작 - 수입품에 대한 탄소배출량 보고 의무만 적용
2024년 10월	보고 의무 본격화 - 분기별 탄소배출량 산정 및 정확한 보고 필요 - 미이행 시 벌금(톤당 10~50유로) 부과 가능
2025년 말까지	보고 체계 안정화 및 검증체계 준비 - 기업과 당국의 이행 역량 강화 기간
2026년 1월	CBAM 정식 시행(Fully Operational Phase) - 보고 + CBAM 인증서 구매 의무화 - 인증서 가격은 EU ETS 시장가격과 연동됨

CBAM은 2023년부터 단계적으로 도입되었으며, 2024년 10월부터는 분기별 탄소배출량 보고 의무가 본격적으로 시행되고 있다.

EU로 제품을 수출하는 기업은 제품별 탄소배출량을 산정해 보고하고, 이를 바탕으로 CBAM 인증서를 구매해야 하는 의무를 지닌다. 이행하지 않을 경우, 톤당 10~50유로의 벌금이 부과되며, 2025년까지는 보고만 의무화하고 2026년부터는 인증서 구매에 따른 실제 비용이 부과된다. 인증서 가격은 EU ETS(배출권 거래제)의 시장가격에 연동되어 결정된다.

⟨수출 기업의 CBAM 대응 전략⟩

대응 전략	주요 내용
제품별 탄소배출량 측정 체계 구축	제품 단위별 탄소 배출량을 정량적으로 산정할 수 있는 MRV 시스템(Monitoring, Reporting, Verification) 확보 필요
공급망 전반의 저탄소 전환	원자재·제조·물류 등 전체 밸류체인에서 탄소 저감 방안 도입, 재생에너지 사용 확대, 공정 전환 등
배출량 투명 공시 외부 검증 확보	유럽 수입업자가 신뢰할 수 있도록 ESG 또는 탄소정보 공시 체계 정비, CDP, ISO 14064, LCA 등 국제 인증 기준 활용

내부 탄소 가격제 도입 검토	자체적으로 탄소 가격을 책정해 의사결정에 반영하는 내부 기준 마련, 향후 CBAM 비용을 내부예산에 반영하는 시스템
정부 및 업계 공동 대응	국가 차원의 대응 로드맵 모니터링, 산업별 협회와의 공동 대응 및 데이터 공유 체계 구축

CBAM은 한국, 중국, 일본, 미국 등 EU에 수출하는 주요국 기업들에게 실질적인 비용 부담을 초래할 수 있으며, 이에 따라 기업들은 탄소 감축 전략을 강화하고 저탄소 기술 및 제품 개발을 가속화해야 할 필요성이 커지고 있다. 무역장벽뿐만 아니라 국제적인 탄소 감축 책임을 요구하는 기후 외교적 수단으로 평가되며, 글로벌 공급망 전반에 걸쳐 탄소규제 대응 역량을 갖춘 기업만이 경쟁력을 유지할 수 있는 환경으로 제도화되고 있다.

3.2 탄소배출 규제 전략과 기업 대응의 상호보완적 역할

전 세계가 2050 탄소중립 달성을 위해 각종 기후 정책과 제도를 강화하고 있는 가운데, 탄소배출 규제 전략들은 각기 다른 방식으로 작동하면서도 상호보완적으로 기후변화 대응을 뒷받침하고 있다. 이들 전략은 국내적으로는 산업 내 배출 저감, 국제적으로는 무역 연계를 통한 감축 유도라는 두 축으로 운영되며, 기업과 국가의 온실가스 감축을 유도하고 저탄소 기술 투자를 촉진한다.

가. 국내 규제 수단: 탄소세(Carbon Tax)와 탄소 배출권 거래제(ETS)

- 탄소세(Carbon Tax): 이산화탄소(CO_2) 배출량 1톤당 일정 세율을 부과하는 방식으로, 배출량이 많을수록 비용 부담이 커지며, 기업은 이러한 직접적인 비용을 줄이기 위해 에너지 효율 향상이나 재생에너지 도입 등 감축 노력을 권고받게 된다. 예측 가능성과 행정적 단순성이 있지만, 감축량이 사전에 고정되지 않아 환경 효과의 불확실성이 존재한다.

- 탄소배출권 거래제(ETS, Emissions Trading System): 정부가 기업별로 온실가스 배출 허용량(배출권)을 할당하고, 실제 배출량이 이를 초과할 경우, 배출권을 구매하도록 하는 시장 기반 제도이다. 감축에 성공한 기업은 잉여 배출권을 판매해 수익을 얻을 수 있어 인센티브 구조가 작동한다. 국가 또는 산업 전체의 총 배출량(Cap)을 설정해 감축목표를 직접적으로 통제할 수 있으며, 시장 유연성을 통해 비용 효율적인 감축이 가능한 것이 강점이다.

이처럼 탄소세는 세금 방식으로 가격의 예측 가능성을 확보하고, ETS는 총량 통제를 통한 환경적 확실성을 제공하는 등 서로 다른 방식의 탄소 감축 수단이지만, 함께 도입될 경우, 예측 가능성과 감축 실효성을 동시에 확보할 수 있는 상호보완적 구조를 형성하게 된다.

나. 국제 규제 수단: 탄소국경조정제도(CBAM)와 탄소국경세(CBT)

- 탄소국경조정제도(CBAM, Carbon Border Adjustment Mechanism): 탄소배출 규제가 약한 국가에서 생산된 제품에 대해 EU 역내 탄소배출권 거래제(ETS)의 가격에 상응하는 비용을 부과하는 방식이다. 2026년부터 EU에서 본격 시행될 예정이며, 철강, 시멘트, 알루미늄, 비료, 전력, 수소 등 탄소집약도가 높은 품목에 우선 적용된다. 국내 기업이 별다른 감축 노력 없이 수출할 경우, 상대적 불이익을 받도록 설계되어 있어, 사실상 타국의 온실가스 감축을 압박하는 기후외교 수단으로 기능한다.

- 탄소국경세(Carbon Border Tax): CBAM과 개념적으로 유사하지만, 일반적인 수입 관세처럼 일정 비율 또는 고정된 금액의 세금을 부과하는 방식으로 접근한다. CBAM이 EU ETS와 연계된 배출량 산정 구조를 기반으로 정교하게 운영되는 반면, 탄소국경세는 정률 또는 정액 과세 방식의 간단한 형태로 논의되고 있으며, 아직 구체적인 제도로는 정착되지 않았다.

CBAM과 탄소국경세는 모두 탄소누출(carbon leakage)을 방지하기 위한 국제 무역 기반의 규제 수단으로, 탄소규제가 약한 국가로 생산을 이전하려는 기업의 유인을 차단하고, 무역을 통해 전 세계적인 감축 노력을 권장하는 데 목적이 있다.

다. 통합적 체계: 국내외 연계 구조

탄소배출 규제의 통합적 체계는 국내외 정책의 연계를 통해 전 지구적 감축 효과를 극대화하는 방향으로 작동한다.

국내에서는 탄소세와 ETS(탄소배출권 거래제)를 통해 기업의 온실가스 배출을 직접적으로 줄이는 한편, 국제적으로는 CBAM(탄소국경조정제도)과 탄소국경세를 통해 탄소 규제가 약한 국가로부터의 수입 제품에 대해 가격 경쟁력을 조정함으로써 감축 노력을 권장한다.

국내의 직접적 규제와 국제 무역 기반 조정 정책이 상호보완적으로 작용함으로써, 전 세계적으로 통합된 감축 체계를 구축할 수 있게 된다. 특히, 한 국가가 탄소배출을 감축해도 무역 상대국의 규제가 느슨하면 효과가 반감될 수 있기 때문에, 탄소규제를 글로벌 수준에서 정렬시키는 것이 기후변화 대응의 핵심 전략으로 부각되고 있다.

따라서 탄소세, ETS, CBAM, 탄소국경세는 각각의 방식과 장점을 갖고 있으며, 탄소 감축과 기후 위기 대응이라는 동일한 목표를 두고 있다. 이 전략들은 국내외 규제와 시장, 세금과 무역의 수단으로서 상호보완적으로 작용함으로써, 기업과 국가가 효과적으로 탄소중립 목표를 달성할 수 있도록 돕고 있다.

제4장 ESG 금융과 지속 가능한 투자

1. ESG 금융의 이해와 글로벌 확산 동향

ESG 금융은 환경(E), 사회(S), 지배구조(G) 요소를 고려하여 자본을 조달하고 투자하는 금융 활동으로, 기업이 이익 창출뿐만 아니라 지속 가능한 경영을 실현하도록 장려하는 역할을 한다. 또한, 투자자들에게 평가 기준이 되어 장기적인 리스크관리를 강화하고, 안정적인 수익을 도모하는 핵심 지표로 작용하고 있다.

금융기관, 투자자, 기업은 ESG 성과를 반영한 금융상품을 개발하고 활용하는 시스템을 구축하고 있으며, 이를 통해 기후변화 대응 및 지속 가능한 경제 발전을 위한 필수적인 금융 수단으로 작용한다. 또한, ESG 금융은 기업의 ESG 경영 촉진과 금융 리스크 최소화를 지원하여 지속 가능한 경제 생태계를 형성하는 데 핵심 요소로 작용하고 있다.

1.1 ESG 금융의 핵심 개념과 적용 사례

ESG 금융은 기업과 금융기관이 지속 가능한 경제 전환과 기후변화 대응을 지원하는 데 중요한 역할을 한다. 기존 금융이 수익 창출을 목표로 했다면, ESG 금융은 장기적인 리스크관리와 사회적 책임을 고려한 투자를 강조하며, 기업의 지속 가능한 성장과 금융시장의 안정성을 동시에 추구한다.

ESG 금융의 주요 개념으로는 기후금융(Climate Finance), 녹색금융(Green Finance), 지속가능금융(Sustainable Finance)이 있으며, 이들은 서로 연관성을 가지면서도 각각 특정한 목표와 적용 범위를 가진다. 이를 통해 금융기관과 투자자는 지속 가능한 미래를 위한 책임 있는 금융 전략을 수립하고, 기업은 ESG 경영을 촉진하여 환경 및 사회적 가치를 창출할 수 있다.

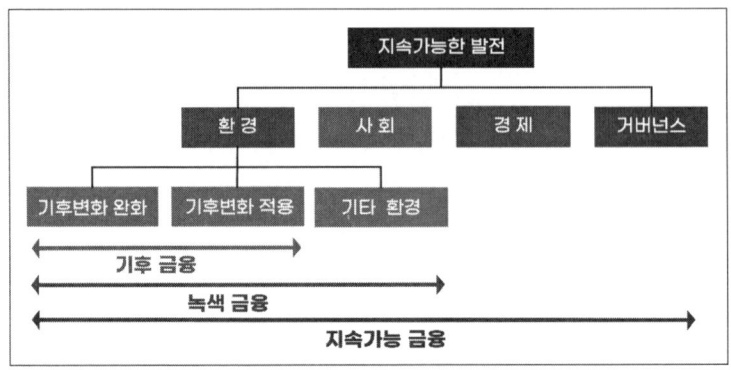

가. 기후금융(Climate Finance)

기후금융은 기후변화 대응을 목적으로 하는 금융 활동으로, 온실가스 배출 감축 및 기후변화 적응을 위한 프로젝트와 투자를 지원하는 역할을 한다. 탄소 감축, 재생에너지 개발, 기후변화 대응 인프라 구축 등의 자금 조달을 포함하며, 기후변화 완화(Mitigation) 및 적응(Adaptation) 프로젝트에 자금을 지원한다.

기후 리스크관리 및 기후변화 영향을 최소화하는 금융상품을 포함하며, 온실가스 배출 감축을 위한 친환경 기술 개발 및 재생에너지 프로젝트에 대한 투자를 촉진한다. 또한, 파리협정 및 UNFCCC(유엔기후변화협약) 등의 국제 협약에 따라 글로벌 기후변화 대응을 위한 금융 지원을 추진하고 있으며, 지속 가능한 환경 보호 및 기후변화 적응을 위한 핵심적인 금융 수단으로 활용되고 있다.

나. 녹색금융(Green Finance)

녹색금융은 환경 보호 및 친환경 산업 육성을 지원하는 금융 활동으로, 재생에너지, 친환경 교통, 자원 순환, 지속 가능한 농업 및 산림 보호 등의 프로젝트에 투자된다. 환경 보호와 지속 가능한 발전을 위한 자금 조달 및 배분을 의미하며, 특히 친환경 프로젝트와 지속 가능한 경제활동 지원에 초점을 맞춘다.

환경(E) 요소에 집중하여 지속가능성을 확보하는 것이 핵심이며, 신재생에너지, 에너지 효율화, 친환경 인프라 프로젝트를 적극적으로 지원한다. 또한, 환경보호 및 자원 순환을 고려한 녹색 금융상품을 개발하고, EU 택소노미(Taxonomy), 한국형 녹색 분류체계(K-Taxonomy)와 연계하여 운영되어야 한다. 이를 통해 금융기관과 기업이 친환경 경제 전환을 가속화하고, 지속 가능한 발전을 위한 투자 확대를 실현할 수 있도록 한다.

다. 지속가능 금융(Sustainable Finance)

지속가능 금융은 환경(E), 사회(S), 지배구조(G) 요소를 모두 반영한 금융 활동으로, 기업의 지속가능성을 높이고 사회적 책임을 강화하는 포괄적인 개념이다. 장기적으로 지속 가능한 경제 발전을 지원하는 금융 활동을 의미하며, 금융기관과 기업이 ESG 요소를 반영하여 지속가능성을 확보해야 한다.

사회적 가치를 창출하는 금융 활동, 즉 사회적 금융(Social Finance), 임팩트 투자(Impact Investment) 등을 포함하며, ESG 경영을 촉진하기 위한 투자 전략을 반영하는 것이 특징이다. 또한, 금융권의 투자 및 대출 활동을 포함하여 기업이 지속 가능한 경영이 운영될 수 있도록 자금을 지원하며, ESG 원칙을 기반으로 한 금융상품 개발 및 운용을 통해 경제적 가치와 사회적 가치를 동시에 창출하는 역할을 한다.

ESG 금융은 환경적 지속가능성(녹색금융), 기후 변화 대응(기후금융), 사회적 가치 창출(지속가능 금융)을 포괄하는 개념으로 발전하고 있으며, 기업과 금융기관은 이를 반영한 지속 가능한 금융 전략을 수립해야 한다.

〈ESG 금융의 주요 개념 비교〉

기후금융 (Climate Finance)	녹색금융 (Green Finance)	지속가능 금융 (Sustainable Finance)
기후변화대응 및 탄소 감축	환경 보호 및 친환경 경제 전환	ESG 요소를 종합적으로 반영한 금융
온실가스 감축, 기후변화 적용	재생에너지, 친환경 인프라, 에너지 효율화	환경(E), 사회(S), 지배구조(G) 모두 포함
기후채권, 탄소배출권 금융	그린본드, 녹색 대출	지속가능채권, 사회적 채권, ESG 연계 대출
파리협정, TCFD, GCF 등	EU Taxonomy, K-Taxonomy, 녹생금융원칙 (GBP) 등	UN PRI, IFRS, ISSB, SDGs 등

또한, EU 택소노미, 한국형 녹색 분류체계, UN PRI 등 글로벌 ESG 규제 및 기준에 부합하는 금융 전략을 수립하고, ESG 공시 강화, 책임 있는 투자 확대, 지속 가능한 금융상품 개발을 추진함으로써 지속가능성을 확보하고 글로벌 경제 변화에 대응해야 한다.

1.2 블랙록(BlackRock) 래리 핑크(Larry Fink) 회장의 연례 서한

블랙록(BlackRock) 회장 래리 핑크(Larry Fink)는 매년 투자자와 기업 CEO들에게 연례 서한을 통해 금융시장과 기업 경영의 주요 트렌드 및 전략적 방향을 제시한다. 특히 최근 서한에서는 ESG 경영과 지속가능성을 강조하며, 기업이 ESG 요소를 고려한 경영 전략을 필수적으로 채택해야 한다는 메시지를 전달하고 있다.

가. ESG와 지속가능성에 대한 핵심 메시지

기후 변화 대응과 지속가능 경영은 기업의 장기적인 재무성과와 직결되는 요소로,

윤리적 선택이 아니라 필수적인 전략임을 강조했다. 기후 리스크는 곧 투자 리스크라는 점을 언급하면서 기업이 넷-제로(Net Zero) 목표를 달성하지 못하면 금융시장에서도 경쟁력을 잃게 될 것이라고 경고했다. 이에 따라 기업은 탄소 감축목표를 설정하고, 지속 가능한 비즈니스 모델을 구축해야 한다고 요구했다.

세계 최대 자산운용사(약9조9000달러) BlackRock의 기후 위기에 따른 투자 위험성 경고   출처 : Black Rock, New York Times

기업 경영에 있어서 이해관계자 자본주의(Stakeholder Capitalism)의 중요성을 강조했다. 기업은 주주의 이익 극대화에 집중하는 주주 자본주의에서 벗어나 고객, 직원, 지역사회 등 다양한 이해관계자의 가치를 창출하는 이해관계자 자본주의를 실천해야 한다는 것이다. 지속 가능한 가치 창출이 기업의 장기적인 성공과 지속가능성을 결정짓는 핵심 요소임을 강조하며, 기업 경영이 포괄적이고 책임감 있는 방향으로 나아가야 함을 주장했다. 기업 경영의 투명성과 ESG 공시는 투자자들의 의사결정에서 필수적인 요소로 기업이 ESG 공시 표준을 채택할 것을 권장하며, 특히, 기후 리스크와 탄소 배출량 관련 정보를 명확히 공개함으로써 지속가능성과 투자자의 신뢰를 확보할 것을 요구했다.

나. 래리 핑크 회장의 서한이 기업과 투자자에게 미친 영향

1) 넷-제로를 향한 글로벌 자본의 압박과 기회

래리 핑크 회장의 연례 서한은 ESG가 트렌드가 아니라, 기업의 장기적인 생존과 경쟁력을 결정짓는 핵심 요소로 ESG를 고려하지 않는 기업은 투자자들에게 외면당할 가능성이 크다고 경고했다.

세계 최대 자산운용사 블랙록은 2050년까지 넷-제로(Net Zero) 목표 달성을 위한 투자 전략을 강화하며, 기후 리스크관리에 소극적인 기업에 대해서는 투자를 축소하거나 철회할 가능성을 시사했다. 이에 따라 글로벌 기업들은 과학적 기반 감축 목표(SBTi, Science-Based Targets Initiative)와 같은 기후 대응 전략을 적극적으로 채택하며, 탄소 감축목표를 명확히 설정하고 지속 가능한 경영을 추진하는 흐름이 가속화되고 있다.

2) 글로벌 공시 규정과 연계한 ESG 경영 가속화

그린본드(Green Bonds), 지속가능채권(Sustainability Bonds), ESG ETF(상장지수펀드) 등의 금융상품이 확대되면서, ESG 기반 투자 펀드의 규모가 빠르게 성장하고 있다. 이에 따라 ESG를 고려하지 않는 기업들은 투자유치가 어려워지는 환경이 조성되고 있으며, 기업들은 지속 가능 금융을 활용한 투자 전략을 필수적으로 채택해야 하는 상황이 가속화되고 있다.

기업들은 블랙록과 같은 글로벌 자산운용사의 요구에 맞춰 ESG 경영 및 공시를 강화하고 있으며, EU 택소노미(Taxonomy), SFDR(지속가능금융공시규정), ISSB(국제지속가능성공시기준) 등 글로벌 공시 규정과 연계하여 ESG 정보 공개를 확대하는 흐름이 가속화되고 있다.

1.3 ESG 금융시장의 성장배경과 최근 동향

ESG 금융은 기업의 지속가능성을 평가하는 중요한 기준으로 투자자, 금융기관, 정부 규제 등이 ESG 경영 강화를 요구하는 방향으로 변화하고 있다. 이에 따라 기업들은 ESG 성과를 개선하여 금융 혜택을 극대화하고, 강화되는 ESG 규제와 투자 기준에 효과적으로 대응할 수 있는 전략을 마련해야 한다.

가. ESG 성과에 따른 금융 기회와 리스크관리

ESG 성과가 우수한 기업은 금융시장에서 지속 가능한 성장 기회를 확보할 수 있으며, 효과적인 리스크관리를 통해 장기적인 투자 안정성을 높일 수 있다. ESG를 고려한 금융 전략은 기업의 재무적 성과뿐만 아니라 사회적 책임과 환경적 지속가능성을 동시에 달성하는 필수 요소이다.

ESG를 실천하는 기업은 저금리 대출, 신용한도 증가, 투자유치 확대 등의 금융 혜택을 받을 수 있으며, 이를 통해 자금 조달 비용 절감과 장기적인 기업 가치 상승의 기회를 확보할 수 있다. 반면, ESG 요건을 충족하지 못하는 기업은 신용평가에서 불리한 평가를 받아 신용위험이 증가하고, 대출 조건이 악화되며, 운영 비용 증가로 인해 재무적·평판적 리스크에 직면할 가능성이 크다. 따라서 기업들은 ESG 경영을 통해 금융 기회를 극대화하고, 금융 리스크를 최소화하는 전략을 마련하여 지속 가능한 성장을 도모해야 한다.

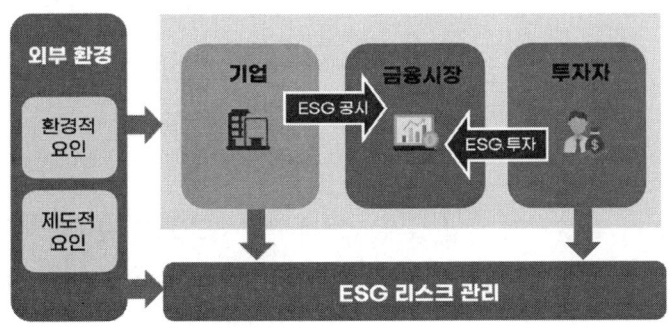

1) ESG 경영과 금융 기회(Opportunity)

탄소중립 목표를 가진 기업은 그린본드, 지속가능채권, 기후금융 등의 친환경 금융 상품을 활용하여 친환경 기술 개발 및 재생에너지 사업 확대 기회를 확보할 수 있다. 또한, 사회적 가치 창출 기업은 사회채권(소셜본드) 발행 기회가 증가하며, 노동권 보호 및 인권 경영을 실천하는 기업은 투자유치 기회가 확대된다.

ESG 평가가 우수한 기업은 저금리 대출, 신용한도 증가, 신용등급 상승 등의 금융 혜택을 통해 자금 조달 비용을 절감할 수 있으며, ESG 평가 연계 대출(SLL, Sustainability-Linked Loan) 적용 가능성도 증가한다. 또한, 투명한 지배구조와 윤리 경영을 실천하는 기업은 신뢰도를 높여 투자 확대 및 자본시장에서의 경쟁력을 확보할 수 있다.

2) ESG 경영과 금융 리스크(Risk)

환경 규제 강화로 인해 기업은 탄소세 부과 및 환경 규제 준수 비용 증가로 운영 비용이 상승할 수 있으며, 기후변화 및 자연재해로 인한 환경 리스크가 기업 자산 손실로 이어질 가능성이 있다. 또한, 탄소배출이 높은 기업은 금융기관으로부터 대출 제한 및 투자 기피를 받을 수 있어 자금 조달이 어려워질 수 있으며, 지속 가능한 경영 전략이 필수적으로 요구된다.

기업이 공급망 내 인권·노동 문제를 관리하지 못할 경우, 평판 리스크가 증가하고 다양성과 포용성이 부족한 기업은 글로벌 투자자 및 고객의 신뢰를 잃을 가능성이 커진다. 또한, 노동 분쟁 및 인권침해 문제가 발생하면 규제 강화 및 소송 리스크가 증가할 수 있다.

내부 통제 미비 및 윤리적 경영 실패는 법적·규제 리스크를 높이며, 부패 및 지배구조 문제가 발생할 경우, 기업 신뢰도가 하락하고 주가 변동성이 커질 가능성이 크다.

ESG 평가가 낮거나 지배구조가 취약한 기업은 투자 및 대출에서 불이익을 받을 위험이 증가하므로, 기업들은 ESG 경영을 강화하여 금융 리스크를 최소화해야 한다.

나. ESG 경영이 금융에 영향을 미치는 요인

ESG 요소는 투자자와 금융기관의 요구가 증가함에 따라 기업들은 ESG 리스크를 철저히 관리해야 한다. 이에 따라 신용평가 기준 변화, 연기금의 ESG 투자 확대, 글로벌 ESG 규제 강화 등에 대응하여 지속 가능한 경영 전략을 수립하는 것이 필수적이다.

투자자들은 ESG 경영을 실천하는 기업을 선호하며, ESG 성과가 높은 기업에 대한 투자를 확대하고 있다. 소비자들 역시 친환경 및 사회적 책임을 실천하는 기업의 제품과 서비스를 선택하는 경향이 증가하고 있다. 특히, 글로벌 금융기관과 연기금이 ESG 요소를 투자 기준으로 채택함에 따라, 기업의 ESG 경영은 지속 가능한 비즈니스 모델 구축이 중요하다.

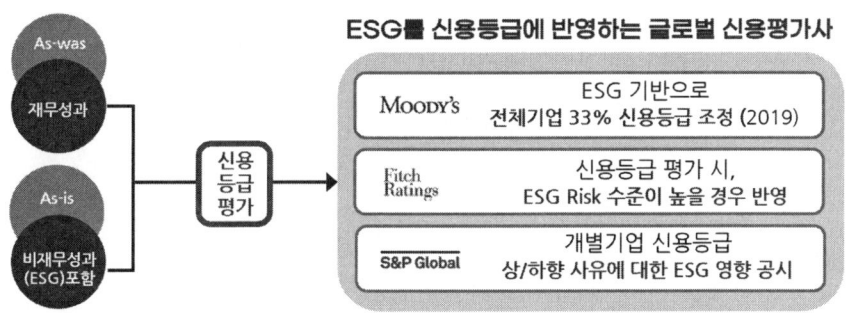

출처 : samjung KPMG insight vol.74 (2021)

1) ESG 리스크를 신용평가에 반영

국제 신용평가사 S&P, Moody's, Fitch 등은 기업의 ESG 리스크를 신용등급 평가에 반영하여 금융 리스크를 평가하고 있다. ESG 성과가 우수한 기업은 신용등급 상승으로 인해 자금 조달 비용 절감 등 다양한 금융 혜택을 받을 가능성이 높아진다. 반면, ESG 성과가 낮거나 환경·사회적 리스크가 큰 기업은 신용등급 하락 및 금융 비용 증가 가능성이 커지며, 이에 따라 자금 조달과 운영에서 불이익을 받을 위험이 증가하고 있다.

2) 리스크 관리를 위한 ESG 투자 기준 강화

국내 연기금(국민연금, 사학연금, 공무원연금 등)은 ESG 투자를 적극적으로 확대하며, 지속가능성이 낮은 기업에 대한 투자를 축소하는 방향으로 운용하고 있다. ESG 투자 비중 확대는 기업들에게 ESG 경영을 강화해야 하는 압박 요인으로 작용하며, 장기적인 리스크관리와 안정적인 수익 창출을 위해 ESG 투자 기준이 점차 강화되고 있다. 이에 따라 기업들은 지속 가능한 경영을 실천하고 ESG 성과를 개선하는 전략을 마련해야 한다.

3) 지속가능성을 요구하는 글로벌 금융 규제

각국 정부와 금융당국은 기업의 ESG 정보공시를 의무화하고, ESG 투자 가이드라인을 마련하여 지속 가능한 금융을 촉진하고 있다. 특히 EU CSRD(기업 지속가능성 공시지침), IFRS ISSB(국제지속가능성공시기준) 등 글로벌 ESG 공시기준이 강화되면서, 기업들은 ESG 데이터 공개와 리스크관리가 필수적인 환경에 놓이게 되었다. ESG 규제 강화는 기업의 자금 조달 및 투자유치에 직접적인 영향을 미치며, 지속 가능한 비즈니스 모델을 요구하는 시장 환경을 조성하고 있다. 따라서, 기업들은 ESG 공시기준을 준수하고 지속가능성을 강화하는 전략을 마련해야 한다.

2. ESG 금융상품과 투자 전략

ESG 금융은 기업의 장기적인 지속가능성을 고려하고, 리스크관리와 ESG 요소를 통합하며 책임 있는 투자를 확대하는 원칙을 기반으로 운영된다. 기업의 ESG 성과를 분석하여 기후변화 대응, 사회적 책임 강화, 지배구조 개선이 투자 가치에 미치는 영향을 평가하고, ESG 요소를 투자 리스크 평가에 포함하여 환경, 사회, 지배구조 관련 리스크를 조기에 식별하고 대응하는 것이 필수적이다.

2.1 ESG 금융의 핵심 투자원칙

국제 원칙들은 ESG 금융의 실질적 실행을 위한 기반으로 작용하며, 다양한 금융상품을 통해 환경 보호, 사회적 가치 창출, 지배구조 투명성 강화를 지원하는 ESG 금융 생태계를 구축하는 데 핵심적인 역할을 한다.

가. 글로벌 책임투자 프레임워크

UN의 책임투자원칙(PRI)을 준수함으로써 기관 투자자와 금융기관은 ESG 요소를 투자 및 대출 결정 과정에 반영하고 있으며, 스튜어드십 코드(Stewardship Code)를 통해 투자자는 수탁자 책임을 다하고 장기적인 기업 가치 제고에 기여하고자 노력하고 있다. 또한, 적도의 원칙(Equator Principles)은 프로젝트 파이낸싱 시 환경 및 사회적 리스크를 고려한 금융 제공 기준을 마련하여, 금융기관이 대형 프로젝트에서 ESG 리스크를 관리하도록 하고 있다.

책임투자원칙(PRI, Principles for Responsible Investment)

책임투자원칙(PRI, Principles for Responsible Investment)은 단기적인 수익 추구와 장기적인 기업 가치와 사회적 가치를 동시에 실현하기 위한 책임 있는 투자 문화를 조성하는 것을 목표로 한다. 투자 분석 및 의사결정 과정에 ESG 요소를 통합하고, 투자 대상 기업에 ESG 정보 공개를 요구하는 등 총 6가지 핵심 원칙을 중심으로 구성된다.

책임투자원칙(PRI, Principles for Responsible Investment)의 6가지 원칙	
1	ESG 요소를 투자 분석 및 의사결정 프로세스에 통합
2	ESG 이슈를 투자 관행과 소유권 정책에 반영
3	투자 대상 기업에 ESG 정보 공개를 요구
4	ESG 관련 투자업계의 인식과 실천 수준을 향상시키기 위해 협력
5	책임투자 원칙을 효과적으로 이행하기 위해 투자 성과를 평가하고 보고
6	PRI 원칙 이행을 위한 접근법과 실행 방법을 지속적으로 개선

이를 통해 투자자가 ESG 리스크를 조기에 식별하고 대응하며, 기업의 지속가능성을 제고하고 윤리적이고 장기적인 투자 문화를 확산시키는 데 기여하고 있다. 현재 전 세계 수천 개의 연기금, 자산운용사, 금융기관이 이 원칙에 서명함으로써 글로벌 ESG 금융의 표준이 되고 있다.

스튜어드십 코드(Stewardship Code)

스튜어드십 코드는 기관투자자(연기금, 자산운용사 등)가 투자 기업의 지속 가능한 성장을 위해 주주로서 적극적인 역할을 하는 원칙과 지침으로, 기업 경영에 적극적으로 관여하고 책임 있는 투자 활동을 촉진하기 위해 마련된 규범이다. 이 코드는 장기적인 기업가치 및 지속가능성 증대, 수탁자 책임 강화, ESG 및 윤리 경영 촉진을 주요 목적으로 하며, 기관투자자가 고객의 자산을 책임감 있게 운용하고 기업의 ESG 이슈에 대해 주주권을 행사함으로써 경영 투명성과 기업가치를 높이도록 한다.

핵심 원칙으로는 수탁자로서 책임 이행, 투자 기업에 대한 지속적인 모니터링, 의결권 행사 및 기업과의 소통, 의결권 행사 기준의 수립 및 공시, ESG 실천에 대한 감독과 스튜어드십 활동의 투명한 공시 등이 포함된다.

영국이 2010년 최초 도입한 이후 한국(2018), 일본(2014), 미국(2017) 등 다양한 국가에서 채택되어 기관투자자의 책임 있는 투자 문화를 확산시키고 있다.

스튜어드십 코드 도입을 통해 기업 지배구조의 투명성이 강화되고 ESG 경영이 활성화되며, 장기적 투자 가치가 증대되고 금융시장의 안정성도 높아지는 효과가 나타난다. 스튜어드십 코드는 ESG 경영이 강조되는 시대에 기관투자자가 기업의 환경적·사회적·지배 구조적 책임 이행을 촉진하고, 기업의 지속가능성과 장기적인 가치 창출을 도모하는 수단으로 구축되고 있다.

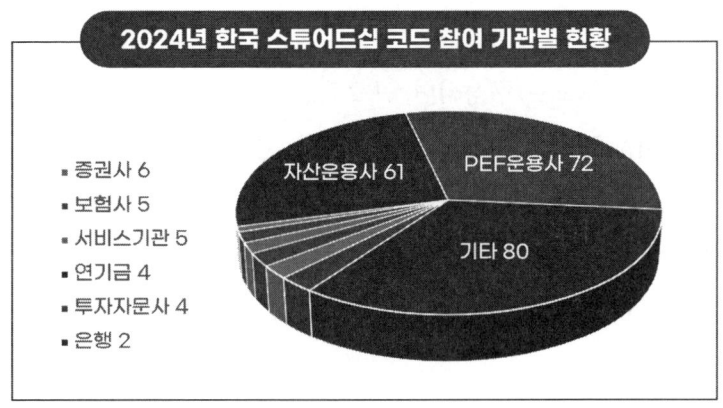

국내 스튜어드십 코드는 금융위원회와 한국기업지배구조원이 주도하여 2016년 처음 도입되었으며, 이후 국내 주요 연기금, 자산운용사, 보험사 등 다양한 기관이 참여하고 있다.

2024년 말 기준, 국내 스튜어드십 코드에 참여한 기관투자자는 총 239개로, 이 중에는 국민연금, 공무원연금, 사학연금, 우정사업본부 등 4대 연기금과 133개 자산운용사가 포함되어 있다.

스튜어드십 코드의 참여는 자발적이지만, ESG 경영과 관련된 글로벌 트렌드와 국내외 투자자들의 요구에 부응하기 위해 점차 확대되고 있는 추세이다. 기업들은 이러한 기관투자자들의 요구에 대응하여 ESG 정보 공개를 강화하고, 지속 가능한 경영 전략을 수립하는 등 적극적인 노력을 기울이고 있다.

적도의 원칙(Equator Principles, EPs)

적도의 원칙(Equator Principles, EPs)은 금융기관이 환경 및 사회적 리스크가 높은 대규모 개발사업에 자금을 지원할 때 적용하는 자발적 글로벌 기준으로, 프로젝트 파이낸싱 시 지속가능성과 책임 있는 금융 제공을 목적으로 도입되었다. 이 원칙은 2003년 세계 주요 은행들에 의해 처음 채택되었으며, 현재 전 세계 여러 금융기관이 채택하여 환경 파괴, 인권침해, 지역사회 피해 등을 예방하고자 한다.

총 10가지 핵심 항목으로 구성되며, 프로젝트의 환경·사회적 위험 수준을 분류하고, 영향 평가(ESIA)를 통해 리스크를 파악하며, 세계은행 산하 IFC 성과기준과 환경·보건·안전 가이드라인을 준수하도록 요구한다. 또한, 환경사회경영계획(ESMP) 수립, 이해관계자 참여 보장, 민원 및 이의 제기 절차 마련, 환경사회 관리의무 계약 반영, 외부 독립 검토, 사후 모니터링 및 금융기관 자체 관리체계 운영 등의 항목을 포함한다.

프로젝트로 인한 부정적 영향을 최소화하고 금융 기관의 사회적 책임을 강화하는 동시에, ESG 중 환경(E)과 사회(S) 요소를 금융 의사결정에 통합하는 대표적인 실천 사례로, 지속 가능한 개발과 책임 있는 금융의 글로벌 표준으로 구축되고 있다.

나. ESG 채권 발행을 위한 국제자본시장협회(ICMA) 가이드라인
1) 그린론 가이드라인(Green Loan Principles, GLP)

환경적으로 지속 가능한 프로젝트에 자금을 지원하기 위한 대출 상품인 그린론(Green Loans)의 기준과 운영 지침을 제시하는 자금 사용 목적의 명확성, 프로젝트 평가 및 선정, 자금 관리의 투명성, 그리고 정기적인 보고 의무라는 네 가지 핵심 요소를 기반으로 한다. 재생에너지 개발, 에너지 효율 개선, 오염 방지, 청정 교통 등 환경적 이익을 창출하는 프로젝트에 자금을 배분하고, 그 실행 과정과 성과를 철저히 관리·공시함으로써 신뢰도 높은 녹색금융 실현을 목표로 한다.

2) 지속가능채권 가이드라인(Sustainability Bond Guidelines, SBG)

지속가능채권 가이드라인(Sustainability Bond Guidelines, SBG)은 환경 보호와 사회적 가치 창출을 동시에 고려한 프로젝트에 자금을 조달하는 지속가능채권(Sustainability Bonds)의 발행과 운영에 대한 기준은 그린본드 원칙(GBP)과 소셜본드 원칙(SBP)을 통합한 형태로, 자금 사용 목적의 명확성, 프로젝트 평가 및 선정 과정의 투명성, 자금 관리의 체계성, 정기적인 보고 체계 등 네 가지 핵심 요소를 중심으로 구성되어 있다.

3) 성과 기반 금융의 기준, SLBP·SLLP

발행기관은 자금을 환경적·사회적으로 유익한 프로젝트에 사용하고, 이를 추적 가능한 방식으로 관리하며, 투자자와 이해관계자에게 자금 사용 및 성과를 정기적으로 보고함으로써 지속 가능한 금융의 신뢰성과 투명성을 확보할 수 있도록 한다.

지속가능성 연계채권 원칙(Sustainability-Linked Bond Principles, SLBP)

기업이 설정한 지속가능성 목표(KPI)의 달성 여부에 따라 채권의 금융 조건이 변동되는 지속가능성 연계채권(SLB)의 발행 기준을 제시한다. SLBP는 프로젝트 단위가 아닌 기업 전체의 ESG 전략과 성과를 금융시장과 연결함으로써 지속가능경영 실천을 촉진하는 대표적인 ESG 금융 원칙으로 활용된다.

ESG 성과와 금융 조건을 연계함으로써 기업의 지속가능성 개선을 촉진하고 투자자에게 투명하고 신뢰할 수 있는 정보를 제공하는 것을 목표로, 핵심성과지표, 지속가능성 성과목표, 채권의 구조적 특징, 보고, 검증 5가지 핵심 요소를 기반으로 한다.

SLBP 핵심요소

핵심 성과지표 (KPI)
기업이 달성해야 할 ESG 목표를 구체적인 수치로 설정

지속가능성 성과 목표 (STP)
KPI 달성 목표치를 명확하게 규정하고 공시

채권의 구조적 특성
KPI 달성 여부에 따라 금리 조정 등 금융 조건이 변경

보고 (Reporting)
발행 기업은 KPI 진행 상황을 주기적으로 보고해야 하며 투자자들에게 투명한 정보를 제공

검증 (Verification)
독립적인 제3자 기관이 목표 달성 여부를 검증해야 하며, 평가 결과를 공개

지속가능성 연계 대출 원칙(Sustainability-Linked Loan Principles, SLLP)

기업이 설정한 핵심성과지표(KPI)와 지속가능성 성과목표(SPT)의 달성 여부에 따라 대출 조건을 조정함으로써 ESG 경영을 촉진하는 글로벌 자율 지침으로, 2019년 대출시장협회(LMA), 아시아태평양대출시장협회(APLMA), 미국대출시장협회(LSTA)가 공동 제정하였다. 이 원칙은 적절한 KPI 설정, 도전적인 SPT 제시, 금융 조건과의 연계, ESG 성과의 정기적인 보고, 외부 검증 등의 요소를 포함하며, 특정 프로젝트가 아닌 기업 전반의 지속가능성 전략을 평가 대상으로 삼아 ESG 실천을 강화하는 역할을 한다.

2.2 ESG 금융상품과 적용 기준

가. 그린본드(Green Bonds)

재생에너지 개발, 탄소 감축, 친환경 인프라 구축 등 환경적으로 지속 가능한 프로젝트에 자금을 조달하기 위해 발행되는 채권으로, 기후변화 대응과 환경 보호를 위

한 대표적인 ESG 금융 수단이다. 주요 자금 사용처에는 태양광, 풍력, 수력 등 신재생에너지 발전 시설의 건설 및 운영, 고효율 친환경 건축물과 에너지 절감 기술 도입, 전기차 충전 인프라 및 대중교통 시스템 개선, 탄소 포집 및 저장(CCS) 기술 도입, 대기질 개선, 수자원 관리, 해양 생태계 보호 사업 등이 포함된다. "그린본드 원칙(GBP, Green Bond Principles)"에 따라 투명성과 책임성을 기반으로 설계되며, 발행기관은 자금의 실제 사용처와 환경적 성과를 명확하게 보고해야 한다.

나. 소셜본드(Social Bonds)

소셜본드는 의료, 교육, 저소득층 지원 등 사회적 가치를 창출하는 프로젝트에 자금을 조달하기 위해 발행되는 채권으로, 보건 및 의료 서비스 강화를 위한 감염병 대응 및 방역 시스템 구축, 의료 인프라 확충, 공공의료 서비스 제공, 특히 저소득층과 취약계층의 의료 접근성 개선을 목적으로 한다. 도시 개발 및 스마트시티 조성을 통해 지속 가능한 사회 발전을 도모하며, 경제적 불평등 해소, 보건 및 복지 향상, 포용적 경제 성장 촉진 등의 목적을 실현하고자 하며, 발행과 운영의 투명성을 확보하기 위해 "소셜본드 원칙(SBP, Social Bond Principles)"을 준수한다.

다. 지속가능채권(Sustainability Bonds)

지속가능채권은 그린본드와 소셜본드의 특성을 결합한 금융상품으로, 환경 보호와 사회적 가치 창출을 동시에 고려하는 프로젝트에 자금을 조달하기 위해 발행된다. 에너지 효율화, 탄소 포집 및 저장(CCS) 기술 개발, 친환경 제조업 전환, 해양 보전, 산림 복원, 수질 개선 등의 환경 관련 프로젝트뿐만 아니라 공공임대주택 개발, 도시재생, 공공의료 인프라 확충, 보건의료 접근성 향상, 기술 격차 해소, 취약계층 교육 지원, 저소득층의 경제적 포용성 확대 등 사회적 가치를 실현하는 다양한 분야에 활용된다. 지속가능채권은 환경(E)과 사회(S) 요소를 동시에 반영하는 대표적인 ESG 금융상품으로, "지속가능채권 가이드라인(SBG, Sustainability Bond Guidelines)"에 따라 운영된다.

라. 전환채권(Sustainability-Linked Bonds, SLB)

전환채권은 발행 기업이 설정한 지속가능성 목표(KPI)의 달성 여부에 따라 금리 등 금융 조건이 조정되는 구조를 가진 채권으로, ESG 경영 실천을 유도하는 대표적인 인센티브 기반 금융상품이다. 기후 변화 대응을 위한 탄소중립 목표 달성, 재생에너지 전환, 온실가스 감축, 자원 효율성 개선을 위한 친환경 공급망 구축 및 순환 경제 도입, 그리고 여성 임원 비율 증가, 다양성과 포용성 강화, 공정 노동 관행 등의 사회적 가치 창출 목표에 자금을 연계한다. 기업이 설정한 ESG 목표를 달성하면 금융 비용이 낮아지며, 달성하지 못할 경우, 금리가 상승하는 페널티 구조가 적용되어 기업의 지속가능성 실현을 촉진하며, "지속가능성 연계 채권 원칙(SLBP, Sustainability-Linked Bond Principles)"에 따라 운영된다.

마. ESG 대출 상품과 주요 원칙
1) 지속가능 프로젝트를 위한 친환경 대출

그린론(Green Loans): 환경적으로 지속 가능한 프로젝트에 자금을 지원하는 대출 상품으로, 재생에너지 개발, 에너지 효율 개선, 탄소 감축, 친환경 기술 도입 등을 목적으로 기업이나 기관에 제공되며, 그린본드와 유사하지만, 채권이 아닌 대출 형태라는 점에서 차별화된다.

국제적으로 인정된 그린론 원칙(GLP, Green Loan Principles)에 따라, 자금 사용 목적, 프로젝트 선정 기준, 자금 관리 및 정보 공개의 투명성을 기반으로 운용된다.

2) ESG 성과에 따라 금리가 변하는 지속가능성 연계 대출

지속가능성 연계 대출(SLL, Sustainability-Linked Loans): 기업의 ESG 목표 달성 여부에 따라 대출 금리가 조정되는 구조를 가진 금융상품으로, 특정 프로젝트의 친환경성보다는 기업 전체의 지속가능성 전략을 평가 기준을 적용한다.

탄소 감축, 재생에너지 확대, 사회적 가치 창출 등 ESG 목표 달성 시 금리 혜택이 주어지고, 목표 미달성 시 금리가 인상되는 인센티브-페널티 구조를 통해 기업의 ESG 실천을 촉진하며, "지속가능성 연계 대출 원칙(SLLP, Sustainability-Linked Loan Principles)"에 기반하여 운영된다.

2.3 지속가능성을 고려한 ESG 투자 전략

ESG 투자 전략은 환경(E), 사회(S), 지배구조(G) 요소를 반영하여 기업을 평가하고 투자 의사결정에 활용하는 접근법으로 금융시장과 기업 경영 전반에서 기후변화 대응, 사회적 가치 창출, 윤리적 경영 강화 등의 영향을 미치며, 지속가능성과 수익을 함께 고려하는 책임 있는 투자 방식이다.

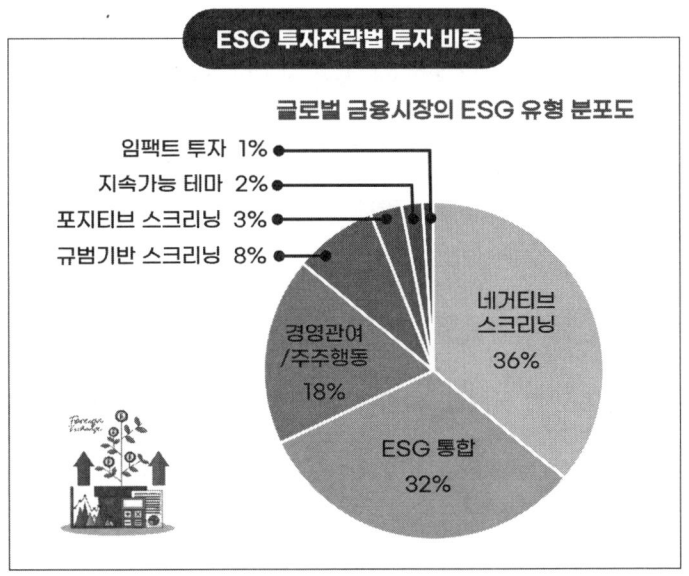

가. 네거티브 스크리닝(Negative Screening)

네거티브 스크리닝은 ESG 기준에 부합하지 않는 기업이나 특정 산업을 투자 포트폴리오에서 배제하는 투자 전략으로, 기업의 윤리적·사회적·환경적 리스크를 고려하여 투자 결정을 내리는 방식이다. 이를 통해 지속가능성을 저해하는 사업 활동을 영위하는 기업에 대한 투자를 제한하며, 일반적으로 사회적, 환경적, 윤리적 논란이 있는 산업 및 기업을 배제하는 방식으로 운영된다.

네거티브 스크리닝 전략은 환경적, 사회적, 윤리적 기준에 부합하지 않는 기업과 산업을 투자 대상에서 배제하는 방식으로, 지속 가능한 금융을 촉진하고 ESG 리스크를 줄이는 역할을 한다.

배제산업과 기업 유형	
담배 및 주류 산업	공중보건 및 사회적 문제를 초래하는 기업 배제
무기 및 방산 산업	군수 무기, 핵무기 생산 등 국제적으로 논란이 되는 기업
화석연료 및 석탄 산업	석탄 발전소, 화석연료 의존도가 높은 기업 배제
도박 및 성 산업	윤리적 논란이 있는 도박, 성 산업 관련 기업
아동 노동 및 인권침해 논란 기업	노동 착취, 강제 노동, 인권침해 사례가 있는 기업
환경 파괴 기업	지속가능성을 저해하거나 심각한 환경적 영향을 미치는 기업

- 환경적으로 지속가능성을 저해하는 기업으로는 화석연료 산업(석탄, 석유, 천연가스 채굴 및 생산), 환경 파괴 기업(산림 벌채, 해양 오염, 수질 오염 유발 기업), 고탄소 배출 산업(시멘트, 철강, 석유화학 등), 핵에너지 및 방사성 폐기물 처리 산업 등이 포함된다.

- 사회적으로 비윤리적 활동을 하는 기업으로는 담배 및 전자담배 제조업, 무기 및 방위 산업(군수품, 전쟁 무기 제조 등), 도박 및 성인 산업(카지노, 온라인 베팅, 성인 콘텐츠 기업 등), 아동 노동 및 강제 노동을 이용하는 기업, 인권침해 및 차별을 촉발하는 기업 등이 투자 대상에서 제외된다.

- 비윤리적 지배구조 문제를 가진 기업으로는 부패 및 비리 연루 기업(횡령, 탈세, 반독점법 위반 등), 불투명한 경영 및 회계 부정을 저지르는 기업, 기업 거버넌스가 취약한 기업(이사회 독립성 부족, 주주 권익 침해 등)이 포함된다.

투자 배제기준으로는 ESG 평가에서 낮은 등급을 받은 기업, 국제적 환경·사회적 기준을 준수하지 않는 기업(UN 글로벌 콤팩트 원칙 위반 등), 지속가능성 및 윤리적 경영을 저해하는 사업 활동을 지속하는 기업이 포함된다. 네거티브 스크리닝은 ESG 투자에서 특정 산업과 기업을 배제하여 지속 가능한 투자 방향성을 설정하는 기초적인 전략으로, ESG 리스크를 사전에 차단하는 강력한 도구로 활용된다. 이를 통해 투자자는 윤리적·환경적·사회적 리스크가 높은 기업에 대한 투자를 방지하고, 책임 있는 투자원칙을 유지할 수 있다. 그러나 네거티브 스크리닝만으로는 기업의 ESG 성과를 개선하는 데 한계가 있으며, 기업이 지속가능성을 강화할 수 있도록 적극적인 개입(Corporate Engagement)과 주주 활동주의 투자(Shareholder Activism)가 병행될 때 효과적이다.

나. 포지티브 스크리닝(Positive Screening)

포지티브 스크리닝은 ESG 성과가 우수한 기업이나 산업을 선별하여 투자 포트폴리오에 포함하는 전략으로, 지속가능성과 책임 있는 경영을 실천하는 기업을 적극적으로 선별하여 투자하는 방식이다. 기후변화 대응, 사회적 가치 창출, 윤리적 경영을 실천하는 기업을 중심으로 포트폴리오를 구성하는 접근법이다.

포지티브 스크리닝을 통해 탄소배출을 감축하는 친환경 기술 기업, 재생에너지 및 지속 가능한 산업(태양광, 풍력, 수력, 친환경 건축 등), 노동권을 보호하고 다양성과 포용성을 실천하는 기업, 강력한 기업 거버넌스와 윤리적 경영을 실천하는 기업 등에 대한 투자가 확대된다. 이러한 전략은 책임 있는 투자와 지속 가능한 경제 성장을 촉진하는 동시에, 장기적인 재무성과와 기업의 사회적 영향력을 극대화하는 투자 방식이다.

ESG 성과가 우수한 기업을 선별하여 투자하는 전략으로, 지속가능성이 높은 기업에 자본을 집중시켜 긍정적인 변화를 촉진할 수 있다는 장점이 있다. 이를 통해 ESG 우수 기업은 시장 내 경쟁력을 확보하고, 장기적으로 안정적인 수익을 창출할 가능성이 커지며, 지속 가능한 투자 환경을 조성할 수 있다.

그러나 ESG 성과를 객관적으로 평가하는 기준이 다양하고, 데이터의 신뢰성이 문제가 될 수 있으며, 일부 기업이 ESG 성과를 부풀리는 그린워싱(Greenwashing) 위험이 존재하는 한계가 있다. 따라서 포지티브 스크리닝은 신뢰할 수 있는 ESG 평가 기준과 정량적 지표를 기반으로 시행될 때 효과를 극대화할 수 있으며, 지속가능성과 투자 안정성을 높이는 역할을 할 수 있다.

포지티브 스크리닝은 ESG 성과가 우수한 기업을 선별하여 장기적이고 지속 가능한 투자 전략을 실현하는 방식으로, 재무적 수익성과 지속가능성을 동시에 고려하는 투자 전략으로 주목받고 있다. 반면, 네거티브 스크리닝은 ESG 기준에 부합하지 않는 기업이나 산업을 배제하는 방식으로 사회적, 환경적 리스크를 사전에 차단하는 역할을 한다.

〈 네거티브 스크리닝 vs. 포지티브 스크리닝 〉

구분	네거티브 스크리닝 (Negative Screening)	포지티브 스크리닝 (Positive Screening)
투자 대상	ESG 기준미달 기업을 배제	ESG 우수 기업을 선별
주요 목적	ESG 리스크관리 및 사회적 가치 훼손 방지	ESG 성과가 뛰어난 기업을 발굴하고 투자
배제산업	화석연료, 담배, 도박, 무기, 인권침해 기업 등	탄소중립, 재생에너지, 사회적 가치 창출 기업
투자 전략	ESG 리스크가 높은 기업을 제외하여 안전한 포트폴리오 구축	ESG 리더 기업에 투자하여 장기적 수익과 지속가능성 확보

미래의 ESG 투자 트렌드는 네거티브 스크리닝과 포지티브 스크리닝을 결합한 하이브리드 투자 전략으로 발전할 가능성이 크며, 이를 통해 투자자들은 ESG 리더 기업을 선별하여 장기적으로 지속 가능한 수익을 창출할 기회를 마련할 수 있다.

다. 베스트-인-클래스(Best-in-Class) 투자

베스트-인-클래스(Best-in-Class) 투자는 특정 산업 또는 섹터 내에서 ESG 성과가 우수한 기업을 선별하여 투자하는 방식으로, ESG 기준에 따라 모든 기업을 배제하는 네거티브 스크리닝과 달리, 각 산업군에서 지속가능성과 사회적 책임을 가장 잘 실천하는 기업을 선정하여 투자하는 전략이다.

이를 통해 지속 가능한 경영을 실천하면서도 높은 재무적 성과를 기록하는 기업을 우대하여, 투자자의 장기적인 수익성과 ESG 목표를 동시에 달성하는 것을 목표로 한다. 이 전략은 산업별 비교를 기반으로 ESG 성과가 뛰어난 기업을 선별하므로 기업의 ESG 점수를 평가하는 MSCI ESG Ratings, DJSI(다우존스 지속가능경영지수), Sustainalytics, FTSE4Good Index 등의 글로벌 ESG 평가기관 데이터를 활용하여 투자 대상 기업을 선정한다.

베스트-인-클래스 투자 전략은 ESG 투자에서 균형 잡힌 접근법으로, 특정 산업을 전면 배제하지 않고 지속가능성을 실천하는 기업을 선택하는 방식이다. 이를 통해 투자자들은 장기적인 재무적 안정성과 ESG 목표 달성을 동시에 지원하는 강력한 도구를 활용할 수 있으며, 기업들은 ESG 성과 향상을 통해 투자유치를 확대할 기회를 얻게 된다.

라. ESG 통합(Integration)

ESG 통합(Integration)은 전통적인 투자 분석 및 의사결정 과정에 환경ESG 요소를 체계적으로 반영하는 방식으로, 개별적인 투자 기준이 아닌 재무적 요소와 함께

ESG 요소를 평가하여 투자 포트폴리오를 구성하는 전략이다. ESG 요인이 기업의 재무성과 및 장기적 가치 창출에 영향을 미친다는 인식을 바탕으로, 기업의 지속가능성과 재무적 성과를 함께 평가하는 투자 접근법이다.

리스크관리 강화, 장기적인 재무성과 개선, 규제 및 정책 변화에 대한 대응력 강화, 투자자 신뢰 확보 등의 효과를 기대할 수 있다. 환경, 사회적 리스크가 기업의 재무적 리스크로 전이될 가능성을 고려하여 ESG 리스크를 사전에 차단하고, 기후변화 대응, 노동권 보호, 윤리적 경영 등의 요소를 반영함으로써 장기적인 투자 안정성을 높인다.

ESG가 실제 재무적 성과와 직결된 요소로 인식됨에 따라 글로벌 금융시장에서도 ESG 통합 전략을 활용한 투자가 확대되고 있으며, 기업과 투자자 모두 ESG 요소를 적극적으로 반영하여 지속 가능한 금융 환경을 구축할 필요가 있다.

마. 지속가능형테마 투자(Thematic Investing)

지속가능형테마 투자(Thematic Investing)는 특정 테마(Theme)에 집중하여 투자하는 방식으로, ESG 요소와 관련된 장기적 성장 테마를 선정하고, 해당 분야에서 긍정적인 영향을 미치며 성장 가능성이 높은 기업이나 자산에 집중 투자하는 전략이다. 이를 통해 기후변화 대응, 재생에너지, 순환 경제, 사회적 포용성, 지속 가능한 도시 개발 등 ESG 중심의 메가트렌드를 반영하여 투자 포트폴리오를 구성한다.

글로벌 정책 및 규제와 연계된 성장성을 확보할 수 있으며, 기후변화 대응, 탄소중립 목표, 지속 가능한 개발 목표(SDGs) 등과 관련된 정책적 지원을 받을 가능성이 높다. 또한, ESG 메가트렌드는 지속적으로 발전하며, 단기적인 경기 변동에도 장기적 성장이 예상되므로, 장기적인 투자 기회를 확보할 수 있는 전략이다. 또한, 환경 및 사회 문제 해결에 기여하면서도 재무적 성과를 실현할 수 있는 지속가능형 테마 투자는 사회적 가치와 경제적 이익을 동시에 창출하는 투자 방식으로 평가받는다.

기후변화 대응, 지속 가능한 농업, 건강 및 웰빙, 포용적 금융 등 ESG 중심의 메가 트렌드에 투자함으로써 기업들은 지속 가능한 경영을 강화할 수 있으며, 투자자들은 ESG 성과와 재무적 성과를 동시에 실현할 수 있다. 장기적인 ESG 트렌드에 따라 특정 테마를 선정하여 투자하는 전략으로, 정책적 지원, 투자자의 ESG 관심 증가, 기업의 ESG 경영 확대 등의 흐름으로 지속가능형 테마 투자 전략이 필요하다.

바. 임팩트 투자(Impact Investing)

임팩트 투자는 재무적 수익뿐만 아니라 사회적·환경적 영향을 동시에 창출하는 것을 목표로 하는 투자 전략으로, 전통적인 금융 투자와 달리 투자수익뿐만 아니라 사회적 가치 창출을 주요 목표로 설정하는 방식이다.

ESG 요소를 기반으로 긍정적인 변화를 할 수 있도록 재무적 성과를 달성하는 균형 잡힌 접근 방식으로, 특히 빈곤 퇴치, 교육, 헬스케어, 친환경 기술, 지속 가능한 농업 등과 같은 사회·환경 문제 해결을 위한 분야에서 활용된다.

임팩트 투자는 사회적·환경적 영향 창출과 재무적 성과를 동시에 실현하는 전략으로, 기업과 투자자에게 책임 있는 자본 활용을 촉진하며 장기적 지속가능성을 보장하는 주요 투자 방식이다. 앞으로 기후 변화 대응, 빈곤 해결, 지속 가능한 경제 발전을 위한 핵심적인 금융 전략으로서 확대될 전망이며, 지속 가능한 미래를 위한 투자 방법으로 주목받고 있다.

〈임팩트 투자 vs. ESG 투자〉

임팩트 투자 (Impact Investing)	ESG 투자 (ESG Investing)
사회적·환경적 가치 창출 + 재무적 성과	ESG 리스크관리 + 장기적 투자수익
적극적 영향(Positive Impact) 창출	리스크 회피(Risk Mitigation)
사회·환경적 임팩트가 명확한 기업·프로젝트 투자	ESG 성과가 우수한 기업을 선별하여 투자
사회적 기업, 친환경 스타트업, 포용 금융	ESG, ETF, 지속가능채권, 네거티브 스크리닝

사. 지속가능성 연계 투자(Sustainability-Linked Investing)

지속가능성 연계 투자(Sustainability-Linked Investing, SLI)는 기업의 ESG 성과와 지속가능성 목표 달성 여부에 따라 투자 조건이 조정된다. 기업이 ESG와 관련된 사전 정의된 지속가능성 목표를 달성하면 투자 비용이 감소하거나 우대 조건을 제공받는 전략이다.

기업이 지속 가능한 경영을 실천하도록 강력한 인센티브를 부여하는 투자 방식으로, ESG 금융에서 중요한 역할을 하고 있다. 대표적인 지속가능성 연계 투자 상품으로는 지속가능성 연계 채권(Sustainability-Linked Bonds, SLB), 지속가능성 연계 대출(Sustainability-Linked Loans, SLL), 지속가능성 연계 사모펀드(Private Equity, PE), 지속가능성 연계 인프라 투자 등이 있다.

- 지속가능성 연계 채권(SLB): 기업이 발행하는 채권으로, 발행 이후 특정 ESG 목표를 달성하는지 여부에 따라 이자율 등 채권 조건이 달라지는 구조다. ESG 성과가 우수할 경우 투자자에게 유리한 조건을 제공하거나, 목표 미달 시 벌칙성 조항이 작동하는 식으로 구조화된다. SLB는 전통적인 그린본드와 달리 자금 사용처에 제한이 없고, 성과 중심이라는 점에서 차별화된다.

- 지속가능성 연계 대출(SLL): 기업이 설정한 ESG 관련 목표(KPI)에 따라 대출 조건이 조정되는 구조를 가진다. 예를 들어 온실가스 배출 감축, 재생에너지 사용 확대 등의 목표 달성 여부에 따라 대출 이자율이 인하되거나 인상된다.

- 지속가능성 연계 투자(SLI): 투자자가 ESG 성과에 따라 수익 구조가 달라지는 투자상품을 의미한다.

기업의 ESG 지표 개선이나 지속가능성 달성 여부에 따라 투자 수익률이 조정되며, 많은 기관투자자들이 SLI를 통해 ESG 책임과 재무 성과를 동시에 추구하고 있다.

〈지속가능성 연계 투자(SLI) vs. 기존 ESG 투자 전략〉

지속가능성 연계 투자(SLI)	기존 ESG 투자
기업의 지속가능성 목표 달성 여부	ESG 성과 기반 기업 선정
목표 달성 시 인센티브 제공	ESG 등급이 높은 기업에 투자
기업이 설정한 지속가능성 KPI 기준	전반적인 ESG 평가 기준
지속가능성 연계채권(SLB), 지속가능성 연계대출(SLL)	ESG, ETF, 그린본드, 사회적 채권

이처럼 SLB, SLL, SLI는 ESG 목표 달성과 기업의 지속가능 경영 수준을 시장에서 객관적으로 평가받을 수 있는 수단으로 주목받고 있다.

아. 규범 기반 스크리닝(Norms-Based Screening)

규범 기반 스크리닝(Norms-Based Screening)은 국제적으로 합의된 규범과 기준을 바탕으로 기업을 평가하여 투자 포트폴리오에서 배제하거나 포함하는 방식으로, ESG 원칙에 부합하는 기업에 투자하고, 국제적 기준을 준수하지 않는 기업을 투자 대상에서 제외하는 전략이다.

ESG 투자에서 보편적 가치와 책임 있는 투자를 실현하는 접근법으로 활용되며, 기업이 국제적 기준을 준수하도록 유도하는 중요한 역할을 한다. 이를 통해 투자자들은 지속가능한 금융시장을 조성하고, 장기적인 ESG 성과와 재무적 안정성을 확보할 수 있다. 규범 기반 스크리닝의 주요 적용 기준으로는 부정적 스크리닝(Negative Screening), 긍정적 스크리닝(Positive Screening), 주주 관여(Shareholder Engagement)가 있다.

- 부정적 스크리닝: 국제 규범을 위반한 기업을 투자 대상에서 배제하는 방식으로, 아동 노동, 환경 파괴, 부패 연루 기업을 투자에서 제외하며, UN 글로벌 콤팩트(UNGC) 원칙을 위반한 기업을 글로벌 ESG 펀드에서 배제한다.

- 긍정적 스크리닝: 국제 기준을 모범적으로 준수하는 기업을 우선적으로 투자 대상으로 선정하는 방식으로, 탄소중립 목표를 설정한 기업에 대한 투자를 확대하고, OECD 가이드라인을 준수하며 지속 가능한 공급망을 운영하는 기업을 투자 대상으로 선정한다.

규범 기반 스크리닝은 주주 관여(Shareholder Engagement) 전략을 활용하여 국제 기준을 위반한 기업에 대해 적극적인 주주 활동을 통해 개선을 요구하며, 환경 오염 문제를 일으킨 기업에는 기후 리스크 감축 전략 수립을 요구하고, 기업이 지속 가능성 보고서를 발간하고 ESG 전략을 수립하도록 촉진한다.

〈규범 기반 스크리닝 국제 규범 적용 기준〉

기준	내용
UN 글로벌 콤팩트(UNGC)	인권, 노동, 환경, 반부패 관련 10대 원칙 준수 여부 평가
OECD 다국적기업 가이드라인	기업 윤리, 인권, 노동권, 환경 보호 및 반부패 지침
ILO 국제노동기구 핵심 협약	강제 노동, 아동 노동, 노동자 권리 보호 준수 여부 평가
유엔 기업과 인권 이행원칙(UNGPs)	기업의 인권 존중 및 실사(Due Dilgence) 의무
파리기후협약(Paris Agreement)	기후 변화 대응을 위한 온실가스 감축 목표 준수 여부

UN 글로벌 콤팩트(UNGC), OECD 다국적기업 가이드라인, 국제노동기구(ILO) 협약, UN 지속가능발전목표(SDGs) 등의 국제 기준을 준수하는지를 평가하여 투자 여부를 결정하며, 해당 기준을 준수하지 않는 기업은 투자 대상에서 제외되거나 적극적 관여 대상이 되어 ESG 개선을 요구받을 수 있다.

자. 기업 관여 및 주주활동주의 투자

기업 관여 및 주주활동주의 투자는 투자자가 기업의 ESG 경영을 개선하도록 적극적으로 개입하는 전략으로, 주주의 권리를 행사하여 기업의 지속가능성을 증진하고, 장기적인 가치 창출을 도모하는 방식이다. ESG 투자의 핵심 요소로, ESG 성과가 높은 기업을 선별하는 것이 아니라, 투자자가 기업과의 대화를 통해 ESG 경영 개선을 하도록 주주 권리를 행사함으로써 장기적인 가치 창출을 실현하는 투자 방식이다.

전략 유형	설명
주주 의결권 행사 (Proxy Voting)	기업의 주주총회에서 의결권을 행사하여 ESG 관련 결의안 지지 또는 반대
주주 제안 (Shareholder Resolutions)	ESG 이슈와 관련된 제안을 제출하여 기업이 책임 있는 경영을 하도록 유도
기업과의 대화 (Engagement)	경영진 및 이사회와 직접 대화하여 ESG 경영 개선을 요구
공개 압박 (Public Pressure)	미디어, 보고서 등을 활용하여 기업이 ESG 경영을 강화하도록 사회적 압력을 가함

투자 전략은 투자자와 이해관계자의 장기적인 재무성과를 증대하고 기업이 ESG 경영을 강화하도록 압박하여 투명한 경영, 윤리적 의사결정, 장기적인 경쟁력 확보를 하도록 한다.

기업 관여 및 주주활동주의 투자는 ESG 경영이 미흡한 기업을 변화시키는 적극적인 투자 방식으로, 기업의 사회적 책임과 지속가능성을 높이고, 기업과 투자자 모두의 장기적 이익을 도모하는 역할을 한다.

3. ESG 분류체계: 택소노미(Taxonomy)

택소노미(Taxonomy)는 기업의 지속가능성과 관련된 활동을 체계적으로 분류하는 시스템으로, ESG 금융에서 지속가능성을 객관적으로 평가하고 투자의 투명성을 강화하며, 금융 리스크를 관리하는 핵심 도구로 작용한다. 이를 통해 투자자들은 지속 가능한 경제활동을 명확하게 구분하고 평가할 수 있으며, ESG 금융시장의 신뢰성을 높여 지속 가능한 경제활동을 촉진하는 역할을 한다.

3.1 ESG 금융과 택소노미(Taxonomy)

택소노미는 ESG 금융에서 "워싱(Washing)"을 방지하고 신뢰할 수 있는 기준을 제공하여, 기업과 금융기관, 투자자들에게 실질적인 가이드라인을 제시한다. ESG 금융에서 지속 가능한 경제활동을 평가하고 분류하는 도구로 활용되며, 기업이 ESG 성과를 명확하게 보고하고, 금융기관이 ESG 관련 금융상품의 투명성을 확보할 수 있도록 지원한다.

택소노미의 도입을 통해 투자자는 지속 가능한 경제활동에 대한 자본 배분 기준을 명확하게 수립할 수 있으며, 금융기관은 환경·사회적 지속가능성을 고려한 대출 및 투자 기준을 마련하여 금융 리스크를 체계적으로 관리할 수 있다. 이러한 시스템은 ESG 금융시장의 건전성을 강화하고, 기업이 지속 가능한 성장 전략을 수립하는 데 필수적인 요소로 작용한다.

가. ESG 금융에서의 택소노미(Taxonomy) 역할과 활용

택소노미(Taxonomy)는 금융기관, 감독기관, 투자자, 정책 입안자 등 다양한 이해관계자들이 지속 가능한 투자를 촉진하고 공시 투명성 등 ESG 금융에서 필수적인 기준으로 작용한다.

- 금융기관: 택소노미를 활용하여 대출, 신용, 보증 등의 금융상품을 개발하고, 지속가능성을 반영한 포트폴리오를 구성하며, 지속가능성 기준을 충족하는 자산을

신속하게 확인하고 검증하여 투자 효율성을 높이고 거래 비용을 절감할 수 있다. 또한, 감독기관이 요구하는 지속 가능 투자 기준을 이해하고 투명하게 공시함으로써 규제 준수를 강화하고 금융시장에서 신뢰성을 확보한다.

- 금융감독기관: 금융기관이 지속가능성 기준을 준수하도록 관련 규제 및 정책을 개발하고, 금융기관의 지속가능성 관련 보고서와 활동을 감독 및 평가하여 투명성을 확보한다. 또한, 환경적·사회적 리스크를 체계적으로 평가하고 관리하며, 금융기관 및 기업이 ESG 정보공시를 명확하게 할 수 있도록 보고 및 공시 가이드라인을 수립하여 지속 가능 금융의 안정성을 강화한다.

- 투자자: 택소노미를 활용하여 환경적·사회적 지속가능성 기준에 부합하는 투자 기회를 평가하고, 감독기관이 요구하는 기준에 따라 지속가능성 관련 정보를 공시하여 투자 신뢰성을 높이며, 지속가능성을 고려한 투자 정책을 설계하여 녹색 투자 포트폴리오를 구성함으로써 장기적인 성장성과 안정성을 확보한다.

- 녹색채권 발행자: 지속 가능한 금융 조달을 원활하게 받기 위해 택소노미 기준에 부합하는 활동을 식별하여 채권을 발행하며, 이를 통해 친환경 프로젝트와 지속가능성 목표에 부합하는 자금을 조달한다.

- 정책입안자: 지속가능성 목표를 달성하기 위해 투자 부족 분야를 식별하고 필요한 정책을 수립하며, 지속가능성 기준을 반영한 규제 프레임워크를 구축한다. 또한, 기업과 금융기관이 택소노미를 기반으로 ESG 정보를 투명하게 공시할 수 있도록 감독기관과 협력하여 공시지침을 마련한다.

이 외에도 지속가능성 표준제정 및 금융상품 개발의 기준점을 제공하는 등 ESG 금융시장의 신뢰성을 높이고 지속 가능한 경제활동을 촉진하는 역할을 한다.

나. ESG 금융의 표준화 및 지속 가능한 투자 확대
1) 그린워싱 방지와 투명성 강화를 위한 금융 표준

ESG 금융의 표준화 및 규제 강화는 금융시장 내 지속가능성을 높이고 기업의 ESG 경영 실천을 촉진하며, 금융기관과 투자자에게 명확한 투자 기준을 제공하는 핵심 요소로 작용하고 있다.

금융기관이 ESG 펀드를 조성할 때, 해당 투자 대상이 EU 택소노미(Taxonomy) 기준을 충족하는지 확인하는 절차가 필수적이며, 이를 통해 금융기관과 투자자는 경제활동의 환경적 지속가능성을 명확한 기준에 따라 평가할 수 있다. 이러한 표준화는 그린워싱(Greenwashing)을 방지하고, 실제 환경 기여도가 높은 기업과 금융상품을 구별하는 역할을 하며, ESG 공시 강화를 통해 금융상품 및 기업의 ESG 성과를 투명하게 공개하여 신뢰성 있는 ESG 데이터를 제공한다.

2) 그린본드·지속가능채권으로 확대되는 유럽의 녹색금융

유럽 내 연기금과 대형 투자기관은 EU 택소노미(Taxonomy)를 충족하는 기업에 대한 투자를 확대하고 있으며, 지속가능성이 낮은 기업은 투자 포트폴리오에서 제외될 가능성이 높다. 이에 따라 기관투자자 및 자산운용사는 그린본드(Green Bonds), 지속가능채권(Sustainability Bonds) 등 녹색 금융상품에 대한 투자를 확대하고 있으며, 친환경 프로젝트의 자금 조달이 활성화되고 있다. 또한, 금융기관은 지속가능성이 높은 기업에 대한 대출 및 투자를 선호하는 반면, ESG 성과가 낮은 기업은 투자유치가 어려워질 가능성이 커지고 있다.

3) 기후·환경 리스크 반영으로 달라지는 금융 비용

금융 리스크관리 또한 강화되고 있으며, 금융기관은 신규 대출을 실행할 때 기업의 탄소 배출량 및 ESG 성과를 고려하여 금리를 차등 적용하는 방식을 확산시키고 있다. 기후변화 및 환경 리스크가 금융시장에 미치는 영향을 반영하여 금융 리스크를 체계적으로 관리하고, 탄소 배출량이 높은 기업은 대출 금리 및 투자 평가에서 ESG 리스크가 반영되므로 금융 비용이 증가할 가능성이 높다. 이에 따라 금융상품의 리스크 평가 기준에도 기후 리스크 및 환경적 영향을 고려하는 요구가 증가하고 있으며, 지속 가능한 금융을 위한 평가 기준이 강화될 전망이다.

이와 함께 기업의 ESG 경영 압박도 증가하고 있으며, 탄소 배출량이 높은 화석연료 기반 기업은 금융기관의 투자 및 대출에서 배제될 가능성이 커지고, 탄소배출 감축 전략을 수립해야 하는 요구가 강화되고 있다. 특히, EU 내 상장기업 및 다국적 기업들은 EU 택소노미 준수 및 ESG 공시 의무 강화에 대응해야 한다. 만약 기업이 EU 택소노미 기준을 충족하지 못할 경우, 투자유치가 어려워지고 금융 비용이 증가하는 등 재무적 부담이 커질 가능성이 크다.

다. ESG 금융과 택소노미의 상호작용 및 지속 가능한 경제 촉진

ESG 금융과 택소노미(Taxonomy, 지속가능성 분류체계)는 지속 가능한 경제활동을 촉진하는 핵심 도구로 상호보완적인 관계를 형성하며, 금융시장에서 ESG 요소를 효과적으로 반영하는 역할을 한다.

1) 지속 가능한 투자 문화를 이끄는 금융과 택소노미

ESG 금융은 지속 가능한 기업과 프로젝트에 투자하는 금융 활동을 의미하며, 택소노미는 이러한 금융이 올바른 방향으로 활용될 수 있도록 명확한 기준을 제공한다. 이를 통해 금융기관은 ESG 금융상품의 신뢰성을 높이고, 기업과 투자자는 ESG 성과를 개선하여 지속 가능 경영을 실현할 수 있다.

따라서, ESG 금융과 택소노미의 상호작용은 지속 가능한 성장과 책임 있는 투자 문화를 정착시키는 중요한 역할을 한다.

EU 택소노미는 ESG 금융상품(그린본드, 지속가능채권, ESG 펀드 등)의 투명성을 확보하기 위해 금융기관과 기업의 지속가능성 기준을 제공하며, 이를 통해 기업들은 그린워싱(Greenwashing, 허위 친환경 홍보)을 방지하고, 환경 및 사회적 영향을 평가할 수 있도록 체계적인 분류 기준을 마련한다. 또한, 그린본드(Green Bond), 지속가능채권(Sustainability Bond), 소셜본드(Social Bond) 등의 발행이 택소노미 기준을 충족해야 가능하도록 규정함으로써, ESG 금융이 실제 친환경적이고 사회적 가치를 창출하는 방향으로 운용될 수 있도록 지속가능성을 충족하는지 판단하는 기준 역할을 한다.

2) ESG 금융의 표준화, 택소노미가 만든 투자 기준

금융기관들은 택소노미를 활용하여 ESG 리스크를 평가하고 지속 가능한 투자 결정을 내릴 수 있으며, ESG 리스크를 고려한 투자 기준을 정립함으로써 장기적인 지속가능성을 확보한다. 또한, 기업이 환경적으로 유해한 활동을 지속할 경우 금융기관의 투자 대상에서 제외될 가능성이 높아지며, 반면, ESG 성과가 우수한 기업은 금융 혜택을 받을 수 있는 구조가 형성되고 있다.

ESG 금융의 글로벌 확산과 규제 정합성을 높이기 위해 EU, 미국, 한국 등 주요 국가들은 택소노미를 기반으로 ESG 금융과 공시 규정을 강화하고 있으며, 이를 통해 글로벌 금융 시장에서 ESG 공시 및 지속가능성 평가의 표준화가 이루어지고 있다. ESG 금융과 택소노미의 상호작용은 금융시장 내 ESG 원칙을 정착시키고, 책임 있는 투자 환경을 구축하는 핵심적인 역할을 하고 있다.

3.2 EU 택소노미(Taxonomy) 구조와 적용 사례

EU 택소노미(Taxonomy)는 유럽연합(EU)이 2020년에 발표한 지속 가능한 경제

활동 분류체계로, 금융 및 투자 투명성을 강화하고 지속 가능한 경제활동을 촉진하는 것을 목표로 한다. 이를 통해 2030년 유럽연합의 기후·에너지 목표 달성과 유럽 그린딜(European Green Deal) 실현을 지원하며, 2050년 탄소중립 목표 달성을 위한 주요 수단으로 활용된다. 또한, 표준화된 분류체계를 제공하여 기업과 금융기관이 지속가능성을 평가하고 공시할 수 있도록 지원하며, 지속 가능한 프로젝트 및 투자를 활성화하는 지침 역할을 한다.

2022년 7월, EU는 원자력발전과 천연가스를 "과도기적 에너지원"으로 인정하여 EU 택소노미에 포함시켰다. 탈석탄화를 가속화하면서도 에너지 안보를 확보하기 위한 것으로, 신재생에너지로의 전환 과정에서 천연가스와 원자력이 중요한 역할을 할 것으로 평가된다. 그러나 원자력 및 천연가스 포함 여부에 대한 논란이 있으며, 일부 회원국과 환경 단체의 반발도 존재한다.

EU 택소노미의 도입으로 금융기관과 기업은 녹색 금융상품(그린본드, ESG 펀드 등)을 통해 지속가능성 목표를 달성하도록 하며, ESG 공시기준 강화 및 지속 가능한 투자 확대를 통해 유럽 기업들의 경쟁력을 높이는 효과를 기대할 수 있다.

가. EU 택소노미(Taxonomy)의 4대 기본 원칙과 6대 환경 목표

EU 택소노미는 4대 원칙(실질적 기여, 심각한 환경피해 방지, 사회적 보호장치 준수, 기술적 심사 기준 충족)을 기반으로 6대 환경 목표(기후변화 완화·적응, 수자원 보호, 순환 경제, 오염 방지, 생물다양성 보호)를 달성하기 위한 경제활동을 촉진하는 분류체계이다. 기업과 투자자들이 경제활동의 지속가능성을 평가하고 투명하게 보고할 수 있도록 가이드라인을 제공하며, 지속 가능한 금융과 투자를 촉진하는 역할을 한다.

1) EU 택소노미(Taxonomy)의 4대 기본 원칙

EU 택소노미는 지속 가능한 경제활동을 정의하고 평가하기 위해 아래와 같이 4대 기본 원칙을 적용하며, 기업과 금융기관이 ESG 기준을 준수할 수 있도록 한다.

① 실질적 기여(Substantial Contribution) 원칙

녹색 경제활동을 정의하는 핵심 기준 중 하나로, 특정 경제활동이 환경적으로 지속 가능한 것으로 인정받기 위해 반드시 충족해야 하는 조건이다. 이에 따르는 해당 경제활동은 기후변화 완화, 기후변화 적응, 수자원 보호, 순환 경제 촉진, 오염 방지, 생물다양성 보호 등 6대 환경 목표 중 최소 한 가지 이상에 실질적으로 기여해야 한다.

② 중대한 피해 방지(Do No Significant Harm, DNSH) 원칙

녹색 경제활동을 평가할 때 적용되는 중요한 기준으로, 특정 경제활동이 하나의 환경 목표에 기여하더라도 다른 환경 목표에 심각한 부정적 영향을 미쳐서는 안 된다는 원칙이다.

③ 최소한의 사회적 보호장치(Minimum Social Safeguards, MS)

녹색 경제활동으로 인정받기 위한 필수 요건으로, 기업과 조직이 기본적인 사회적 기준을 충족해야 함을 의미한다. 이 기준은 환경적 지속가능성뿐만 아니라, 노동권 보호, 인권 존중, 공정거래, 반부패 및 부패방지 규제 이행 등 광범위한 사회적 책임 이행을 포함한다. MS 원칙은 형식적인 요건이 아닌, 국제적으로 합의된 기준을 반영해 적용되며, UN 지속가능발전목표(SDGs), OECD 다국적기업 가이드라인, ILO 핵심 협약 등의 글로벌 원칙을 기반으로 한다. 따라서 기업은 자사 및 공급망 전반에 걸쳐 이러한 기준을 실제로 준수하고 있다는 점을 입증해야 한다.

④ 기술적 심사 기준(Technical Screening Criteria, TSC)

각 산업 및 경제활동이 환경적으로 지속 가능한지 여부를 정량적·정성적으로 평가하는 기준이다. 기업이 자발적으로 녹색 분류체계에 따라 활동을 보고하거나, 정부 및 투자기관이 기업의 녹색성을 평가할 때 이 기준이 적용된다. TSC를 충족하려면, 해당 활동이 기후변화 완화, 기후변화 적응, 생물다양성 보호 등 6대 환경 목표 중 한 가지 이상에 실질적으로 기여해야 하며, 동시에 다른 환경 목표에 중대한 피해(DNSH)를 주지 않아야 한다. 또한 최소한의 사회적 보호 기준(MS)도 함께 충족해야 한다.

따라서 각 경제활동은 기술적 심사 기준에 부합하는 정량적 수치(탄소 배출량, 에너지 효율 등)뿐 아니라, 활동의 맥락에 따른 정성적 설명을 통해 환경 성과를 입증해야 하며, 이 기준을 만족할 경우에만 '녹색 경제활동'으로 분류된다. 지속가능한 경제활동을 정의하고 평가하기 위한 4대 원칙은 과학적 근거와 구체적인 데이터를 기반으로 지속가능성을 객관적으로 평가하는 기준을 포함하고 있다.

2) EU 택소노미(Taxonomy)의 6대 환경목표

ESG 금융과 지속 가능한 경제활동을 평가하는 핵심 기준인 6대 환경 목표는 기후변화 대응과 환경보호를 위한 필수적인 요소로 작용하며, 기업과 금융기관이 지속가능성을 강화하고 환경적 책임을 실행할 수 있도록 한다. 지속 가능한 경제활동을 촉진하고 ESG 금융 및 투자에서 중요한 기준으로 활용되며, 기업과 금융기관이 지속가능성을 강화하고 환경적 책임을 다하도록 촉진하는 역할을 한다.

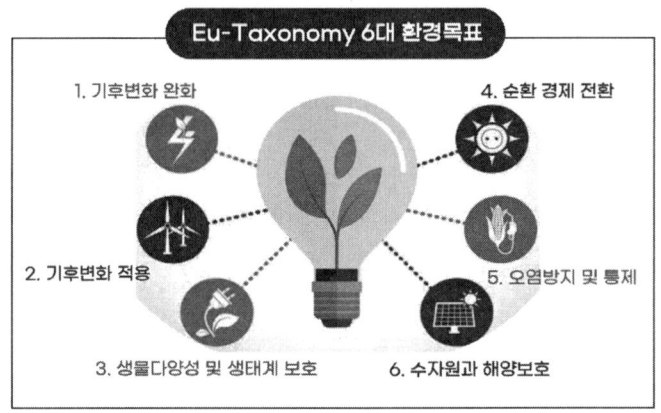

① 기후변화 완화(Climate Change Mitigation)

온실가스 배출 감축 및 탄소중립(Net Zero) 목표 달성을 위한 경제활동을 포함하며, 재생에너지 확대, 에너지 효율화, 탄소 포집 및 저장(CCUS) 기술 활용, 저탄소 산업 전환 등에 대한 활동이다.

② 기후변화 적응(Climate Change Adaptation)

기후변화로 인한 위험을 최소화하고 기후 회복력을 높이는 활동으로, 홍수 방지 인프라 구축, 내열성이 높은 건축물 설계, 기후재해 대응 시스템 구축, 지속 가능한 농업·산림·수자원 관리 등이 포함된다.

③ 순환 경제 전환(Transition to a Circular Economy)

자원 낭비를 줄이고 재사용·재활용을 촉진하는 경제활동으로, 폐기물 감소, 친환경 소재 개발, 제품 수명 연장, 리사이클링 강화, 순환 경제 모델 적용 등이 주요 활동이다.

④ 오염 방지 및 통제(Pollution Prevention and Control)

대기, 토양, 수질 오염을 방지하고 환경 오염을 최소화하는 활동을 의미하며, 산업 폐기물 감축, 유해 화학물질 사용 제한, 공기 질 개선 프로젝트, 수질 보호 및 정화 등이 포함된다.

⑤ 수자원 및 해양 보호(Sustainable Use and Protection of Water and Marine Resources)

지속 가능한 수자원 관리와 해양 생태계 보호를 목표로 하며, 수질 정화 및 오염 방지, 해양 플라스틱 저감, 지속 가능한 어업 관리, 수자원 절약 및 효율적 활용 등이 해당된다.

⑥ 생물다양성 및 생태계 보호(Protection and Restoration of Biodiversity and Ecosystems)

자연환경을 보호하고 생태계를 복원하는 활동으로, 산림 복원, 서식지 보호, 생물다양성 보전 프로젝트, 녹지 공간 확대, 환경친화적 토지 이용 등의 활동이 포함된다.

나. EU 택소노미(Taxonomy)의 정책과 규제

EU Taxonomy는 유럽 그린딜(Green Deal)과 지속 가능한 금융 행동계획(Sustainable Finance Action Plan)으로 개발된 지속가능성 분류체계로, 2050년 탄소중립 목표 실현을 지원하고 금융시장과 기업 활동의 투명성을 강화하는 역할을 한다.

기업 지속가능성보고지침(CSRD, Corporate Sustainability Reporting Directive)에 따라 EU 내 대규모 기업과 상장기업은 EU Taxonomy 기준에 기반하여 지속가능성 정보를 체계적으로 공시해야 한다. 금융기관도 지속가능금융공시정보(SFDR, Sustainable Finance Disclosure Regulation)에 따라, 자산운용 상품에 내재된 ESG 관련 정보 및 리스크를 명확하게 공시해야 하며, 이를 통해 투자자의 선택과 자본 흐름의 투명성을 확보하고 있다. 또한, 탄소 국경조정제도(CBAM, Carbon Border Adjustment Mechanism)와 같은 규제를 통해 기업의 저탄소 경제 전환을 촉진하고, 지속 가능한 경제활동을 장려하는 국제적 정책적 흐름을 강화하고 있다.

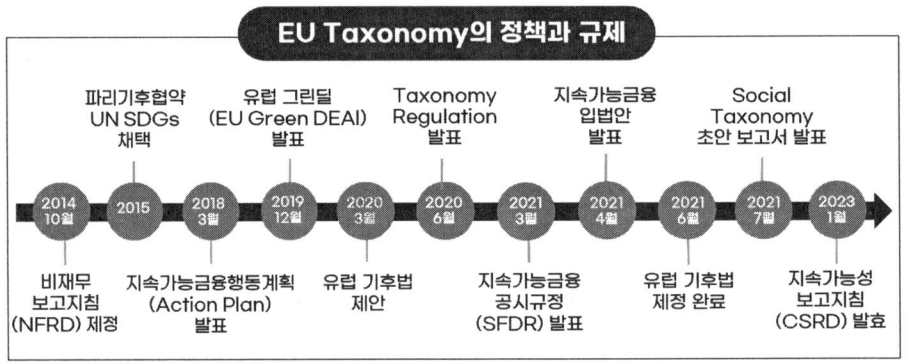

비재무보고 지침(NFRD, Non-Financial Reporting Directive) 제정

비재무보고 지침(NFRD)은 2014년 유럽연합(EU)이 제정한 규정으로, 직원 수 500명 이상인 대규모 공공 이익 기업(상장사, 은행, 보험사 등)을 대상으로 환경, 사회, 지배구조(ESG)와 관련된 비재무적 정보를 의무적으로 보고하도록 요구하는 규제이다.

기업이 환경적 영향, 사회적 책임, 노동 관행, 인권 존중, 반부패 활동 등 비재무적 성과와 리스크를 투명하게 공개하도록 규정하며, ESG 관련 정책, 결과, 리스크관리 전략을 명시하도록 요구한다. 이를 통해 기업의 지속가능성 정보를 명확하게 공시하여 투자자, 소비자 및 이해관계자들이 기업의 ESG 경영 실천 수준을 평가할 수 있도록 지원한다.

파리기후협약, UN 지속가능발전목표(SDGs, Sustainable Development Goals)

2015년 파리기후협약(Paris Agreement)은 제21차 유엔기후변화협약 당사국총회(COP21)에서 채택된 국제 협약으로, 지구 평균 기온 상승을 산업화 이전 대비 1.5°C 이하로 제한하고, 2050년 넷-제로(Net Zero) 달성을 목표로 한다. 이를 위해 각국은 국가별 온실가스 감축 목표(NDCs)를 수립하고, 기후변화 완화 및 적응을 위한 정책을 강화하도록 요구받고 있다.

한편, UN 지속가능발전목표(SDGs, Sustainable Development Goals)는 2015년 유엔 총회에서 채택된 2030년까지 달성해야 할 17개의 글로벌 목표로, 빈곤 퇴치, 기후 변화 대응, 평등 증진 등 전 세계적인 지속가능성 문제를 해결하기 위한 구체적인 로드맵을 제시한다. 파리기후협약과 SDGs는 기후변화 대응과 지속 가능한 경제·사회 발전을 위한 국제적 기준이자 정책 방향을 설정하는 핵심 프레임워크다.

지속가능금융 행동계획(Sustainable Finance Action Plan) 발표

2018년 3월, 유럽연합(EU)은 지속 가능한 금융을 촉진하고 ESG 요소를 금융시스템에 통합하기 위해 "지속가능금융 행동계획(Sustainable Finance Action Plan)"을 발표하였으며, 이를 통해 금융시장의 투명성을 높이고 녹색 및 지속 가능한 투자를 확대하며, 금융기관과 기업이 기후 변화 대응 및 지속가능성 목표를 고려하도록 유도하는 것을 목표로 하였다.

주요 내용으로는 환경적으로 지속 가능한 경제활동을 분류하는 EU 택소노미(EU Taxonomy) 도입, 금융 기관 및 기업의 ESG 공시 의무화 및 투자자의 지속가능성 고려 강화, 녹색 채권(Green Bond) 표준 도입을 통한 지속 가능한 투자 확대 및 녹색 금융상품 개발, 기후변화 리스크관리 및 금융 안정성 확보 등이 포함되며, 특히 금융기관이 TCFD 프레임워크를 기반으로 기후변화 리스크를 분석하고 대응 전략을 수립하도록 지원하는 내용을 담고 있다.

유럽 그린딜(European Green Deal) 발표

유럽 그린딜(European Green Deal)은 2019년 12월 유럽연합(EU)이 발표한 주요 정책으로, 2050년까지 넷-제로(Net Zero)를 달성하고 지속 가능한 경제로 전환하기 위한 포괄적인 전략이다. 기후 변화 대응, 자원 효율성 증대, 생물 다양성 보존 등을 목표로 하며, 경제 성장과 환경 보호의 조화를 이루기 위해 에너지, 산업, 농업, 교통 등의 분야에서 전면적인 개혁을 추진한다.

EU 택소노미의 지속가능성 프레임워크를 기반으로 기업과 금융기관이 환경 목표를 달성할 수 있도록 지원하며, ESG 금융을 활성화하여 지속 가능한 투자를 촉진하는 역할을 한다.

유럽 기후법(European Climate Law) 제안

유럽 기후법(European Climate Law)은 2020년 3월 4일 유럽연합(EU) 집행위원회가 제안한 법안으로, 2050년까지 넷-제로(Net Zero) 달성을 법적으로 명시하고 EU 회원국들이 이를 반드시 준수하도록 규정한 정책이다.

이 법안은 유럽 그린딜(European Green Deal)의 목표를 법제화한 것으로, 2050년 탄소중립을 실현하기 위한 장기 목표뿐만 아니라, 2030년까지 온실가스 배출량을 1990년 대비 최소 55% 감축하는 중간 목표도 포함되어 있다. 이를 통해 EU

는 기후변화 대응을 위한 강력한 법적 기반을 마련하고, 지속 가능한 경제 전환과 저탄소사회 구축을 촉진하고 있다.

EU 택소노미 규정(EU Taxonomy Regulation) 발표

EU 택소노미 규정(EU Taxonomy Regulation)은 2020년 6월 EU가 공식 발표한 규정으로, 경제활동의 환경적 지속가능성을 평가하기 위한 분류 체계를 제공하는 제도이다. 이 규정은 유럽 그린딜(European Green Deal)의 핵심 구성 요소로, 2050년 넷-제로(Net Zero) 목표를 지원하고 지속 가능한 경제 전환을 촉진하기 위해 마련되었다. 이를 통해 금융기관, 투자자, 기업이 객관적인 지속가능성 기준을 활용하여 환경적으로 지속 가능한 경제활동을 식별하고, ESG 금융 및 투자 투명성을 강화할 수 있도록 한다.

지속가능성 공시 규제(SFDR, Sustainable Finance Disclosure Regulation) 발표

지속가능성 공시 규제(SFDR)는 2021년 3월부터 시행된 금융상품의 ESG 정보공시 규정으로, 금융기관이 ESG 관련 금융상품의 투명성을 높이기 위해 택소노미와 연계된 정보를 공시하도록 의무화하는 제도이다.

이 규정은 "그린워싱(Greenwashing)"을 방지하고, ESG 데이터의 구체성과 신뢰성을 확보하기 위해 금융기관과 자산운용사가 지속가능성과 관련된 명확하고 비교 가능한 정보를 투자자들에게 제공하는 것을 목표로 한다. SFDR은 금융기관이 자산운용 방식, ESG 리스크 통합 여부, 지속가능성과 관련된 주요 영향 요소 등을 공시하도록 요구하며, 이를 통해 ESG 금융상품의 신뢰성을 높이고 지속 가능한 투자를 촉진하는 역할을 한다.

지속가능금융입법안(Sustainable Finance Legislative Package) 발표

2021년 4월, EU는 지속가능금융 정책을 구체적으로 실행하기 위해 지속가능금융 입법안을 발표하였다. 해당 입법안은 EU 택소노미 적용 대상의 확대를 통해 기업이 환경적으로 지속 가능한 경제활동을 수행하고 있음을 명확히 증명하도록 요구하며, 지속가능금융공시 규제(SFDR, CSRD 등) 강화를 통해 투자자들에게 투명한 ESG 정보를 제공하도록 하고 있다. 또한, 녹색 금융상품 및 투자 활성화를 위해 금융기관이 환경·사회적 영향을 고려한 투자 전략을 수립하고 ESG 리스크를 반영한 금융 의사결정을 내릴 것을 요구하며, 이를 준수하지 않는 기업과 금융기관은 금융시장에서 경쟁력을 상실할 가능성이 커지고 있다. 지속가능금융 입법안은 EU의 기후변화 대응 및 탄소중립 목표와 연계되며, ESG 금융이 글로벌 금융시장의 핵심 기준으로 기반을 구축하는 전환점이 되었다.

유럽 기후법(Climate Law) 완료

유럽 기후법(Climate Law)은 2021년 6월 유럽연합(EU)에서 공식 채택된 법률로, 2050년까지 넷-제로(Net Zero)를 달성하고 2030년까지 온실가스 배출량을 1990년 대비 최소 55% 감축하는 법적 구속력을 명시한 기후 정책의 핵심 법안이다. 유럽 기후법(Climate Law)은 유럽 그린딜(European Green Deal)이 제시한 기후 중립 목표를 법제화하여, 그 이행을 법적으로 담보하는 핵심 실행 수단이다. 즉, 그린딜(Green Deal)이 "방향"이라면, 기후법(Climate Law)은 "그 방향을 반드시 지켜야 하는 규칙"이다. 이 법률은 유럽 그린딜(European Green Deal)의 목표를 법제화한 것으로, EU 회원국들이 기후변화 대응 및 지속 가능한 경제 전환을 위해 구체적인 목표와 이행 계획을 수립하도록 요구하고 있다. 이를 통해 EU는 기후변화 대응을 위한 강력한 정책적 기반과 지속 가능한 발전과 저탄소사회 구축을 강화하고 있다.

소셜 택소노미(Social Taxonomy) 초안 발표

소셜 택소노미(Social Taxonomy)는 2022년 2월 유럽연합(EU)에서 발표된 초안으로, 사회적 지속가능성을 평가하고 촉진하기 위한 분류체계이다. 그린 택소노미(Green Taxonomy)를 보완하여 ESG의 사회(S) 요소를 강화하고, 지속 가능한 경제활동의 사회적 기준을 명확히 제시하는 역할을 한다.

이 프레임워크는 기업과 투자자가 사회적 지속가능성을 고려한 의사결정을 내릴 수 있도록 지원하며, 노동권 보호, 평등 및 포용성, 공정한 근로 환경, 사회적 영향 투자 등의 기준을 포함한다.

지속가능성 보고지침(CSRD, Corporate Sustainability Reporting Directive) 발효

지속가능성 보고 지침(CSRD)은 2023년 1월 5일 공식 발효되었으며, 2024년부터 단계적으로 시행되고 있다. 기존 비재무정보공시지침(NFRD, Non-Financial Reporting Directive)을 대체하는 새로운 ESG 공시기준으로, 기업의 지속가능성 정보공시 의무를 강화하였다. 이에 따라 2024년부터 유럽 내 대기업(500인 이상)을 대상으로 적용되며, 2025년부터 비상장 대기업, 2026년부터는 중견·중소기업 및 유럽 내 매출 1.5억 유로 이상을 기록하는 비유럽 다국적 기업까지 확대 적용된다.

CSRD는 EU 택소노미(Taxonomy)와 연계하여 ESG 성과 및 공급망 내 지속가능성 정보까지 포괄적으로 공개하도록 요구하며, 이중 중대성(Double Materiality) 원칙을 반영하여 기업의 재무적·비재무적 영향을 모두 보고해야 한다. 또한, 기업들은 2025년에 2024년 회계연도 데이터를 기반으로 지속가능성 보고서를 제출해야 하며, ESG 공시의 투명성과 신뢰성을 높이기 위해 체계적인 ESG 공시 전략을 수립해야 한다.

CSRD 시행으로 기업의 ESG 공시는 글로벌 스탠더드로 기반이 되었으며, 기업들은 이에 대응하여 지속가능경영 체계를 강화할 필요성이 커지고 있다.

다. 그린 택소노미(Green Taxonomy)와 소셜 택소노미(Social Taxonomy)
1) 그린 택소노미(Green Taxonomy)

그린 택소노미(Green Taxonomy)는 환경적 지속가능성을 목표로 하는 경제활동 분류체계로, 탄소중립과 기후변화 대응을 중심으로 설계되었다.

온실가스 감축, 재생에너지 확대, 에너지 효율 향상, 생물다양성 보존 등 다양한 환경적 가치를 반영하며, 특히 기후변화 완화, 기후변화 적응, 수자원 보호, 순환 경제로의 전환, 오염 방지, 생물다양성 보호 등 6대 환경목표 달성에 기여하는 경제활동을 구체적으로 정의하고 촉진하는 데 초점을 맞춘다. 이를 통해 재생 가능 에너지 투자, 에너지 효율화 기술 도입, 친환경 교통수단 확대 등 지속 가능한 경제 전환을 촉진하며, 기업과 금융기관이 환경적 책임을 체계적으로 이행할 수 있도록 제도적 기반을 제공한다.

또한 ESG 금융의 신뢰성을 높이고, 그린워싱(Greenwashing)을 방지하는 핵심 기준으로 작용한다. 투자자, 기업, 정책 입안자 등 이해관계자들은 이 체계를 통해 지속 가능한 경제활동을 명확히 이해하고, 보다 정확하고 책임 있는 의사결정을 내릴 수 있다.

2) 소셜 택소노미(Social Taxonomy)

소셜 택소노미(Social Taxonomy)는 지속 가능한 금융 체계에서 사회적 영향을 평가하고 반영하기 위한 분류체계로, 기업과 경제활동이 사회적으로 긍정적인 영향을 창출하는지 여부를 판단하는 기준을 제공한다.

이는 환경 중심의 그린 택소노미를 보완하며, 사회적 지속가능성(social sustainability)을 강화하는 데 중점을 둔다.

노동권 보호, 인권 존중, 공정한 근로 환경 조성, 취약계층 및 소외계층 지원, 사회적 포용성 강화 등 사회적 가치 창출을 중심으로 운영되며, 기업이 사회 전체의 형평성과 포용적 성장에 기여하는 활동을 장려하는 데 목적이 있다. 분류체계는 구조적으로 두 가지 차원에서 수평적 차원(Horizontal Dimension)과 수직적 차원(Vertical Dimension)으로 구성된다.

수평적 차원(Horizontal Dimension)

소셜 택소노미(Social Taxonomy)에서 특정 산업이나 개별 경제활동에 국한되지 않고, 기업 전반의 사회적 책임을 평가하는 기준을 의미한다. 이는 모든 산업과 기업에 공통적으로 적용될 수 있는 보편적이고 광범위한 사회적 기준으로, 사회적 지속가능성 확보를 위한 기본적 토대를 형성한다.

기업은 이러한 수평적 기준을 충족하기 위해 유엔 지속가능발전목표(UN SDGs), 국제노동기구(ILO) 핵심 협약, OECD 다국적 기업 가이드라인 등 국제적으로 합의된 사회적 원칙을 준수해야 하며, 그 이행 여부가 평가의 핵심이 된다.

핵심 내용으로는 공정한 노동 조건과 임금 보장, 노동권 보호, 산업안전 기준 준수 등 근로자 권리 보호를 위한 조치가 포함되며, 동시에 차별금지, 다양성 존중, 취약계층 보호, 인권 존중 등의 포용적 가치 실현도 요구된다. 또한 반부패 정책 수립, 공정한 거래 관행 준수, 투명한 거버넌스 유지 등 기업 지배구조(Governance) 측면에서의 책임도 함께 고려된다. 기업의 거버넌스(G)와 사회적 책임(S)을 반영하는 요소로서, 특정 산업과 관계없이 모든 기업이 준수해야 하는 공통 사회적 원칙을 명확히 정의하고 있다.

수직적 차원(Vertical Dimension)

소셜 택소노미(Social Taxonomy) 내에서 특정 산업 및 경제활동이 사회적으로 긍정적인 영향을 미치는지, 그리고 사회적 목표(Social Objectives) 달성에 얼마나 기여하는지를 평가하는 기준이다. 이는 사회적 지속가능성을 촉진하기 위한 실질적인 평가 틀로, 다양한 취약계층에 대한 지원과 사회 기반 확충 여부를 중심으로 구성된다.

구체적으로는 저소득층, 장애인, 고령자 등 취약계층의 복지 향상과 인권 보호를 위한 활동이 주요 평가 대상이다. 예를 들어, 취약계층을 위한 의료 서비스 제공, 사회적 주택(Social Housing) 개발, 공정한 금융 서비스 접근성 확대 등이 이에 해당된다. 또한 공교육 및 직업 훈련 지원을 통한 교육 기회 확대, 디지털 격차 해소를 위한 정보 접근성 강화도 수직적 차원의 중요한 요소로 평가된다. 이러한 경제활동은 사회적 약자의 삶의 질을 개선하고 포용적 성장을 이끄는 핵심 역할을 한다.

그린 택소노미	소셜 택소노미
환경적 지속가능성 촉진	사회적 지속가능성 촉진
기후변화 완화, 생물다양성 보존, 순환 경제 등 6대 환경 목표	인권 보호, 노동 조건 개선, 경제적 기회 확대 등
재생에너지, 저탄소 기술, 친환경 교통수단 등	공정 노동 관행, 교육 및 의료 서비스, 저소득층 주거 지원 등
태양광 발전, 전기차 생산	아동 노동 근절, 사회적 주택 건설
EU 택소노미, RE100, LEED 등	UN SDGs, UNGC, ILO 등

그린 택소노미와 소셜 택소노미의 분류체계는 유엔 지속가능발전목표(UN SDGs), OECD 가이드라인 등 글로벌 ESG 기준과 연계되어 기업과 금융기관, 투자자들이 지속가능성과 사회적 책임을 보다 체계적이고 신뢰성 있게 평가하고 공시할 수 있는 기반을 제공한다. 이를 통해 ESG 금융시장의 투명성을 제고하고, 그린워싱을 방지하며, 환경적 지속가능성과 사회적 책임을 동시에 실현하는 데 중요한 역할을 한다. 나아가, 기업의 지속가능경영 실천을 유도하고 장기적인 지속가능성을 확보하는 핵심적인 도구로 작용하고 있다.

라. EU 택소노미(Taxonomy)가 금융시장에 미치는 영향

EU 택소노미는 금융시장 내 지속가능성을 촉진하는 글로벌 기준으로 구축되고 있으며, 지속 가능 금융의 핵심 원칙으로 활용될 가능성이 크다. 이 체계는 기업과 금융기관이 수행하는 ESG 경영을 과학적이고 체계적인 기준에 따라 분류함으로써, 지속가능성에 기반한 자금 흐름을 촉진하는 중요한 도구로 기능한다.

EU 택소노미는 투자자와 금융기관이 ESG 기준에 따라 지속 가능한 금융상품과 투자를 구별할 수 있도록 명확한 기준을 제공하며, 금융시장 내 그린워싱(Greenwashing)을 방지하는 역할을 한다. 또한, 기업들은 EU 택소노미에 부합하는 지속가능성 보고를 강화해야 하며, 이에 따라 ESG 공시 의무가 확대되고, 지속 가능한 경제활동에 대한 투자가 증가하는 환경이 조성될 것으로 전망된다. 이러한 변화는 금융기관이 탄소 집약적 기업이나 지속가능성이 낮은 산업에 대한 대출 및 투자를 축소하는 방향으로 나아가도록 하며, 지속 가능한 금융상품(그린본드, 지속가능채권, ESG 연계 대출 등)의 활성화를 촉진한다.

3.3 한국형 녹색분류체계(K-Taxonomy)의 특징 및 과제

환경부는 친환경 경제활동의 원칙과 기준을 제시하기 위해 2021년 12월 30일 K-Taxonomy(한국형 녹색분류체계)를 발표하였으며, 이를 통해 녹색산업 활성화와 그린워싱 방지를 목표로 금융 및 자금 유입을 촉진하고자 했다. 이후 2022년 12월 23일 "K-Taxonomy 지침서"를 개정하고 2023년 1월 1일부터 시행하였다. 이는 EU Taxonomy를 참고하여 국내 산업 구조와 정책 목표에 맞게 설계된 지속 가능한 경제활동 분류체계로, ESG 금융과 친환경 투자의 투명성을 높이고 2050년 넷-제로(Net Zero) 달성을 지원하는 핵심 도구로 활용된다.

가. K-Taxonomy, 녹색금융과 산업 전환의 국가 표준

K-Taxonomy는 ESG 금융 활성화 및 친환경 산업 전환 촉진을 위해 도입되었으며, 기업과 금융기관이 지속 가능한 경제활동을 평가하고 녹색 금융상품(그린본드, 지속가능채권 등)을 활용할 수 있도록 정책적 기반을 마련하는 역할을 한다.

2022년 1월 K-Taxonomy 가이드라인 시행 이후, 금융기관과 기업이 녹색 금융상품을 적극적으로 활용할 수 있는 환경이 조성되었으며, 이를 통해 친환경 투자 및 금융 정책이 본격화되었다.

이후 2023년 5월 탄소 감축을 위한 한시적 경제활동의 적용 범위를 논의하며 전환 금융(Transition Finance) 개념이 추가 검토되었다.

2023년 12월에는 K-Taxonomy 적용 대상 확대 및 개정 논의가 진행되면서 지속 가능한 금융 정책 개선이 추진되었다.

2024년부터는 K-Taxonomy의 지속적인 개정 및 보완이 이루어졌으며 2025년 이후에는 금융기관과 기업이 실무적으로 활용할 수 있도록 지원이 강화될 예정이다. 또한, EU 및 국제 기준과의 정합성을 높여 글로벌 금융시장과의 연계를 확대하고, 기업 및 금융기관의 실무 적용을 지원하는 방향으로 발전할 계획이다.

K-Taxonomy는 지속 가능한 경제활동의 기준을 명확히 정의하여 투자 방향성을 설정하고, ESG 금융과 연계하여 녹색 금융상품의 신뢰도를 강화하며, 친환경 투자의 투명성을 확보하여 실질적인 환경 효과를 평가하는 역할을 한다. 또한, EU Taxonomy 등 글로벌 기준과의 적합성을 고려하여 국내 기업과 금융기관이 국제 지속 가능 금융시장에 원활히 접근할 수 있도록 지원하며, 이를 통해 국내 녹색산업과 지속 가능 경제활동을 촉진하는 핵심 기준으로 작용한다.

나. K-Taxonomy(한국형 녹색분류체계)의 원칙

K-Taxonomy 원칙으로 환경 목표에 기여(SC, Substantial Contribution), 심각한 환경피해 방지(DNSH, Do No Significant Harm), 최소한의 보호장치 준수

(MS, Minimum Safeguards) 세 가지가 핵심 원칙이다. 이는 지속 가능 금융과 녹색산업 발전을 위한 필수적인 기준으로 작용한다.

환경 목표에 기여(SC, Substantial Contribution)

경제활동이 온실가스 감축, 자원 순환, 기후 변화 대응 등의 환경 목표 달성에 실질적으로 기여해야 한다. 해당 경제활동은 온실가스 감축, 기후변화 적응, 생물다양성 보호, 자원 순환 강화 등의 환경 목표에 실질적으로 기여해야 하며, 2050 넷-제로와 한국형 그린뉴딜 목표 달성에 부합하여 지속 가능한 발전을 위한 긍정적인 환경적 효과를 창출해야 한다.

심각한 환경피해 방지(DNSH, Do No Significant Harm)

한 분야에서 긍정적 영향을 기여해도 다른 환경 목표를 해쳐서는 안 된다. 특정 경제활동이 하나의 환경 목표에 기여해도 다른 환경 목표에 심각한 피해를 주어서는 안 되며, 환경적 무해성(Do No Significant Harm, DNSH) 원칙을 준수해야 한다.

최소한의 보호장치 준수(MS, Minimum Safeguards)

환경 목표를 달성하는 과정에서 인권, 노동권, 공정거래 등의 사회적 기준을 준수해야 한다.

환경적 지속가능성뿐만 아니라 사회적 및 윤리적 책임을 준수해야 하며, 노동권 보호, 인권 존중, 공정거래 원칙, 반부패 규제 준수 등의 최소한의 사회적 기준을 충족해야 한다. 또한, ESG 경영 원칙과 UN 지속가능발전목표(SDGs), OECD 다국적 기업 가이드라인 등을 반영하여 윤리적이고 책임 있는 경제활동이 이루어져야 한다.

다. K-Taxonomy(한국형 녹색분류체계)의 주요 활동과 적합성 프로세스
1) K-Taxonomy의 경제활동

K-Taxonomy는 경제활동이 친환경적이며 탄소중립에 기여하는지를 규정하는 체계로, 녹색금융의 대상 여부를 결정하는 핵심 기준이 된다. 지속 가능한 경제활동을 평가하기 위해 녹색 경제활동(Green Activities)과 전환 경제활동(Transition Activities)으로 구분된다.

녹색 경제활동(Green Activities)

탄소중립을 달성하는 데 필수적인 64개 부문 경제활동으로, 환경적으로 지속 가능한 경제활동을 의미한다. 온실가스 감축, 생물다양성 보호, 재생에너지 활용 등 환경 목표에 직접적으로 영향을 미치는 활동을 포함하며, 대표적으로 신재생에너지 개발, 친환경 교통, 수자원 관리 등이 해당된다.

전환 경제활동(Transition Activities)

탄소중립을 실현하기 위해 한시적으로 포함되는 5개 부문 경제활동을 의미하며, 기존 산업이 친환경적으로 전환하는 과정에서 환경 목표에 부합하는 활동을 포함한다. 이를 통해 화석연료 기반 산업이 탄소 저감 기술을 도입하고 점진적인 환경 개선을 목표로 하도록 한다.

액화천연가스(LNG)는 2030년~2035년까지 한시적으로 포함되며, 블루수소는 2030년까지 한시적 포함 대상으로 지정된다. 다만, 원자력발전은 포함되지 않는다. 천연가스 투자는 전력 1킬로와트시(kWh) 생산 시 온실가스 직접 배출량이 270g CO_2eq(이산화탄소 환산량) 미만이어야 하며, 2030년까지 건축 허가를 받아 2035년부터 저탄소 가스로 전환해야 한다.

이러한 경제활동을 통해 K-Taxonomy는 ESG 금융과 기업의 지속가능성 평가 기준을 명확히 하며, 친환경 경제활동을 활성화하고 지속 가능한 경제 전환을 촉진하는 역할을 한다.

2) K-Taxonomy의 적합성 판단 프로세스

한국형 녹색분류체계(K-Taxonomy)의 적합성 판단 프로세스는 경제활동이 환경 목표를 달성하는 데 얼마나 기여하는지를 평가하고, 환경적 및 사회적 기준을 충족하는지를 체계적으로 판단하는 절차이다. 적합성 판단을 위해 활동기준, 인정기준, 배제기준, 보호 기준의 4가지 기준을 모두 충족해야 하며, 이를 통해 해당 경제활동이 녹색분류체계에 적합한지 결정된다.

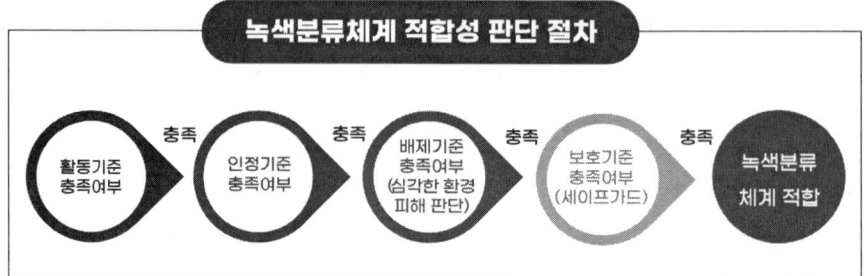

1단계: 활동기준(Activity Criteria)

경제활동이 탄소중립, 생물다양성 보전, 오염 방지, 수자원 보호, 순환 경제 촉진 등 환경 목표에 실질적으로 기여하는지 평가하는 기준이며, 이를 통해 해당 활동이 녹색 경제활동, 전환 경제활동 중 어디에 해당하는지를 분석한다.

2단계: 인정기준(Eligibility Criteria)

특정 경제활동이 환경적으로 지속 가능하다고 판단될 수 있는 기술적, 과학적, 정책적 기준을 충족하는지를 검토하는 과정으로, 탄소 배출량이 일정 기준 이하인 경우, 녹색 경제활동으로 인정될 수 있다.

3단계: 배제기준(Exclusion Criteria)

환경적으로 유해하거나 온실가스를 과도하게 배출하는 등 지속가능성 목표에 반하는 요소를 포함하는 경우 해당 경제활동을 녹색 분류체계에서 배제하는 기준으로, 고탄소 산업이나 생태계를 파괴하는 활동이 포함될 수 있다.

4단계: 보호기준(Safeguard Criteria)

경제활동이 노동권 보호, 인권 존중, 반부패, 공정거래 등의 사회적 기준을 충족하는지를 평가하는 과정으로, 기업의 ESG 원칙 준수 여부를 확인하고 지속 가능한 경제활동 수행을 보장한다.

적합성 판단 프로세스를 통해 K-Taxonomy는 지속 가능한 경제활동을 명확히 정의하고, 친환경 투자 및 녹색금융의 신뢰성을 강화하는 핵심적인 역할을 한다.

라. K-Taxonomy 도입과 확산을 위한 국제 기준 및 법률 연계

한국형 녹색분류체계(K-Taxonomy)의 도입과 확산을 위해 주요 국제 기준 및 법률과의 연계가 강화되었으며, 이를 통해 글로벌 ESG 공시 체계와의 정합성을 유지하도록 설계되었다.

K-Taxonomy는 EU Taxonomy 위임법률, EU 지속가능성보고지침(CSRD), EU 지속가능금융공시규정(SFDR), IFRS의 ISSB 공시기준 등과 연계되어 금융기관과 기업이 지속 가능한 경제활동을 수행하고 ESG 경영을 효과적으로 실천할 수 있도록 명확한 기준을 제공한다.

이를 통해 K-Taxonomy는 국제적 기준을 반영하여 한국 기업과 금융기관이 글로벌 시장에서 경쟁력을 유지할 수 있도록 지원하며, ESG 금융의 신뢰성과 투명성을 높이는 역할을 한다. 또한, ESG 공시 의무화, 지속가능성 평가 기준 강화, 글로벌 금융 시장과의 연계 확대 등을 통해 지속 가능한 경제 전환을 가속화하고, 친환경 산업과 지속 가능한 투자를 촉진하는 중요한 정책적 기반이 되고 있다.

K-Taxonomy의 성공적인 도입과 확산을 위해서는 국제 기준과의 정합성을 유지하면서도 국내 경제 및 산업 구조에 적합한 체계를 마련하는 것이 필수적이다. 이를 통해 기업과 금융기관이 지속 가능한 경제활동을 실천하고, ESG 경영 및 금융 활성화를 촉진할 수 있도록 제도적·정책적 지원이 지속적으로 이루어져야 한다.

정책 / 규제	내용	영향
지속가능금융공시 규정 (SFDR)	금융기관 및 투자자가 ESG 금융 상품 정보를 공개하도록 의무화	투자자 보호 및 금융상품 투명성
지속가능성보고지침 (CSRD)	기업이 ESG 및 지속가능성 정보를 공시하도록 요구	기업 ESG 공시 의무 확대 및 투자유치 압박 증가
탄소 국경조정제도 (CBAM)	EU로 수출하는 기업이 탄소세를 부담해야 함	탄소배출이 높은 기업의 비용 증가 및 투자 감소
EU 녹색 채권 표준 (EU Green Bond Standard)	기업이 발생하는 녹색 채권이 EU 택소노미 기준을 충족	녹색 채권 시장 성장 및 투자 유지 활성화

국내 산업 특성을 반영한 정책을 마련하여 금융기관과 기업이 K-Taxonomy를 실무적으로 활용할 수 있도록 가이드라인을 명확히 제공하고, 지속 가능한 경제활동을 장려하기 위한 인센티브 제도를 마련하는 등 제도적 지원이 필요하다.

Part 3
ESG 공시 및 가이드라인

제5장 ESG 공시제도와 국제표준

1. 글로벌 협약(Global Agreements)과 이니셔티브(Initiatives)

ESG는 기후 변화 대응, 사회적 책임, 기업의 투명한 지배구조 강화를 목표로 다양한 글로벌 협약과 이니셔티브가 마련되었으며, 기업과 투자자들은 이를 실천하는 방향으로 나아가고 있다.

1.1 글로벌 협약(Global Agreements)과 이니셔티브(Initiatives)의 관계

글로벌 협약(Global Agreements)과 이니셔티브(Initiatives)는 ESG 경영에서 중요한 역할을 하지만, 개념과 목적, 실행 방식에서 차이가 있다. ESG 협약은 글로벌 지속가능성 목표를 설정하고 법적 기반을 제공하며, 글로벌 이니셔티브는 이러한 협약을 실천할 수 있도록 기업과 조직의 자발적 참여를 권장하는 역할을 한다.

가. 글로벌 협약(Global Agreements)의 개념과 실행 방식

글로벌 협약은 글로벌 지속가능성 목표를 설정하는 국제적 합의로, 국가, 국제기구, 또는 다자간 협의를 통해 체결된 공식적인 약속이다. 법적, 규범적 의무를 따르며, 기후변화 대응, 빈곤 퇴치, 사회적 불평등 해소 등 전 세계적인 문제를 해결하기 위한 명확한 목표와 실천 계획을 제공한다.

모든 참여자는 합의된 목표를 달성하기 위해 공동으로 노력해야 하며, UN이나 주요 국제기구가 주도하는 경우가 많다. 글로벌 협약은 국제적 수준에서 다수의 국가, 기업, 단체가 합의한 공식적인 조약이나 약속으로 법적 구속력이 있거나 강력한 권고사항으로 작용한다.

실행 방식은 참여국이나 기관이 명확한 규제나 정책을 수립하고, 이를 법적 또는 규범적으로 준수해야 한다. 또한, 참여의 강제성이 높으며, 국제기구의 감시와 보고 체계를 통해 협약의 이행 여부를 지속적으로 평가받는다. 이를 통해 국제 사회가 공동의 지속가능성 목표를 달성할 수 있도록 협력하며, 기후변화 대응 및 ESG 경영의 글로벌 표준을 확립하는 데 기여한다.

나. 글로벌 이니셔티브(Global Initiatives)의 개념과 실행 방식

글로벌 이니셔티브는 법적 강제성 없이 자발적 참여를 통해 ESG 경영을 촉진하고 지속가능성 목표 달성을 지원하는 협력 프로그램이다. 기업이나 조직이 특정 ESG 목표(재생 가능 에너지 확대, 책임 투자, 탄소중립 등)를 실현할 수 있도록 하는 역할을 하며, 특정 주제에 초점을 맞춰 민간 또는 비정부 단체(NGO)가 주도하는 경우가 많다.

기업과 조직은 자발적으로 글로벌 이니셔티브에 참여하며, 지속 가능한 목표를 달성하기 위해 협력 활동을 수행한다. 참여 기관은 책임투자원칙(PRI), 과학기반감축목표(SBTi), 기후 관련 재무정보공개(TCFD), 탄소정보공개프로젝트(CDP) 등과 같은 주요 ESG 이니셔티브를 통해 지속 가능 경영을 실천할 수 있다.

실행 방식은 강제성이 낮고, 기업이나 단체가 독립적으로 참여 여부를 결정하며, 가이드라인을 선택적으로 따를 수 있다. 기업들은 이니셔티브의 가이드라인을 참고하여 ESG 목표를 설정하고, 지속가능성을 위한 전략을 수립하며, 이해관계자 및 투자자들에게 ESG 성과를 투명하게 공개하는 데 활용한다.

다. 글로벌 협약과 이니셔티브의 상호보완적 관계

글로벌 협약(Global Agreements)과 글로벌 이니셔티브(Global Initiatives)는 ESG 경영과 지속가능성 목표 달성을 위한 두 가지 핵심축으로 작용하며 기업과 기관이 ESG 원칙을 실천할 수 있도록 지원하는 역할을 한다.

글로벌 협약은 국제적인 지속가능성 목표와 규범을 설정하고 법적 기반을 마련하여 강제력이 있지만, 글로벌 이니셔티브는 법적 구속력 없이 기업과 기관이 자발적으로 참여하여 실천 가능한 해결책을 제공하고 ESG 경영의 표준화를 촉진한다. 즉, 협약은 지속가능성 목표의 방향성과 정책적 기준을 제시하는 역할을 하며, 이니셔티브는 이를 실행 가능한 전략과 실천 방안으로 연결하는 기능을 한다.

구분	글로벌 협약	이니셔티브
목적	국제적 합의 및 목표설정	특정 주제에 대한 자발적 협력
사례	파리협정, SDGs 등	RE100, PRI, TCFD 등
운영 주체	국제기구(UN, UNFCCC 등)	민간단체 및 협의체
참여 강제성	높음	낮음
적용 범위	전 세계적, 다수 국가 간 협약	기업, 단체 중심의 실행

* 상호보완적 관계: 글로벌 협약의 탄소중립 목표는 이니셔티브를 통해 기업 차원에서 실행

협약이 강제적인 국제적 목표를 설정하는 데 중점을 둔다면, 이니셔티브는 기업과 기관이 특정 ESG 주제에 맞춰 자율적으로 실천할 수 있도록 한다. 이를 통해 기업들은 ESG 경영을 구체화하고, 지속가능성을 실현하기 위한 혁신적인 접근 방식을 도입할 수 있으며, 투자자와 이해관계자들에게 ESG 성과를 신뢰성 있게 공개할 수 있는 기반을 마련한다.

글로벌 협약과 이니셔티브는 상호보완적으로 작용하여 ESG 경영이 효과적으로 실행될 수 있도록 돕고, 기업과 금융기관이 지속 가능한 경제활동을 실천하며 장기적인 환경 및 사회적 가치 창출을 가능하게 하는 역할을 한다.

1.2 ESG 글로벌 협약과 이니셔티브의 시대적 발전

ESG 개념은 1992년 리우 정상회의(Rio Earth Summit)부터 2015년 파리협정(Paris Agreement), 그리고 2021년 이후까지 지속적으로 발전하며, 환경 보호, 사회적 책임, 투명한 지배구조를 기반으로 현대 ESG 경영의 체계를 구축하는 데 중요한 전환점을 마련했다.

초기에는 환경(Environment) 보호와 지속 가능한 개발(Sustainable Development)이 주요 화두였으며, 이후 사회(Social)적 책임과 기업의 투명한 지배구조(Governance)까지 확대되면서 현대적인 ESG 경영의 개념이 정립되었다. ESG는 다양한 글로벌 협약과 이니셔티브를 통해 발전해 왔으며, 이를 통해 기업들은 환경(E), 사회(S), 지배구조(G) 측면에서 지속가능성을 실현할 수 있도록 명확한 방향성을 제시받고 있다.

가. ESG 글로벌 협약의 발전과 역할

ESG 글로벌 협약은 환경보호와 지속가능성을 위한 국제적 노력의 핵심으로, 시대별로 점차 구체화되면서 기업과 정부의 지속 가능한 발전을 위한 법적 기반을 마련해 왔다. 대표적인 협약으로는 몬트리올 의정서(1987), 교토 의정서(1997), 파리협정(2015) 등이 있으며, 이러한 협약들은 ESG 경영에서 환경(E) 요소의 기초를 확립하고, 기업과 국가가 지속 가능한 발전을 실현할 수 있도록 강력한 법적 근거를 제공하고 있다.

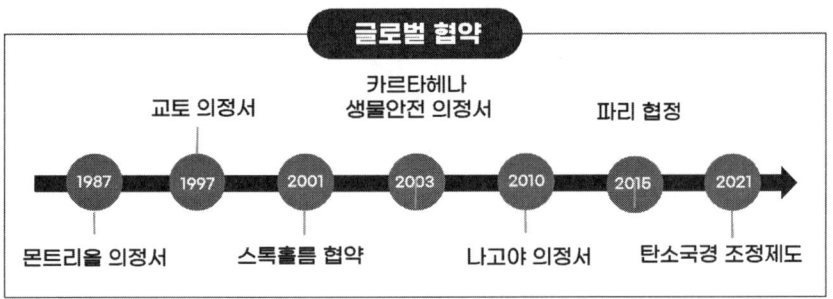

몬트리올 의정서(Montreal Protocol on Substances that Deplete the Ozone Layer)

오존층을 파괴하는 물질(ODS: Ozone-Depleting Substances)의 생산과 소비를 단계적으로 감축 및 중단하기 위해 제정된 국제 협약이다. 1987년 캐나다 몬트리올에서 채택되어 1989년 1월 1일 발효되었으며, 2024년 기준 198개국 이상이 가입한 가장 보편적인 환경협약 중 하나이다.

몬트리올 의정서는 염화불화탄소(CFCs), 할론, 염화메틸, 브롬화메틸 등과 같은 오존층 파괴물질의 사용을 규제하고, 각국이 이러한 물질의 생산 및 소비를 단계적으로 줄이도록 법적 구속력을 갖춘 이행 일정을 제시하고 있다.

과학적 근거와 기술적 변화에 따라 협약은 지속적으로 개정되어 왔으며, 선진국과 개도국 간의 상이한 감축 일정과 기술 및 재정 지원 체계를 마련함으로써 국제적 형평성도 고려하였다. 특히 2016년 채택된 키갈리 수정안(Kigali Amendment)을 통해 오존층 파괴물질이 아니지만, 온실가스 효과가 강력한 수소불화탄소(HFCs)까지 규제 범위를 확대하면서 기후변화 대응에도 기여하고 있다.

국제 사회가 과학적 사실에 근거해 협력적으로 환경 문제를 해결할 수 있음을 입증한 대표적인 성공 사례로 평가되며, 21세기 중반까지 오존층이 자연적으로 회복될 것으로 전망되고 있다. 이 협약은 기후 안정화와 지속 가능한 발전에 영향을 미치는 전 지구적 환경 거버넌스의 모범 모델로 친환경 기술 혁신을 촉진하는 계기가 된다.

교토 의정서(Kyoto Protocol)

온실가스 감축을 위한 최초의 국제적이고 법적 구속력을 가진 협약으로, 1997년 일본 교토에서 개최된 제3차 유엔기후변화협약 당사국총회(COP3)에서 채택되어 2005년 2월 16일 발효되었다.

산업화로 인한 기후변화에 역사적 책임이 있는 선진국(Annex, 국가)들에게 2008년부터 2012년까지 1차 공약기간 동안 1990년 대비 평균 5.2%의 온실가스 감축 의무를 부여하였다. 감축의 실효성을 높이기 위해 배출권 거래제(Emissions Trading), 공동이행(Joint Implementation), 청정개발체제(CDM: Clean Development Mechanism) 등 세 가지 탄소시장 메커니즘을 도입하였고, 이는 선진국들이 자국 내 감축 외에도 국제 협력을 통해 목표를 달성할 수 있도록 허용하였다. 하지만 미국은 감축 의무의 경제적 부담과 개도국의 의무 부재 등을 이유로 비준을 거부하였고, 캐나다는 2011년 탈퇴하면서 의정서의 실효성에 한계가 발생하였다. 그렇지만 교토 의정서는 기후변화 대응에 있어 최초로 법적 강제력을 부여한 역사적 이정표로 평가되며, 국제 사회가 온실가스 감축을 위해 협력할 수 있다는 가능성을 제시하였다.

이후 2012년에는 2차 공약 기간(2013~2020년)을 설정한 도하 수정 의정서가 채택되었으나, 참가국이 크게 줄면서 영향력이 제한되었고, 2015년 파리협정으로 이어지는 계기를 마련하였다. 즉, 교토 의정서는 한계에도 불구하고 국제 탄소시장 개념 정립, 선진국 중심의 감축 구조 실험, 그리고 이후의 글로벌 기후 체제 발전에 기반을 제공한 협약이다.

스톡홀름 협약(Stockholm Convention on Persistent Organic Pollutants)

잔류성 유기오염물질(POPs: Persistent Organic Pollutants)의 전 세계적 생산, 사용, 수출입을 규제하기 위한 국제 환경 협약으로, 2001년 스웨덴 스톡홀름에서 채택되어 2004년 5월 17일 발효되었으며, 2024년 기준으로 180개국 이상이 가입한 대표적인 글로벌 유해화학물질 규제 협약이다.

POPs는 환경에서 쉽게 분해되지 않고 장거리 이동 및 생물 농축 특성을 가지며, 인체와 생태계에 심각한 독성을 유발하는 물질로, 대표적으로 DDT, PCB, 다이옥신, 푸란, 알드린, 헵타클로르 등이 있다.

이러한 POPs의 생산 및 사용을 금지하거나 제한하고, 기존에 사용된 물질에 대해서는 안전한 보관과 처리 및 오염 지역 복원을 요구하며, 선진국과 개발도상국 간의 기술이전과 재정 지원을 통해 협력 체계를 구축하고 있다. 또한 과학적 근거를 바탕으로 규제 대상 물질을 정기적으로 확대할 수 있으며, "예방원칙(Precautionary Principle)"에 따라 과학적 불확실성이 있더라도 사전 규제가 가능하도록 설계되었다.

스톡홀름 협약은 유엔환경계획(UNEP)의 주도로 운영되며, 화학물질의 전 생애주기 관리(Lifecycle Management), 국제적 정보 공유, 역량 강화 등을 통해 인류 건강 보호와 환경 보전을 동시에 달성하기 위한 핵심 수단으로 기능하고 있다. POPs의 효과적인 통제를 통해 지속 가능한 환경을 실현하고, 국제 사회의 화학물질 규제 체계를 선도하는 중요한 글로벌 환경협약이다.

카르타헤나 생물안전의정서(Cartagena Protocol on Biosafety)

유전자변형생물체(LMOs: Living Modified Organisms)의 국가 간 이동, 취급, 사용 과정에서 생물다양성과 인체 건강에 미치는 잠재적 위해를 예방하기 위한 국제협약으로, 2000년 콜롬비아 카르타헤나에서 열린 생물다양성협약(CBD) 특별 당사국회의에서 채택되어 2003년 9월 11일 발효되었다.

생물다양성협약의 부속 의정서인 이 협약은 유전자변형생물체의 안전성을 확보하고, 각국이 자국 내 유입 및 이용 여부를 스스로 결정할 수 있도록 주권적 통제권을 보장하는 것을 핵심 목적으로 한다.

사전통보동의제도(AIA: Advance Informed Agreement)를 적용하여, LMO 수입 전 수입국이 관련 정보를 충분히 검토하고 승인 여부를 결정할 수 있도록 하며, 각국의 생물안전 정책 수립과 생물안전정보센터(BCH: Biosafety Clearing House) 구축을 권장한다. 또한 과학적 불확실성이 존재하더라도 생물다양성 보호를 우선하는 '예방원칙'을 적용하고 있으며, 환경 방출용 LMOs와 식품·사료·가공(HFP)용 LMOs를 구분하여 관리하고, 라벨링과 정보공개 의무도 명시하고 있다.

2024년 기준, 170개국 이상이 카르타헤나 의정서에 가입해 있으며, 이를 통해 유전자변형생물체의 안전한 이용과 국제 기준 마련, 과학적 리스크 평가, 국가 간 책임과 협력 체계 구축에 기여하고 있다.

카르타헤나 의정서는 유전자변형생물체의 확산을 관리하고 생물다양성을 보전하며, 지속 가능한 개발과 과학기술 활용의 균형을 도모하는 국제법적 장치 역할을 한다.

나고야 의정서(Nagoya Protocol on Access and Benefit-Sharing)

유전자원의 접근(Access)과 그 이용으로부터 발생하는 이익의 공정하고 공평한 분배(Benefit-Sharing)를 보장하기 위한 국제 협약으로, 2010년 일본 나고야에서 열린 제10차 생물다양성협약(CBD) 당사국총회에서 채택되었으며, 2014년 10월 12일 발효되었다.

생물다양성협약의 부속 문서로, 생물자원의 원천국(주로 개도국)과 이를 이용하는 이용국(주로 선진국) 간의 형평성 있는 이익 분배 체계를 구축하는 데 목적이 있다. 유전자원에 접근하기 위해서는 사전통보승인(PIC: Prior Informed Consent)과 상호합의조건(MAT: Mutually Agreed Terms)을 체결해야 하며, 이를 통해 유전자원의 이용으로 발생하는 이익(기술, 지식, 로열티 등)을 원천 제공국과 공정하게 공유하도록 하고 있다. 또한 전통 지식(TK: Traditional Knowledge)에 대한 접근과 이익 공유도 규정하고 있으며, 각국은 이를 이행하기 위한 법제 정비와 유전자원 추적 관리체계를 구축해야 한다.

2024년 기준, 전 세계 140여 개국이 나고야 의정서에 가입하였으며, 유전자원을 활용하는 기업, 연구기관, 제약 및 화장품 산업 등 모든 주체에게 법적·윤리적 책임을 부여하고 있다.

나고야 의정서는 생물다양성의 보전과 지속 가능한 이용, 개발도상국의 권익 보호와 생물자원 주권 확립을 위한 핵심적인 국제 규범으로, 공정한 글로벌 생물경제 실현을 위한 기반 협약이다.

파리협정(Paris Agreement)

지구 평균 기온 상승을 산업화 이전 대비 2°C보다 낮게 유지하고, 나아가 1.5°C 이내로 제한하기 위한 전 지구적 기후변화 대응 협약이다. 2015년 프랑스 파리에서 열린 제21차 유엔기후변화협약 당사국총회(COP21)에서 채택되어, 2016년 11월 4일 공식 발효되었다. 이 협정은 기존의 교토의정서가 선진국에만 감축 의무를 부과했던 한계를 극복하고, 선진국과 개도국 모두가 참여하는 보편적이고 포괄적인 기후 체제를 구축하였다는 데 핵심적인 의의가 있다.

법적 구속력 있는 온실가스 감축 목표 대신, 각국이 자발적으로 온실가스 감축 목표(NDC: Nationally Determined Contributions)를 설정하고 이행할 것을 요구하며 5년마다 상향 조정하는 구조를 채택하고 있다. 이를 통해 유연성과 포괄성, 국제적 협력의 균형을 이루고 있다. 또한 감축(Mitigation)뿐 아니라 적응(Adaptation), 재원(Finance), 기술이전, 역량 강화, 투명성 강화 등 기후변화 대응의 모든 측면을 포괄하고 있으며, 기후변화로 인한 손실과 피해(Loss & Damage)에 대해서도 논의 기반을 구축하였다.

2024년 기준, 190개국 이상이 파리협정에 가입하여 이행 중이며, 민간 기업과 지방정부, 국제기구 등 다양한 비국가행위자들도 참여하고 있는 포괄적 글로벌 기후연합으로 작동하고 있다.

파리협정은 전 지구적 탄소중립 달성을 목표로, 2050년까지 탄소중립 실현, 2100년까지 기후안정 달성이라는 장기 비전을 공유하고 있으며, 기후 위기에 대응하는 국제 사회의 실질적인 행동 전환의 전환점이 되었다.

탄소국경조정제도(CBAM, Carbon Border Adjustment Mechanism)

탄소배출 규제가 느슨한 국가에서 생산된 수입품에 대해 EU 역내 생산자와 동일한 수준의 탄소 비용을 부과함으로써 탄소누출(Carbon Leakage)을 방지하고, 공정한 경쟁 환경을 조성하기 위한 무역 연계형 기후 정책 수단으로, 2021년 7월 EU 집행위원회가 도입을 공식 제안하면서 정책적으로 출발하였다.

EU 배출권 거래제(ETS)와 연계되어 설계되었으며, 철강, 시멘트, 알루미늄, 비료, 전력, 수소 등 탄소집약도가 높은 품목을 대상으로 한다. CBAM은 제품의 수입 시, 해당 제품의 직접적인 탄소 배출량에 대해 보고하도록 요구하고, 2026년부터는 해당 배출량에 상응하는 CBAM 인증서를 구매해야 하며, 이미 자국에서 탄소세나 배출권 비용을 부담한 경우, 그만큼을 공제해 이중 부담을 방지한다.

2023년 10월부터는 과도기적 단계가 시작되어 보고 의무만 적용되며, 2026년 1월부터는 실제 비용이 부과되는 완전 시행 단계로 전환될 예정이다. 이에 따라 전 세계 수출 기업들은 공급망의 탄소배출을 정량화하고 관리할 수 있는 역량을 갖추는 한편, 친환경 공정 전환과 감축 기술 도입 등 대응 전략 마련이 필수적이다.

CBAM은 기후 정책과 무역정책이 본격적으로 결합된 최초의 제도로서, 향후 미국, 일본, 캐나다 등 주요국의 유사 정책 도입에도 영향을 미치고 있으며, 글로벌 공급망 전반의 탄소 투명성 강화와 저탄소 전환 촉진을 이끄는 핵심 수단이다.

나. 글로벌 이니셔티브(Global Initiatives)의 발전과 역할

글로벌 이니셔티브는 법적 구속력은 없지만, ESG 경영을 위한 가이드라인과 프레임워크를 제공하여 기업과 기관이 환경보호(E), 사회적 책임(S), 투명한 지배구조(G)를 통합한 지속 가능 경영을 실현할 수 있도록 방향성을 제시한다.

유엔 글로벌 콤팩트(UNGC), 책임투자원칙(PRI), 탄소정보공개프로젝트(CDP), 지속가능성 회계기준위원회(SASB), 기후변화 관련 재무정보공개(TCFD) 등의 글로벌 이니셔티브는 ESG 공시와 투자 결정을 위한 표준을 정립하는 역할을 한다.

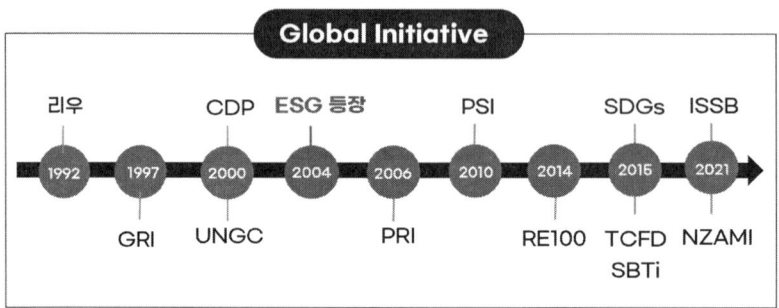

리우 정상회의(Rio Earth Summit)

1992년 브라질 리우데자네이루에서 개최된 유엔환경개발회의(UNCED, United Nations Conference on Environment and Development)로, 환경보호와 지속 가능한 개발의 조화를 국제적으로 논의한 역사적인 회의였다.

전 세계 170여 개국의 정상과 정부 대표를 비롯해 시민사회, 전문가, 기업 관계자 등 2만 명 이상이 참석하였으며, 이 회의는 지속가능발전이라는 개념을 국제 사회에 본격적으로 정착시키는 전환점이 되었다.

회의에서는 기후변화협약(UNFCCC), 생물다양성협약(CBD), 리우 선언(Rio Declaration), 의제 21(Agenda 21), 산림원칙 등 지속 가능한 발전을 위한 핵심 국제 합의와 이행 프레임워크가 채택되었고, 특히 의제 21은 전 세계 국가와 지방정부의 지속가능 정책 수립에 실질적 기준이 되는 행동계획으로 확립되었다. 이후 리우 정상회의는 2002년 요하네스버그 지속가능발전 정상회의(WSSD), 2012년 리우

+20회의로 이어지며, 지속가능발전목표(SDGs) 수립의 기초를 구축한 국제적 이정표이다.

GRI(Global Reporting Initiative)

기업과 조직이 지속가능성과 ESG 관련 활동을 투명하게 공개할 수 있도록 돕는 글로벌 지속가능성 보고 표준 제정 기관이다. 1997년 미국의 비영리단체 CERES와 유엔환경계획(UNEP)이 공동으로 설립하였으며, 현재는 전 세계에서 가장 널리 사용되는 지속가능경영 보고 가이드라인을 제공하고 있다.

기업이 ESG 영역 전반에서 수행한 활동과 그 영향을 정량적·정성적으로 보고할 수 있도록 다양한 표준을 제시한다.

특히 GRI Standards는 모든 규모와 산업의 조직이 적용할 수 있도록 구성되어 있으며, 글로벌 ESG 공시 체계와 연계성을 강화하고 있다.

보고 항목에는 에너지 사용량, 탄소 배출량, 인권 및 노동 관행, 공급망 관리, 윤리경영 등 ESG 핵심 주제가 포함되며, 기업들은 이를 기반으로 연례 지속가능경영보고서나 ESG 보고서를 작성한다.

GRI 기준은 유럽 CSRD, ISSB, SASB 등과 함께 글로벌 공시 체계의 주요 축으로 기업의 투명성, 이해관계자 신뢰 확보, 지속가능경영 전략 수립에 있어 핵심 도구다.

유엔 글로벌 콤팩트(UNGC, United Nations Global Compact)

기업과 조직이 인권, 노동, 환경, 반부패 등 4대 분야에서 책임 있는 지속가능경영을 실천하도록 촉진하는 유엔 주도의 자발적 이니셔티브이다.

2000년 유엔 전 사무총장 코피 아난(Kofi Annan)의 제안으로 출범하였으며, 현재는 세계 최대 규모의 기업 지속가능성 이니셔티브로 성장하면서 기업이 인권 보호, 노동기준 준수, 환경보호, 부패 방지의 4대 분야에서 실천해야 할 10대 원칙(Ten Principles)을 제시했다.

참여 기업은 4대 분야의 10대 원칙을 사업 전략과 운영 전반에 통합하고, 매년 이행 보고서(CoP, Communication on Progress)를 통해 성과를 공개해야 한다.

10대 원칙	
인권	기업은 국제적으로 선언된 인권 보호를 지지하고 존중하며, 인권침해에 연루되지 않아야 한다.
노동	결사의 자유 보장, 강제 노동 철폐, 아동 노동 근절, 고용 차별 금지 등 노동 기준을 준수해야 한다.
환경	환경 문제에 대한 예방적 접근, 친환경 기술 개발, 지속 가능한 환경 경영 촉진을 장려한다.
반부패	모든 형태의 부패, 특히 뇌물 수수와 강탈에 반대한다.

UNGC의 핵심 원칙들은 국제 인권 선언, ILO 핵심 협약, 리우 선언, 유엔 반부패 협약 국제 기준을 기반으로 설계되어 있으며, 기업이 ESG 전략, 지속가능경영보고서, 공급망 관리 정책 등에 반영할 수 있는 가이드라인 역할을 한다. 특히 UNGC는 지속가능발전목표(SDGs) 달성을 위한 민간 부문의 역할을 강조하며, 기업들이 SDGs를 실질적으로 이행할 수 있도록 다양한 도구와 교육 프로그램을 제공한다.

2024년 현재, 전 세계 160여 개국에서 2만 개 이상의 기업과 기관이 참여 중이며, 국내에서도 다수의 대기업 및 공공기관이 가입하여 활동하고 있다.

탄소정보공개 프로젝트(CDP, Carbon Disclosure Project)

글로벌 기업과 도시, 국가 등이 환경 관련 정보를 공시하도록 촉진하고 이를 평가·공개하는 비영리 국제기관이다. 2000년 영국 런던에서 설립되었으며, 현재는 기후변화, 물 보안, 산림 등 환경 전반에 걸친 글로벌 공시 플랫폼으로 발전하였다.

매년 전 세계 기업과 지방정부를 대상으로 기후변화 대응 전략, 온실가스 배출량,

감축목표, 위험과 기회 관리 방안 등을 설문 형식으로 수집하며, 그 결과를 기반으로 기업에 A~D- 등급의 평가를 부여하고, 이행 수준과 투명성을 비교 분석한다. 투자기관, 소비자, 정부, 시민사회 등 이해관계자들이 환경 리스크를 이해하고 의사결정에 반영할 수 있도록 하는 핵심 데이터 제공자로, 현재는 680여 개 금융기관(2024년 기준)이 CDP 데이터를 기반으로 약 130조 달러 규모의 자산을 관리하고 있다.

기업은 CDP를 통해 기후 리스크관리 역량을 대외적으로 입증할 수 있으며, RE100, SBTi(과학기반감축목표), ESG 평가기관 등과의 연계성도 높아 CDP 참여가 지속가능경영의 핵심 지표로 활용되고 있다.

"Who Cares Wins" 보고서

ESG라는 개념을 글로벌 금융시장에 공식적으로 제안하고 도입한 역사적인 문서로, 2004년 유엔 글로벌 콤팩트(UNGC)의 주도로 발표되었다. 이 보고서는 골드만삭스, 크레디스위스, HSBC 등 20여 개의 글로벌 금융기관이 참여해 작성되었으며, "책임 있는 기업이 결국 승리한다(Who Cares Wins)"라는 메시지를 통해 ESG 요소가 투자 리스크를 줄이고 수익률을 높이는 데 기여할 수 있음을 강조하였다.

보고서는 ESG 요소가 재무성과와 밀접한 관련이 있으며, 장기적인 투자 전략에 반드시 반영되어야 한다고 주장했으며, 투자기관은 ESG 정보를 적극적으로 요구하고, 기업은 이를 투명하게 공시해야 한다는 점도 명확히 했다. 이후 유엔 책임투자원칙(PRI, 2006) 출범의 기초가 되었고, TCFD, GRI, SASB 등 글로벌 ESG 공시기준 및 프레임워크의 기반을 제공하며, ESG가 글로벌 금융과 기업 전략의 중심축으로 핵심적인 전환점이 되었다.

책임투자원칙(PRI, Principles for Responsible Investment)

기관투자자들이 ESG 요소를 투자 의사결정과 자산운용에 반영하도록 유도하는 글로벌 이니셔티브로, 2006년 유엔 글로벌 콤팩트(UNGC)와 유엔환경계획 금융 이니셔티브(UNEP FI)가 공동 출범시켰다.

투자기관이 장기적 수익성과 지속 가능한 시장 형성을 위해 ESG 요소를 통합해야 한다는 6대 원칙(Principles)을 제시하고, 서명 기관(Signatories)은 이 원칙을 실천하고 정기적으로 이행 성과를 보고해야 한다.

2024년 기준, 전 세계적으로 5,000개 이상의 투자기관이 PRI에 서명하였으며, 연기금, 자산운용사, 보험사, 은행 등이 포함되며, 한국에서는 국민연금, 산업은행 등도 서명 기관으로 참여하여 운용자산 규모는 약 120조 달러 이상에 달한다.

PRI는 책임 투자의 세계적 기준으로 ESG 정보공시 확대, 기후 리스크 대응 투자, 사회적 가치 기반 투자 전략 확산 등에 있어 금융시장의 실질적인 행동 변화를 이끄는 대표적인 글로벌 네트워크이다.

지속가능보험원칙(PSI, Principles for Sustainable Insurance)

보험 산업이 지속가능발전과 ESG 목표를 통합할 수 있도록 지원하기 위해 제정된 글로벌 프레임워크로, 2012년 유엔환경계획 금융 이니셔티브(UNEP FI) 주도로 출범되었으며, 세계 주요 보험사, 재보험사, 브로커, 감독기관 등이 참여하고 있다. 2024년 현재, 세계적으로 약 220여 개 기관이 PSI에 서명하였으며, 보험사뿐 아니라 규제 기관, 협회, 학계, 국제기구 등이 포함되어 있다.

PSI는 보험사가 보험 인수, 상품 개발, 리스크 평가, 자산운용, 고객 및 사회와의 관계 전반에 ESG 요소를 반영하도록 4가지 핵심 원칙을 제시하며, 이를 통해 기후 위기, 자연재해, 사회적 불평등, 기업지배구조 문제 등 복합적 리스크에 대한 대응력을 높이고자 한다.

PSI의 4대 원칙
ESG 이슈를 의사결정 전반에 통합
이해관계자와의 협력을 통한 ESG 위험 관리 강화
ESG 이슈에 대한 고객·대중 인식 제고 및 행동 촉진
지속가능보험 실천에 대한 정기적인 보고와 투명성 확보

보험 산업 특유의 리스크관리 기능을 ESG와 접목시켜, 기후변화 대응, 기후 리스크 보험 상품 개발, 지속가능 자산 투자 등을 통해 지속가능금융의 핵심축으로 기능하고 있다.

RE100(Renewable Energy 100 Initiative)

The Climate Group과 CDP(탄소정보공개 프로젝트, Carbon Disclosure Project)가 2014년 공동으로 시작한 글로벌 이니셔티브이다.

기업들이 운영 전반에서 사용하는 전력 소비량 100%를 재생에너지로 조달하겠다는 목표를 설정하는 자발적 글로벌 캠페인이다. 참여 기업은 2050년까지 재생에너지 100% 전환을 목표로 하며, 2030년까지 60%, 2040년까지 90% 이상의 재생에너지 사용을 권고받는다.

참여대상은 연간 100GWh 이상의 전력을 소비하거나, 포춘지 선정 1,000대 기업 등 글로벌 영향력이 있는 기업으로 구성된다. 이행 실적은 매년 1회 CDP(Carbon Disclosure Project)에 보고되며, CDP 위원회가 연례보고서를 통해 공개한다. 2024년 기준 메타(Meta), 구글(Google), 애플(Apple), 스타벅스(Starbucks) 등

433개 글로벌 기업이 참여하고 있으며, 국내에서는 삼성, 현대, LG 등 36개 기업이 가입해서 활동 중이다.

지속가능발전목표(SDGs, Sustainable Development Goals)

전 세계 모든 국가가 2030년까지 달성해야 할 17개 공동 목표와 169개 세부 목표로 구성된 글로벌 이니셔티브이다. 2015년 유엔(UN) 총회에서 채택되었으며, 빈곤 종식, 양질의 교육, 성평등, 기후변화 대응, 지속 가능한 도시와 공동체 형성 등 경제, 사회, 환경 전반의 균형 잡힌 발전을 목표로 한다.

현재 많은 글로벌 기업과 기관들이 SDGs를 경영 활동에 통합하고 있으며, 국제 사회 전반에서 지속가능성과 사회적 책임 실현을 위한 핵심 기준으로 활용되고 있다. SDGs는 정부뿐 아니라 기업, 시민사회, 개인 등 모든 주체의 참여를 요구하며, 특히 기업에게는 지속가능경영 전략 수립과 ESG 활동의 기준점으로 작용한다. 각국 정부는 SDGs 이행 상황을 국가보고서 형태로 유엔에 제출하며, 기업은 지속가능경영보고서, CSR 활동 등을 통해 SDGs 연계 실적을 공개하고 있다.

TCFD(Task Force on Climate-related Financial Disclosures)

기후변화가 기업의 재무에 미치는 영향을 공시하도록 권고한 글로벌 프레임워크로, 2015년 금융안정위원회(FSB)에 의해 설립되어 기후 관련 재무 정보의 투명성, 일관성, 비교가능성 제고를 목표로 운영되었다.

TCFD는 기업이 기후변화와 관련된 위험과 기회를 거버넌스, 전략, 위험 관리, 지표 및 목표의 4개 핵심 영역으로 공시하도록 권장한다. 또한 물리적 위험(Physical Risks)과 전환 위험(Transition Risks)을 중심으로, 기후변화가 기업의 경영 전략, 수익성, 자산 가치에 미치는 영향을 분석·공개하도록 권고하였다.

기업들의 기후 리스크관리 강화, 시나리오 분석, 배출량 공시와 감축목표 설정 등을 장려하며, 전 세계적으로 ESG 공시의 대표 지침서로 확립되었다. 하지만 2023년 10월을 기점으로 TCFD는 공식 활동을 종료하였으며, 그 역할과 원칙은 IFRS 재단 산하 ISSB(국제지속가능성기준위원회)에 완전히 통합되었다. 특히, ISSB의 IFRS S2 기후 공시기준은 TCFD의 핵심 공시 체계를 그대로 반영하고 있어, 사실상 TCFD의 후속 체계로 기능하고 있다.

현재 TCFD 기준은 EU CSRD, 영국, 일본 등 주요국의 규제 공시 프레임워크에도 반영되고 있으며, 기업의 기후 전략 수립 및 ESG 경영 고도화에 있어 여전히 핵심적인 글로벌 기준으로 간주되고 있다.

과학기반감축목표(SBTi, Science Based Targets initiative)

기업과 금융기관이 온실가스 감축 목표를 과학적 기준에 따라 설정하고 검증받을 수 있도록 지원하는 글로벌 이니셔티브이다.

2015년, CDP, UNGC(유엔글로벌콤팩트), WRI(세계자원연구소), WWF(세계자연기금)의 공동 설립으로 출범하였으며, 파리협정 목표(지구 평균 기온 상승을 1.5°C 또는 2°C 이내로 제한)에 부합하는 감축 활동을 권장하는 목적이다.

기업이 온실가스 배출 감축목표를 명확하고 검증 가능한 방식으로 수립하고, 이를 과학적으로 검토·공식 승인받을 수 있도록 목표설정 가이드라인과 검증 절차를 제공한다.

SBTi의 목표설정 가이드라인과 검증 절차
1.5°C 또는 2°C 시나리오에 기반한 감축목표 설정 권고
Scope 1, 2분만 아니라 Scope 3(공급망 배출)까지 포함하는 목표 수립 요구
2021년 'Net-Zero Standard' 발표로 장기 탄소중립 목표설정 가능
SBTi의 공식 검토(Validation)를 통해 목표 인증 및 외부 공시 필요
정기적인 이행 점검과 목표 갱신 체계 운영

2024년 기준, 전 세계 4,000개 이상의 기업과 금융기관이 SBTi에 참여하고 있으며, RE100, CDP, NZAMI 등 주요 글로벌 이니셔티브와도 유기적으로 연계되고 있다. SBTi는 기업의 탈탄소 전략에 대한 신뢰성과 투명성을 높이는 핵심 도구로, 지속가능경영보고서, ESG 공시, 녹색금융 인증 등 다양한 영역에서 활용되며 글로벌 기후 리더십을 입증하는 핵심 기준으로 작용한다.

국제지속가능성기준위원회(ISSB, International Sustainability Standards Board)

전 세계 기업의 지속가능성 공시기준을 통합하고 표준화하기 위해 설립된 IFRS 재단(IFRS Foundation) 산하의 조직으로, 2021년 COP26(유엔기후변화협약 당사국총회)에서 공식 출범하였다.

ISSB는 기존의 다양한 ESG 및 지속가능성 공시 프레임워크(SASB, TCFD, CDSB, VRF 등)를 통합해 글로벌 공통 지속가능성 공시기준을 구축하고, 재무 보고와 연계된 ESG 정보의 일관성, 비교가능성, 신뢰성을 높이는 것을 목표로 한다.

주요 기준으로는 기업의 전반적인 지속가능성 관련 리스크와 기회를 공시하는 IFRS S1, 기후변화 관련 리스크 및 기회를 TCFD 권고안을 기반으로 공시하는 IFRS S2가 있다. 이 기준들은 기존 재무제표와 동일한 수준의 공시 신뢰도를 요구하며 기업의 전략, 거버넌스, 리스크관리, 측정지표 및 목표에 대한 정보공개를 중심으로 설계되어 있다.

2024년 이후 ISSB 기준은 EU(CSRD), 미국(SEC), 일본, 한국 등 주요 국가의 ESG 공시 체계와 연계되고 있으며, 기업이 지속가능성과 재무성과 간의 연계를 명확히 보여 줄 수 있도록 지원하고, 투자자 중심의 ESG 공시 체계를 통해 지속가능 금융시장 확대에 기여할 것으로 전망된다.

넷-제로 자산운용사(NZAMI, Net Zero Asset Managers Initiative)

글로벌 자산운용사들이 기후변화에 대응하여 2050년까지 운용자산의 넷-제로를 달성하겠다는 공동 목표를 선언한 국제적 협력체이다.

NZAMI는 2020년 12월에 출범하였으며, "제로(0)를 향한 경주(Race to Zero)" 캠페인 UNEP FI, PRI, IIGCC 등 주요 기후 연합체와 협력하여 운영되고 있다.

참여 기관이 지켜야 할 핵심 약속
2050년까지 운용자산 전체에 대해 넷제로 목표를 달성
중간 목표를 설정하고 정기적으로 검토
기후변화에 영향을 미치는 기업과의 주주활동 및 참여 강화
SBTi, ISSB, CDP 등의 국제 기준과 연계된 데이터 기반 보고
이행 상황을 매년 공개(reporting & accountability)

참여 자산운용사들이 기후변화 대응을 핵심 투자 전략에 반영하고, 탄소배출 감축 목표설정, 저탄소 투자 확대, 기후 관련 공시 강화, 고탄소 산업과의 협업 및 참여 활동을 수행하도록 요구한다.

2024년 기준, 전 세계적으로 300개 이상 자산운용사가 가입되어 있으며, 총 운용자산 규모는 66조 달러 이상에 달한다. 대표적인 참여 기관으로는 세계 최대 자산운용사 BlackRock(블랙록), 프랑스를 대표하는 유럽 최대 자산운용사 Amundi(아문디), 스위스 글로벌금융 UBS(유비에스), 영국 글로벌 자산운용사 Schroders(슈로더), 독일 보험사 AllianzGI(알리안츠 글로벌 인베스터스) 등이 있다.

NZAMI는 기후 위기 대응을 위한 금융시장의 전환을 주도하고 있으며, 자산운용 업계의 기후 리스크 대응 역량 강화, 녹색 투자 촉진, 책임투자원칙 실천의 핵심축으로 작용하고 있다.

다. ESG의 글로벌 발전과 제도화

ESG는 수십 년에 걸쳐 다양한 국제 협약과 이니셔티브의 발전을 거치며 점차 체계화되고 제도적으로 구축되었으며, 인식의 변화에서 나아가 규제 기반의 실행 중심 체계로 확장되었다.

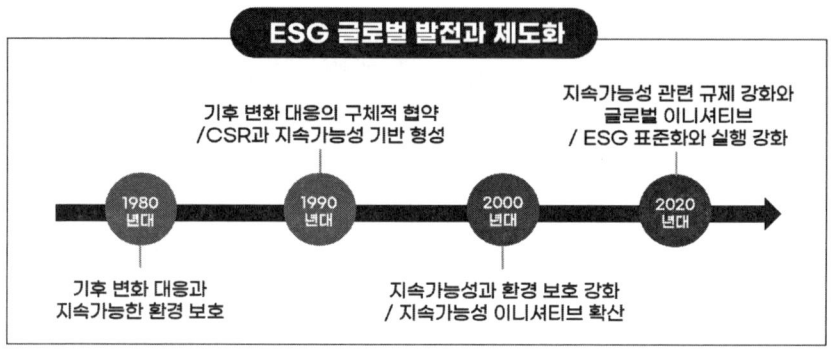

1980년대, 지속가능발전 개념의 탄생과 국제 환경 협력의 시작

1980년대에는 몬트리올 의정서(1987) 채택을 계기로 국제 사회가 환경 문제에 공동 대응하기 시작했고, 브룬틀란 보고서를 통해 "지속가능발전"이라는 개념이 공식화되며 환경과 경제의 조화가 글로벌 담론으로 등장했다.

1990년대, 글로벌 환경 거버넌스와 지속가능경영의 부상

1990년대에는 리우환경회의(1992)에서 기후변화협약(UNFCCC), 생물다양성협약(CBD), 의제 21등이 채택되었고, 교토 의정서(1997)를 통해 선진국의 온실가스 감축 의무가 법적으로 명문화되었다. 동시에 GRI(1997) 지속가능경영보고서도 등장하며, 지속가능성과 윤리 경영이 기업 전략의 핵심으로 부상했다.

2000년대, ESG 글로벌 이니셔티브 시대

2000년대에는 ESG 개념이 구체화되며, 이를 실천하기 위한 글로벌 이니셔티브가 다수 출범했다. UN 글로벌 콤팩트(2000)는 인권, 노동, 환경, 반부패를 포함한 10대 원칙을 제시했고, CDP(2000), PRI(2006) 등 공시와 책임투자 기반의 프레임워크가 확산되면서 ESG의 체계적 기반이 구축되었다.

2010년대, 기후 거버넌스와 ESG 실천의 확산기

2010년대는 파리협정(2015)과 지속가능발전목표(SDGs) 채택을 통해 전 세계가 함께하는 기후 거버넌스 시대가 열렸다.

이 시기에는 PSI(2012), RE100(2014), TCFD(2015) 등 다양한 글로벌 이니셔티브가 등장하여 기업의 자발적 ESG 실천을 위한 구체적 프레임워크를 제공했다. 이를 통해 기업들은 환경 보호(E), 사회적 책임(S), 투명한 지배구조(G)를 실천할 수 있는 기반을 구축했다.

2020년대, ESG 규제와 표준화의 시대

2020년대에 들어서면서 ESG는 규제와 표준화 중심의 실행 프레임워크로 빠르게 진화하고 있다. 특히 ISSB(2021) 출범은 기존 TCFD, SASB 등 공시기준을 통합하며 글로벌 ESG 공시기준의 일원화를 이끌었고, EU CSRD, CBAM, SBTi 등 다양한 글로벌 이니셔티브와 규제가 본격적으로 도입되면서 ESG는 자율적 책임 경영뿐만 아니라 법적·제도적 대응이 요구되는 필수 경영 과제로 되었다.

이러한 변화 속에서 ESG는 이제 기업과 금융기관의 전략 수립, 공시, 실행까지 아우르는 글로벌 표준 시스템으로 진화하고 있으며, 책임 있는 투자와 지속 가능한 성장의 핵심 기준으로 작용하기 시작했다.

ISSB의 ESG 공시 통합 기준은 정보의 투명성 및 비교가능성을 크게 향상시켰고, 이를 통해 투자자와 이해관계자들은 기업의 ESG 성과를 객관적으로 평가할 수 있게 되었다. ESG는 기업과 금융기관의 전략 수립, 정보공시, 실행 전반에 핵심 기준인 글로벌 경영의 표준 시스템으로 확립되었으며, 책임 있는 투자와 지속 가능한 성장의 중심축으로 작용하고 있다.

ESG 관련 글로벌 협약과 이니셔티브의 발전은 기업, 투자자, 정부, 국제기구 간 협력의 핵심 프레임워크로 기능하며, 지속 가능한 미래를 위한 국제적 기준으로 확립되었다. 앞으로도 ESG는 글로벌 금융시장과 기업 경영 전반에 걸쳐 더욱 정교하게 발전하고 제도화될 것으로 전망된다.

2. 국제표준 및 프레임워크의 글로벌 통합 트렌드

2.1 국제표준(International Standards)과 프레임워크(Frameworks) 이해

국제표준과 프레임워크는 ESG 공시 및 경영에서 중요한 역할을 하지만, 목적, 활용 방식, 법적 구속력 등에서 차이가 있다. 국제표준은 ESG 공시 및 지속가능성 보고를 위한 명확한 기준을 제공하며, 기업들이 이를 준수하도록 요구하거나 권장하는 역할을 한다. 반면, 프레임워크는 ESG 정보를 체계적으로 정리하고 보고하는 방법론을 제시하며, 기업들이 자율적으로 활용할 수 있는 구조를 제공한다.

가. 국제표준(International Standards)

국제표준은 법적 구속력을 기반으로 ESG 공시와 경영의 글로벌 통일성을 제공하는 기준으로, 기업이 반드시 준수해야 하는 규칙으로 작용한다. 이를 통해 ESG 정보

공개를 정형화하고 표준화된 기준을 마련하여, 기업이 일관성 있게 지속가능성을 관리하고 보고할 수 있도록 지원한다.

대표적인 국제표준으로는 ISSB(국제지속가능성기준위원회), IFRS S1·S2, EU CSRD(기업지속가능성보고지침) 등이 있으며, 이를 통해 기업들은 ESG 공시에 대한 통일된 기준을 적용받게 된다. 또한, 국제표준은 기업의 ESG 성과를 객관적으로 평가할 수 있도록 하여, 투자자와 이해관계자들에게 신뢰할 수 있는 정보를 제공하고, 글로벌 금융 및 기업 경영 환경에서 지속가능성과 투명성을 강화하는 역할을 한다.

ISSB(International Sustainability Standards Board)

ISSB는 2021년 IFRS 재단(IFRS Foundation)에 의해 설립된 기관으로, ESG 공시의 글로벌 표준을 개발하고 투자자 중심의 공시 기준을 확립하는 것을 목표로 한다. 기존의 ESG 공시 프레임워크인 SASB(지속가능회계기준위원회), CDSB(기후공시표준위원회), TCFD(기후 관련 재무정보공개 태스크포스) 등을 통합하여 ESG 공시의 표준화를 추진하며, 기업의 ESG 성과를 명확하고 일관된 기준으로 평가할 수 있도록 한다.

ESG 공시의 비교가능성, 신뢰성, 일관성을 강화하는 데 중점을 두며, 기업의 지속가능성과 재무 정보를 연계한 공시를 촉진하여 투자자와 이해관계자가 신뢰할 수 있는 정보를 제공하도록 지원한다. 특히, IFRS S1(일반 지속가능성 공시기준)과 IFRS S2(기후관련공시기준)를 발표하여 기업들이 ESG 공시를 통일된 기준에 맞춰 보고할 수 있도록 하였다. 이를 통해 글로벌 금융 시장에서 ESG 정보의 신뢰도를 높이고, 기업의 지속 가능한 경영을 촉진하는 역할을 하고 있다.

VRF(Value Reporting Foundation)

VRF(가치보고재단)는 2021년 SASB(지속가능회계기준위원회)와 IIRC(국제통합보고위원회)가 통합되어 설립된 기관으로, ESG 정보공시를 가치 중심(Value-driven)으로 평가할 수 있도록 지원하는 역할을 했다. 산업별 ESG 회계기준인 SASB 기준과 통합보고(Integrated Reporting, IIRC) 프레임워크를 제공하여 기업이 ESG 정보를 체계적으로 공시할 수 있도록 지원했다. 특히, 재무적 중요성(Materiality)에 초점을 맞춰 ESG 데이터가 투자자들에게 신뢰도 높은 정보로 활용될 수 있도록 하는 데 중점을 두었다.

이후 2022년, VRF는 IFRS 재단산하의 ISSB(국제지속가능성기준위원회)에 통합되면서 그 역할과 기능이 ISSB로 이관되었다. 즉, VRF는 ISSB의 전신 역할을 한 조직 중 하나로, ISSB가 글로벌 ESG 공시기준의 통합과 표준화를 위한 기반을 마련하는 데 핵심적인 역할을 했다.

나. 프레임워크(Frameworks)

프레임워크는 법적 구속력은 없지만, 기업들이 지속가능성과 ESG 정보를 자발적으로 공시하고 투명성을 강화할 수 있도록 지침을 제공하는 역할을 한다. 대부분의 프레임워크는 사회적 책임과 지속가능성 보고를 중심으로 ESG 공시를 촉진하며, 기업들이 체계적으로 지속가능성을 실천하고 이해관계자들과 신뢰를 구축할 수 있도록 지원한다. ESG 공시 및 경영 전략을 실행하는 데 참고할 수 있는 가이드라인으로 작용하며, 필요에 따라 선택적으로 활용할 수 있다.

GRI(Global Reporting Initiative)

GRI는 1997년에 설립된 글로벌 보고 표준으로, 기업이 ESG 성과를 투명하게 공시하도록 지원하는 것을 목표로 한다. 법적 구속력은 없지만 기업의 사회적 책임과 지속가능성 경영성과 공개를 강조한다.

지속가능성 보고를 위한 가장 널리 사용되는 글로벌 프레임워크로 투자자뿐만 아니라 고객, NGO, 정부 등 다양한 이해관계자를 고려하여 ESG 정보를 공시할 수 있도록 하며, 기업이 경제·환경·사회적 영향을 평가하고 이를 이해관계자들에게 투명하게 제공할 수 있는 기준을 마련하고 있다. 또한, GRI는 국제 지속가능성 기준위원회(ISSB), EU CSRD(지속가능성공시지침) 등 주요 ESG 공시 표준과의 연계성을 강화하여, 글로벌 지속가능성 보고의 일관성과 비교가능성을 높이는 역할을 하고 있다.

CDSB(Climate Disclosure Standards Board)

CDSB(기후공시표준위원회)는 2007년에 설립된 글로벌 프레임워크로, 기업이 환경 및 기후 관련 정보를 재무 보고에 포함하도록 권장하는 역할을 했다. 이를 통해 투자자와 이해관계자가 기업의 기후 리스크 및 기회를 평가할 수 있는 정보 제공과 기후변화 대응 전략을 효과적으로 분석할 수 있도록 하였다.

기존의 재무 보고 기준(IFRS, GAAP)과 연계되도록 설계되어, 기업이 기후변화 관련 재무 정보를 통합하여 공시할 수 있도록 한다. ESG 공시의 투명성을 높이는 데 영향을 미쳤으며, 특히 TCFD(기후관련재무정보공개 태스크포스)와의 연계를 통해 기후 리스크 공시를 강화하는 데 중요한 역할을 했다. 2021년 CDSB는 ISSB(국제지속가능성기준위원회)에 통합되었으며, 이를 바탕으로 IFRS S1·S2 공시기준 개발을 촉진하였다.

CDP(Carbon Disclosure Project)

CDP(탄소정보공개프로젝트)는 2000년에 설립된 글로벌 이니셔티브로, 기업과 도시가 온실가스 배출량 및 기후변화 대응 전략을 투명하게 공개하도록 ESG 관련 데이터를 수집·평가하는 글로벌 공시 플랫폼이다.

2022년 11월 ISSB의 IFRS S2 기준을 공식 채택하겠다고 발표했으며, 2024년부터는 자사의 기후변화 설문 문항을 IFRS S2 기준에 맞게 조정하여 기업이 해당 기준에 부합하는 정보를 공시할 수 있도록 지원하고 있다. 이에 따라 ISSB는 공시기준을 제시하는 "설계자"의 역할, CDP는 그 기준에 따라 기업 정보를 수집하는 "실행자"의 역할을 하며, 두 기관은 글로벌 기후 정보공시의 표준화와 일관성 확보에 기여하고 있다.

IIRC(International Integrated Reporting Council)

IIRC는 2010년에 설립되어 기업이 재무 정보와 비재무 정보(ESG)를 통합하여 보고하는 방식을 개발하는 것을 목표로 했다.

IIRC(국제통합보고위원회)와 SASB(지속가능회계기준위원회)는 2021년 통합되어 VRF(가치보고재단)로 재편되었으며, VRF는 IIRC의 통합보고 프레임워크와 SASB의 산업별 ESG 공시기준을 함께 운영하였다.

이후 2022년에는 VRF와 CDSB(탄소정보표준위원회)가 IFRS 재단 산하의 국제지속가능성기준위원회(ISSB)에 통합되면서, 과거 IIRC와 SASB, CDSB의 역할이 모두 ISSB로 이관되었다. 이를 통해 ISSB는 ESG 공시기준의 국제적 표준화를 주도하는 중심 기관 역할을 하였으며, 통합된 기준인 IFRS S1(지속가능성 공시기준)과 IFRS S2(기후 공시기준)를 발표하여 전 세계 기업의 지속가능 공시 체계를 정립하고 있다.

SASB(Sustainability Accounting Standards Board)

SASB는 2011년에 설립된 기구로, 산업별 ESG 성과를 비교·평가할 수 있도록 표준화된 회계기준을 제공하는 것을 목표로 했다. 기업이 ESG 데이터를 정량적으로 측정하고 공시할 수 있도록 산업별 맞춤형 ESG 공시기준을 개발하여, 투자자가 이를 활용할 수 있도록 지원했다. 2022년 8월, 국제회계기준재단(IFRS Foundation)에 공식적으로 통합되었다. 이 통합은 국제지속가능성기준위원회(ISSB) 출범과 함께 이루어졌으며, 기존의 SASB 기준은 ISSB의 IFRS 지속가능성 공시기준(IFRS S1, S2) 개발에 중요한 기반이 되었다.

TCFD(Task Force on Climate-related Financial Disclosures)

TCFD는 2015년 금융안정위원회(FSB)의 주도로 설립되어, 기업이 기후변화가 재무적 성과에 미치는 영향을 투명하게 공개하도록 권고함으로써 투자자들이 기후 리스크를 고려한 합리적인 투자 결정을 내릴 수 있도록 지원해 왔다.

기업에게 기후 리스크관리와 대응 전략의 공개를 요구하는 핵심 지침으로 기능해 왔으나, 2023년 10월 공식적으로 활동을 종료한 것은 국제회계기준재단(IFRS 재단) 산하의 국제지속가능성기준위원회(ISSB)가 기후 관련 공시기준인 IFRS S2를 개발·채택함에 따라 TCFD의 기능이 ISSB로 이관된 결과이다. TCFD는 ISSB의 IFRS S2 기준의 기반이 되어 글로벌 기후 정보공시 표준화에 중요한 이정표로 평가된다.

다. 국제표준과 프레임워크의 상호보완적 관계

국제표준과 프레임워크는 기업의 ESG 경영 실천과 공시 체계 구축에서 상호보완적인 역할을 한다. 국제표준은 ESG 공시의 통일성을 제공하며, 기업들이 법적 규정이나 글로벌 기준을 준수하도록 요구하는 반면, 프레임워크는 ESG 정보 공개를 위한 자발적인 가이드라인을 제공하여 기업이 지속가능성 전략을 수립하도록 지원한다.

국제표준 (International Standards)	프레임워크 (Frameworks)
ESG 공시의 표준화 및 규칙 제시	ESG 공시 가이드라인 제공
법적 구속력 존재	법적 구속력 없음(자발적 공시 권장)
기업이 준수해야 하는 글로벌 기준 제공	기업이 선택적으로 활용 가능
투자자 중심의 ESG 정보공시	기업의 지속가능성 및 사회적 책임

최근 ISSB를 중심으로 국제표준이 통합되는 추세이며, ESG 공시의 글로벌 일관성이 강화되고 있다. 이에 따라 기업들은 프레임워크를 참고하여 ESG 경영을 효과적으로 내재화하고, 국제표준을 준수함으로써 신뢰할 수 있는 공시 체계를 구축하는 것이 필수적이다.

2.2 글로벌 ESG 공시기준 통합 동향

글로벌 ESG 공시기준과 프레임워크는 기업의 지속가능성 보고를 체계적으로 정립하고, 투자자와 이해관계자들에게 신뢰할 수 있는 정보를 제공하는 데 중요한 역할을 한다. 국제표준이 통합되는 흐름 속에서 IFRS(국제회계기준)가 ESG 공시 표준화의 중심축으로 기업의 재무 및 비재무 정보 비교가 가능하고 일관성 있게 공개될 수 있도록 지원하고 있다. 특히, IFRS는 140개 이상의 국가에서 채택되어 기업의 투명성을 강화하고 글로벌 금융 시장에서 신뢰도를 높이는 핵심 기준으로 작용하고 있다.

가. IFRS, 글로벌 ESG 공시 표준화

최근 ESG 정보의 중요성이 증가함에 따라 IFRS 재단은 국제지속가능성기준위원회(ISSB, 2021년 설립)를 통해 ESG 공시기준을 통합하고 표준화하는 작업을 추진하며, 기존의 ESG 공시 프레임워크를 통합하여 IFRS S1(지속가능성 공시기준)과 IFRS S2(기후 관련 공시기준)를 발표하였다.

IFRS와 ESG 공시의 통합은 기업들이 ESG 성과를 재무적 맥락에서 평가하고 공개할 수 있도록 지원하며, 글로벌 금융 시장에서 ESG 정보의 신뢰성을 높이는 중요한 전환점이 되고 있다.

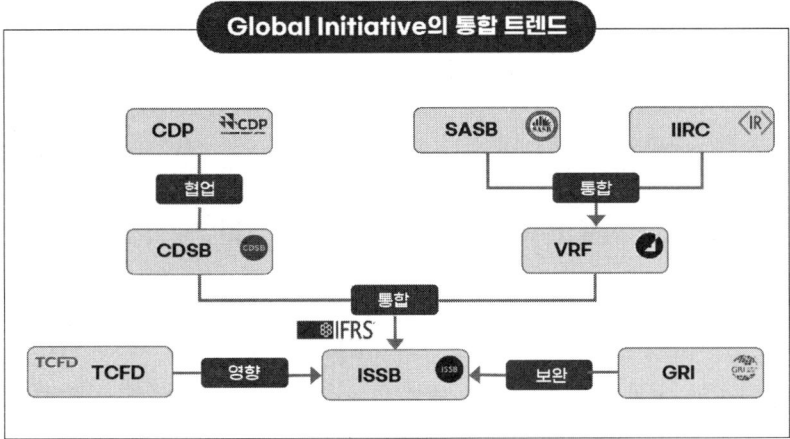

국제지속가능성기준위원회(ISSB)는 기존의 ESG 공시 프레임워크를 통합하여 ESG 공시의 일관성과 비교가능성을 강화하고 있으며, 재무적 중요성(materiality)을 중심으로 기업의 지속가능성과 ESG 리스크를 명확하게 평가할 수 있도록 설계하고 있다.

나. 투자 의사결정을 바꾸는 ESG·재무 정보 통합 공시

기후변화 관련 공시는 TCFD(기후관련재무정보공개태스크포스)를 기반으로 표준화되었으며, 투자자뿐만 아니라 다양한 이해관계자를 고려한 GRI(Global Reporting Initiative)와 상호보완적인 관계를 형성하고 있다. ESG 공시 통합의 주요 영향은 다음과 같다.

- ESG 정보와 재무 정보를 통합적으로 공시함으로써 투자자들이 기업의 지속가능성과 장기적 재무성과를 명확하게 이해할 수 있게 되어 투자자 신뢰가 향상되었다.
- 글로벌 표준화가 촉진되면서 기업 간 ESG 성과 비교가 용이해지고 ESG 공시의 신뢰성과 일관성이 강화되었다.

• 단일화된 ESG 공시기준을 통해 기업들은 중복된 공시 요구를 줄이고 효율적으로 ESG 정보를 관리할 수 있게 되어 공시 부담이 완화되었다.

IFRS와 ESG 공시의 통합은 ESG 경영과 지속가능성을 기업의 장기적 가치 창출을 위한 핵심 요소가 되게 하였으며, 국제지속가능성기준위원회(ISSB)는 기업과 투자자가 ESG 성과를 체계적으로 평가하고 활용할 수 있는 공시 기반을 구축하고 있다. 이를 통해 기업들은 재무 정보와 ESG 정보를 일관된 방식으로 공개할 수 있으며, 투자자들은 ESG 리스크 및 지속가능성과 관련된 정보를 명확한 기준에 따라 평가할 수 있게 되었다. 또한, ESG 정보의 신뢰성이 높아지고, 기업의 지속가능성과 장기적인 재무성과 간의 연계성이 강화되는 효과를 기대할 수 있다.

2.3 ISSB 중심의 국제 협력구조

ISSB는 ESG 공시의 글로벌 표준화를 위해 기존의 다양한 ESG 공시 프레임워크를 통합하여 기업 간 ESG 성과 비교가능성을 높이고, 글로벌 일관성을 강화하는 역할을 한다. 이를 통해 기업들은 중복된 ESG 공시 요구를 줄이고, 효율적이고 간소화된 공시를 수행할 수 있다

〈통합 구조의 변화〉

기존 프레임워크/표준	통합된 구조
SASB + IIRC → VRF	VRF는 IFRS 재단으로 통합, ISSB 새로운 글로벌 표준 개발
CDSB → IFRS 재단	CDSB의 기후 공시 경험이 ISSB의 S2 기준에 반영
TCFD	ISSB의 S2 기후 공시기준에 포함
GRI	ISSB와 협력하여 이해관계자 및 투자자 중심 공시데이터 제공
CDP	ISSB와 협력하여 환경 데이터를 표준화

ISSB는 주요 ESG 공시 프레임워크와 협력하여 ESG 공시 체계를 체계적이고 일관되게 구축하며, 투자자 중심의 표준과 이해관계자 중심의 공시를 균형 있게 반영하도록 한다.

통합 트렌드가 ESG 공시에 미친 영향은 ISSB(국제지속가능성기준위원회)와 VRF(가치보고재단)는 ESG 공시와 지속가능성 보고의 글로벌 표준화를 위해 기존의 주요 프레임워크(SASB, CDSB, TCFD, IIRC 등)를 통합하여 단일화된 ESG 공시 표준을 개발하고 있다. 이를 통해 기업들은 투자자와 이해관계자를 대상으로 체계적이고 신뢰성 있는 ESG 공시를 제공할 수 있도록 지원받고 있다.

ISSB의 프레임워크 통합과 협력은 ESG 공시의 일관성을 강화하고, 기업들이 효과적이고 지속가능성 정보를 제공할 수 있도록 지원한다.

기존의 다양한 ESG 공시 프레임워크를 하나로 통합하여 ESG 공시의 글로벌 표준화를 추진하는 동시에, 투자자 중심의 공시기준을 개발하며, 이해관계자 중심의 GRI(Global Reporting Initiative)와 보완적인 관계를 구축하고 있다.

또한, 기업들의 ESG 공시 부담을 줄여 중복된 보고 의무에서 벗어나도록 하며, ESG 정보의 비교가능성과 신뢰성을 강화하여 글로벌 시장에서 활용도를 촉진하고 있다. 이러한 변화는 ESG 공시 체계를 정비하여 기업과 투자자 모두에게 효율적인 지속가능성 보고 환경을 제공한다.

가. CDP(탄소정보공개프로젝트)와의 협력

CDP와 ISSB는 공식적인 협력 관계를 통해 기업들이 CDP를 통해 ESG 데이터를 공시할 경우, ISSB의 공시기준(IFRS S2) 요구사항도 충족할 수 있도록 설계하여, 중복 공시를 줄이고 ESG 데이터의 활용도를 높이고 있다. CDP는 ISSB의 기준을 채택하고 설문 문항에 반영함으로써, 기후변화 및 환경 데이터 공시의 효율성과 정확성을 제고하는 동시에, 두 기관은 상호보완적이고 연계된 역할로 글로벌 ESG 공시의 통합성과 일관성을 제공하고 있다.

나. GRI(Global Reporting Initiative)와의 상호보완적 관계

GRI와 ISSB는 각각 이해관계자 중심과 투자자 중심의 ESG 공시기준을 제공하는 글로벌 기관으로, GRI는 이중 중대성(Double Materiality) 원칙에 따라 기업이 환경과 사회에 미치는 영향뿐만 아니라 외부 요인이 기업에 미치는 영향을 모두 공시하도록 지원하는 반면, ISSB는 재무적 중대성(Financial Materiality)에 기반하여 ESG 요소가 기업의 재무성과에 미치는 영향을 공시하도록 요구한다. 공시 목적과 중대성 개념에서 차이를 보이지만, 최근에는 기업의 공시 부담을 줄이고 정보의 일관성을 확보하기 위해 상호보완적 관계를 구축하며 협력을 강화하고 있다.

ESG 공시의 글로벌 표준화와 프레임워크 통합은 기업과 투자자 모두에게 중요한 변화를 가져왔다. 국제적으로 일관된 ESG 공시기준을 통해 투자자와 이해관계자들은 신뢰할 수 있는 정보를 확보할 수 있으며, 기업들은 중복된 공시 요구에서 벗어나 효율적이고 체계적인 공시를 수행할 수 있게 되었다.

3. ESG 정보공시의 필요성과 전략

3.1 ESG 정보공시의 필요성

ESG 정보공시는 기업의 지속가능성을 평가하고, 투자자 및 이해관계자들에게 신뢰를 제공하는 핵심 도구로 작용한다. 기업들은 기후 변화 대응, 윤리적 경영, 사회적 책임 이행 등의 ESG 정보를 투명하게 공개함으로써 지속 가능한 성장과 기업 가치 제고를 실현해야 한다. 특히, 탄소 배출량(Scope 1, 2, 3), 기후 리스크관리, 지속가능성 전략 등의 ESG 데이터의 신뢰성과 투명성이 중요해지면서, 글로벌 ESG 공시기준 강화에 맞춰 적극적인 ESG 경영과 공시 대응 전략을 마련해야 한다.

투자자와 금융기관은 ESG 성과를 기업의 재무적 안정성과 지속가능성을 평가하는 주요 지표로 활용하고 있으며, 이에 따라 ESG 공시를 통한 신뢰 확보는 기업의 투자 유치 및 자금 조달 경쟁력을 강화하는 필수 요소로 자리 잡고 있다. 또한, 국제적으로 ESG 공시를 요구하는 규제와 표준이 확대됨에 따라, 기업들은 정보공개에 대해 ESG 성과를 실질적인 비즈니스 전략과 연계하는 접근이 필요하다.

3.2 ESG 공시 규범과 원칙

ESG 정보공시는 기업의 지속가능성을 평가하고, 이해관계자들에게 투명한 정보를 제공하기 위한 필수적인 요소로 구축되어 있다. ESG 공시는 규제 준수를 위해 반드시 수행해야 하는 필수 공시(Mandatory Disclosure)와 기업이 ESG 책임성을 강조하기 위해 선택적으로 공개하는 자발적 공시(Voluntary Disclosure)로 구분된다.

기존에는 자발적으로 SASB, CDP, CDSB, GRI, IIRC 등 5대 글로벌 이니셔티브 기관이 개별적인 ESG 공시기준을 운영하며, 100개 이상의 공시기준이 존재했다. 그러나 ESG 공시의 표준화 필요성이 대두되면서, 글로벌 공시기준의 통합이 가속화되었고, 기업들은 체계적이고 일관된 방식으로 ESG 정보를 공시할 수 있는 필수 공시기준으로 환경이 조성되었다.

현재 대표적인 필수 공시기준으로 유럽지속가능성보고기준(ESRS, European Sustainability Reporting Standards), SEC(미국 증권거래위원회), ISSB(국제지속가능성기준위원회)가 정립되었으며, 이 세 가지 기준은 "Big 3" ESG 공시기준으로 기업들이 글로벌 시장에서 ESG 경영을 강화하고, 지속 가능한 성장 전략을 효과적으로 실행할 수 있도록 지원한다.

가. 글로벌 공시제도

각국의 법적 규제와 금융기관의 요구에 따라 기업이 의무적으로 공개해야 하는 ESG 정보로, 글로벌 금융 시장에서 공시의 일관성을 유지하고 기업의 지속 가능 경영을 촉진하는 역할을 한다.

ESRS(유럽지속가능성보고기준)

EFRAG(유럽재무보고자문그룹)이 제정하고 CSRD(지속가능성공시지침)에 따라 시행되는 유럽연합(EU)의 지속가능성 공시기준이다.

2024년부터 대기업(500인 이상), 2025년부터 중견기업, 2026년부터 중소기업 및 비EU 기업(유럽 내 매출 1.5억 유로 이상 기업)에 적용된다. 기존 비재무보고지침(NFRD)을 대체하는 ESG 공시 규제로, 이중 중대성(Double Materiality) 원칙을 적용하여 기업의 재무적·비재무적 영향을 모두 반영하며, ESG 리스크 및 기회뿐만 아니라 공급망 내 지속가능성까지 공시를 의무화하고, EU 택소노미와 연계하여 녹색금융 및 투자 기준과의 정합성을 강화한다.

SEC(미국 증권거래위원회)의 ESG 공시기준

미국 내 상장기업 및 미국 증시에 상장된 외국 기업(Foreign Private Issuers)을 대상으로 ESG 공시를 의무화하는 규제이다.

기업들은 탄소 배출량(Scope 1, 2, 3) 및 기후변화가 재무제표에 미치는 영향을 공개해야 하며, 재무적 중요성(Materiality)을 강조하여 기후 리스크가 기업의 손익 및 운영에 미치는 영향을 명확히 반영해야 한다. 또한, 제3자 검증(Assurance) 의무화를 통해 ESG 공시데이터의 신뢰성을 확보하며, TCFD(기후관련재무정보공개태스크포스)의 핵심 원칙과 프레임워크를 활용한다. IFRS S2와 연계하여 기후 리스크 공시에 초점을 맞춤으로써 ESG 공시의 투명성과 신뢰성을 강화하고 있다.

> **ISSB(국제지속가능성기준위원회)**

국제회계기준(IFRS) 재단이 제정한 ESG 공시기준으로, 글로벌 다국적 기업을 주요 대상으로 하며, 각국의 금융규제 기관 및 정부가 자국 공시기준으로 채택할 수 있도록 설계되었다.

기존의 SASB, TCFD, CDSB 등 ESG 공시 프레임워크를 통합하여 일관된 공시 체계를 제공하며, 재무적 중대성(Financial Materiality) 원칙을 적용하여 투자자 및 금융기관 관점에서 ESG 공시를 의무화하는 것이 핵심이다.

ESG 공시는 기후 관련 공시(IFRS S2)와 지속가능성 공시(IFRS S1)로 구성되며, 기업들은 ESG 정보를 재무제표와 연계하여 공시하도록 요구받아, 투자자 및 금융시장에서의 활용도를 높이는 방향으로 운영되고 있다.

나. 국내 공시제도

국내 ESG 공시제도는 금융위원회의 ESG 정보 공시제도와 환경부의 환경정보 공개제도로 이원화되어 운영되고 있으며, 기업의 지속가능성과 정보 투명성을 높이기 위한 목적으로 도입되었다.

금융위원회는 2021년 K-ESG 가이드라인을 발표하여 기업들이 자율적으로 ESG 경영을 진단할 수 있도록 지원하고 있다.

2025년부터 자산 2조 원 이상 상장사를 대상으로 ESG 공시 의무화를 시작해 2030년까지 모든 유가증권시장 상장사로 확대할 계획이다. 이 제도는 GRI, TCFD, ISSB 등 국제 공시기준과의 정합성을 고려해 구축되며, 금융감독원과 한국거래소가 점검 및 감독 기능을 수행한다.

한편, 환경부는 「환경정보의 공개 등에 관한 법률」에 따라 2024년 1월부터 자산 총액 2조 원 이상이거나 일정 기준 이상의 온실가스를 배출하는 기업을 대상으로 온실가스, 에너지, 수자원, 폐기물 등의 환경정보를 공개하도록 의무화하였다. 이를 통해 기업의 정량적 환경 성과와 책임 이행 여부를 확인할 수 있다.

금융위원회의 제도가 재무적·비재무적 ESG 정보 전반을 포괄하는 반면, 환경부는 환경 중심의 정량 정보에 초점을 맞추고 있으며, 양 제도는 상호보완적으로 작용하며 향후 통합 ESG 공시 체계로 발전될 가능성도 제기되고 있다.

3.3 글로벌 공시 프레임워크의 활용

ESG 정보공시는 기업이 지속가능성을 확보하고, 투자유치 및 기업 평판을 강화하는 핵심 요소로 작용하고 있다. 글로벌 ESG 규제 강화와 투자자들의 요구 확대에 대응하기 위해 기업들은 ESG 공시 전략을 체계적으로 마련하고, ESG 경영을 비즈니스 전략과 연계하는 통합적 접근이 필요하다.

기업이 ESG 정보를 효과적으로 공시하기 위해서는 국제적으로 인정된 공시 프레임워크를 활용하는 것이 필수적이다. 2025년 현재 글로벌에서 활발히 사용되고 있는 ESG 공시 프레임워크는 각기 다른 목적과 대상에 따라 활용되며, 일부는 서로 연계되거나 통합되어 사용된다.

GRI(Global Reporting Initiative)

GRI는 기업이 ESG 요소를 다양한 이해관계자의 관점에서 투명하게 공시할 수 있도록 지원하는 대표적인 글로벌 ESG 공시 표준으로, 기업의 지속가능성 성과를 포괄적으로 보고하도록 설계되었다.

이중 중대성(Double Materiality) 원칙을 반영하여 기업이 사회와 환경에 미치는 영향뿐 아니라 외부 요인이 기업에 미치는 영향까지 모두 고려한다. 이에 따라 GRI

는 지속가능경영보고서 작성 시 가장 널리 활용되는 기준이며, 이해관계자 포괄성, 지속가능성 맥락, 중대성, 완전성 등 핵심 원칙을 바탕으로 ESG 이슈를 체계적으로 식별하고 보고하도록 촉진하고 있다.

CDP(Carbon Disclosure Project)

CDP의 글로벌 공시 프레임워크는 기업의 기후변화 대응 역량과 환경 리스크 관리 수준을 평가하기 위한 국제표준으로 활용되고 있다.

기후변화, 수자원 보안, 산림 등 세 가지 핵심 주제를 중심으로 구성되며, 특히 TCFD 권고안에 기반한 공시 체계를 통해 기업의 환경 관련 전략과 리스크 대응 수준을 구조화하여 요구한다.

핵심 대상은 글로벌 상장기업, 공급망에 위치한 협력사, 금융기관, 공공기관 등으로, CDP를 통해 투자자 및 이해관계자에게 환경 정보를 투명하게 공개하고 지속가능경영 전략의 신뢰도를 높이려는 기업들이 주로 참여한다. 2024년 기준, 약 23,000개 조직이 CDP에 응답하고 있으며, 이는 글로벌 경제 활동의 상당 부분을 포괄하는 수치이다.

산업별 특성과 기후 리스크 수준을 반영해 중대성 이슈를 판단하며, 기업이 자발적으로 Scope 1, 2, 3 온실가스 배출량, 기후 시나리오 분석, 감축 목표 설정 등 핵심 정보를 공시하도록 유도한다.

현재 CDP는 TCFD 11개 권고 항목으로 정렬되었으며, 향후 ISSB의 IFRS S2 기준과도 연계될 수 있도록 설계되고 있다. 또한 기업의 환경 정보공개 수준에 따라 A부터 D까지 등급화된 평가 결과를 제공하여, 투자자 중심의 환경 리스크 정보 수집과 평가에 핵심 도구로 자리 잡고 있다.

SASB(Sustainability Accounting Standards Board)

SASB(지속가능성회계기준위원회) 기준은 투자자 중심의 재무적 중요성(Financial Materiality) 원칙에 기반하여, 각 산업의 ESG 리스크와 기회를 구체적으로 반영하는 실용적이고 맞춤형 공시기준을 제공한다. 일반적인 ESG 프레임워크에 비해 실질적 적용성과 비교 가능성에서 강점을 지닌다.

ISSB(국제지속가능성기준위원회)는 IFRS S1(지속가능성 공시기준) 내에 SASB의 산업별 공시기준을 포함시켜, 산업 특화 ESG 공시 체계를 강화하였다. SASB는 ISSB에 통합되었지만, 금융, 제조, 에너지 등 11개 산업군, 77개 개별 산업을 대상으로 중대한 ESG 이슈를 식별하고 이를 측정할 수 있도록 한 SASB의 산업별 기준은 IFRS S1의 핵심 구성 요소로 활용되고 있다.

ISSB는 이러한 SASB의 산업별 지침을 기초 자료로 활용함으로써, 공시의 일관성과 효율성을 높이는 동시에 기업들이 산업 특성에 맞는 ESG 성과를 정량적·정성적으로 공시할 수 있도록 지원하고 있다.

ISSB(International Sustainability Standards Board)

ISSB(국제지속가능성기준위원회)는 글로벌 ESG 공시기준을 통합하고 표준화하기 위해 설립된 기구로, 재무적 중대성(Financial Materiality)에 기반한 ESG 공시 체계를 제공함으로써 기업들이 투자자에게 신뢰할 수 있는 정보를 전달할 수 있도록 지원한다. 이를 위해 ISSB는 IFRS S1(일반 요구사항)과 IFRS S2(기후 관련 공시)를 개발하여, ESG 정보가 기업의 재무성과 및 사업 모델에 미치는 영향을 체계적으로 보고하도록 규정하고 있다.

IFRS S1은 기존의 ESG 공시 프레임워크(SASB, CDSB, TCFD 등)를 통합하여 기업의 공시 부담을 줄이는 동시에 효율성과 일관성을 강화하고, 투자자 중심의 정보 제공을 목적으로 한다.

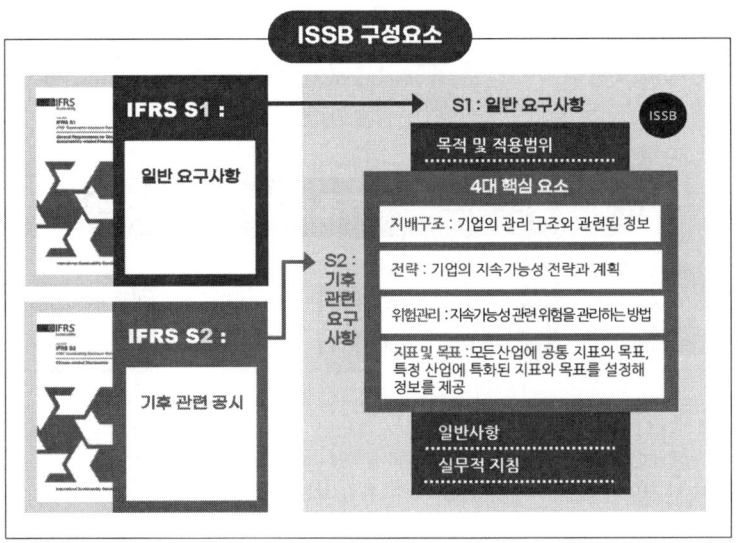

    IFRS S2는 TCFD의 4대 핵심 공시 항목(지배구조, 전략, 위험 관리, 지표 및 목표)을 반영하여, 기후변화로 인한 리스크와 기회를 기업의 재무적 관점에서 평가하고 보고할 수 있도록 구조화되어 있다. 기업은 이 기준에 따라 Scope 1, 2, 3 온실가스 배출량과 감축목표, 기후 시나리오 분석 결과, 대응 전략 등을 보고함으로써 기후 리스크관리 역량을 강화하고, ESG 성과가 재무적 성과에 미치는 영향을 보다 투명하고 정량적으로 공시할 수 있게 된다.

TNFD(Taskforce on Nature-related Financial Disclosures)

    TNFD(자연관련재무정보공개태스크포스)는 기업과 금융기관이 자연 및 생물다양성 관련 리스크와 기회를 식별하고, 이에 따른 재무적 영향을 공시할 수 있도록 지원하는 글로벌 이니셔티브로, 2021년 G7 및 G20의 지지를 바탕으로 출범하였다.

    생물다양성 손실, 토지 황폐화, 수질 오염 등 자연자본 훼손이 경제와 금융에 실질적인 리스크로 작용함에 따라, 기업과 금융기관이 자연 관련 리스크와 기회를 식별하고, 이에 대한 재무적 영향을 공시할 수 있도록 지원하는 공시 프레임워크이다.

TNFD는 TCFD(기후관련재무정보공개태스크포스)와 동일한 구조를 기반으로 지배구조, 전략, 리스크관리, 지표 및 목표의 4대 공시 항목을 중심으로 구성되어 있다.

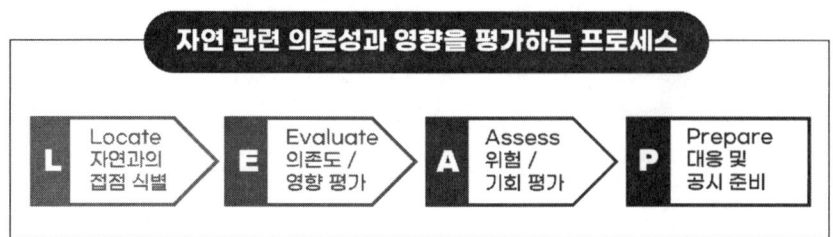

특히, LEAP(Locate, Evaluate, Assess, Prepare) 접근법을 통해 기업의 사업 활동이 자연에 미치는 영향을 식별하고, 자연 의존성과 리스크를 평가하며, 재무적 영향을 분석하고 이에 대응하는 전략을 수립할 수 있도록 설계되었다. CDP, GRI, ISSB 등 주요 글로벌 기준과의 정합성을 고려해 2023년 9월 최종 권고안을 발표하였다.

TNFD는 현재 자발적 공시 형태로 운영되고 있으나 향후 규제화될 수 있으며, 기업의 공급망 리스크, 사업 연속성, 평판, 규제 대응을 위한 전략 수립과 금융기관의 책임 있는 투자 판단에 핵심적인 역할을 하고 있다.

〈ESG 공시 프레임워크 활용 전략〉

프레임워크	핵심 대상	중대성	현재 상태
ISSB (IFRS S1, S2)	투자자	재무적 중대성	국제표준 확산 중
GRI	이해관계자	이중 중대성	글로벌, ISSB 보완
CDP	투자자, 정부,	환경 중심	ISSB와 연계
SASB	산업별 투자자	재무적 중대성	IFRS에 통합, 병행활용
TNFD	금융기관	자연·생태계	초기 단계

3.4 KRX(한국거래소) ESG 공시 가이드

KRX의 ESG 정보공개 가이던스는 기업이 ESG 공시를 체계적이고 신뢰성 있게 수행할 수 있도록 ESG 핵심 공시 항목과 작성 가이드라인을 제공한다.

기업들이 GRI(글로벌지속가능성보고서), SASB(지속가능회계기준위원회), ISSB(국제지속가능성기준위원회) 등의 글로벌 ESG 공시기준을 참고하여 공시할 수 있도록 지원하고 있다. 또한, ESG 정보 공개의 투명성과 비교가능성을 제고하기 위해 표준화된 공시 항목 및 권고사항을 제공한다.

한국거래소(KRX)는 기업의 ESG 정보공시를 강화하고 글로벌 공시기준과의 정합성을 유지하기 위해 ESG 정보공개 가이던스를 제공하고 있으며, 지속가능경영보고서 공시 및 지배구조 보고서 공시를 단계적으로 의무화하는 방향으로 추진하고 있다.

KRX의 ESG 공시 의무화 확대는 기업이 지속가능성과 투명성을 확보하고, 글로벌 ESG 공시기준과 정합성을 유지하는 데 중요한 역할을 한다. 기업들은 ESG 정보를 신뢰성 있게 공개함으로써 투자자들의 ESG 성과 평가에 대응하고, 글로벌 ESG 투자 및 금융시장에서 경쟁력을 확보할 수 있다.

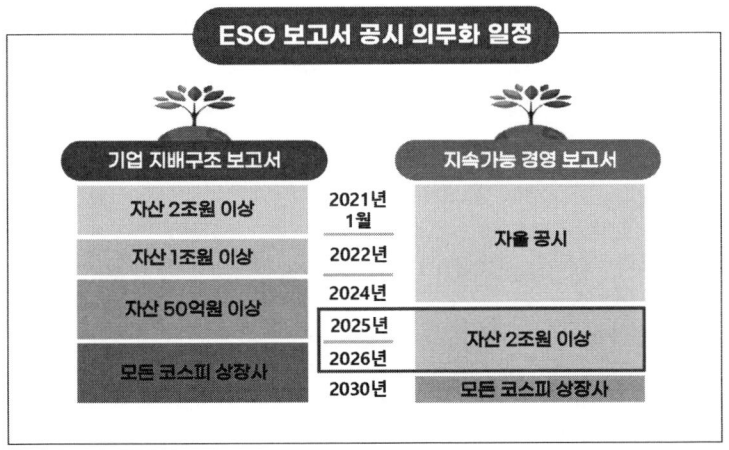

가. 지속가능경영보고서(E, S)의 자율 공시 및 단계적 공시 의무화

지속가능경영보고서 공시는 기업의 환경(E) 및 사회(S) 경영 활동과 성과를 공개하는 보고서로, 초기에는 거래소 주도의 자율 공시 활성화를 추진한 후 점진적으로 의무화될 예정이다.

이에 따라, 2025년부터 일정 자산 규모 이상의 대기업 및 상장기업을 대상으로 자율 공시가 확대되며, 2026년부터는 자산 2조 원 이상 코스피 상장사를 대상으로 ESG 공시 의무화가 시행된다.

이후, 2030년부터 전체 코스피 상장사 및 일정 기준 이상의 중견·중소기업까지 공시 의무가 확대될 예정이며, 장기적으로 지속가능경영보고서 공시가 정착될 전망이다.

나. 지배구조 보고서(G)의 단계적 의무화

지배구조 보고서(G)는 기업의 이사회 구성, 주주 권리 보호, 윤리 경영 정책 등과 같은 지배구조(G) 정보를 포함하며, 거래소의 공시기준에 따라 단계적으로 의무화될 예정이다. 이에 따라 2022년부터 자산 2조 원 이상의 상장사를 대상으로 지배구조 보고서 공시 의무화가 시행되었으며, 2024년에는 공시 대상이 자산 5천억 원 이상 기업으로 확대되었다. 이후, 2026년부터는 모든 상장기업 및 일정 기준 이상의 중견·중소기업까지 공시 의무 대상이 점진적으로 확대될 전망이다.

제6장 중대성(Materiality) 평가와 공급망 실사

1. 중대성 평가의 개념과 절차

중대성 평가(Materiality Assessment)는 기업이 ESG 관련 이슈 중에서 자사의 경영 활동에 실질적인 영향을 미치고, 동시에 이해관계자(투자자, 고객, 지역사회 등)에게 중요한 이슈가 무엇인지를 식별하고 우선순위를 정하는 과정이다.

1.1 중대성 평가의 중요성

중대성 평가는 ESG 경영의 나침반 역할을 하며, 기업의 책임 있는 성장, 신뢰 기반 확보, 투자유치 및 규제 대응의 핵심 수단이다.

가. ESG 이슈 우선순위를 정하는 필수 요소

ESG 경영의 핵심 출발점으로, 기업이 수많은 ESG 이슈 중에서 자사에 실질적으로 중요한 사항과 이해관계자가 중시하는 이슈를 선별하여 전략적으로 대응할 수 있도록 도와주는 필수적 도구이다. 이를 통해 기업은 자원의 효율적인 배분과 우선순위 설정이 가능하며, ESG 공시기준(GRI, SASB, ISSB 등)에서도 중대성 평가 결과를 기반으로 한 정보공개 요구로 지속가능경영보고서의 신뢰성과 투명성 확보에 핵심적인 역할을 한다.

또한, 투자자·고객·지역사회 등 다양한 이해관계자의 기대를 반영한 대응 전략 수립이 가능해지며, ESG 이슈에 대한 책임 있는 대응이 곧 기업 신뢰도와 경쟁력으로 이어진다. 중대성 평가는 기업이 간과할 수 있는 기후변화, 노동문제, 공급망 리스크 등의 이슈를 조기에 인지하고 대응할 수 있게 하며, 위기 예방은 물론 ESG 기반의 새로운 사업 기회 창출에도 경영 전략의 필수 요소로 작용한다.

나. ESG 전략 수립의 기초, 이중 중대성 평가

중대성 평가는 ESG 이슈의 사회·환경적 중요성과 재무적 중요성이라는 두 축을 기준으로 이루어지며, 이 두 측면의 균형을 통해 기업의 지속가능성과 이해관계자의 신뢰 확보에 핵심적인 역할을 한다.

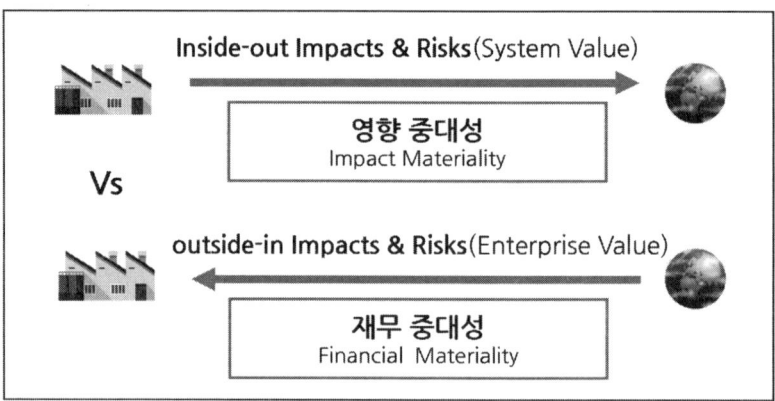

출처 : Deloitte (2023) 글로벌 지속가능성 공시와 환경정보 공개제도

영향 중대성(Impact Materiality)

사회·환경적 중요성은 이해관계자(소비자, 지역사회, NGO, 정부 등)가 ESG 이슈에 대해 가지는 관심도와 기대 수준을 반영한다.

기업이 사회적 책임을 다하고, 환경보호와 인권, 노동권 등 공공 가치에 기여하는지를 평가하는 기준이 된다.

재무적 중대성(Financial Materiality)

해당 ESG 이슈가 기업의 수익성, 비용, 리스크, 자산 가치 등에 미치는 잠재적 영향을 분석하는 것으로, 기업 전략 및 장기적 투자 결정에 있어 핵심 요소로 작용하여 경영성과와 직결된다는 것을 나타낸다.

이 두 요소는 상호 연결되어 있으며, 사회·환경적 이슈가 결국 기업의 재무적 성과에 영향을 미치고, 반대로 기업의 재무 전략이 사회적 가치 실현을 하는 구조로 이어진다. 따라서 중대성 평가는 ESG 전략 수립의 기초이며, 기업이 지속 가능한 성장과 리스크관리를 동시에 실현하기 위한 필수 도구라 할 수 있다.

1.2 ESG 중대성 평가의 적용

ESG 중대성 평가는 기업의 지속가능경영 전략 수립과 ESG 공시, 리스크관리, 투자자 소통 등 다양한 경영 의사결정에 실질적으로 적용된다.

첫째, 전략 수립 측면에서 중대성 평가는 기업이 어떤 ESG 이슈에 우선순위를 두고 자원을 집중할지를 결정하는 핵심 기준이 된다.
기업의 사업 구조, 산업 특성, 이해관계자의 요구를 반영하여 환경, 사회, 지배구조 영역에서 가장 영향력이 큰 이슈를 선별하고, 이에 따라 ESG 목표와 실행 계획을 수립할 수 있다.

둘째, 지속가능보고서 및 ESG 공시 체계에서도 중대성 평가는 필수 요소로 작용한다. 글로벌 공시기준(GRI, ISSB, SASB 등)은 기업이 보고서에 포함할 ESG 정보의 범위와 우선순위를 중대성 평가 결과를 바탕으로 명확히 제시할 것을 요구하고 있다. 이를 통해 공시의 신뢰성과 투명성을 높이고, 투자자 및 외부 이해관계자와의 소통을 강화할 수 있다.

셋째, 리스크관리 및 기회 포착 측면에서 중대성 평가는 ESG 이슈가 기업의 재무적·비재무적 성과에 미칠 영향을 사전에 식별하고 대응 전략을 수립하는 데 활용된다. 기후 리스크, 공급망 인권 문제, 사이버 보안 위협 등의 이슈가 중대하다고 평가되면 기업은 이에 대한 관리체계를 강화하고 투자나 사업 조정에 반영하게 된다.

넷째, 투자자 대응 및 신뢰 확보 차원에서 중대성 평가 결과는 ESG 성과를 이해관계자에게 설명하는 근거로 활용되며, 자본시장 내 기업의 책임성과 지속가능성에 대한 긍정적 평가로 이어질 수 있다.

1.3 중대성 평가의 국제 기준과 유형

재무적 중대성, 영향 중대성, 이중 중대성은 ESG 공시 및 경영 전략 수립에 있어 핵심적인 기준으로 작용하는 개념이다.

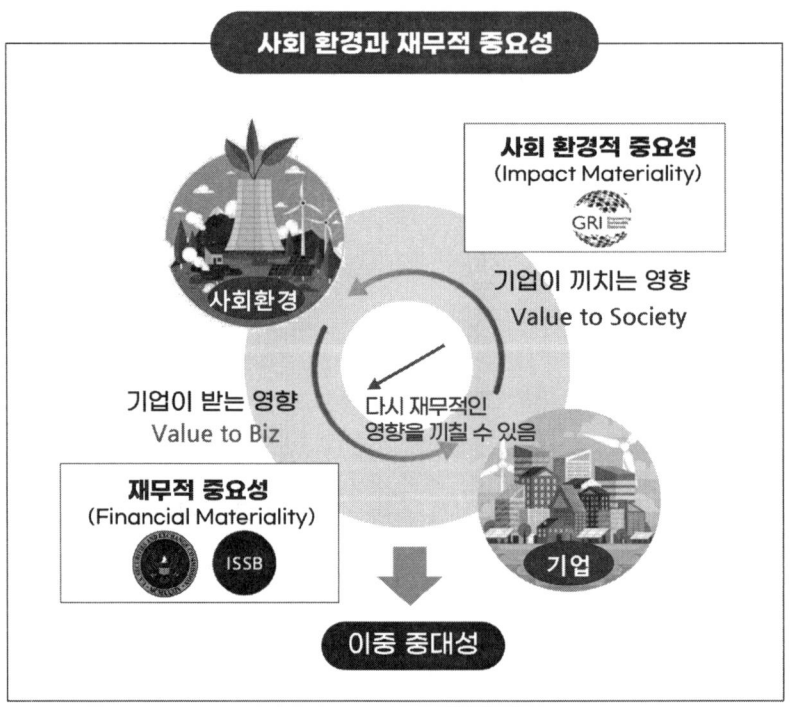

재무적 중대성(Financial Materiality)

ESG 이슈가 기업의 수익성, 자산 가치, 투자자금 조달 등 재무적 성과에 미치는 영향을 중심으로 판단하며, 투자자와 금융기관 등 자본시장 이해관계자에게 중요한 정보를 제공하는 데 초점을 둔다. SASB, ISSB(국제지속가능성기준위원회) 등의 기준에서 채택되고 있다.

영향 중대성(Impact Materiality)

기업의 활동이 사회와 환경, 이해관계자에게 미치는 긍정적 또는 부정적인 영향을 평가하는 기준으로, GRI(Global Reporting Initiative)와 같은 지속가능성 보고 기준에서 채택되고 있다. 기업의 윤리적 책임, 사회적 가치 창출, 환경 보호 등 비재무적 요소가 중심이 된다.

이중 중대성(Double Materiality)

재무적 중대성, 영향 중대성의 두 가지 기준을 통합해 재무적 영향과 사회·환경적 영향을 동시에 고려하는 접근 방식으로, 최근 ESG 공시의 글로벌 표준으로 부상하고 있다.

기업은 중대성 평가 시 이 세 가지 관점을 균형 있게 반영하여 ESG 전략과 공시 체계를 수립해야 하며, 이를 통해 이해관계자의 신뢰를 확보하고 지속 가능한 경영을 실현할 수 있다.

2. 단일 중대성(Single Materiality)과 이중 중대성(Double Materiality)

단일 중대성(Single Materiality)은 ESG 요소 중 기업의 재무적 성과나 투자자에게 중요한 정보만을 중대하게 여기는 개념이며, 이중 중대성(Double Materiality)은 전통적인 재무 중대성뿐만 아니라, 기업이 외부에 미치는 환경적·사회적 영향을 포함한 중대성을 통합하여 기업의 지속가능성을 보다 포괄적으로 평가하는 개념이다.

이중 중대성을 통해 기업은 재무적 성과뿐 아니라 사회적·환경적 성과를 함께 고려한 통합적 의사결정을 내릴 수 있으며, 다양한 이해관계자들에게 기업의 전반적인 영향을 투명하게 보고함으로써 신뢰를 강화할 수 있다. 또한, 외부 환경과 사회적 이슈를 반영한 리스크관리가 가능해져 장기적인 재무성과에도 긍정적인 영향을 미칠 수 있으며, 특히 EU 등에서는 이중 중대성을 기반으로 한 규제와 보고 요구가 강화되고 있어 이에 효과적으로 대응할 수 있는 체계를 마련하는 것이 중요하다.

2.1 글로벌 공시제도의 중대성 평가

글로벌 공시제도에서 중대성 평가는 공시 목적과 이해관계자에 따라 상이한 기준을 적용한다.

가. GRI, 기업 외부 영향 평가의 글로벌 표준

GRI(Global Reporting Initiative)는 기업이 사회와 환경에 미치는 영향을 중심으로 ESG 이슈를 평가하며, 이해관계자의 관심과 사회적 책임을 반영하는 영향 중대성(Impact Materiality) 관점에서 공시기준을 설정한다. 기업 외부에 미치는 영향, 즉 환경 파괴나 인권침해, 사회적 영향 등을 중요한 공시 요소로 간주하며, 재무적 중대성과 함께 비재무적 요소도 포괄적으로 고려하는 특징을 갖는다.

나. IFRS, 금융시장 신뢰를 위한 ESG 정보 표준화

IFRS(International Financial Reporting Standards)는 투자자와 금융시장 참여자를 핵심 이해관계자로 보고, ESG 요소 중에서도 기업의 재무 상태, 성과, 현금흐름 등에 실질적인 영향을 미치는 이슈에 중점을 둔다. 재무적 중대성(Financial Materiality) 관점에서 접근하며, ESG 이슈가 기업의 장기적인 가치와 재무적 위험, 기회에 어떤 영향을 미치는지를 중점적으로 평가한다.

항목	GRI	IFRS(ISSB)	ESRS
중대성 기준	영향 중대성	재무 중대성	이중 중대성
보고 성격	자율 공시	글로벌 비교 가능성 강화	법적 의무 공시
중심 이해관계자	이해관계자	투자자	이해관계자+투자자
전환 연계성	ESRS에 통합 용이	ESRS와 병행 필요	GRI/IFRS 둘 다 포괄 가능

이러한 관점의 차이로 인해, GRI는 외부 영향과 책임 중심의 영향 중대성, IFRS는 기업 내부 재무 가치 중심의 재무적 중대성에 초점을 둔다.

다. GRI와 IFRS를 통합한 ESG 공시의 핵심 원칙

최근에는 이 두 관점을 통합하여 고려하는 이중 중대성(Double Materiality) 개념이 국제 공시기준의 핵심 흐름으로 구축되고 있으며, 유럽재무보고자문그룹(EFRAG)은 이를 기반으로 중대성 평가를 하고 있다.

EU의 CSRD(기업지속가능성보고지침)는 이중 중대성을 명시적으로 요구하고 있으며, 기업이 지속가능성과 재무 건전성을 동시에 확보해야 한다는 흐름을 반영한다.

EFRAG는 유럽 지속가능성 공시기준(ESRS)에서 이중 중대성 원칙을 핵심 원칙으로 적용하며, 기업이 공시할 ESG 정보의 중대성을 판단할 때, 사회·환경에 미치는 영향뿐 아니라 기업의 재무적 성과에 미치는 영향까지 동시에 평가한다. 이러한 접근은 기업이 공시를 통해 책임 있는 경영을 실현함과 동시에, 투자자와 이해관계자 모두에게 신뢰 가능한 정보를 제공하는 것을 목표로 한다.

2.2 중대성 평가 프로세스

EFRAG의 중대성 평가는 규제 기반의 의무 공시체계로, 기업은 형식적 체크리스트에 의존하기보다는 실질적인 리스크 평가와 전략적 연계를 통해 접근해야 한다. EFRAG는 이중 중대성(Double Materiality) 원칙에 따라, 하나의 이슈라도 사회·환경에 미치는 영향(영향 중대성) 또는 기업의 재무적 성과에 미치는 영향(재무적 중대성) 하나만 충족해도 공시 대상으로 간주한다.

이에 따라 기업은 지속가능성 관련 이슈를 보다 실질적으로 분석하고, 리스크관리 및 전략 수립과의 연계성을 강화하는 것이 요구된다.

EFRAG(유럽재무보고자문그룹)의 중대성 평가 절차는 다음과 같은 단계로 구성되어 있으며, 이중 중대성(Double Materiality)을 중심으로 ESG 이슈를 평가하고 보고에 반영하는 체계를 갖추고 있다.

이슈 식별 (Identify Issues)
GRI, SASB, SDGs, 산업별 이슈, 벤치마킹 등

영향 분석 (Assess Impacts)
환경/사회에 미치는 영향

재무적 분석 (Financial Materiality)
기업 재무, 전략적 영향

우선순위 도출 (Prioritize Material Topics)
영향력 × 중요도 매트릭스 작성

공시 반영 (Materiality disclosure)
지속가능성 보고서(GRI), TCFD, ISSB 등 기준에 맞춘 공시

1단계: 이슈 식별(Identify Issues)

기업이 직면하거나 이해관계자에게 영향을 미칠 수 있는 ESG 관련 이슈를 체계적으로 도출하는 과정이다. 이 단계에서는 GRI, SASB, ISSB IFRS S2 글로벌 공시 가이드라인을 참고하고, 업계 동향, 관련 법·규제 기준, 미디어 분석 등 다양한 외부 정보를 종합적으로 검토한다.

2단계: 영향 분석(Impact Materiality)

1단계에서 식별된 ESG 이슈들이 사회와 환경에 미치는 실제 영향을 평가하는 과정이다. 이 단계에서는 각 이슈가 이해관계자와 생태계 전반에 어떤 방식으로, 어느 정도의 영향을 미치는지를 정성적·정량적으로 분석하게 된다. 특히, 영향의 심각성(severity), 영향을 받는 범위(scope), 회복 가능성(irremediability), 영향의 지속 기간(duration) 등을 종합적으로 고려하여 해당 이슈의 비재무적 중요성(Non-financial Materiality)을 판단한다.

이는 기업이 환경과 사회에 미치는 외부 효과(negative or positive externalities)를 이해하고, 책임 있는 경영 전략 수립의 기초 자료로 활용된다.

3단계: 재무적 분석(Financial Materiality)

중대성 평가의 중요한 축으로, 식별된 ESG 이슈가 기업의 가치사슬 전반에 어떤 재무적 영향을 미칠 수 있는지를 평가하는 단계이다. 이 과정에서는 각 이슈가 기업의 재무성과, 사업 지속 가능성, 시장 신뢰도에 어떠한 영향을 주는지를 분석하며, 특히 자본시장과 투자자에게 중대한 영향을 미치는 리스크와 기회 요소를 식별하는 데 초점을 둔다.

4단계: 우선순위 도출(Prioritize Materiality Topice)

영향 분석(Impact Materiality)과 재무적 분석(Financial Materiality)의 결과를 통합하여, 이중 중대성(Double Materiality) 원칙에 따라 중대성 매트릭스(Materiality Matrix)를 구성한다. 이를 통해 기업은 수많은 ESG 이슈 중에서 전략적으로 가장 중요한 핵심 이슈들을 식별하고 우선순위를 설정하게 된다. 이 과정은 ESG 전략 수립과 공시의 방향성을 명확히 정립하는 데 결정적인 역할을 한다.

5단계: 공시 반영(Materiality Disclosure)

도출된 우선순위 이슈를 ESRS(European Sustainability Reporting Standards) 등 공시기준에 따라 지속가능경영보고서 또는 통합보고서에 반영한다. 이와 함께 기업은 도출된 핵심 이슈를 바탕으로 ESG 목표 및 핵심성과지표(KPI)를 수립하고, 이를 전사적 전략과 연계하여 지속가능경영을 실천하게 된다.

중대성 평가는 기업이 ESG 이슈를 체계적으로 관리하고, 공시의 신뢰성과 비교 가능성을 높이며, ESG 경영의 전략적 실효성을 확보하는 데 중요한 역할을 한다. 특히, 글로벌 ESG 공시기준에서 요구하는 이중 중대성(Double Materiality) 원칙을 반영함으로써, 기업은 사회와 환경에 미치는 영향뿐 아니라 재무적 리스크와 기회까지 통합적으로 고려할 수 있다.

2.3 기후공시 규칙의 중대성 평가

기후공시 규칙의 중대성 평가는 각 공시기준의 목적과 이해관계자에 따라 접근 방식이 다르다.

ISSB 표준	ESRS	SEC 기후공시규칙
단일 중대성	이중 중대성	단일 중대성
투자자	다중 이해관계자	투자자

- ISSB(국제지속가능성기준위원회): 재무적 중대성(Financial Materiality)에 초점을 맞추며, 기업의 재무 성과·상태·현금 흐름에 중대한 영향을 미치는 정보를 중심으로 기후 관련 공시기준을 제시하고, 투자자 중심의 의사결정 지원을 목적으로 한다.

- ESRS(유럽지속가능성보고기준): 이중 중대성(Double Materiality)을 적용해 기업의 재무에 미치는 영향뿐만 아니라, 기업 활동이 사회와 환경에 미치는 영향까지 함께 고려하여 포괄적인 지속가능성 정보를 공시하도록 요구한다.

- 미국 SEC(증권거래위원회) 기후공시규칙: 투자자 보호 관점에서 재무적 중요성에 기반한 평가를 실시하며, 기후 리스크와 기회가 투자자에게 미치는 영향을 중심으로 기업의 재무 공시 정확성과 관련성 확보를 중시한다.

ISSB, ESRS, SEC 각 제도의 공통 목표는 기후 관련 정보의 신뢰성과 비교가능성 향상이지만, 각기 다른 중대성 기준을 바탕으로 기후 정보의 공시 체계를 구축하고 있으며, 접근 방식의 차이로 인해 기업은 다양한 이해관계자 요구를 충족하기 위해 중대성 평가를 정교하게 설계할 필요가 있다.

3. ESG 공급망 실사(Supply Chain Due Diligence)

공급망 실사(Supply Chain Due Diligence)란 기업이 자사의 공급망 전반에 걸쳐 인권, 환경, 노동, 윤리, 부패 방지 등 ESG 이슈에 대한 리스크를 식별, 예방, 완화하기 위해 수행하는 책임 있는 관리 활동을 의미한다.

1차 공급업체에 국한하지 않고, 2차·3차 이하 하위 공급업체까지 포함되며, 기업의 지속가능성과 윤리적 경영을 위한 핵심 요소이다.

3.1 ESG 공급망 실사(Supply Chain Due Diligence)의 필요성

공급망 실사는 기업의 지속가능성을 확보하고, 글로벌 규제에 대응하며, 이해관계자의 신뢰를 얻기 위해 필수적인 요소로 작용한다.

최근 ESG 경영이 강화됨에 따라, 기업은 내부 경영만이 아니라 전체 가치사슬에 걸쳐 인권, 환경, 윤리 등 지속가능성 기준을 적용해야 하며, 이를 통해 ESG의 진정성을 확보할 수 있다.

특히 EU 지속가능성 실사 지침(CSDDD), 독일 공급망 실사법(LkSG), 프랑스 실사법 등 글로벌 규제가 강화되고 있어, 실사 미이행 시 과징금, 투자 회피, 공공 조달 제한 등 재무적 리스크로 직결될 수 있다. 따라서 공급망에서 발생하는 아동 노동, 강제 노동, 환경 오염 등의 문제는 기업 브랜드 가치에 큰 타격을 주기 때문에, 사전적 실사와 모니터링 체계 구축을 통해 리스크를 예방하고 공급망 회복탄력성을 확보해야 한다.

ESG 실사를 통해 윤리적 공급망을 보장하면 소비자, 투자자, 파트너로부터의 신뢰를 강화할 수 있으며, 장기적인 경쟁력 확보와 투자유치에도 긍정적인 영향을 미친다. 따라서 공급망 실사는 ESG 경영의 핵심이자, 지속가능한 성장을 위한 전략적 대응 수단으로 기능한다.

3.2 공급망 법률과 규제

가. 공급망 실사지침과 지속가능성 실사지침

공급망 실사지침(Supply Chain Due Diligence Directive)과 지속가능성 실사지침(CSDDD, Corporate Sustainability Due Diligence Directive)은 모두 기업의 책임 있는 경영과 공급망 내 인권·환경 보호를 목표로 하지만, 적용 범위와 규제 수준, ESG 통합성 측면에서 차이가 있다.

공급망 실사 지침은 각국이 제정한 법령으로 구성되어 있으며, 1차 공급망 중심의 인권침해 및 안전사고 방지에 초점을 맞춘다. "사회(S)" 영역의 리스크관리에 중점을 두며, 적용 대상도 국가별로 상이해 기업에 적용되는 등 편차가 존재한다. 법적 책임에 있어서는 일부 국가에서 민사 책임이 명확하지 않으며, 원칙 중심의 가이드라인 형태로 운영되는 경우가 많다. 반면, 지속가능성 실사지침(CSDDD, Corporate Sustainability Due Diligence Directive)은 EU 차원에서 제정된 법적 규범으로, 기업의 전 가치사슬에 걸쳐 인권과 환경 보호를 실질적으로 이행하도록 요구하는 포괄적 지속가능성 실사 제도이다. 이 지침은 UN 기업과 인권 실사 지침, OECD 다국적 기업 가이드라인, ILO 사회책임 선언 등 국제 기준을 토대로 마련되었으며, 강제 노동, 아동 노동, 생물다양성 파괴, 온실가스 배출 등 ESG 전반에 걸친 리스크를 사전 식별하고, 방지·완화·시정 조치를 체계적으로 수행할 것을 명시하고 있다. 특히, 기업의 기후전환계획 수립 및 이행을 요구하고, 실사 이행에 대한 민사책임 및 감독 기관의 제재를 규정함으로써 강력한 법적 구속력을 갖는다.

〈공급망실사지침 vs. 지속가능성 실사지침〉

국가	공급망 실사 지침	지속가능성실사지침
주요목적	공급망 내 인권·환경 리스크 사전 식별 및 예방	기업 전체 가치사슬에서 지속가능성 책임 강화
적용대상	대기업 또는 특정 산업군의 기업 (국가별 상이)	EU 역내 500인 이상 또는 전 세계 매출 1.5억 유로 이상 기업 및 일부 비EU 기업 포함
적용범위	직접 공급업체(1차 협력사) 중심	전체 가치사슬 (Upstream~Downstream) 포함
ESG	S(사회), E(환경) 중심	E, S, G 요소 통합
규제강도	각국 자율 규제 또는 완화된 가이드라인 중심	EU 차원의 강제 규제, 민사책임·감독당국의 제재 포함
법적책임	윤리적 책임 중심, 법적 책임 불명확	실질적 법적 책임 부과 (민사책임 명시)
감독체계	각국 정부 또는 기업 자율 이행	국가 감독기관 설치 및 EU 차원의 집행 감시
보고의무	일부 기업 자율 공시 또는 비재무 정보 제공	ESG 실사 보고서 및 개선 계획 공시 의무

공급망 실사지침은 제한된 공급망 중심의 인권 리스크 규제이고, 지속가능성 실사지침은 ESG 기반의 포괄적인 지속가능성 실사를 요구하는 강력하고 통합된 EU 규제로, 향후 글로벌 공급망 규제의 기준으로 구축되고 있다.

나. 공급망 실사법

주요 국가에서 발의하거나 시행 중인 공급망 실사법(Due Diligence Laws)은 기업이 공급망 전반에서 인권, 노동, 환경과 관련된 위험 요소를 식별하고, 이를 예방 및 시정할 의무를 부과함으로써 기업의 사회적 책임을 제도적으로 강화하고 있다.

국가	법안명	시행연도
EU	기업지배구조 및 공급망 실사에 관한 법률 (Corporate Certification of Slavery Abolition Act)	2024년
독일	공급망 실사 의무화법(Supply Chain Due Diligence Act)	2023년
영국	현대 노예법(Modem Slavery Act)	2015년
프랑스	기업 경계(Duty of Vigilance Law)	2017년
미국	노예 근절 기업인증법 (Corporate Certification of Slavery Abolition Act)	2020년
	캘리포니아 공급망 투명성법 (California Transparency Supply Chains Act)	2012년

독일 "공급망 실사 의무화법(Supply Chain Due Diligence Act)"

일정 규모 이상의 기업들은 공급망 전반에 걸쳐 인권과 환경 보호 기준을 준수하여 리스크 분석과 예방 및 시정 조치를 수행해야 한다.

2023년 1월부터 시행된 '기업 공급망 실사법(LkSG)'을 통해 연 매출 4억 유로 이상 또는 직원 1,000명 이상의 기업에게 공급망 전반의 인권·환경 위험 실사와 리스크관리 체계 구축을 법적으로 의무화하고 있다.

프랑스 "기업 경계(Duty of Vigilance Law)"

대형 기업들이 인권, 건강, 안전 및 환경 보호를 위해 공급망 전반에 걸쳐 리스크 예방 계획을 수립하고 공개해야 한다.

2017년 세계 최초로 "기업의 주의 의무법(Duty of Vigilance Law)"을 도입해, 5,000명 이상 프랑스 본사 또는 10,000명 이상 글로벌 직원 수를 가진 기업에 대해 인권 및 환경 리스크 예방 계획 수립과 공시를 요구하고 있다.

EU "기업지배구조 및 공급망 실사에 관한 법률"

기업들은 공급망 전반에 걸쳐 ESG 기준을 준수하며, 리스크 분석을 수행하고 인건 및 환경 보호를 위한 예방 조치를 취해야 한다. 전체 차원에서는 2024년 기준으로 "기업 지속가능성 실사 지침(CSDDD)"이 채택되어 일정 규모 이상의 기업에 대해 공급망 전반에 걸친 인권·환경 실사를 요구하고 있으며, 위반 시 행정벌 또는 민사 책임이 부과될 수 있도록 하고 있다.

영국 "현대 노예법(Modern Slavery Act)"

현대 노예법을 통해 기업이 공급망 내 강제노동 및 인신매매 여부를 점검하고, 매년 "현대 노예 성명서"를 공개하도록 하고 있으며, 포괄적인 공급망 실사법 도입에 대한 논의도 지속되고 있다.

미국 "노예 근절 기업인증법", "캘리포니아 공급망 투명성법"

기업들은 공급망에서 현대적 노예와 인신매매를 방지하기 위한 노력을 인증받고 연간 보고서를 공개하며 정부 기관이 이를 검토한다. 강제노동에 초점을 맞춘 "위구르 강제노동 방지법(UFLPA)" 등을 통해 특정 지역에서 생산된 제품의 수입을 제한하며, 공급망 투명성을 강화하고 있다. 연방 및 주 단위에서 다양한 ESG 관련 실사 입법이 병행되어 대형 제조업체와 소매업체는 공급망에서 인신매매 및 강제 노동 방지 노력을 자사 웹사이트에 명시하여 공개해야 한다.

각국의 공급망 실사법은 적용 범위와 강제성은 다르지만, 공통적으로 기업이 공급망의 전 과정에서 사회적·환경적 책임을 다하도록 강제하고 있으며, 글로벌 기업의 지속가능성과 법적 리스크 대응에 있어 핵심 과제로 부상하고 있다.

3.3 EU 지속가능성 실사 지침(Corporate Sustainability Due Diligence Directive)

CSDDD(지속가능성실사지침)는 2022년 EU 집행위원회에서 초안이 발표되었으며, 이후 2024년 5월 24일 EU 관보에 공식 게재되어 2024년 6월 14일 정식 발효되었다. 이 지침에 따라 EU 회원국은 2년 이내인 2026년 6월 14일까지 자국법에 반영해야 하며, 기업 규모에 따라 2027년부터 단계적으로 실사 의무가 적용된다. CSDDD는 기업이 전체 가치사슬에 걸쳐 인권 및 환경 리스크를 실질적으로 관리하고 지속가능성 책임을 이행하도록 요구하는 EU 차원의 법적 규제 체계이다.

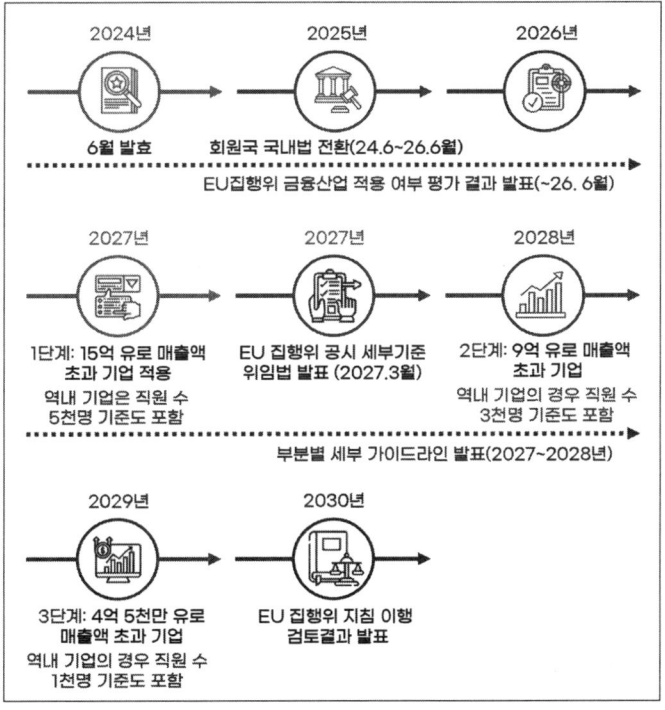

CSDDD는 대상 기업뿐만 아니라 이들의 자회사 및 직간접 비즈니스 파트너까지 포함한 전체 가치사슬(value chain)에 실사 의무를 부과함으로써, 공급망 전체의 투

명성과 책임성을 강화하는 것을 목표로 한다.

기업은 인권 및 환경에 대한 실제 또는 잠재적 부정적 영향을 식별하고 개선 조치를 이행할 법적 책임을 지며, 이를 이행하지 않을 경우, 각국의 감독기관으로부터 제재 또는 민사상 책임을 부담할 수 있다.

EU는 이 지침을 통해 공급망에서 발생하는 인권침해 및 환경 파괴 문제를 구조적으로 해결하고자 하며, 실질적인 ESG 리스크관리와 지속 가능한 공급망 구축을 위한 강력한 규제로 작용하고 있다.

가. CSDDD의 실사 적용 기준

CSDDD의 실사 항목은 인권과 환경 분야이며, 기업의 매출액·직원 수 등에 따라 그 적용 대상 여부와 적용 시점 등이 달라진다.

1) 매출·인원 기준으로 적용 대상 확대되는 EU 규제

적용 대상은 EU 역내 기업이 직원 수 1,000명과 전 세계 순매출액 4억 5,000만 유로를 초과할 경우, EU 역외 기업은 직원 수 기준 없이 EU 내 순매출액 4억 5,000만 유로를 초과하는 기업이 의무 대상에 해당된다.

역내		역외	
일반	로열티 수익	일반(비EU)	로열티 수익
전세계 순 매출액 > 4억 5천만 유로 및 직원 수 1천명	역내 프렌차이즈·계약에 따른 로열티 수익 > 2,250만 유로 및 전세계 순매출액 > 8,800만 유로	EU 역내 순 매출액 > 4억 5천만 유로 (직원 수 기준 없음)	역내 프렌차이즈 라이선스 계약에 따른 로열티수익 > 2,250만 유로 및 EU 역내 순매출액 > 8,000만 유로
또는 최종 모기업	또는 최종 모기업	또는 최종 모기업	또는 최종 모기업

적용 시점은 기업 규모에 따라 3단계로 나뉘며, 1단계인 2027년 7월부터는 전 세계 순 매출이 15억 유로(약 2조 2,500억 원)를 초과하고 직원 수 5천 명을 초과하는 EU 기업과 EU 내 순 매출이 15억 유로를 초과하는 비EU 기업에 적용된다. 최종적으로 3단계인 2029년 7월부터는 전 세계 순 매출 4.5억 유로(6,750억 원) 및 직원 수가 1천 명을 초과하는 EU 기업과 EU 내 순 매출이 4.5억 유로를 초과하는 비EU 기업으로 확대된다.

구분		2027년	2028년	2029년
역내	직원 수	5천 명 초과	3천 명 초과	1천 명 초과
	순 매출액(전 세계)	15억 유로 초과	9억 유로 초과	4.5억 유로 초과
역외	순 매출액(EU 역내)	15억 유로 초과	9억 유로 초과	4.5억 유로 초과

* 한화로 15억 유로는 약 2조 2천4백억 원, 9억 유로는 약 1조 3천4백억 원, 4.5억 유로는 약 6,700억 원

2) CSDDD 핵심 요구사항

CSDDD의 실사 항목은 인권과 환경 두 분야로 나뉘며, 인권 부문에는 생명권, 자유권, 노동권, 아동 노동 금지 등이 포함되며 UN 아동 권리협약, 국제인권규약, ILO 협약 등 국제 기준에 기반하고 있다.

환경 부문에서는 생물다양성 보전, 폐기물 관리, 오염물질 통제, 해양 및 습지 보호, 문화유산 보존 등이 핵심 실사 항목으로 규정되며, 실질적인 이행과 지속적인 모니터링을 요구한다.

공급망 실사 이행을 위한 기업의 주요 조치 사항은 다음과 같다.
- 환경·사회적 리스크 식별 및 평가: 강제노동, 아동 노동, 생물다양성 훼손, 온실가스 배출 증가 등 공급망 전반의 환경·사회적 리스크를 사전에 식별하고 평가해야 한다.

- 지속가능성 요건의 계약 반영 및 감시 체계 구축: 공급업체와 계약에서 지속가능성 요건을 삽입하고, 감시 체계를 구축하며, 이를 위한 정책과 예방 절차를 마련해야 한다.
- 이해관계자와의 협력 체계 구축: 공급망 내 노동자, 지역사회 등 이해관계자와의 지속적인 소통 및 협력 체계를 마련하여 실질적 개선 유도한다.
- 실사 결과와 조치 사항의 투명한 공시: 식별된 리스크 및 이에 대한 조치 사항을 외부에 투명하게 보고하고 공시함으로써 책임 있는 경영을 실현한다.
- 이행 미이해 시 제재: 기업이 해당 의무를 이행하지 않을 경우, EU 회원국 감독기관에 의해 벌금 부과 또는 민사적 책임이 발생할 수 있다.

EU 회원국은 CSDDD 발효일로부터 2년 이내 자국법으로 이를 도입해야 하며, 기업은 공급망 실사를 통해 잠재적 리스크를 사전에 식별하고, 지속 가능한 조치와 보고 시스템을 구축해야 한다.

이를 통해 기업은 공급망 전반에 걸쳐 ESG 책임을 실질적으로 이행하도록 법적으로 강제되는 것으로 지속가능성 확보와 이해관계자 신뢰 제고에 있어 핵심적인 역할을 한다.

나. EU 지속가능성 실사 지침 프로세스

EU의 지속가능성 실사지침(CSDDD, Corporate Sustainability Due Diligence Directive)은 기업이 공급망 전반에서 인권 및 환경 관련 리스크를 식별하고, 이를 예방·완화·시정하며 투명하게 보고하도록 요구하는 법적 프레임워크로, 기업의 지속가능성과 책임경영을 강화하는 데 목적이 있다.

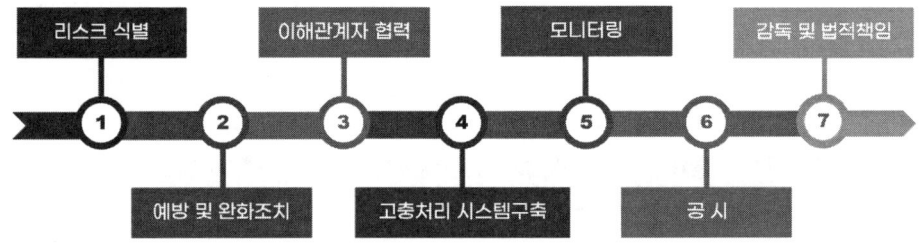

1단계: 리스크 식별 및 평가(Identify & Assess Risks)

기업이 전체 가치사슬(Value Chain)을 대상으로 아동노동, 강제노동 등 인권 리스크와 생물다양성 파괴, 탄소배출 등 환경 리스크를 파악해야 하며, UN 기업과 인권지침(UNGP), OECD 가이드라인, ILO 협약, 각종 환경 협약 등을 기준으로 한다.

2단계: 예방 및 완화 조치(Prevent & Mitigate Adverse Impacts)

확인된 리스크에 따라 관련 정책을 수립하고 내부 프로세스를 정비하며, 공급업체와의 계약에서 지속가능성 조항을 삽입하고, 교육·점검 체계를 운영해야 한다. 심각한 리스크에 대해서는 공급업체 변경이나 기술 개선 등의 실질적 완화 조치도 병행해야 한다.

3단계: 이해관계자 협력(Engage Stakeholders)

공급망 내 노동자, 지역사회, NGO 등과 정기적으로 소통하고 협력하는 절차를 마련해 지속가능성 문제에 공동 대응하며, 특히 영향받는 커뮤니티의 의견을 실사 과정에 반영해야 한다.

4단계: 시정 조치 및 구제(Remediation & Grievance Mechanism)

부정적인 영향이 실제 발생했을 경우, 피해자에게 신속하고 적절한 구제 및 보상 조치를 제공해야 하며, 내부 또는 외부의 불만 처리 시스템(그리번스 메커니즘)을 갖추어야 한다.

5단계: 모니터링 및 성과 점검(Monitor & Verify Effectiveness)

실사의 효과성과 이행 상태를 주기적으로 점검하고, 필요에 따라 내부 감사 또는 제3자 검증을 통해 개선 사항을 반영해야 한다.

6단계: 보고 및 공시(Report & Disclose)

실사의 전 과정과 리스크 대응 조치, 시정 활동 등을 정기적으로 공시해야 하며, ESRS(European Sustainability Reporting Standards) 기준에 따라 명확하고 신뢰성 있게 작성되어야 한다.

7단계: 감독 및 법적 책임(Supervision & Enforcement)

EU 회원국의 감독기관이 기업의 의무 이행 여부를 점검하고, 위반 시 벌금 부과, 시정 명령, 민사 책임 등 강력한 제재를 가할 수 있도록 규정하고 있다.

다. CSDDD의 기업과 글로벌 시장에 미치는 영향

CSDDD(지속가능성실사지침)는 기업과 글로벌 시장 모두에 중대한 영향을 미치며, ESG 경영의 실질적 내재화를 촉진하는 핵심 제도로 작용한다.

기업 측면에서는 지속가능성 실천 강화가 요구되어, 공급망 전반에 걸친 ESG 리스크관리를 체계적으로 수행해야 하며, 이에 따라 지속가능성 실사 체계 구축 및 이행을 위한 비용 부담 증가가 예상된다. 또한, 모든 협력업체가 지속가능성 기준을 충족하도록 요구받으면서 공급망의 투명성과 관리 수준이 높아지게 된다.

리스크관리와 기업가치 보호 측면에서도 CSDDD는 중요한 역할을 한다.

조기 실사를 통해 ESG 리스크를 식별하고 법적·사회적 문제를 예방함으로써 기업의 이미지와 브랜드 신뢰도를 유지할 수 있으며, 이는 장기적인 기업가치 보호로 이어진다.

〈공급망에서 발생할 수 있는 주요 ESG 리스크〉

ESG 요소	공급망 리스크
환경(E)	탄소배출 증가, 자원 고갈, 폐기물 처리 문제, 오염물질 배출
사회(S)	아동 노동·강제노동, 근로 환경 열악, 인권침해, 지역사회 갈등
지배구조(G)	공급업체의 부패·뇌물, 비윤리적 경영, 법규 미준수

기업은 지속 가능한 공급망 구축을 통해 경쟁력을 확보하게 된다. 공급업체와의 ESG 협력을 강화함으로써 지속 가능한 거래 관계를 유지할 수 있고, ESG 기준을 만족하지 못하는 공급업체는 시장에서 도태될 가능성이 높아진다. 이러한 흐름은 글로벌 시장에도 확산되어 EU의 CSDDD가 전 세계 기업들에게 새로운 공급망 관리의 글로벌 표준으로 될 가능성이 크며, ESG 기준을 충족하는 기업이 투자유치 및 금융 지원을 받을 수 있는 환경이 조성된다.

3.4 ESG 공급망 평가기관

가. 글로벌 ESG 공급망 평가기관

ESG 공급망 평가기관은 글로벌 기업들이 공급망의 지속가능성, 윤리성, 환경·사회적 리스크를 관리하도록 지원하고, 투명하고 책임 있는 조달을 위한 기준과 인증을 제공한다.

공급망 ESG 평가를 위한 주요 글로벌 기관은 다양한 산업과 국가에서 활용되고 있으며, 각기 다른 평가 기준과 목적을 가지고 있다.

평가 기관	핵심 평가 영역	주요 활동 업종
EcoVadis	ESG + 지속가능조달	전 산업 전반(범용)
Sedex/SMETA	노동·인권·윤리	의류, 식품, 농업 등
SAI/SA8000	윤리적 노동(국제 노동 기준)	제조업, 전 산업
CDP(공급망)	탄소, 수자원, 산림 등 환경 리스크	제조업, ICT, 유통
Amfori BSCI	사회적 책임, 노동 조건	소비재, 리테일, 유럽 수출 기업
UNGC/OECD 기반	국제 기준 연계 리스크 대응	EU 진출 기업, 공급망 전반

1) EcoVadis

세계적으로 가장 널리 사용되는 공급망 ESG 평가 플랫폼으로, 환경(E), 노동 및 인권(S), 윤리(G), 지속 가능한 조달 등 네 가지 항목을 기준으로 전 세계 10만 개 이상의 기업을 평가하고 있다.

다국적 기업들은 EcoVadis의 평가 결과를 바탕으로 공급업체의 ESG 수준을 파악하고 거래 기준으로 한다.

2) Sedex(Supplier Ethical Data Exchange)

윤리적 공급망 관리를 위한 대표 플랫폼으로, 핵심 도구인 SMETA 감사를 통해 노동권, 보건 및 안전, 환경, 경영 시스템 등을 평가한다. Sedex는 특히 의류, 식품, 농업 등 노동집약적 산업 분야에서 많이 활용된다.

3) SAI(Social Accountability International)

운영하는 SA8000은 국제노동기구(ILO)의 기준을 기반으로 한 사회적 책임 인증으로, 아동노동, 강제 노동, 노동 시간, 결사의 자유 등 윤리적 노동 관행에 대한 공급망 평가에 적합하다.

4) CDP(Carbon Disclosure Project)의 공급망 프로그램

기후변화, 수자원, 산림 등 환경 이슈에 중점을 둔 ESG 평가 플랫폼으로, Apple, Microsoft, Walmart 등 세계적인 기업들이 참여하고 있다. 공급업체의 탄소 배출량 및 환경 리스크 대응력을 분석해 ESG 경영의 투명성을 높인다.

5) Amfori BSCI(Business Social Compliance Initiative)

유럽 중심의 기업들이 참여하는 사회적 기준 감사 플랫폼으로, 노동 조건, 윤리 경영, 아동 노동, 보건 및 안전 등을 평가하며, 의류, 가정용품, 식품 산업 등에서 널리 활용된다.

6) UNGC(유엔글로벌콤팩트)와 OECD 다국적 기업 가이드라인

UNGC, OECD 다국적 기업 가이드라인에 기반한 ESG 평가 방식은 국제 기준에 부합하는 공급망 리스크 대응 수단으로, 특히 CSDDD는 EU 공급망 실사 지침의 이행 과정에서 참고 기준으로 활용되고 있다.

각 기관은 평가 범위와 기준이 상이하지만, 모두 기업이 ESG 리스크를 체계적으로 식별하고, 공급망의 지속가능성과 책임 경영을 실현할 수 있도록 지원하고 있다.

나. 공급망 대응 K-ESG 가이드라인

산업통상자원부는 글로벌 공급망 실사의 법제화 및 대기업의 협력사 대상 ESG 리스크 실사 요구에 국내 중소·중견기업이 효과적으로 대비할 수 있도록 2022년 12월 7일에 "공급망 대응 K-ESG 가이드라인"을 공식 발표했다. 이 가이드라인은 대기업 및 글로벌 ESG 이니셔티브에서 실제 활용되는 진단·실사 지표를 분석해 개발되었다.

1) K-ESG 가이드라인, 공급망 실사 대응의 실무 표준

기업의 ESG 준비 수준과 규모를 고려하여, 공급망 평가 시 관리해야 할 기초 진단항목 25개와 본격적인 ESG 경영 추진을 위한 심화 진단항목 60개로 구분되어 있다.

각 진단항목과 연계된 국내 법령 및 제재 사항 정보를 함께 제공함으로써, 기업들이 법적 준수와 ESG 경영을 동시에 달성할 수 있도록 ESG 업무표준 매뉴얼 제공을 통해 조직 체계 구축, 부서별 역할 설정, 외부 ESG 정보 요구에 대한 대응 절차 등을 포함한 실무 지침을 지원한다.

공급망 대응 K-ESG 가이드라인은 중소·중견기업이 글로벌 공급망 실사에 효과적으로 대응할 수 있도록 마련된 체계적 지원 도구로, 총 4가지 핵심 구성 요소로 이루어져 있다.

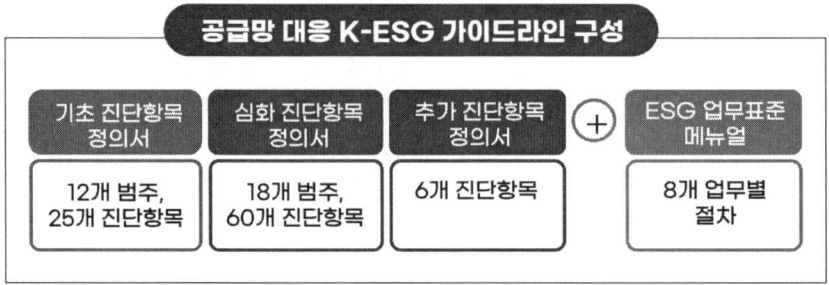

기초 진단항목 정의서

산업안전, 환경관리, 노동권 등 공급망 실사에서 필수적으로 확인되는 항목들을 중심으로 구성된 25개 항목으로, ESG 경영의 최소 수준을 진단하는 데 활용된다.

심화 진단항목 정의서

기후변화 대응, ESG KPI, 윤리경영 등 고도화된 ESG 전략 수립에 필요한 60개 항목으로 구성되어 있으며, GRI, ISSB, ISO26000 등 국제 기준과의 정합성이 강화되어 있다.

추가 진단항목 정의서

업종별 특수성과 글로벌 ESG 이니셔티브의 요구사항을 반영한 선택적 항목으로, 기업의 대응 수준과 필요에 따라 활용할 수 있도록 설계되었다.

ESG 업무표준 매뉴얼

ESG 조직 구성, 부서별 역할, 실사 대응 절차, 대외 요청 대응, 자가 진단 운영 등 실무적 요소를 표준화하여 기업이 ESG 경영을 내부적으로 안정적으로 운영할 수 있도록 지원한다.

K-ESG 가이드라인은 국내 기업들이 ESG 실사 요구에 선제적으로 대응하고, 지속가능경영을 체계적으로 실현할 수 있도록 실무 중심의 구체적인 실행 기준을 제시한다.

2) KOSME K-ESG 진단평가, 중소기업 ESG 내재화 지원 프로그램

중소벤처기업진흥공단(KOSME)의 K-ESG 진단평가는 국내 중소기업들이 ESG 경영을 내재화하고 글로벌 공급망 및 ESG 요구에 효과적으로 대응할 수 있도록 지원하기 위해 운영되는 프로그램이다.

이 평가제도는 산업통상자원부의 K-ESG 가이드라인을 기반으로 하며, 중소기업의 현실적인 여건과 경영 역량을 고려한 맞춤형 ESG 진단 체계를 제공한다.

진단 절차는 기업이 온라인 플랫폼 또는 전문 기관을 통해 자가 진단하거나 외부 전문가의 현장 진단을 받을 수 있도록 구성되어 있으며, 진단 결과는 보고서 형태로 제공되어 기업이 자율적으로 개선계획을 수립할 수 있도록 돕는다.

또한, 진흥공단은 진단 후 ESG 컨설팅, 교육, 자금 연계 지원 등 후속 지원 프로그램도 함께 운영하고 있어, 중소기업이 ESG 경영을 실제 경영 전략으로 내재화할 수 있도록 지원하고 있다. 이를 통해 중소기업은 글로벌 ESG 규제 및 공급망 실사 대응 역량을 강화하고, 지속 가능한 성장을 위한 기반을 마련할 수 있게 된다.

제7장 ESG 평가·인증·검증 체계의 구조와 활용 전략

ESG 관련 제도는 그 기능과 활용 목적에 따라 인증, 평가, 실사형 평가 플랫폼, 검증 등 네 가지로 구분할 수 있으며, 각각의 제도는 기업의 지속가능경영 체계를 구축하고 외부 신뢰를 확보하는 데 핵심적인 역할을 한다.

분류	설명	유형
인증	국제표준 또는 공신력 있는 기관의 기준에 따라 심사 후 공식 발급	ISO 14001, ISO 45001, B Corp, SA8000
평가	외부 평가기관이 ESG 수준을 등급이나 점수로 평가	MSCI, Sustainalytics, DJSI, CDP 등
실사형 평가플랫폼	공급망 관리 및 파트너 평가 목적의 지속가능성 실사 기반 플랫폼	EcoVadis, Sedex, NQC 등
검증	기업의 ESG 보고서 및 공시 정보의 신뢰성 검토와 객관적 검증수행	AA1000AS, ISAE 3000, 독립제3자검증기관,

인증(Certification)

국제표준이나 업계 기준을 기반으로 외부 기관이 공식적으로 심사하여 부여하는 제도로, 대표적으로 ISO 14001, ISO 45001, B Corp, SA8000 등이 있다. 이 제도는 주로 내부 시스템 정비, 리스크관리 체계 강화, 공공 입찰 또는 글로벌 파트너와의 협업 자격 확보 등 실질적 경쟁력 향상에 활용된다.

평가(Rating/Evaluation)

기업의 ESG 수준을 점수나 등급으로 측정하여 외부 이해관계자에게 정보를 제공하는 제도로, MSCI, Sustainalytics, DJSI, CDP 등이 대표적이다. 이는 주로 투자자나 금융기관이 자본 조달, 투자 결정, 리스크 분석 등에 참고하며, 기업 입장에서는

ESG 평가결과가 투자 매력도와 자본 비용에 직결되기 때문에 전략적 대응이 필수적이다.

실사형 평가 플랫폼(Assessment Platform)

에코바디스(EcoVadis), Sedex, NQC 등과 같이 공급망 관리에 특화된 플랫폼으로, 주로 글로벌 대기업이 협력사의 ESG 역량을 평가하고 피드백을 제공하는 데 사용된다. 이는 공급망 전반에 ESG 기준을 확산시키고, 거래처 선정, 리스크 대응, 지속 가능한 조달 전략 수립 등 실무 중심의 ESG 실행 수단으로 각광받고 있다.

검증(Verification)

기업이 자발적으로 공시한 ESG 데이터의 신뢰성을 제3자가 객관적으로 확인하는 절차이다. 대표적인 기준으로는 AA1000AS와 ISAE 3000이 있으며, 회계법인이나 전문 ESG 검증기관이 이를 기반으로 ESG 보고서의 신뢰도를 평가한다. ESG 정보의 외부 검증 여부는 투자자와 금융기관, 공급망 파트너가 기업의 투명성과 책임성을 판단하는 중요한 기준으로 작용하고 있으며, 글로벌 시장에서는 점차 필수 요건으로 자리 잡고 있다.

ESG 경영체계를 성공적으로 구축하고 외부와의 신뢰를 확보하기 위해서는 이들 평가·인증·실사형 평가·검증의 체계를 목적에 따라 적절히 선택하고 전략적으로 활용하는 것이 중요하다. 기업은 내부 경영 역량 강화뿐만 아니라 이해관계자의 기대에 대응하고, 글로벌 시장에서 지속 가능한 경쟁력을 확보하기 위한 수단으로 이러한 제도적 기반을 적극 활용해야 한다.

1. 글로벌 ESG 평가 체계 개요

ESG 평가는 기업의 지속가능성과 책임 경영 수준을 객관적으로 보여 주는 핵심 도구로 자리 잡았다. 초기에는 자발적 공시 수준에 머물렀지만, 현재는 투자자와 규제기관, 소비자 등 다양한 이해관계자가 기업을 평가하는 글로벌 표준으로 정착하고 있다. 특히 MSCI ESG 등급, 다우존스 지속가능성 지수(DJSI), 탄소정보공개프로젝트(CDP)는 국제적으로 신뢰받는 대표적 ESG 평가 체계로, 각기 고유한 기준을 바탕으로 기업의 리스크와 기회를 분석하고 장기적 가치 창출 가능성을 평가한다.

〈ESG 평가 체계 비교표〉

평가기관	주요 평가 초점	평가방법	인증 및 활용효과	평가 결과 활용처
MSCI ESG Ratings	산업 내 ESG 리스크 관리 능력	ESG 리스크 및 기회 요소를 산업 내 기업들과 비교 분석	투자자의 책임 있는 투자 판단에 활용	ESG 투자 전략 수립, 포트폴리오 리스크 관리
Dow Jones Sustainability Index(DJSI)	산업별 지속가능성 성과(환경, 사회, 지배구조)	Corporate Sustainability Assessment(CSA)를 통한 산업 특화 평가	우수 기업으로 선정 시, 글로벌 평판 및 경쟁력 강화	DJSI 지수 편입, 지속가능성 펀드 투자 대상
Carbon Disclosure Project(CDP)	환경 투명성 및 기후 대응 전략 (탄소, 물, 산림 등)	기업이 자발적으로 제출한 환경 데이터 기반의 점수화	환경 성과 우수 기업으로 인정받아 투자자·소비자 신뢰 확보	기후 대응 성과 공시, 친환경 이미지 제고

1.1 MSCI: 투자 관점의 ESG 등급

MSCI(Morgan Stanley Capital International)는 글로벌 금융 시장에서 지수와 분석 서비스를 제공하는 대표적 기관으로, ESG 평가 분야에서도 세계적으로 널리 활용되는 평가 체계를 운영하고 있다. MSCI ESG 등급은 전 세계 8,500개 이상의 기업을 대상으로 환경(E), 사회(S), 지배구조(G) 측면에서의 리스크와 기회 요소를 산업 내 동종 기업들과 비교 분석한다. 이 등급은 기업의 지속가능경영 역량과 장기적 가치 창출 가능성을 정량적·정성적으로 평가하며, ESG 이슈를 인식하고 이를 전략과 거버넌스에 어떻게 통합하고 있는지를 중점적으로 진단한다.

가. ESG 등급 체계와 투자 활용

MSCI는 기후 전략, 탄소 배출, 자원 효율성, 폐기물 및 오염 관리, 노동 기준, 산업 안전과 보건, 다양성과 포용성, 기업 윤리, 지배구조 등 다양한 이슈를 포괄적으로 분석한다.

기업이 ESG 리스크를 식별·측정·관리·완화하는 능력을 중심으로 평가하며, 이 결과는 다음과 같은 AAA부터 CCC까지의 7단계 척도로 구성된다.

구분	등급	특징
선도자 (Leader)	AAA, AA	가장 중요한 ESG 리스크와 기회를 관리함에 있어서 업계를 선도하는 기업
평균 (Average)	A, BBB, BB	업계 동종 업체와 비교하여 ESG의 가장 중요한 리스크와 기회를 관리함에 있어서 실적이 교차하거나 평범한 기업
낙오자 (Laggard)	B, CCC	중대한 ESG 리스크에 노출도가 높고 관리에 실패함으로 인해 업계에서 뒤처지는 기업

ESG 등급은 투자자들이 기업의 ESG 성과를 비교하고, 지속가능성, 리스크 수준, 전략적 대응 능력을 판단하는 데 활용된다.

글로벌 자산운용사들은 MSCI ESG 등급을 포트폴리오 구성 및 리스크 조정의 핵심 기준으로 활용하고 있으며, 이는 기업의 평판, 투자 유치 능력, 글로벌 경쟁력 확보에 실질적인 영향을 미친다.

나. 평가 방법론 및 절차

MSCI ESG 평가는 다양한 신뢰도 높은 출처로부터 수집된 정보를 기반으로 수행된다. 주요 정보 출처에는 기업의 연례보고서와 지속가능성 보고서, 규제기관에 제출된 공시자료, NGO의 평가보고서 및 제3자 데이터, 언론 보도 및 ESG 관련 논쟁 사례 등이 포함된다. MSCI는 이러한 다각적인 정보 분석을 통해 기업의 ESG 대응 역량을 입체적으로 진단하고, 산업별 특성에 부합하는 맞춤형 접근 방식을 적용함으로써 평가의 객관성과 일관성을 유지하고자 한다.

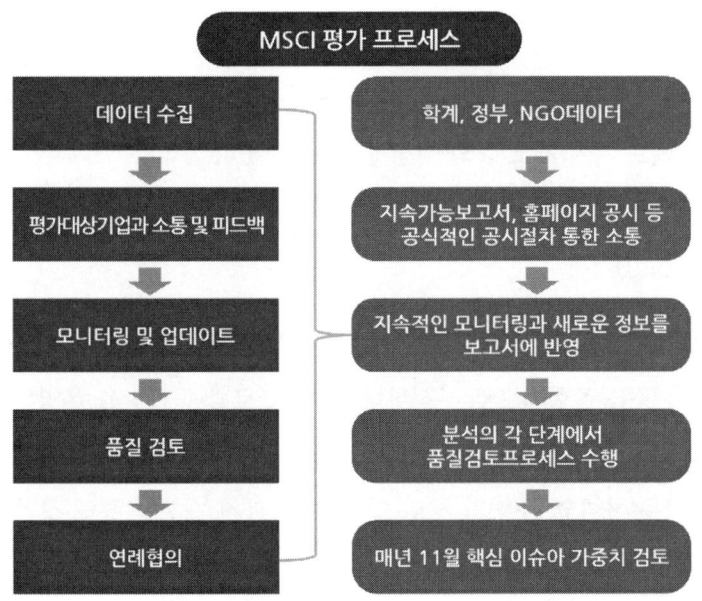

최근에는 인공지능(AI)과 빅데이터 분석 기술을 평가 프로세스에 도입하여 ESG 등급의 정확성과 예측력을 높이고 있다. 이를 통해 투자자와 이해관계자들은 신뢰성 있는 ESG 정보를 바탕으로 의사결정을 내릴 수 있으며, 평가 결과의 실효성 또한 강화되고 있다.

특히 높은 MSCI ESG 등급을 받은 기업은 ESG 리스크에 대한 선제적 대응 능력과 전략적 관리 체계를 갖추고 있다는 점에서 시장에서 긍정적으로 평가된다.

다. ESG 평가 요소 및 기준
MSCI ESG 평가 요소의 기준은 다음과 같다.

1) 환경(Environment)

기업의 기후변화 대응 역량, 탄소배출 관리(Scope 1, 2, 3) 자원 활용, 폐기물 처리, 친환경 기술 도입 등을 종합적으로 분석한다. 특히 탄소 배출 관리가 핵심 항목이며, 이를 통해 기업의 환경 리스크 대응력과 지속가능 성장 가능성을 평가한다. 환경 부문에서 높은 점수를 받은 기업은 규제 대응 비용을 줄이고, 친환경 시장 개척, 녹색 투자 유치, 브랜드 가치 제고 등의 이점을 얻을 수 있다.

2) 사회(Social)

기업의 인권 보호, 노동 기준 준수, 다양성과 포용성, 직원 안전보건, 공급망 윤리, 지역사회 기여 등을 종합적으로 분석한다. 특히 글로벌 공급망을 운영하는 기업일수록 이 부문의 중요성이 크다. 사회 부문에서 높은 평가를 받은 기업은 직원 만족도와 인재 확보력이 높아지고, 소비자 신뢰 및 투자자 관계 개선을 통해 장기적인 성장과 재무성과에 긍정적인 영향을 얻는다.

3) 지배구조(Governance)

이사회의 독립성과 다양성, 경영진 보상 체계, 반부패 정책, 윤리경영 및 내부 통제 시스템 등을 중심으로 기업의 투명성과 책임성을 평가한다. 특히 ESG 전략과 리스크 관리에 대한 이사회의 감독 역할이 핵심이며, 독립적이고 전문적인 이사회 구성은 긍정적 평가로 이어진다. 견고한 지배구조는 윤리 리스크를 줄이고 이해관계자의 신뢰를 높이며, 자본 조달 비용 절감과 재무 안정성 확보 등 장기적 성과의 기반이 된다. 이에 따라 투자자들은 지배구조를 ESG의 핵심 요소로 중시한다.

1.2 DJSI: 지속가능성 지수의 대표 주자

DJSI(Dow Jones Sustainability Index)는 1999년 S&P Global이 Robeco SAM과 협력해 도입한 글로벌 지속가능성 평가 지수로, 산업별로 ESG 성과가 우수한 상장기업을 선별해 지수로 제공하는 대표적인 평가 체계다. 매년 60개 이상의 산업을 대상으로 기후변화 대응, 환경 효율성, 인적 자본, 사회적 책임, 지배구조 등 다양한 ESG 요소를 종합적으로 평가한다. 기업 지속가능성 평가(CSA)를 통해 산업 특성을 반영한 정량·정성 분석을 수행하며, 기준을 충족한 기업은 지수에 편입된다.

DJSI 편입은 국제적 수준의 ESG 전략과 실행력을 보유했음을 입증하는 신호로 작용하며, 책임투자 유치, 브랜드 신뢰도 향상, 글로벌 경쟁력 강화 등 다양한 전략적 가치를 창출한다.

가. DJSI 평가 방법론 및 평가 기준

DJSI는 기업의 ESG 지속가능성 성과를 종합적으로 평가하기 위해 매년 기업 지속가능성 평가(Corporate Sustainability Assessment, CSA)를 실시한다. CSA는 산업별 맞춤형 설문을 통해 전 세계 수천 개 기업의 ESG 이슈와 기회를 분석하며, 각 산업의 고유 환경과 과제를 반영해 평가의 공정성과 정확성을 높인다.

⟨DJSI ESG 평가 프레임워크⟩

평가 영역	핵심 평가 항목	중점 평가 요소	평가 목적
환경 (E)	기후변화 대응, 탄소 관리, 에너지 효율, 수자원 관리, 폐기물 관리, 생물다양성, 친환경 혁신	SBTi 기반 탄소감축 계획, 정량적 환경 목표 설정, 친환경 공정 및 제품 설계 통합	기후 및 환경 리스크 최소화와 기회 창출
사회 (S)	인권 보호, 노동 관행, 직원 복지, 다양성과 포용, 인적 자원 개발, 산업 안전보건, 지역사회 공헌	공급망 내 인권 실사, 공정 보상 정책, 사회적 가치 창출 전략, 이해관계자 참여 강화	사회적 책임 실현 및 평판 리스크 대응
지배구조 (G)	이사회 독립성, 다양성, 반부패 정책, 내부 통제, 주주 권리 보호, 윤리경영, 위험관리 체계	투명한 지배구조 운영, 내부 감사 기능 강화, 윤리 리스크 대응력, 주주와의 신뢰 기반	윤리적 의사결정 기반 마련과 지속 가능한 리더십 확보

CSA는 80여 개 산업별 지표와 약 600개의 세부 데이터 포인트로 구성되며, 정량적 지표와 정성적 설명을 모두 반영한다. 기업은 설문 응답 외에도 지속가능성 보고서, 공개 정보, 규제 제출 자료, 외부 검증 결과 등을 종합적으로 제출하며 이에 따라 점수가 산정된다.

DJSI에는 산업 내 상위 분위(quantile)에 해당하는 기업만이 편입되며, 이는 ESG 분야에서 탁월한 리더십을 입증한 기업에 주어지는 권위 있는 인증으로 평가받는다.

나. DJSI의 ESG 평가

1) 환경(Environment) 평가

기업의 기후변화 대응, 탄소배출 관리, 에너지 효율, 수자원 관리, 폐기물 처리, 생물다양성 보호, 친환경 혁신 등 다양한 환경 전략을 종합적으로 평가한다. 기업은 온실가스 배출량, 재생에너지 사용률, 탄소중립 계획 등 정량적 지표를 보고한다. 과학기반감축목표(SBTi) 등 국제 기준에 부합하는 탄소 감축 목표 설정 여부가 핵심 평가 요소다. 특히, 실행 가능한 이정표와 구체적 성과로 연결된 전략, 제품 설계 및 운영 공정에 환경 요소를 통합하는 실질적 성과를 중점적으로 검토한다.

2) 사회(Social) 평가

인권 보호, 노동 관행, 다양성과 포용성, 인적 자본 개발, 산업 안전보건, 이해관계자 참여, 지역사회 공헌 등 다양한 항목을 포함한다. 특히 강제노동·아동노동 금지, 안전보건 조치, 공정 보상, 직원 다양성 프로그램 등 글로벌 규제 준수를 엄격히 평가한다.

공급망 리스크관리도 중요한 평가 대상이며, 공급업체 인권 실사, 공정무역 기준 도입, 투명한 이해관계자 소통 등이 핵심 지표다. DJSI는 긍정적 사회적 영향을 창출하는 기업에 높은 점수를 부여하며, 기업은 단기 리스크 관리뿐 아니라 중장기적 사회가치 창출 전략을 수립해야 한다.

3) 지배구조(Governance) 평가

투명성, 윤리적 리더십, 이사회 독립성·다양성, 내부 통제, 반부패 정책, 주주 권리 보호, 위험관리 체계를 주요 기준으로 삼는다. 특히 CEO와 이사회 권한 분리, 여성 이사 비율, 감사위원회 운영 여부가 핵심 요소다. 또한 부패 방지 정책, 내부 고발자 보호, 윤리 규정 위반 시 제재 체계 등은 기업의 윤리적 책임 이행 수준을 보여 준다. DJSI는 지속가능성과 경영 안정성을 뒷받침하는 리더십과 체계적 지배구조 완성도를 중요시한다.

다. DJSI 편입의 전략적 가치와 기업 전략에 미치는 시사점

DJSI(Dow Jones Sustainability Index)에 편입되는 것은 기업에 있어 브랜드 가치 제고, 시장 지위 강화, 투자자 신뢰 확보 등 다양한 전략적 이점을 제공한다. 전 세계 주요 투자자와 자산운용사들은 DJSI 포함 여부를 기업의 우수한 ESG 관리체계와 지속가능성 성과의 신뢰할 수 있는 지표로 인식하며, ESG 중심의 투자자금을 우선적으로 배분하는 경향이 있다.

S&P Global의 연구에 따르면, DJSI 편입 기업은 대체로 재무 건전성이 뛰어나고 변동성이 낮으며, 동일 산업군 내에서 장기적으로 더 나은 재무성과를 창출하는 것으로 나타난다. 이는 DJSI 편입이 기업 신뢰도와 평판을 높이고, 고객 충성도 향상, 이해관계자 관계 강화, 우수 인재 유치 및 유지 등 다양한 영역에서 긍정적인 파급 효과를 미친다는 점을 시사한다. 또한 DJSI의 연례 평가는 기업에 지속가능성 개선을 위한 구체적 인사이트를 제공한다. 이를 통해 기업은 ESG 전략을 재정비하고, 명확한 목표를 바탕으로 실행력을 높이는 활동을 전개할 수 있다. 이러한 과정은 ESG 리스크를 선제적으로 관리하고, 장기적인 지속가능성과 경쟁력 확보로 이어진다.

최근 들어 DJSI는 ISSB(국제지속가능성기준위원회)의 S2 권고안을 반영해 기후리스크 공시기준을 강화하고, 생물다양성 영향 평가공급망의 지속가능성 점검을 확대하는 등 평가 체계를 지속적으로 고도화하고 있다. 이는 DJSI가 글로벌 ESG 이슈의 변화에 민첩하게 대응하며, 기업의 전략 수립에 실질적인 방향성을 제시하고 있음을 보여 준다.

1.3 CDP(Carbon Disclosure Project): 글로벌 환경 정보 공시의 표준

CDP(Carbon Disclosure Project)는 기후변화, 수자원 보안, 산림 파괴 등 환경 이슈에 대한 기업의 투명한 정보 공개를 유도하는 세계 최대 규모의 환경 평가 플랫폼이다.

2000년에 설립된 이후, CDP는 오늘날 환경 정보공시의 글로벌 기준으로 기업이 탄소배출, 수자원 관리, 생태계 보존 등에 대한 데이터를 자발적이고 체계적으로 공개하도록 요구하며, 이를 바탕으로 기후 리스크 대응력과 환경 관리 역량을 평가한다. 평가는 A(리더십)부터 F(공개 실패)까지 6단계로 이뤄지며, 위험 식별과 관리, 정보 공개 능력, 전략 실행 수준 등을 반영한다.

높은 CDP 등급은 기업의 환경 투명성과 책임경영 수준을 보여 주는 지표로, 투자자 신뢰 제고, ESG 자본 접근성 향상, 평판 자산 강화 등 다양한 전략적 이점을 제공한다. 특히 CDP 점수는 기후변화 관련 리스크와 기회에 대한 기업의 회복력과 준비 상태를 가늠하는 핵심 지표로 활용된다.

가. CDP(Carbon Disclosure Project)의 주요 평가 범주

CDP는 기업의 환경경영 역량을 정밀하게 진단하기 위해 기후변화, 수자원 보안, 산림 보존의 세 가지 핵심 영역에서 평가를 수행한다. 각 분야는 글로벌 환경 리스크 대응의 핵심 과제로, CDP 설문을 통해 기업의 대응 전략과 실행 수준을 종합적으로 검토한다.

1) 기후변화 평가

CDP의 기후변화 설문은 기업이 기후 관련 리스크와 기회를 어떻게 인식하고 관리하며 이를 얼마나 투명하게 공개하는지를 중심으로 평가한다. 기업은 온실가스 배출량(Scope 1, 2, 3), 감축목표, 기후 시나리오 분석, 재생에너지 사용률, 탄소중립 로드맵 등을 보고해야 하며, 과학기반감축목표(SBTi) 설정 여부도 주요 평가 항목이다. 최근에는 ISSB S2 기준과의 정합성까지 반영되어 글로벌 수준의 기후 정보 공시가 요구된다.

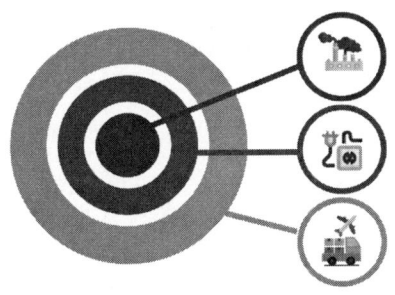

탄소발자국(Carbon Footprint)

탄소발자국은 개인, 기업, 제품, 서비스 등이 직간접적으로 배출하는 온실가스의 총량을 이산화탄소(CO_2) 환산량으로 나타낸 지표로, 기후변화 대응의 핵심 관리 지표로 활용된다. 제품의 생산부터 폐기까지 전 과정(Life Cycle)에서 발생하는 배출량을 추적하며, 기업은 이를 기반으로 배출 감축 전략을 수립하고, 탄소중립 목표와 연계한 지속가능성 전략을 설계한다. 특히, 공급망 전반에 걸친 Scope 3 배출량 관리가 강화되면서 탄소발자국의 정량적 측정은 ESG 공시와 투자 평가에서도 핵심 지표로 작용하고 있다.

2) 수자원 보안 평가

수자원 항목은 기업이 운영 및 공급망 전반에서 물 관련 위험을 어떻게 식별·관리·완화하는지를 평가한다. 기업은 물 사용량, 물 관련 감축 목표, 재활용 정책, 오염 방지 대책, 위험 대응 전략 등을 공개해야 하며, 이 정보를 통해 물 관련 이슈가 지속가능성 전략에 어떻게 통합되어 있는지를 파악한다.

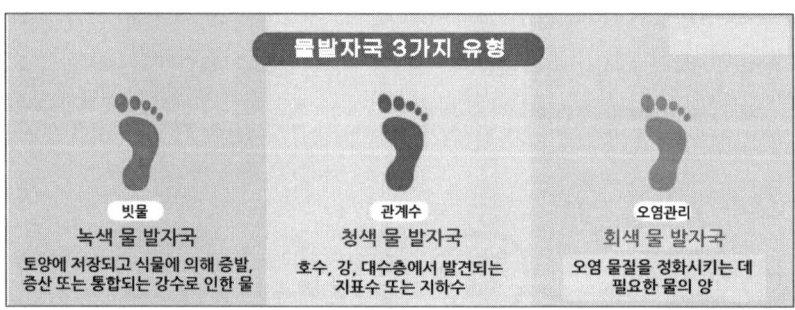

물발자국(Water Footprint)

물발자국은 제품이나 활동이 소비하거나 오염시키는 물의 양을 측정한 지표로, 물의 직접적 사용뿐만 아니라 생산 과정에서 간접적으로 소비된 물까지 포함한다. 이는 블루 워터(지표수 및 지하수), 그린 워터(강수 등 토양수), 그레이 워터(오염 정화에 필요한 물)로 구분되며, 물 스트레스가 심화되는 글로벌 환경에서 기업의 수자원 리스크 관리와 지역사회 책임 이행 수준을 평가하는 중요한 지표로 활용된다. 물발자국의 투명한 관리는 공급망 지속가능성 확보뿐 아니라, 투자자와 이해관계자의 신뢰 형성에도 직결된다.

3) 산림(숲) 평가

산림 평가는 삼림 벌채로 인한 환경 리스크를 기업이 얼마나 효과적으로 인식하고 대응하는지를 분석한다. 기업은 팜유, 목재, 콩, 가축 제품 등 산림 의존도가 높은 원자재의 조달 방식, FSC·RSPO 등 인증제도 참여 여부, 공급망 투명성 확보 방안을 보고해야 한다. 이는 생물다양성 보전지속 가능한 원자재 관리 전략의 적절성을 평가하는 기준으로, 특히 산림 리스크가 높은 산업군에서 중대한 평가 요소로 작용한다.

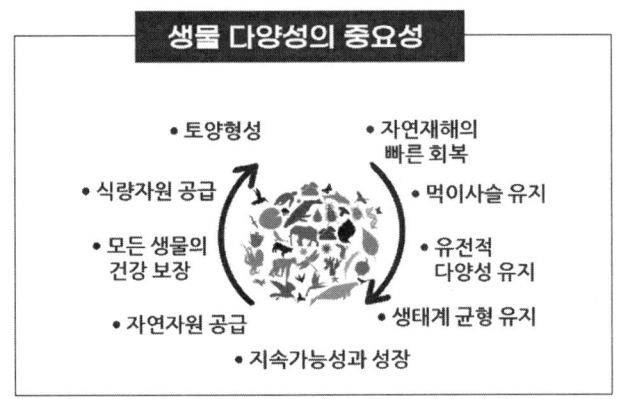

생물다양성(Biodiversity)

생물다양성(Biodiversity)은 생물 종, 유전적 다양성, 생태계의 상호작용을 포함하는 개념으로, 식량·물·기후조절 등 인류 생존에 필수적인 생태계 서비스를 제공한다. 그러나 기후변화와 무분별한 개발 등으로 생물다양성이 급속히 감소하면서, 기업의 공급망 안정성과 자원 확보에도 위협이 되고 있다. 이에 따라 글로벌 기업들은 생물다양성 보전을 ESG 전략에 통합하고 있으며, TNFD나 SBTN과 같은 자연 관련 공시 기준을 통해 리스크와 기회를 체계적으로 관리하고 있다.

나. CDP 스코어링 방법론과 전략적 이점

CDP(Carbon Disclosure Project)는 전 세계 주요 기업과 기관의 기후변화, 수자원, 산림자원관련 정보 공개 수준과 환경 리스크 관리 역량을 평가해 A부터 D-까지의 등급을 부여하는 글로벌 환경 평가 체계이다. CDP는 투자자와 이해관계자가 기업의 환경 성과를 비교·분석할 수 있도록 신뢰도 높은 데이터를 제공하며, 기업의 지속가능성과 투명성을 판단하는 중요한 지표로 활용된다.

CDP의 ESG 성과 평가 4단계

- 1단계: Disclosure(공개) 환경 정보의 기초적인 공개 여부를 평가
- 2단계: Awareness(인지) 기업이 환경 리스크와 영향을 얼마나 인식하고 있는지를 평가
- 3단계: Management(관리) 기업이 구체적인 정책과 목표를 설정하고 실행하고 있는지를 평가
- 4단계: Leadership(선도) 과학 기반 목표 설정, 가치사슬 관리, 외부 인증 등 선도적 대응 여부를 종합적으로 평가

이러한 평가를 통해 기업은 A, A-, B, B-, C, C-, D, D- 등급 중 하나를 받으며, 'A 리스트'에 포함된 기업은 글로벌 환경 리더십을 갖춘 모범 사례로 간주된다. 높은 점수는 투자자에게 환경 리스크를 선제적으로 관리하고 있음을 보여 주며, ESG 투자 유치와 금융비용 절감에 기여한다.

CDP 스코어링은 환경경영의 성숙도를 객관적으로 보여 주는 지표이자, 기업의 지속 가능한 경쟁력 확보를 위한 전략적 수단으로 기능하고 있다.

CDP 평가는 기업이 탄소세, 온실가스 규제 등 다양한 환경 법규에 능동적으로 대응할 수 있는 체계를 갖추고 있음을 의미하며, 사전적인 정보 공개와 체계적 환경 관리는 법적 리스크, 벌금, 평판 훼손 등의 위협을 최소화하는 핵심적 수단이 된다.

다. CDP 주요 평가 지표 및 항목

CDP(Carbon Disclosure Project)는 기업의 환경성과를 체계적으로 평가하기 위해 주요 환경 이슈별로 구체적이고 정량화 가능한 평가 지표와 항목을 설정하고 있다. 이들 지표는 기업의 환경 투명성, 리스크 대응 역량, 전략적 통합 수준 등을 종합적으로 반영하며, 다음 세 가지 핵심 영역으로 구성된다.

1) 온실가스(GHG) 배출 및 탄소 관리 부문

이 영역에서는 기업이 배출하는 온실가스를 Scope 1(직접 배출), Scope 2(에너지 사용에 따른 간접 배출), Scope 3(공급망 등 기타 간접 배출)으로 구분해 절대 배출량과 배출 강도(Intensity)를 구체적으로 보고하도록 요구한다. 배출량의 정확한 측정 및 외부 검증 여부, 탄소감축목표 설정의 과학적 근거, 목표 이행 실적 관련 내부 관리체계의 효과성을 중요한 평가 항목으로 삼고 있다.

2) 기후변화 및 자원 관련 리스크·기회 분석 항목

이 부문은 기업이 기후변화, 수자원 고갈, 산림 벌채 등과 관련된 환경 리스크와 기회를 어떻게 체계적으로 식별하고 대응하고 있는지를 평가한다. 특히, 이러한 환경 요인이 기업의 재무성과에 미치는 영향을 정량적으로 분석하고, 대응 전략 수립 및 실행, 그리고 지속 가능한 제품 개발이나 혁신적 비즈니스 모델 구축을 통해 새로운 기회를 창출한 경우, 높은 점수를 받을 수 있다.

3) 환경 거버넌스 및 전략적 통합 측면

이 영역에서는 환경 리스크에 대한 조직 내부의 책임 체계, 지배구조 수준, 그리고 전사적 전략 내 ESG 통합 정도가 핵심 평가 대상이다. CDP는 이사회와 최고경영진이 환경 관련 목표 달성과 리스크 대응에 명확한 책임을 지고 있는지, 그리고 해당 목표와 전략이 경영계획, 재무계획, 성과 평가 시스템에 어떻게 반영되고 있는지를 정밀하게 검토한다. 이러한 전략적 통합 수준은 지속 가능한 성과 개선과 리스크관리 능력을 뒷받침하는 핵심 지표로 간주된다.

CDP는 측정의 정확성, 전략의 실행 가능성, 리더십의 책임성까지 다층적인 평가 체계를 통해 기업의 환경 대응 역량을 입체적으로 분석하고 있다.

1.4 ESG 등급(ESG Rating)과 기업의 지속가능성의 연계

ESG 등급(ESG Rating)은 기업이 환경(E), 사회(S), 지배구조(G) 측면에서 책임 있게 행동하는지를 평가하는 지표로, 기업의 지속가능성과 장기 경쟁력을 판단하는 핵심 수단이다. 이 등급은 기업이 ESG 관련 리스크와 기회를 체계적으로 인식하고 관리하는지를 보여 주며, 투자자·규제 기관·소비자 등 이해관계자에게 신뢰할 수 있는 정보를 제공한다.

ESG 등급이 높은 기업은 환경 리스크 대응, 사회적 책임 실현, 윤리적 지배구조 확립 등에서 우수한 성과를 보이며, 위기 상황에서도 회복탄력성(resilience)이 강한 특징이 있다. 이는 장기적인 재무성과와 주주 수익률에도 긍정적 영향을 미친다는 연구들이 다수 존재한다.

따라서 기업은 ESG를 전략적 경쟁력의 축으로 인식하고, 등급 향상을 위한 지속가능경영 체계를 구축해야 한다. 이는 지속 가능한 성장, 이해관계자 신뢰 확보, 자본 유치 용이성 등 다양한 이점을 통해 기업의 미래 가치를 높이는 데 중요한 역할을 한다.

가. ESG 등급의 개념과 구조

ESG 등급(ESG Rating)은 기업이 환경(E), 사회(S), 지배구조(G)의 세 가지 핵심 영역에서 직면하는 다양한 위험과 기회를 얼마나 체계적이고 효율적으로 관리하고 있는지를 평가하여 점수화한 지표이다.

ESG 평가 프레임 워크	등급 분류	설명
MSCI ESG 등급	AAA, AA (ESG 리더)	업계 최고의 ESG 성능, 우수한 ESG 위험 관리
	A, BBB, BB (평균 공연자)	적당한 ESG 성능, 일부 개선이 필요
	B, CCC (esg laggards)	ESG 성능 저하, 상당한 ESG 위험 노출, 상당한 개선이 필요
Dow Jones Sustainability Index(DJSI)	동급 최고의 (산업의 10~15%)	지속가능성 리더로 선정, 동료에 비해 모범적인 ESG 관행
	포함되지 않음	ESG 지속가능성 벤치 마크의 최고 업계 공연자
ESG 지속가능성 벤치 마크의 최고 업계 공연자	A(리더십 수준)	환경 위험과 기회의 우수한 투명성과 사전 관리
	B(관리 수준)	환경 문제를 적극적으로 관리하는 좋은 공개
	C(인식 수준)	환경 위험에 대한 기본 이해, 제한된 관리 조치
	D(공개 레벨)	제한된 전략적 행동으로 공개된 최소 환경 데이터 수준
	f(공개 실패)	의미 있는 환경 공개가 제공되지 않음

ESG 평가기관의 등급체계로 MSCI는 AAA부터 CCC까지의 등급을 통해 기업이 동종 산업 내에서 ESG 리스크를 잘 관리하고 있는지를 상대적으로 평가한다. S&P

Global은 DJSI를 통해 산업별 특성을 반영한 지속가능경영 대응력을 진단하며, Sustainalytics는 기업의 리스크 노출 정도와 그에 대한 관리 수준을 정량적으로 평가한다. ISS ESG는 기업의 정책과 실행 성과를 종합적으로 분석하고, CDP는 기후변화, 수자원, 산림 등 환경 정보의 공개 수준과 감축 성과를 A부터 F까지의 등급으로 평가한다. 각 기관은 평가 방식은 다르지만, 모두 기업의 ESG 리스크 대응력과 지속가능성 수준을 객관적으로 진단해 투자자에게 신뢰도 높은 정보를 제공한다.

나. ESG 등급(ESG Rating)을 통한 리스크 식별 및 관리

ESG 등급은 기업이 환경, 사회, 지배구조 관련 리스크를 조기에 식별하고 체계적으로 관리하는 데 핵심적인 도구로 활용된다. 등급은 기업의 리스크 대응 역량과 지속가능경영 수준을 객관적으로 보여 주는 지표로, 등급이 높을수록 규제 변화, 공급망 불안, 사회적 이슈, 기후변화 등 다양한 리스크에 대해 탄력적이고 회복력 있는 대응 능력을 갖춘 기업으로 평가받는다.

〈리스크관리의 ESG 요소별 분석〉

구분	주요 리스크	ESG 평가 항목	관리 필요성
환경(E)	기후변화, 탄소세, 자원 고갈, 에너지 비효율	탄소 배출 감축 전략, 자원 효율성, 생에너지 도입, 친환경 기술 활용	비용 절감 및 규제 리스크 대응, 브랜드 가치 상승
사회(S)	노동 환경, 인권 침해, 공급망 리스크, 기업 윤리	공급망 인권 관리, 다양성·포용성 정책, 노동자 복지, 직원 만족도	법적 리스크 예방, 기업 이미지 개선, 인재 유치
지배구조(G)	윤리 경영 부재, 내부 통제 미흡, 반부패 실패, 이사회 독립성 부족	이사회 구성, 내부 감사 체계, 윤리 규정, ESG 연계 보상체계	투명성 제고, 투자자 신뢰 확보, 자본 조달 비용 절감

환경(E), 사회(S), 지배구조(G) 측면에서 각각 고유한 평가 기준과 중요도를 가지며, 기업의 산업 특성과 경영 환경에 따라 등급 산정에 미치는 영향력의 비중이 달라진다. 환경 리스크에 대한 선제적 대응과 투명한 공개가 부족할 경우, 환경 부문 점수가 낮아져 전체 ESG 등급 하락으로 이어진다. 반대로, 넷-제로(Net Zero) 목표설정 및 국제 이니셔티브 참여(SBTi, CDP 등)는 긍정적 요인이다.

사회적 리스크는 평판에 큰 영향을 미치며, 아동노동, 인권침해, 고객정보 유출 등 부정적 사건이 발생할 경우, 등급이 급격히 하락할 수 있다. 반면, 선도적인 다양성 정책이나 사회적 영향력 평가(Social Impact Measurement)는 긍정 요소로 작용한다.

불투명한 경영, 회계 부정, CEO 독점 경영 등은 ESG 등급 하락의 주요 원인이 된다. ESG 위원회 설치, ESG 성과와 연계된 인센티브 정책 등은 지배구조 개선과 신뢰 제고에 기여하며 높은 평가를 받는다.

ESG 요소는 상호 유기적으로 연결되어 있어 어느 한 측면의 미비점이 전체 등급 하락으로 이어질 수 있으며, 따라서 균형 잡힌 ESG 경영 전략이 요구된다. 기업은 ESG 등급을 단기 성과의 지표가 아닌, 지속 가능한 성장과 장기 경쟁력 확보를 위한 핵심 경영 지표로 인식해야 한다.

다. ESG 등급(ESG Rating)의 전략적 활용과 실무적 가치

ESG 등급은 기업이 자사의 지속가능경영 수준을 객관적으로 진단하고, 개선이 필요한 영역을 전략적으로 관리하는 데 유용한 도구다. 이를 통해 기업은 경쟁력을 강화하고 지속 가능한 성장 기반을 마련할 수 있다.

글로벌 금융시장과 산업계에서 ESG 평가는 투자자, 금융기관, 소비자, 규제 당국 등 다양한 이해관계자와의 신뢰 형성에 핵심적인 역할을 한다.

〈주요 글로벌 ESG 평가기관들〉

자료: 한국 ESG평가원

　친환경 제품 생산, 공정무역 준수, 투명한 지배구조 운영 등은 소비자 신뢰를 형성하는 핵심 요소이며, ESG 평가에서 높은 점수를 받은 기업은 이러한 측면에서 우수한 실행력을 인정받는다.

　예를 들어, 애플(Apple)은 재생에너지 100% 사용을 달성했고, 패타고니아(Patagonia)는 환경 보호와 윤리적 노동을 실천함으로써 ESG 경영의 모범 사례로 꼽힌다. 이들은 소비자 신뢰와 브랜드 충성도를 동시에 강화하는 데 성공했다. 또한, ESG 평가는 B2B 시장에서도 기업 신뢰성 확보와 비즈니스 경쟁력 제고를 위한 전략적 수단으로 활용되고 있다. 특히, 글로벌 대기업들은 공급망 전반에 걸쳐 ESG 리스크관리 기준을 적용하고 있으며, 거래 파트너 선정 시에도 ESG 성과를 주요 판단 기준으로 삼고 있다. 따라서, ESG 등급이 높은 기업은 글로벌 밸류체인에 편입될 가능성이 높아지며, 이는 곧 매출 증대, 신규 시장 진입, 장기적 사업 확장으로 연결될 수 있다.

　최근 유럽연합(EU)의 지속가능금융공시규정(SFDR), 기업지속가능성보고지침(CSRD) 등 국제 규제가 강화됨에 따라, ESG 정보 공개와 등급 관리에 대한 기업의 책임은 더욱 커지고 있다. 이에 따라 ESG 등급은 글로벌 공급망 참여, 투자 유치, 규제 대응의 기준이 되는 실질적 지표로 기능하고 있다.

2. ESG 인증(ESG Certification)의 이해와 기업 적용 전략

ESG 인증은 기업이 환경(E), 사회(S), 지배구조(G) 측면에서 지속가능성과 책임 경영 원칙을 준수하고 있는지를 공신력 있는 기관이 일정한 기준에 따라 평가하고 공식적으로 인정하는 제도다. ESG 등급이 투자자 중심의 평가지표라면, ESG 인증은 기업의 지속가능경영 활동이 실제로 실행되고 있으며, 특정 기준에 부합함을 제3자가 보증하는 절차라고 할 수 있다.

2.1 ESG(ESG Certification) 인증 유형

ESG 인증은 국내외 다양한 표준에 따라 발급되며, 글로벌 시장에서 기업의 신뢰도와 투명성을 증명하는 수단으로 활용되고 있다. 이는 투자 유치, 해외 수출, 조달 입찰, 소비자 신뢰 형성 등 다양한 경제활동에서 실질적인 경쟁 우위를 창출하는 중요한 수단이다.

구분	인증명	평가 기준	특징 및 활용
환경 (E)	ISO 14001	환경경영시스템의 국제표준. 자원·에너지 절감, 폐기물 관리 등 환경영향 최소화를 위한 체계적 관리 여부 평가	국제 인증으로서 공급망 요구에 포함됨
	RE100	기업이 사용하는 전력의 100%를 재생에너지로 전환하겠다는 약속과 이행 현황	글로벌 대기업 참여/정부 조달 평가 기준 활용
	탄소중립 인증 (CF)	제품·서비스 전 과정에서 발생한 탄소배출량 산정 → 감축/상쇄 달성 시 인증 획득	소비자 대상 친환경 제품 홍보에 효과/공공기관 조달 인증 반영

사회(S)	SA8000	노동 인권 보호 중심. 아동·강제 노동 금지, 차별 금지, 적절한 근로시간과 임금 기준 등	글로벌 공급망 CSR 기준으로 활용됨
	ISO 45001	산업안전보건경영시스템. 근로자 안전 확보 위한 리스크 예방 및 지속 개선 여부 평가	건설·제조 등 고위험 산업 분야에서 필수적인 인증
	B Corp	사회·환경적 가치 창출 중심의 기업 인증. 투명경영, 지역사회 공헌 등도 포함	사회적 기업 및 스타트업의 신뢰 확보 수단/투자유치에 활용
지배구조(G)	ISO 37001	반부패경영시스템. 뇌물 수수 방지 정책, 내부 통제 시스템, 실사 절차 등 평가	다국적 기업 및 공공기관 납품 조건으로 활용
	ISO 37301	준법경영시스템. 법적·윤리적 의무 준수 체계 구축 여부 평가	지속 가능한 컴플라이언스 구축의 기준
	한국거래소	이사회 구성, 경영 투명성, 내부 통제, 주주권 보호 등 평가	국내 상장사 ESG 공시 및 투자 심사 기준 반영

가. 환경(Environmental) 관련 인증

1) ISO 14001 환경경영시스템(EMS) 인증

국제표준화기구(ISO)가 제정한 국제표준으로, 기업이 환경경영을 체계적으로 수행하고 지속적으로 개선하는 구조와 프로세스를 갖추었는지를 평가한다.

이 인증은 조직 전반에 걸쳐 에너지 효율화, 자원 절약, 폐기물 처리, 오염물질 저감 등 다양한 환경 이슈에 대해 계획-실행-점검-개선(PDCA) 사이클을 통해 지속적인 개선 활동을 수행하는지를 검증한다. 인증 기업은 환경성과를 정량적으로 관리·공개함으로써 이해관계자에게 환경 책임을 성실히 이행하고 있음을 입증할 수 있다. 특히 글로벌 공급망에서는 납품 및 거래 조건으로 작용하는 경우가 많아, 수출 기업에게는 사실상 필수 요건으로 구축되고 있다.

2) RE100(Renewable Energy 100%)

기업이 사용하는 전력 100%를 재생에너지로 전환하겠다고 선언하고 이를 실천하는 글로벌 이니셔티브다.

2014년 비영리단체인 'The Climate Group'과 'CDP(Carbon Disclosure Project)'가 공동으로 시작했으며, 참여 기업은 재생에너지 도입 목표 시기와 실행 계획을 자발적으로 수립·공개해야 한다. 참여 기업들은 태양광, 풍력, 수력 등 친환경 전력을 구매하거나 직접 생산해 온실가스 감축에 기여하며, 기후변화 대응과 에너지 전환을 선도하는 글로벌 기업으로서 위상을 확보한다.

최근에는 글로벌 유통사, 정보통신, 제조업뿐 아니라 금융기관과 공공기관까지 참여가 확대되고 있으며, 유럽연합(EU)과 미국 등 주요국의 친환경 조달 기준에서 RE100 참여 여부가 중요한 평가 요소로 작용한다. 이에 따라 국내 대기업뿐 아니라 중소·중견기업도 적극적으로 참여하고 있다.

3) 탄소중립 인증

제품이나 서비스가 전 생애주기(LCA, Life Cycle Assessment) 동안 발생시키는 온실가스 배출량을 체계적으로 산정하고, 이를 감축하거나 상쇄함으로써 '탄소중립'을 공식적으로 달성했음을 인정받는 제도이다.

국제적으로는 PAS 2060, ISO14067 등의 기준이 있으며, 국내에서는 환경부와 한국환경산업기술원이 관련 제도를 운영하고 있다. 인증 절차는 크게 세 가지 단계로 이루어진다.

- 1단계: 원재료 채굴부터 생산, 유통, 사용, 폐기에 이르기까지 전 과정에서 발생하는 온실가스 배출량을 정량적으로 산정한다.
- 2단계: 에너지 효율 향상, 친환경 공정 도입, 저탄소 원자재 사용 등 실제적인 배출 저감 노력을 이행한다.

- 3단계: 남은 배출량은 조림 사업이나 탄소배출권 구매 등 탄소상쇄 프로젝트를 통해 상쇄하며, 인증기관의 엄격한 심사를 거쳐 탄소중립 인증을 받는다.

탄소중립 인증을 받은 제품에는 '탄소중립' 라벨이 부착되어 소비자에게 해당 제품이 환경 책임을 다하고 있음을 알리는 중요한 역할을 한다. 이러한 인증은 기업의 이미지 제고는 물론, 수출 경쟁력 강화와 글로벌 환경 규제에 대한 대응 측면에서도 큰 전략적 가치를 지닌다. 특히 유럽과 북미를 중심으로 탄소중립 제품에 대한 시장 수요가 빠르게 늘어나면서, 많은 기업들이 이에 선제적으로 대응하고 있다.

나. 사회(Social) 관련 인증
1) SA8000(Social Accountability 8000)

국제 NGO인 Social Accountability International(SAI)에서 제정한 사회책임경영에 관한 국제표준으로, 기업이 근로자에게 제공하는 노동환경이 국제 인권 기준과 노동윤리에 부합하는지를 종합적으로 평가한다. 이 인증은 특히 아동노동, 강제노동, 직장 내 차별, 안전하지 않은 작업 환경, 과도한 노동시간, 부당한 임금 지급 등 노동 착취와 관련된 문제를 방지하고, 기업이 책임 있는 고용주로서의 역할을 수행하고 있는지를 검증하는 데 초점을 맞춘다.

SA8000은 국제노동기구(ILO)의 핵심 협약, 국제인권선언(UDHR), 유엔아동권리협약(CRC) 등의 기준을 기반으로 하며, 인증을 획득한 기업은 공정한 노동 관행과 인권 보호를 제도화한 조직으로 글로벌 공급망에서 높은 신뢰를 얻게 된다. 특히 유럽과 북미에서는 글로벌 바이어들이 협력사를 선정할 때 SA8000 인증 보유 여부를 중요한 기준으로 삼고 있어, 수출 기업이나 다국적 공급망에 참여하는 기업에게 필수적인 사회 인증으로 평가받고 있다.

2) ISO 45001(Occupational Health and Safety Management Systems)

국제표준화기구(ISO)가 제정한 산업안전보건경영시스템국제 표준으로, 기업이 근로자의 안전과 건강을 보호하기 위한 제도적 관리 체계를 갖추고 지속적으로 운영하고 있는지를 평가한다. 이 인증은 사고 예방, 위험 분석, 비상대응 체계, 근로자 참여와 교육, 지속적 개선 활동 등을 조직의 전반적인 시스템 속에 통합하고 있음을 요구한다.

ISO 45001은 기존의 OHSAS 18001을 대체하며, 리스크 기반 사고 예방, 리더십 강화, 근로자 참여 확대 등을 강조하는 구조로 설계되어 있다. 이 인증을 획득한 기업은 근로자의 산업재해율 감소, 작업장 안전성 향상, 그리고 직원 만족도 증가라는 실질적 성과를 기대할 수 있으며, 대내외 이해관계자에게 안전하고 신뢰할 수 있는 근로환경을 제공하는 기업으로서의 이미지를 확립할 수 있다.

3) B Corp 인증(Benefit Corporation Certification)

사회적·환경적 가치 창출을 기업 활동의 핵심으로 삼는 기업에게 부여되는 국제 인증으로, 비영리기관인 B Lab이 주관한다. 이 인증은 이해관계자의 이익과 공익을 함께 고려하는 지속가능 기업으로서의 역할을 평가한다.

인증 절차에서는 거버넌스(윤리적 경영 구조), 근로자(복지, 다양성, 고용 안정), 지역사회(공정거래, 사회공헌), 환경(자원·에너지 절감, 지속 가능한 공급망), 고객(소비자 보호 및 투명한 정보 제공) 등 다섯 가지 영역을 기준으로 평가된다. 일정 점수 이상을 획득하면 인증이 부여되며, 매 3년마다 재인증을 받아야 한다. 특히 사회적 기업, 소셜벤처, ESG 중심 스타트업사이에서 기업의 가치를 증명하는 도구로 주목받고 있다.

인증을 받은 기업은 브랜드 신뢰도 제고, 윤리 소비 촉진, 우수 인재 유치, 임팩트 투자 유치 등 다양한 전략적 혜택을 얻을 수 있다.

다. 지배구조(Governance) 관련 인증
1) ISO 37001(부패방지경영시스템)

국제표준화기구(ISO)에서 제정한 부패방지경영시스템(Anti-Bribery Management System) 인증으로, 기업이 내부적으로 뇌물수수 및 부패 리스크를 사전에 예방하고, 이를 조직적·제도적으로 통제할 수 있는 시스템을 갖추고 있는지를 평가한다.

이 표준은 부패 위험평가, 내부통제 정책, 감사 및 모니터링 시스템, 부패 예방 교육, 익명 제보 및 보고 체계 등의 요소를 포함하며, 기업이 윤리성과 투명성을 기반으로 경영 의사결정을 수행하고 있다는 점을 대외적으로 증명해 준다. 특히 다국적 기업, 공공기관, 공기업, 민관계약이 많은 조직에서 부정부패 리스크를 관리하고, 국제적 신뢰도와 평판을 제고하기 위한 필수 도구로 활용된다. 또한, 공공 조달 및 국제 입찰 참여 시 가산점이나 자격 요건으로 작용하는 경우도 늘고 있어 실질적 경영 성과에 미치는 영향력이 크다.

2) ISO 37301(준법경영시스템)

조직이 법적 요구사항 및 윤리적 기준을 자율적으로 준수하고, 이를 시스템적으로 운영하고 있는지를 평가하는 준법경영(Compliance Management System) 국제인증이다. 이 표준은 ISO 19600을 대체하여, 법률 준수, 산업 규제, 내부 행동강령, 국제기준과의 정합성 등을 포괄적으로 평가한다.

ISO 37301 인증을 받은 기업은 준법 감시인 제도(Compliance Officer), 리스크 기반 내부통제 체계, 교육·훈련 시스템, 위반 사항의 식별·조치 시스템을 갖추고 있다는 점을 공인받는다. 이 인증은 조직의 법적 안정성과 대외 신뢰도 제고, 그리고 투자자·금융기관과의 관계 구축에 중요한 수단이 되며, 특히 법적 리스크가 경영상 큰 타격으로 이어지는 산업에서 필수적인 준법경영 프레임워크로 자리 잡고 있다.

3) OECD 기업지배구조 원칙(Principles of Corporate Governance)

OECD에서 제정한 기업지배구조 원칙은 국제적으로 가장 널리 인용되는 윤리적이고 책임 있는 기업 거버넌스 가이드라인으로, 직접적인 인증제도는 아니지만, 많은 국가와 평가기관들이 이 원칙을 기준으로 국내외 거버넌스 평가체계를 설계하고 있다.

이 원칙은 효율적이고 투명한 기업지배구조 프레임워크 구축, 주주의 권리 보호 및 공정한 대우, 이해관계자의 권리 존중과 협력 강화, 공시 및 투명성 확보, 이사회의 책임성 제고, 감시기구의 독립성과 효과성 확보 6가지 핵심 요소로 구성되어 있다. OECD 원칙을 따르는 기업은 경영 투명성 강화, 소유·경영 분리의 실현, 이사회 독립성 보장, 이해관계자 중심 경영 등의 체계를 갖추고 있으며, 이는 특히 ESG 등급 평가 시 지배구조 부문에서 매우 높은 평가 요소로 작용한다.

4) KCGS ESG 지배구조 등급(한국기업지배구조원)

한국에서는 한국기업지배구조원(KCGS)이 제공하는 ESG 평가 체계 내에서 지배구조 등급을 세부적으로 산정한다. 이 평가는 이사회 운영의 독립성 및 다양성, 내부통제 시스템, 감사기구의 독립성, 지배주주의 권한 남용 여부, 공시 투명성 등을 기준으로 하며, 국내 상장기업들이 지속가능경영 보고서나 투자자 소통 자료에 자주 활용하고 있다.

이와 같은 지배구조(Governance) 관련 인증과 평가 프레임워크는 기업이 윤리성과 책임성을 갖춘 지속 가능한 경영 체계를 갖추고 있음을 객관적으로 증명하는 도구로 작용한다. 이 인증들을 전략적으로 획득하고 관리함으로써 기업은 투자 리스크를 줄이고, 이해관계자와의 신뢰를 확보하며, 지속 가능한 가치 창출의 기반을 공고히 할 수 있다.

2.2 ESG 인증의 전략적 효과

가. 신뢰성 확보

ESG 인증은 제3자 기관의 객관적인 평가를 기반으로 하므로, 기업의 지속가능경영 활동이 형식에 그치지 않고 실질적으로 이행되고 있다는 점을 공식적으로 입증해 준다. 특히 ISO, B Corp, RE100 등 국제 인증은 글로벌 기준에 부합하는 ESG 경영을 실현하고 있다는 강력한 증거로 작용한다. 이러한 검증은 투자자에게는 재무 외 리스크가 낮은 기업으로, 소비자에게는 책임 있는 브랜드로, 공급망 파트너에게는 신뢰 가능한 비즈니스 파트너로 인식되는 효과를 가져온다. ESG 인증은 이해관계자들과의 신뢰 형성의 핵심 자산으로 기능한다.

나. 시장 진출 및 경쟁 우위 확보

최근 유럽연합의 탄소국경조정제도(CBAM), 지속가능금융공시규정(SFDR), 공급망 실사 지침(CSDDD) 등 강력한 ESG 관련 규제가 도입되며, ESG 인증은 국제 거래에서 점점 더 중요한 진입 요건으로 부상하고 있다. 예컨대, RE100 참여 여부는 글로벌 바이어나 조달 기관의 입찰 조건으로 활용되며, ISO 인증이 없는 기업은 글로벌 공급망에서 탈락할 위험이 높아지고 있다. ESG 인증을 보유한 기업은 이러한 시장 변화에 선제적으로 대응함으로써 수출·납품 계약을 확보하거나 ESG 기준을 중시하는 투자자로부터 자금을 유치하는 데 유리한 위치를 선점할 수 있다.

다. 내부 경영 혁신 촉진

ESG 인증을 획득하는 과정은 기업 내부 시스템을 철저히 점검하고 혁신하는 계기를 제공한다. ISO 14001 인증 과정에서는 자원·에너지 관리 시스템을 분석하고 지속적 개선 프로세스를 구축하게 되며, ISO 37001이나 ISO 37301은 윤리경영과 컴플라이언스 체계를 조직 전반에 통합하도록 요구한다. 이러한 절차는 기업이 ESG

이슈를 경영 전략과 운영 전반에 반영하게 만들며, ESG를 보고 수준이 아닌 실제 행동의 프레임으로 내재화하게 한다. 따라서 ESG 인증은 외부 가시성을 높이는 동시에 내부적 역량 강화와 조직문화 개선을 촉진하는 이중적 전략 수단이다.

2.3 업종별 ESG 인증 활용

ESG 인증은 업종 특성과 맞물려 실질적인 경영 성과로 이어지는 중요한 전략 도구로 활용되고 있다.

제조업에서는 온실가스 배출, 자원 고갈, 오염물질 관리 등이 핵심 환경 이슈로 떠오르면서, ISO 14001(환경경영시스템)이나 ISO 50001(에너지경영시스템), RE100(재생에너지 100% 전환 이니셔티브)과 같은 인증이 주목받고 있다. 특히 글로벌 수출이 많은 업종일수록 ESG 규제를 먼저 적용받기 때문에 이러한 인증이 납품 조건이 되기도 한다.

- 유통 및 소비재 업종: 소비자와 직접 맞닿아 있는 만큼, 윤리적 소비와 지속 가능한 공급망 관리가 중시된다. B Corp 인증은 이러한 기업들이 사회적 가치와 환경 영향을 사업의 중심으로 삼고 있음을 보여 주는 대표적 인증으로, 윤리성과 책임성을 동시에 입증하는 수단이 된다. 또한, ISO 45001(산업안전보건경영시스템)을 통해 직원 복지와 안전을 제도화함으로써 내부 조직 안정성도 확보할 수 있다.

- 금융 및 투자 업종: ESG 투자가 확대되면서 내부통제, 반부패 경영, 윤리경영이 핵심 이슈가 되고 있다. 이에 따라 ISO 37001(부패방지경영시스템)이나 ISO 37301(준법경영시스템) 인증을 통해 건전한 지배구조를 외부에 증명하고 있다. 이는 장기적으로 투자자 신뢰 확보와 리스크 프리미엄 감소로 이어질 수 있다.

- IT와 통신 분야: 대규모 데이터센터의 높은 전력 소비가 주요 리스크로 부각되며, RE100 참여를 통한 재생에너지 전환이 ESG 전략의 핵심으로 자리 잡고 있다. 동시에 정보보안과 개인정보보호를 위한 ISO 27001 인증의 중요성도 함께 강조되고 있다.

- 식음료 및 농업 부문: 원료 조달의 지속가능성, 식품 안전, 온실가스 감축이 ESG 핵심 과제로 작용한다. 탄소발자국(Carbon Footprint) 인증과 RSPO(지속 가능한 팜유 인증) 같은 인증을 통해 글로벌 유통망에서의 신뢰를 확보하고 있으며, ISO 22000(식품안전경영시스템)을 통해 제품에 대한 안전성과 위생도 보장하고 있다.

- 건설 및 부동산 업종: 건축물의 환경 영향을 줄이기 위한 노력이 활발히 이루어지고 있다. 미국의 LEED(친환경 건축 인증)나 국내의 녹색건축인증(G-SEED), 에너지효율 인증 등이 대표적이며, 친환경 인증을 확보한 건물은 공공 조달, 임대 수익, 브랜드 가치 측면에서 유리한 조건을 갖는다.

업종별로 ESG 인증 활용 방식은 다르지만, 공통적으로 기업 신뢰성 확보, 시장 접근성 강화, 내부 경영 혁신의 촉매 역할을 한다.

인증은 서류 확인서가 아니라, 미래 시장에서 지속가능성을 입증하는 '경영 자산'으로서 기능한다.

❸. 실사형 평가 플랫폼(Assessment Platform)

공급망 관리를 위한 ESG 실사형 평가 플랫폼은 기업이 구체적이고 검증 가능한 증거 기반 데이터를 제출하도록 요구해 ESG 정보의 신뢰성과 정확성을 높인다. 기존의 자가보고(Self-reporting) 방식과 달리, 실사형 플랫폼은 실제 실행 여부와 성과를 객관적으로 확인하는 데 초점을 맞춘다.

대표적 플랫폼으로는 S&P Global의 CSA와 EcoVadis가 있으며, 이들은 ESG 전략과 운영 전반에 대한 깊이 있는 인사이트를 제공한다. 또한 평가 과정에서 제공되는 피드백은 기업이 ESG 전략을 개선하고 이해관계자의 신뢰를 강화하는 데 중요한 자료가 된다. 실사형 평가는 ESG가 단발성 보고가 아닌 지속 가능한 경영체계로 자리 잡도록 하며, 기업의 중장기 경쟁력 강화를 위한 핵심 수단으로 부상하고 있다.

3.1 에코바디스(EcoVadis)

EcoVadis는 전 세계 공급망의 지속가능성을 평가하는 대표적인 글로벌 플랫폼으로, 기업의 ESG 성과를 체계적으로 분석해 등급화한다.

2007년 프랑스에서 설립된 이 플랫폼은 현재 175개국 이상, 200개 이상의 산업군, 13만 개가 넘는 기업이 참여하고 있으며, 글로벌 B2B 거래에서 필수적인 평가 도구로 자리 잡았다. 오늘날 기업은 자사뿐 아니라 협력업체의 지속가능성까지 책임져야 하는 시대에 있다. 특히 글로벌 공급망을 운영하거나 대기업과 거래를 원하는 중소기업에게 EcoVadis 등급은 거래 성사 여부를 좌우하는 중요한 기준이 되기도 한다.

국제사회가 ESG 경영을 경쟁력 유지의 필수 요소로 인식하는 가운데, 각국 정부와 글로벌 고객사들은 협력사의 ESG 수준을 중시한다. EcoVadis는 GRI, UNGC, ISO 26000 등 국제표준을 기반으로 공정하고 신뢰성 높은 평가를 제공하며, 기업이 지속가능경영 체계를 구축하고 글로벌 거래 환경에 적응하도록 돕는다.

가. EcoVadis의 평가 항목

EcoVadis는 기업의 지속가능성과 관련된 전반적인 ESG 성과를 평가하기 위해 체계적이고 정량적인 방법론을 활용한다. 이 플랫폼은 평가의 객관성과 국제적 타당성을 확보하기 위해 국제표준과 지침을 바탕으로 평가 항목을 설정하고 있으며, 특히 환경(Environment), 노동과 인권(Labor & Human Rights), 윤리(Ethics), 지속 가능한 조달(Sustainable Procurement)이라는 네 가지 핵심 영역을 중심으로 평가가 이루어진다.

1) 환경(Environment) 항목

기업이 온실가스 감축, 에너지 효율화, 자원 관리, 폐기물 처리, 수질 보호 등 환경 보호를 위한 정책과 활동을 얼마나 체계적으로 수행하고 있는지를 평가한다. ISO 14001과 같은 국제 환경경영시스템 기준을 준거로 삼아, 기업의 환경 경영 전략과 성과를 정량적·정성적으로 분석한다.

2) 노동과 인권(Labor & Human Rights) 영역

근로자의 권리 보장, 차별금지, 노동 안전, 근로시간 준수, 아동 및 강제 노동 금지 등의 이슈를 포함한다. ILO(국제노동기구)의 핵심 협약을 기준으로 삼으며, 기업이 인권을 존중하고 윤리적인 노동환경을 조성하고 있는지를 중점적으로 평가한다.

3) 윤리(Ethics) 항목

부패 방지, 금품 수수 금지, 이해상충 방지, 정보보호, 내부 고발 보호 정책 등 기업의 윤리적 책임 이행 수준을 측정한다. 이는 기업이 공정하고 책임 있는 기업 시민으로서의 역할을 수행하는지를 보여 주는 중요한 지표다.

4) 지속 가능한 조달(Sustainable Procurement)

공급망 전반에서의 지속가능성 이행 여부를 평가한다. 즉, 기업이 공급업체의 ESG 리스크를 얼마나 인식하고 있으며, 이를 개선하기 위해 어떤 정책과 시스템을 운영하고 있는지를 파악한다. 협력업체에 대한 윤리 강령, 환경 기준 적용 여부, 공급업체 평가 및 감사 체계 등이 포함된다.

나. EcoVadis 평가 프로세스

EcoVadis의 평가 프로세스는 기업의 지속가능경영 수준을 다각도에서 진단하고 개선을 유도하는 단계적이고 체계적인 절차로 이루어진다.

1단계: 초기 등록 및 기업 정보 입력

기업이 EcoVadis 플랫폼에 등록하고 기본적인 조직 정보를 입력하는 것이다. 이때 기업의 산업군, 규모, 운영 지역 등 핵심 정보가 요구되며, 이 자료는 이후 평가 템플릿을 맞춤화하는 데 활용된다. 산업별로 ESG 리스크 수준이 상이하기 때문에, 기업 맞춤형 평가가 가능하도록 기초 정보 수집은 매우 중요하다.

2단계: 온라인 설문지 수령 및 작성

기업의 업종과 지역적 특성에 따라 맞춤화된 온라인 설문지(Questionnaire)를 제공한다. 설문지는 환경, 노동·인권, 윤리, 지속 가능한 조달 등 네 가지 핵심 영역에 대한 기업의 정책, 실행 수준, 성과지표, 문서화 여부 등을 포괄적으로 묻는다. 기업은 자사의 내부 정책, 인증서, 보고서, 운영 프로세스 등을 근거로 문서를 첨부하여 응답한다.

3단계: 문서 검토 및 전문가 평가

설문지 제출 이후, EcoVadis의 분석 전문가팀이 제출된 문서를 기반으로 평가를 수행한다. 이 과정은 실제 실행 여부와 지속가능경영 수준을 다면적으로 검토하는 정성적 평가와 정량적 평가가 병행된다. 또한 국제표준(예: GRI, UNGC, ISO 26000 등)에 따른 기준과 산업별 특수성이 반영되어 평가가 진행된다.

4단계: 점수 산출 및 등급 부여

평가가 완료되면 각 항목별 점수가 산출되며, 이를 종합하여 총점(0~100점 범위)이 부여된다. 이 점수를 기준으로 기업은 브론즈(45~54점), 실버(55~64점), 골드(65~84점), 플래티넘(85점 이상) 네 가지 등급 중 하나를 받게 된다. 등급은 기업의 상대적인 ESG 성과 수준을 외부에 전달하는 지표가 되며, 글로벌 바이어나 이해관계자에게 신뢰를 제공하는 중요한 참고자료로 활용된다.

5단계: 피드백 제공 및 개선 가이드

EcoVadis는 점수와 함께 세부 평가 리포트를 제공한다. 이 리포트에는 각 평가 항목별 강점과 개선이 필요한 영역이 구체적으로 제시되어 있으며, 기업은 이를 기반으로 내부 개선 과제를 수립할 수 있다. 특히 개선 권고는 기업이 다음 평가에서 더 나은 등급을 받을 수 있도록 실질적인 방향성을 제공한다.

6단계: 연간 갱신 및 재평가

EcoVadis의 평가 결과는 일반적으로 12개월간 유효하며, 기업은 주기적인 재평가를 통해 ESG 수준의 유지와 향상을 도모해야 한다. 이는 단발성 평가가 아니라 지속적인 ESG 개선 활동을 유도하는 순환적 프로세스라는 점에서 의미가 크다. 기업이 반복적으로 평가에 참여함으로써, 지속가능경영은 점차 조직 내에 내재화되고 정착된다.

다. EcoVadis 평가등급

EcoVadis는 평가 대상 기업의 ESG 성과를 종합적으로 분석한 후, 0점에서 100점 사이의 점수를 부여하고 이 점수에 따라 네 가지 등급 중 하나를 부여한다. 이 등급은 단순한 숫자 이상의 의미를 지니며, 기업의 지속가능경영 수준을 외부 이해관계자에게 명확히 전달할 수 있는 지표로 활용되며, 글로벌 공급망 내에서의 신뢰도와 거래 기회를 크게 좌우한다.

브론즈 등급(Bronze): Top 50%

EcoVadis 평가에서 총점 45점 이상 54점 이하를 받은 기업에게 부여된다. 이 등급은 기업이 ESG 경영에 대한 기본적인 정책과 체계를 갖추고 있으며, 지속가능성에 대한 인식을 바탕으로 초기 대응을 시작한 단계임을 의미한다. 다만 실행력과 실질적인 성과 면에서는 아직 미흡한 부분이 존재하기 때문에, 개선의 여지가 크다는 평가를 받는다. 브론즈 등급은 글로벌 바이어와의 거래에서 ESG 리스크관리에 대한 최소 기준 충족 여부를 확인하는 데 활용되며, 공급망 진입의 초입에 있는 기업에게 중요한 출발점으로 작용한다.

실버 등급(Silver): Top 25%

EcoVadis 평가에서 총점 55점 이상 64점 이하를 받은 기업에게 부여된다. 이 등급은 ESG 관련 정책과 실행이 일정 수준 이상 정립되어 있으며, 조직 전반에 지속가능성에 대한 인식이 어느 정도 내재화된 상태임을 보여 준다. 일부 영역에서는 구체적인 실행 사례와 가시적인 성과도 나타나고 있어, ESG 경영이 실제 경영 활동 속에서 작동하고 있음을 의미한다. 실버 등급을 받은 기업은 ESG 관리를 중시하는 글로벌 고객사들로부터 신뢰 가능한 거래 파트너로 평가받을 수 있으며, 특히 공급망 관리 기준이 중간 수준 이상인 기업들과의 협력에 있어 경쟁력을 확보하는 데 긍정적으로 작용한다.

골드 등급(Gold): Top 5%

EcoVadis 평가에서 총점 65점 이상 84점 이하를 기록한 기업에게 부여된다. 이 등급은 기업의 ESG 전략이 전반적으로 체계화되어 있으며, 주요 영역에서 실질적인 성과가 뚜렷하게 나타나는 경우에 해당한다. 정책 수립뿐 아니라 실행력도 높은 수준에 이르렀으며, 내부 관리체계와 외부 공시 수준 또한 우수하다는 평가를 받는다. 골드 등급을 획득한 기업은 지속가능경영이 조직 운영 전반에 깊이 통합되어 있다는 신뢰를 바탕으로, ESG를 핵심 구매 기준으로 삼는 글로벌 기업이나 다국적 고객사로부터 전략적 협력 파트너로 우선 고려될 가능성이 크다.

플래티넘 등급(Platinum): Top 1%

EcoVadis가 부여하는 평가등급 가운데 가장 높은 수준으로, 총점 85점 이상을 기록하고 전체 평가 기업 중 상위 1% 이내에 해당하는 경우에만 부여된다. 이 등급은 ESG의 모든 항목(환경, 노동·인권, 윤리, 지속 가능한 조달)에서 매우 높은 수준의 정책 수립과 실행력, 그리고 국제기준에 부합하는 투명성을 동시에 갖춘 기업에게 주어진다. 특히 지속가능경영이 기업의 핵심 전략에 깊이 통합되어 있음을 의미하며, ESG 리더십을 상징하는 최고 수준의 지표로 간주된다. 플래티넘 등급을 획득한 기업은 글로벌 시장에서 ESG 선도기업으로서의 위상을 갖추게 되며, 주요 글로벌 파트너사로부터 가장 신뢰할 수 있는 협력 대상으로 인정받는 데 있어 결정적인 경쟁력을 확보하게 된다.

EcoVadis 등급은 일반적인 점수 중심의 절대평가가 아니라, 동일 산업군 내에서의 상대적 위치와 ESG 성숙도를 반영해 산정되는 방식이다.

이 등급은 1년간 유효하며, 기업은 연례 재평가를 통해 최신 데이터를 반영하고 등급을 갱신해야 한다. 평가 결과는 기업 내부의 ESG 관리 수준을 객관적으로 점검하는 동시에, 외부 이해관계자와의 신뢰 형성에 있어 중요한 역할을 하게 된다.

라. EcoVadis 도입에 따른 기대효과

EcoVadis 평가는 기업의 전략적 ESG 경영체계 확립과 글로벌 경쟁력 확보를 위한 중요한 수단으로 기능한다.

첫째, 기업은 EcoVadis 평가를 통해 자사의 ESG 정책, 실행력, 관리체계를 객관적으로 진단받을 수 있으며, 내부 개선 과제의 도출과 지속가능성 전략의 구체화에 큰 도움을 받을 수 있다. 이는 ESG 경영을 형식적인 수준에 머무르지 않고, 실제 조직문화와 운영 프로세스에 통합하는 계기가 된다.

둘째, EcoVadis의 평가 결과는 글로벌 공급망 내 신뢰 지표로 활용되기 때문에, 등급이 높을수록 다국적 바이어 및 대형 고객사와의 거래 기회를 확대하는 데 유리하다. 특히 유럽 및 북미 지역을 중심으로 ESG 기준이 강화되는 추세 속에서, EcoVadis 등급은 협력사 선정 및 유지의 핵심 기준으로 작용하고 있다. 따라서 공급망 진입, 계약 지속, 파트너 등급 유지 등에 실질적인 영향을 미친다.

셋째, 평가 과정에서의 문서화, 모니터링 체계 구축, 전사적 인식 제고 등은 기업 내부의 지속가능경영 인프라 고도화를 가능하게 하며, 이를 통해 법·규제 리스크 대응력 또한 향상된다. ESG 관련 글로벌 규범 및 고객 요구사항에 선제적으로 대응할 수 있는 조직 역량을 확보하게 되는 것이다.

넷째, EcoVadis 등급은 외부 이해관계자에게 기업의 ESG 성숙도와 책임경영 의지를 명확히 전달하는 수단으로, 브랜드 신뢰도 제고 및 투자 유치에도 긍정적인 영향을 미친다. 특히 금융기관, 기관투자자, 공공기관 등이 ESG 평가 결과를 참고해 거래 여부나 투자 의사결정을 내리는 경우가 늘어나고 있어, EcoVadis의 신뢰성 높은 평가는 곧 기업가치 제고와도 직결된다.

3.2 Sedex(Supplier Ethical Data Exchange)

Sedex(Supplier Ethical Data Exchange)는 공급망 내 윤리적·사회적 책임 이행 여부를 투명하게 공유하고 관리할 수 있도록 지원하는 글로벌 플랫폼이다. 2004년 영국에서 설립된 이후, 현재 전 세계 170여 개국 7만 개 이상의 기업이 참여하고 있으며, 대표적인 윤리적 공급망 관리 시스템이다.

가. 글로벌 윤리적 공급망 관리의 표준 플랫폼

Sedex의 핵심 목적은 노동환경, 안전보건, 환경, 윤리 등 ESG 관련 주요 이슈에 대한 정보를 체계적으로 수집·관리하고 이를 고객사와 공유하는 것이다. 복잡한 글로벌 공급망 구조 속에서 하청업체나 협력사의 ESG 리스크를 사전에 식별하고 관리할 수 있다는 점에서 기업의 사회적 책임(CSR)을 강화하는 데 효과적인 도구로 평가된다.

최근 윤리적 소비와 공급망 투명성에 대한 사회적 요구가 높아지고 ESG 기준이 강화되면서, Sedex의 필요성은 더욱 커지고 있다. 글로벌 바이어들은 제품 가격이나 품질뿐 아니라 공급업체의 노동 인권, 환경 보호, 윤리경영 여부를 거래 기준으로 삼고 있으며, Sedex는 이에 대응하기 위한 효과적인 수단이다. 특히 SMETA(Sedex Members Ethical Trade Audit)와 같은 표준화된 윤리감사를 통해 공급망 데이터를 공유함으로써 외부 고객의 요구에 신속하고 신뢰성 있게 대응할 수 있다. 또한 기업 내부의 윤리경영 실천과 자가점검, 내부통제 체계 강화에도 기여하며, 공급망 전반의 리스크를 사전에 관리하고 기업 평판 리스크를 줄이는 데 실질적인 효과를 발휘한다.

나. Sedex의 평가 항목과 정보 수집 방법

Sedex는 회원사가 자사의 윤리적·사회적 책임 이행 수준을 평가하고 고객사와 공유할 수 있도록, 표준화된 구조 아래 주요 4대 영역의 정보를 체계적으로 수집하고 관리한다.

1) 공급망 투명성을 높이는 4대 ESG 평가영역

- 노동기준(Labour Standards): 근로자의 근로시간, 임금, 고용 형태, 결사의 자유, 아동 노동 및 강제노동 금지 등의 항목을 평가한다. 이는 근로자의 기본권 보장 여부와 인권 존중 수준을 진단하는 데 중점을 둔다.

- 보건 및 안전(Health & Safety): 작업장 내 안전관리 체계, 산업재해 예방 조치, 화재 및 유해 물질 관리, 비상 대응 체계 등의 운영 여부를 확인한다. 이는 근로자의 생명과 직결된 작업 환경 안전 확보를 위한 항목이다.

- 환경(Environment): 에너지 및 자원 사용, 온실가스 배출, 폐기물 및 오염물질 관리, 친환경 정책 수립 여부 등을 점검하며, 기업의 환경적 책임 수행 수준을 가늠하는 기준이 된다.

- 윤리경영(Business Ethics): 부패 방지, 뇌물수수 금지, 투명한 거래 관계 유지, 기업 윤리 규정 운영 여부 등 기업의 도덕적 책임 이행 여부를 중심으로 평가된다.

2) SMETA, 국제기준에 맞춘 윤리경영 감사 프레임워크

4대 영역의 항목들은 Sedex의 자체 시스템을 통해 회원사가 자가 진단(Self-Assessment Questionnaire, SAQ) 방식으로 데이터를 입력하거나, 외부 기관에 의해 수행되는 SMETA(Sedex Members Ethical Trade Audit) 감사를 통해 객관적으로 검증된 형태의 정보로 구성된다.

SMETA는 ISO 및 ILO 등 국제기준에 기반하여 개발된 윤리 감사 프레임워크로, 2개 항목(노동 + 안전보건) 또는 4개 항목(노동 + 안전보건 + 환경 + 윤리)을 모두 포함하는 방식으로 진행되며, 현장 실사, 문서 검토, 직원 인터뷰 등의 절차를 통해 다층적으로 수행된다. 이러한 구조를 통해 Sedex는 윤리적 공급망 관리를 위한 실질적 진단과 개선 도구로 기능한다. 고객사 입장에서는 공급업체의 사회적 책임 이행 여부를 신속하게 파악할 수 있고, 공급사 입장에서는 자사의 ESG 리스크를 명확히 진단하고 대응 전략을 수립하는 데 활용할 수 있다.

다. Sedex 평가 프로세스

Sedex의 윤리적 평가 프로세스는 공급망 내 기업이 지속 가능한 책임경영 체계를 구축하고 검증받는 일련의 절차로 구성되어 있다. 이 프로세스는 크게 자가진단(SAQ), 윤리감사(SMETA), 결과 공유 및 개선 조치의 세 단계로 구분된다.

1단계: 자가 진단(Self-Assessment Questionnaire, SAQ) 제출

Sedex 회원으로 등록된 기업은 우선 자사의 윤리적 경영 수준을 평가하기 위해 자가 진단 설문(SAQ)을 Sedex 시스템에 입력한다. 이 설문은 노동, 안전보건, 환경, 윤리 등 4대 핵심 영역을 중심으로 구성되어 있으며, 각 항목에 대해 정책 보유 여부, 실행 수준, 내부 점검체계 등을 상세히 작성하게 되어 있다. SAQ는 공급망 고객사와 실시간으로 공유 가능하며, 정보의 투명성과 선제적 리스크 대응의 기반이 된다.

2단계: SMETA 윤리감사(Sedex Members Ethical Trade Audit) 수행

SAQ를 기반으로 고객사가 필요하다고 판단하거나, 기업 스스로 외부 검증을 원할 경우, SMETA 감사를 진행한다. SMETA는 국제노동기구(ILO) 및 관련 국제기준에 부합하는 감사 프로토콜로, 사전 문서 검토, 현장 실사, 근로자 인터뷰, 경영진 면담 절차를 포함한다. SMETA는 2필러(노동 + 안전보건) 또는 4필러(노동 + 안전보건 + 환경 + 윤리) 방식으로 선택하여 진행되며, 제3자 감사기관이 이를 수행한다.

3단계: 결과 공유 및 시정조치(Corrective Action Plan, CAPR)

감사 완료 후에는 그 결과가 Sedex 시스템에 업로드되어 고객사와 실시간 공유된다. 감사 결과는 평가에 그치지 않고, 개선이 필요한 항목에 대해 시정조치계획(CAPR, Corrective Action Plan Report)이 함께 작성된다. 피감사 기업은 이 계획을 기반으로 구체적인 개선 활동을 수립하고 실행해야 하며, 일정 기간 후에는 후속 감사나 증빙자료 제출을 통해 이행 여부를 검증받는다.

라. Sedex 평가 등급과 기대효과

Sedex는 EcoVadis와 달리 점수 기반의 등급 체계를 직접 부여하지 않는다. 대신, 참여 기업은 자가진단(SAQ) 결과와 SMETA 감사 보고서를 바탕으로 윤리적 경영 수준을 고객사에 공유하며, 고객사는 이를 바탕으로 자체적으로 공급업체의 ESG 리스크 수준을 평가한다.

Sedex Advance 플랫폼을 통해 실시간 공유되는 이 정보는 '시정 조치 필요 여부', '비고용 준수사항 존재 여부', '감사 항목별 이행 수준' 등의 항목으로 구성되며, 공식 등급 없이도 공급망 내 ESG 리스크를 비교·분석할 수 있도록 돕는다. 이러한 구조는 국가, 산업, 기업 규모와 무관하게 객관적인 윤리 리스크 판단을 가능하게 하며, 일부 글로벌 기업은 자체 기준에 따라 Sedex 데이터를 바탕으로 협력사 등급화 및 거래 여부를 결정하고 있다. Sedex는 공급망 투명성과 지속가능성을 확보하기 위한 글로벌 표준 인프라로, ESG 중심 경영 시대에 필수적인 플랫폼이라 할 수 있다.

Sedex의 활용은 ESG 경영체계 강화와 글로벌 공급망 경쟁력 확보에 중요한 수단으로 작용한다.

첫째, Sedex는 공급업체의 노동환경, 윤리경영, 환경관리 현황을 표준화된 형식으로 시각화해 공유함으로써, 공급망 전체의 투명성과 가시성을 높인다. 이는 바이어가 윤리적 리스크를 조기에 식별하고, 신뢰할 수 있는 파트너를 선택하는 데 큰 도움이 된다.

둘째, Sedex 가입과 SMETA 감사는 글로벌 유통망 및 다국적 기업과의 거래에서 협력사 등록의 전제조건으로 요구되는 경우가 많다. 이에 따라 Sedex에 참여한 기업은 국제 조달 시장에서 거래 기회를 넓히고 신규 바이어 유치에서 경쟁력을 확보할 수 있다.

셋째, 자가진단과 외부 감사를 통해 기업은 내부의 ESG 취약점을 조기에 파악하고, 개선조치계획(CAPR)을 수립함으로써 실행력을 높이고 리스크를 줄일 수 있다.

넷째, Sedex 참여는 기업의 윤리성과 책임감을 외부에 효과적으로 알리는 수단이 되며, 투자자, 소비자, 직원 등 이해관계자와의 신뢰 형성에 긍정적인 영향을 준다.

3.3 NQC(SupplierAssurance)

NQC(SupplierAssurance)는 영국에 본사를 둔 공급망 위험 평가 플랫폼으로, 글로벌 기업과 공공기관이 공급업체의 ESG 리스크, 정보보안, 지속가능성, 윤리적 조달 등을 사전에 평가하고 관리할 수 있도록 설계된 디지털 평가 시스템이다.

기업은 가격과 납기뿐 아니라 공급업체의 품질관리 및 윤리·환경 기준까지 종합적으로 고려하며, 강화되는 글로벌 규제와 리스크에 대응하기 위해 공급망 전반의 사전

점검과 통제가 중요해졌다. 이에 NQC는 공급업체 실사와 정기 평가를 지원하는 플랫폼으로, 거래 전 리스크를 체계적으로 관리하고 지속적인 개선을 유도함으로써 공급망의 투명성, 신뢰성, ESG 리스크 대응 역량을 높이는 데 기여한다.

가. NQC(SupplierAssurance) 평가 항목과 방법

NQC(SupplierAssurance)의 평가는 공급업체의 지속가능성, 품질, 윤리, 사이버보안 등 주요 리스크 영역에 대한 종합적 검토를 중심으로 이루어진다. 특히 글로벌 기업과 공공기관이 협력업체 선정 시 요구하는 기준을 반영하여, 공급망의 신뢰성 확보와 법규 준수 리스크 예방에 실질적인 효과를 발휘한다.

1) NQC의 핵심 평가 항목

- 기업 거버넌스 및 윤리경영(Governance & Ethics): 부패방지 정책, 내부 통제 체계, 공급업체 윤리강령, 이해상충 관리 등 윤리적 경영체계의 구축 여부를 평가한다.
- 노동 및 인권(Labour & Human Rights): 아동노동, 강제노동, 차별금지, 근로조건 등 노동 관련 국제기준에 대한 준수 여부를 점검한다.
- 환경관리(Environmental Management): 환경경영시스템(ISO 14001), 폐기물 및 배출물 관리, 기후변화 대응 노력, 에너지 사용 관리 등 환경적 책임 수준을 평가한다.
- 보건 및 안전(Health & Safety): 근로자 안전교육, 재해 예방 조치, 산업안전 보건관리 체계 구축 여부를 포함하여 작업장 내 안전 수준을 점검한다.
- 사업 연속성 및 공급망 복원력(Business Continuity): 위기 대응계획, 재해 복구 전략, 주요 부품의 공급 다변화 계획 등 공급망의 지속성 및 리스크 대응력을 평가한다.
- 사이버보안 및 데이터 보호(Cybersecurity & Data Protection): 사이버 위협 대응 체계, 개인정보 보호정책, 시스템 접근 통제 등 디지털 보안 수준을 확인한다.

2) NQC의 평가 방법

NQC는 전자 플랫폼 기반의 데이터 수집과 전문가 분석을 결합한 디지털 기반 리스크 평가 방식을 채택하고 있다.

1단계: 자가진단 설문(SAQ: Self-Assessment Questionnaire)

공급업체는 NQC 시스템을 통해 제시된 SAQ에 응답하며, 각 항목에 대한 정책 보유 여부, 실행 사례, 증빙 문서 등을 제출한다. 이 설문은 평가 항목별로 세분화되어 있으며, 주요 글로벌 기준(UNGC, ISO, ILO 등)에 근거한다.

2단계: 문서 및 증빙 자료검토

응답 내용의 정확성을 확인하기 위해 기업은 관련 정책서, 인증서, 내부 보고서 등을 첨부하며, NQC는 이를 체계적으로 분석하여 신뢰도 점수와 리스크 수준을 산출한다.

3단계: 위험도 기반 점수화(Risk-Rated Scoring)

제출된 정보는 자동화된 알고리즘과 전문가 검토를 통해 위험도에 따라 점수화되며, 리스크가 높은 영역에 더 많은 가중치를 부여함으로써 실질적인 평가 효용성을 확보한다.

4단계: 플랫폼상 실시간 결과 공유 및 피드백 제공

평가 결과는 실시간으로 고객사에 제공되며, 리스크가 발견된 항목에 대해서는 개선 권고(Corrective Action Request)가 제시된다. 공급업체는 이를 바탕으로 재응답 또는 후속 조치를 제출함으로써 신뢰도를 회복할 수 있다.

이러한 방식은 서류평가에 머물지 않고, 지속적인 개선과 공급망 리스크 예방 중심의 평가 체계로 기능하며, 특히 정부 조달사업이나 다국적 기업의 협력업체 등록 시 강력한 신뢰 확보 수단으로 활용된다.

나. NQC 평가 프로세스

NQC(SupplierAssurance)의 평가 프로세스는 공급업체의 리스크 수준을 정량적·정성적으로 진단하고, 개선을 유도하기 위한 체계적인 절차로 구성되어 있다. 공급망의 지속가능성, 윤리성, 안전성, 품질관리 체계 등 다양한 영역을 종합적으로 평가하는 방식이다.

1단계: 초기 등록 및 공급업체 정보 입력

평가 대상 기업은 NQC의 디지털 플랫폼에 등록한 후, 회사 개요, 사업 범위, 인증 현황 등 기본 정보를 입력한다. 이 과정에서 고객사(수요기업)가 요구하는 평가 범위나 항목이 사전에 설정된다.

2단계: 자가진단 설문(SAQ: Self-Assessment Questionnaire) 작성

공급업체는 플랫폼에서 제공되는 SAQ(자가진단설문지)에 응답한다. 설문지는 윤리경영, 환경관리, 인권 보호, 보건 안전, 사이버보안 등 여러 항목으로 구성되며, 정책 보유 여부, 실행 사례, 내부 문서 등을 포함해 객관적인 정보를 제공해야 한다.

3단계: 문서 및 증빙자료 제출

SAQ의 각 문항에 대한 응답을 뒷받침할 수 있는 정책서, 인증서, 교육 기록, 감사 보고서 등 관련 증빙 자료를 함께 업로드한다. 이는 단순 응답의 신뢰성을 확보하고, 실질적인 리스크 수준을 확인하기 위함이다.

4단계: 평가 및 점수화

제출된 설문과 자료는 NQC의 리스크 알고리즘 및 전문가 분석을 통해 자동·수동 병행 방식으로 평가된다. 항목별 리스크를 점수화하고, 기업의 산업군, 위치, 규모에 따른 상대적 리스크 수준도 고려된다.

5단계: 평가 결과 공유 및 피드백 제공

평가가 완료되면, 결과는 NQC 플랫폼을 통해 실시간 공유되며, 고객사는 이를 바탕으로 협력업체의 적격 여부를 판단할 수 있다. 리스크가 높은 항목에 대해서는 개선 권고사항(Corrective Action Plan)이 함께 제시된다.

6단계: 개선 조치 및 후속 검토

공급업체는 권고된 사항에 대해 구체적인 개선계획을 수립하고, 실행 결과를 제출함으로써 재검토를 요청할 수 있다. 이를 통해 신뢰 수준을 회복하거나 등급을 상향 조정받는 것이 가능하다.

이러한 프로세스는 공급업체에 평가 결과를 통보하는 데 그치지 않고, 지속 가능한 공급망 관리의 일환으로 ESG 리스크를 줄이고, 실질적인 개선과 신뢰 확보를 도모하는 데 중점을 둔다.

다. NQC 평가등급과 기대효과

NQC의 평가 결과는 절대 점수와 상대적 리스크 수준을 바탕으로 정량화된 등급(Rating) 형태로 제공되며, 이를 통해 기업의 공급망 리스크를 신속하게 파악하고 관리할 수 있다. 등급은 'Low Risk(저위험)', 'Medium Risk(중위험)', 'High Risk(고위험)' 3단계로 구분되며, 각 단계는 기업의 ESG 역량과 리스크 대응 수준을 나타낸다.

1) ESG 리스크 3단계 등급: Low·Medium·High

1단계: Low Risk(저위험)

공급업체가 대부분의 평가 항목에서 체계적인 관리와 실행력을 갖추고 있으며, 관련 증빙자료와 인증도 충분한 경우에 해당한다. 글로벌 수준의 지속가능성, 윤리경영, 품질관리 시스템을 보유하고 있다는 신호로 받아들여지며, 거래 파트너로서의 신뢰도가 매우 높다.

2단계: Medium Risk(중위험)

일부 항목에서는 관리체계가 미흡하거나 증빙이 부족할 수 있으나, 개선 의지와 기본적인 정책·절차는 갖춘 상태이다. NQC는 이 등급의 기업에게 개선 권고 사항(Corrective Action Plan)을 제공하고, 재평가를 통해 등급 상향이 가능하도록 유도한다.

3단계: High Risk(고위험)

ESG 관련 정책이 미비하거나 실행력이 낮고, 증빙자료 제출도 불충분한 경우에 해당한다. 공급망 리스크가 높다고 판단되어, 거래 기회에 제약이 따르며, 고객사로부터 협력 대상 제외 또는 개선 요구를 받을 수 있다.

2) ESG 리스크 사전 진단과 신뢰도 향상 효과

NQC 평가는 기업에 다양한 기대효과를 제공한다. 우선, Low Risk 등급을 받은 기업은 다국적 기업이나 정부 기관과의 거래에서 사전 인증된 안정적 파트너로 인식되어 입찰 및 계약 과정에서 우선권을 얻을 수 있다. 또한, 평가 과정을 통해 내부 ESG 리스크를 사전에 진단하고 개선함으로써, 사고를 예방하고 기업의 신뢰도를 향상시킬 수 있다.

ESG 및 윤리 기준 준수 여부를 객관적으로 입증함으로써, 공급망의 투명성을 제고하고 고객사와의 장기적 신뢰 관계를 구축하는 데도 유리하다. 이 과정은 조직 내 ESG 문화 정착과 내부 역량 강화로 이어지며, 지속가능경영의 기반을 마련하는 데 기여한다. 나아가, 위기 발생 시 신속하게 대응할 수 있는 체계를 갖춘 기업으로 인식되어, 복원력 있는 기업(Resilient Company)으로서 브랜드 이미지와 평판 관리에도 긍정적인 효과를 기대할 수 있다.

3.4 실사형 평가 플랫폼별 평가방식 차이점

EcoVadis는 문서 기반의 서면 평가방식을 채택한다. 기업은 온라인 설문지를 통해 환경, 노동·인권, 윤리, 지속 가능한 조달의 4개 항목에 대한 자가진단과 관련 증빙자료를 제출해야 하며, 이를 전문 분석팀이 검토하여 점수와 등급을 부여한다. 정량보다는 정성적 평가에 기반하며, 글로벌 기준(GRI, UNGC 등)을 반영한 표준화된 지표 체계를 사용한다.

Sedex는 현장 실사 중심의 SMETA 감사를 핵심 평가 도구로 활용한다. 외부 제3자 감사기관이 공급업체 현장을 방문하여 노동 조건, 보건·안전, 환경, 비즈니스 윤리 등의 실태를 직접 확인하고, 표준화된 감사 양식에 따라 보고서를 작성한다. 즉, 실제 작업환경과 실천 수준을 물리적으로 검증한다는 점에서 타 플랫폼과 구별된다.

NQC는 디지털 기반의 사전진단형 리스크 평가 방식을 사용한다. 기업은 온라인 플랫폼(SupplierAssurance)을 통해 ESG, 사이버 보안, 재무 리스크 등 다영역의 질문에 응답하고, 시스템이 이를 자동화된 알고리즘으로 분석하여 리스크 수준을 분류한다. 자동화, 리스크 기반 접근이 특징이며, 영국 정부 및 공공기관의 요구 기준을 반영한 평가가 가능하다.

항목	EcoVadis	Sedex (SMETA)	NQC (SupplierAssurance)
평가방식	서면 평가 + 증빙자료 기반	제3자 현장 실사 중심	온라인 자가진단 + 자동화 분석
평가영역	ESG 4대 항목 (E/S/G/P)	노동, 안전, 환경, 윤리	ESG + 사이버보안 + 재무 등 종합
평가주체	EcoVadis 분석팀	인증된 감사기관	자동화 플랫폼 및 일부 전문가 검토
활용주체	글로벌 민간기업	유통·소비재 중심 대기업	정부기관, 공공조달 및 대기업

4. ESG 검증(Verification)

ESG 검증은 기업이 공시한 ESG 관련 정보가 사실에 근거하고 있는지를 독립된 제3자가 객관적으로 확인하는 절차를 의미한다. 외부 이해관계자에게 ESG 정보의 신뢰성과 타당성을 입증하는 데 필수적인 과정으로 검증을 통해 기업은 ESG 활동의 투명성과 실행력을 증명하고, 글로벌 기준에 부합하는 지속가능경영 체계를 갖추고 있음을 외부에 보여 줄 수 있다.

오늘날 지속가능경영은 실행 기반으로 전환되고 있으며, 이에 따라 ESG 검증은 필수 요건으로 구축하고 있다. 특히 글로벌 공급망, 공공 조달, 해외 투자, 금융기관의 평가 등에서는 ESG 정보에 대한 외부 검증 여부가 거래와 투자 유치의 핵심 판단 요소로 작용한다. ESG 검증은 기업의 책임 있는 경영을 입증하는 '보이지 않는 신뢰의 증거'로서, 기업 이미지와 브랜드 가치에도 직결되는 요소다.

국제적으로 널리 활용되는 대표적인 ESG 검증 기준 RBA(Responsible Business Alliance), AA1000AS(AccountAbility Assurance Standard), ISAE 3000(International Standard on Assurance Engagements)의 검증을 통해

얻은 보증 의견(Opinion Statement)은 ESG 정보의 신뢰도를 뒷받침하는 중요한 문서로 활용되며, 국제 거래, 투자 심사, 기업 평판 등에 직접적인 영향을 미친다.

4.1 책임 있는 기업연합(RBA, Responsible Business Alliance)

RBA는 글로벌 전자·IT 산업 공급망을 중심으로 널리 채택되고 있는 윤리적 경영 및 사회적 책임 기준으로, 노동, 보건·안전, 환경, 윤리, 경영시스템 등 다섯 가지 주요 영역에 걸쳐 공급업체의 경영 실태를 점검한다. 이를 통해 국제적 기준에 부합하는 책임 있는 경영이 이루어지고 있는지를 검증하며, ESG 요구가 높아지는 글로벌 시장에서 공급망 리스크관리를 위한 핵심 표준으로 위치를 확보하고 있다.

RBA의 검증은 RBA Validated Assessment Program(VAP)을 통해 이루어지며, 현장 실사와 문서 검토가 병행되어 공급망 내 기업들의 ESG 및 윤리적 경영 수준을 객관적으로 평가하고, 글로벌 파트너로서의 신뢰성 확보를 지원한다.

가. RBA(Responsible Business Alliance)의 검증 항목

노동·보건·안전·환경·윤리·경영시스템 다섯 가지 핵심 영역으로 구성된다. 노동 부문에서는 인권 존중, 강제노동 및 차별 금지, 근로시간과 보상 체계의 적정성을 평가하며, 보건·안전 부문에서는 산업안전 관리, 작업 환경 위생, 응급 대응 체계의 구축 여부를 점검한다. 환경 부문은 유해물질 관리, 폐기물 처리, 온실가스 배출 저감 등 환경 보호 활동을 검토하고, 윤리 부문에서는 부패 방지, 정보 보호, 지적 재산권 보호 등을 평가한다. 마지막으로 경영시스템 부문에서는 관련 정책 수립과 문서화, 내부 책임 체계의 운영 실태를 확인한다.

나. RBA(Responsible Business Alliance) 평가 절차

RBA 평가 절차는 체계적인 공급망 실사 프로그램으로 기업은 공급업체의 인권, 노동, 윤리, 환경 리스크를 선제적으로 파악하고 지속 가능하고 책임 있는 공급망 관리 체계를 구축할 수 있다.

1단계: 자체진단(SAQ, Self-Assessment Questionnaire)

기업과 공급업체는 RBA 자가진단서(SAQ)를 통해 주요 항목에 응답하고, 산출된 리스크 스코어에 따라 고위험 사업장이나 핵심 협력사는 현장 실사 대상으로 분류된다.

2단계: 위험평가 및 등급 분류(Risk Analysis)

SAQ 결과에 따라 사업장은 고위험, 중위험, 저위험으로 분류되며, 고위험 사업장은 현장감사(VAP) 대상이 되어 정밀한 심층 점검을 받는다.

3단계: 유효성 검증 감사(VAP, Validated Assessment Program)

제3자 공인 심사기관은 RBA 행동규범에 따라 현장 방문을 실시해 노동·윤리·환경·안전·경영 시스템 전반을 평가하며, 문서 검토와 인터뷰, 현장 관찰을 통해 적합성을 확인한다. 위반 사항은 우선순위, 중대, 경미의 세 등급으로 구분된다.

4단계: 시정 조치 계획(CAP, Corrective Action Plan)

VAP 결과 위반 사항이 확인되면 기업은 시정 조치 계획(CAP)을 제출해야 하며, RBA는 후속 감사를 통해 이행 여부를 검증한다. 시정이 미흡할 경우 해당 업체는 공급망 리스크로 간주되어 거래 제한 등의 불이익을 받을 수 있다.

5단계: 재평가 및 모니터링(Reassessment & Monitoring)

시정 조치가 완료되면 RBA 시스템은 평가등급을 조정하며, 이후 1~2년 주기의 정기 재심사를 통해 지속가능성 수준을 지속적으로 관리한다. 기업은 이러한 데이터를 기반으로 공급업체 관리를 체계화하고, 지속적인 개선을 유도할 수 있다.

4.2 AccountAbility: AA1000AS(AccountAbility Assurance Standard)

AA1000AS(AccountAbility Assurance Standard)는 글로벌 비영리 조직인 AccountAbility에서 개발한 지속가능성 정보에 대한 외부 검증(Assurance) 표준이다. 기업이 공개한 ESG 정보의 신뢰성, 완전성, 대응성을 독립된 제3자가 평가할 수 있도록 설계된 국제 기준이다.

가. AA1000AS의 검증 항목

AA1000AS는 원칙 중심의 접근 방식을 취하며, 검증 대상 조직의 ESG 정보 공개가 핵심 원칙에 얼마나 부합하는지를 평가가 이루어진다.

> **AA1000AS 핵심 4대 원칙**

① 포괄성(Inclusivity): 기업이 다양한 이해관계자의 의견을 어떻게 수렴하고 의사결정에 반영했는지를 평가하는 항목이다.
② 중대성(Materiality): 보고된 이슈가 기업의 ESG 리스크와 기회에 실질적인 영향을 미치는지를 판단하는 기준이다.
③ 대응성(Responsiveness): 기업이 이해관계자의 우려와 요구에 얼마나 적극적으로 대응하고 있는지를 보여 준다.
④ 충실성(Impact): 기업의 정책과 실행이 실제로 어떤 영향을 미치고 있는지를 측정하고, 그 결과를 투명하고 정직하게 공개하고 있는지를 평가한다.

네 가지 핵심 원칙은 기업의 지속가능보고서뿐만 아니라, 통합보고서나 기타 ESG 공시 문서에도 폭넓게 적용될 수 있으며, 이해관계자 신뢰 확보, ESG 평판 강화, 그리고 글로벌 보고 가이드라인(GRI, SASB 등)과의 정합성을 높이는 데 활용된다.

나. AA1000AS 평가 절차

AA1000AS 평가 절차는 조직이 공시한 ESG 및 지속가능성 정보에 대해 독립적인 제3자 검증기관이 수행하는 구조화된 검토 과정을 의미한다.

이 절차는 기업이 얼마나 이해관계자의 기대에 부응하고, 중대 이슈를 식별하고, 그에 대응하고 있는지를 종합적으로 평가한다.

사전 기획 → 데이터 검토 → 인터뷰 → 원칙 기반 평가 → 시정 권고 → 검증보고서 발행에 이르기까지 체계적인 단계로 구성되며, 기업의 ESG 보고가 신뢰성 있고 이해관계자 중심의 기준에 부합하는지를 독립적으로 검증하는 데 목적이 있다.

4.3 ISAE 3000(International Standard on Assurance Engagements)

ISAE 3000은 비재무 정보에 대한 국제 보증기준(International Standard on Assurance Engagements 3000)으로, 지속가능성 보고서, ESG 정보, 사회적 영향, 내부 통제 시스템 등 재무 외 정보에 대한 제3자 외부 검증을 수행할 때 적용되는 국제표준이다. 이 기준은 IAASB(국제회계기준심의회)가 제정하였으며, 전 세계 회계법인과 검증기관들이 공신력 있는 ESG 검증을 위해 활용한다.

가. ISAE 3000의 검증 항목

ISAE 3000은 특정한 항목 자체보다는 보증업무의 품질과 절차, 데이터 신뢰성 확보, 위험평가 및 내부통제 검토 등에 중점을 둔다.

검증 시 일반적으로 다루는 주요 항목은 보증 대상 정보의 적정성 및 일관성, 데이터 수집 및 보고 절차의 신뢰성, 내부통제 시스템의 설계 및 운영 효과성, 중대한 오류 및 왜곡 가능성에 대한 리스크 평가, 정보의 정확성, 완전성, 타당성 검토로 ESG 정보의 검증에 적용될 경우, 탄소 배출량, 노동 및 인권 정보, 환경성과, 공급망 윤리 등 기업이 보고한 핵심 비재무 지표들이 검증의 주요 대상이 된다.

나. ISAE 3000 기반 ESG 정보 검증의 보증 수준과 절차

1) ISAE 3000 기반 ESG 정보 검증의 보증 수준

ISAE 3000(International Standard on Assurance Engagements 3000)은 ESG 정보에 대한 비재무 정보의 외부 검증을 수행할 때 적용되는 국제적 보증기준으로, 검증의 심층 정도에 따라 '한정적 보증(Limited Assurance)'과 '합리적 보증(Reasonable Assurance)' 두 가지로 구분된다.

한정적 보증은 제한된 검토 절차를 통해 중대한 오류가 없을 가능성에 대한 근거를 제공하며, 상대적으로 신속하고 비용 효율적인 검증 방식이다. 반면, 합리적 보증은 감사에 준하는 심층 분석과 절차를 포함하며, 정보의 신뢰성에 대해 더 높은 수준의 확신을 제공하는 검증 방식으로 활용된다.

2) ISAE 3000 기반 검증 절차

ISAE 3000 기반 검증 절차는 비재무 정보(예: ESG 보고서, 지속가능경영보고서, GHG 배출량 등)에 대해 독립된 제3자 검증기관이 보증(Assurance)을 제공하는 프로세스이다.

이 절차는 회계감사 수준의 신뢰성과 구조화된 접근 방식을 따르며, 일반적으로 사전 계획 → 리스크 평가 → 증거 수집 → 데이터 분석 → 결론 도출 → 보고서 발행의 6단계로 이루어진다. 회계기준에 기반한 엄격한 감사 수준의 접근 방식으로 ESG 정보의 신뢰성과 공시 품질을 확보하는 데 목적이 있다.

다. ISAE 3000 vs AA1000AS

ISAE 3000과 AA1000AS는 모두 ESG·지속가능성 보고서 검증(Assurance)에 활용되지만, 그 성격·평가 관점·적용 범위는 서로 다르다. ISAE 3000은 국제 회계·감사 절차를 기반으로 ESG 보고서의 신뢰성과 정확성을 보증하는 기준이며,

AA1000AS는 ESG 원칙 준수를 기반으로 보고서의 책임성과 포괄성을 평가하는 기준이다.

〈ISAE 3000 vs. AA1000AS〉

항목	ISAE 3000	AA1000AS
제정기관	IAASB	AccountAbility
적용범위	재무·비재무 정보(포괄적)	지속가능성 및 ESG 중심
평가기준	절차 및 감사 기법 중심	이해관계자 관점 원칙(Inclusivity 등) 중심
검증방식	기술 기반 접근	원칙 기반, 윤리적·사회적 가치 반영
보증수준	Reasonable / Limited Assurance	High / Moderate Assurance(유사 개념)

글로벌 선도기업들은 이 두 기준을 병행 적용하여, ISAE 3000을 통한 절차적 신뢰성 확보와 AA1000AS를 통한 ESG 경영 철학과 원칙의 충실성 확보를 동시에 달성하는 전략을 사용하고 있다.

Part 4
ESG 경영 전략과 실행체계

제8장 ESG 경영 시스템과 국제표준

1. ISO 국제표준화 기구와 ESG 경영

1.1 ISO(국제표준화기구)의 개요

가. ISO의 역사와 설립 배경

국제표준화기구(ISO, International Organization for Standardization)는 1947년 공식 출범한 국제 표준화 기구로, 제2차 세계대전 이후 붕괴된 산업과 무역 시스템을 재건하고자 하는 국제적 필요 속에서 설립되었다.

1) 국제표준화기구(ISO) 설립 배경과 발전 과정

ISO의 전신은 1926년에 창설된 국제표준화협회연맹(ISA, International

Federation of the National Standardizing Associations)이었으나, 제2차 세계대전 중 활동이 중단되었고, 이후 유엔표준화조정위원회(UNSCC)가 그 기능을 임시로 이어받았다.

출처: www.iso.org Founders of ISO, London 1946

1946년 10월, 런던에서 25개국 65명의 대표단이 모여 새로운 국제 표준화 기구 창설을 논의한 끝에, 1947년 2월 ISO가 67개의 기술 위원회(특정 분야별 전문가 그룹)와 함께 공식적으로 설립되었다. ISO는 설립 초기부터 공업 표준화와 국제 협력을 촉진하며, 다양한 산업 분야에서 국제 표준을 개발해 왔다.

2025년 현재 ISO에는 전 세계 173개국이 회원국으로 참여하고 있으며, 각국의 국가 표준 기구가 대표 기관으로 활동 중이다. 예를 들어, 한국은 산업통상자원부 산하의 국가기술표준원(www.kats.go.kr)이 ISO 활동을 담당하고 있다. ISO 설립 당시부터 활동한 대표적인 국가로는 호주, 캐나다, 프랑스, 독일, 영국, 미국 등이 있다.

2) ISO의 넷-제로 국제표준 개발

최근 ISO는 기업과 조직이 탄소중립 목표를 효과적으로 달성할 수 있도록 명확한 지침과 신뢰성 있는 기준을 제공하는 것을 목적으로 기후 변화 대응을 위한 '넷-제로

(Net Zero)' 국제표준 개발에 주력하고 있다.

해당 표준은 2022년 11월 COP27에서 발표된 IWA 42:2022 넷-제로 지침(Net Zero Guidelines)을 기반으로 하며, 2025년 11월 브라질에서 열리는 제30차 유엔기후변화협약 당사국총회(COP30)에서 공식 발표될 예정이다. ISO의 넷-제로 표준은 탄소 배출 감축, 탄소상쇄, 투명성 확보, 이해관계자 참여 등 다양한 영역에서 실질적인 전략 수립과 실행을 지원하며, 기업이 기후 관련 리스크에 능동적으로 대응할 수 있도록 돕는다. 현재까지 ISO는 약 24,000개 이상의 국제표준을 발간하며, 기술적·경제적·환경적 분야에서 글로벌 협력을 촉진하는 핵심 기관으로 구축되고 있다.

나. ESG 경영과 ISO 표준의 연계

국제표준화기구(ISO)는 기업의 지속가능경영 실현을 지원하는 다양한 국제표준을 개발하고 있으며, 이를 효과적으로 추진하기 위해 정교하게 설계된 거버넌스 구조를 운영하고 있다. ISO의 이러한 구조는 국제표준 개발의 효율성, 투명성, 전략적 조정을 보장하는 데 핵심적인 역할을 한다.

〈ISO(국제표준화기구) 조직도〉

출처: www.kats.go.kr/content.do?cmsid=37

1) 총회(General Assembly)

총회는 ISO 거버넌스 구조의 최상위 기관으로, ISO 회원국 대표들로 구성된 최고 의사결정 기구이다. ISO의 전반적인 정책 방향과 전략을 수립하고 주요 행정 사항을 승인한다. 또한, 글로벌 표준화 수요와의 조화를 통해 ISO의 사명을 명확히 하며, 조직 운영의 근본적인 변화를 결정할 수 있는 권한을 갖고 있다.

2) 이사회(Council)

총회 아래에는 ISO의 전략과 정책 실행을 감독하는 이사회는 실행 리더십을 담당하며, ISO의 목표가 효과적으로 달성되도록 관리하고, 정책이 변화하는 글로벌 환경에 적절히 대응할 수 있도록 조정하는 역할을 수행한다. 이사회 산하에는 중앙사무국(Central Secretariat)이 위치하여, 다양한 위원회 간 협력을 조율하고 ISO 전체의 행정적 지원을 제공한다.

3) 회장위원회(President's Committee)

회장위원회는 ISO 회장을 보좌하며, 조직 운영과 관련된 주요 사안에 대한 전략적 자문 역할을 수행한다. 이 위원회는 이사회와 기타 관리 기구 간의 정책 조율을 보장하고, 주요 의사결정이 일관되고 효과적으로 이루어지도록 돕는다.

4) 이사회 상임위원회(Council Standing Committees)

이사회 상임위원회는 전략 및 정책 기획, 재무 관리, 임원 임명, 내부 감독 등 특정 기능에 따라 구성된다. 전략 및 정책 위원회는 ISO의 장기적 방향성을 설정하고, 재정 위원회는 재무 건전성을 확보하는 정책을 수립하며, 임원 임명 위원회는 주요 인사 결정을 담당한다. 또한, 감독 위원회는 조직의 투명성을 강화하고 내부 감시 체계를 유지하는 데 기여한다.

5) 자문 그룹(Advisory Groups)

ISO는 최신 글로벌 트렌드와 기술 변화에 대응하기 위해 다양한 자문 그룹을 운영한다. 이들 그룹은 정보기술 전략, 적합성 평가 정책 등 주요 이슈에 대해 전문 분석을 수행하고, ISO의 전략 수립에 실질적인 인사이트를 제공한다. 특히 빠르게 변화하는 산업 환경에 ISO가 유연하게 대응할 수 있도록 중요한 조언을 제공한다.

6) 정책 개발 위원회(Policy Development Committees)

정책 개발 위원회는 국제표준이 산업 및 경제 환경에 적절히 적용되도록 장기적인 정책 방향을 수립한다. 소비자 보호, 적합성 평가, 개발도상국 지원 등 다양한 이슈를 다루며, 이를 통해 ISO 표준이 특정 국가나 산업에 편중되지 않고, 글로벌 시장 전반에 실질적인 영향을 줄 수 있도록 조정한다.

7) 기술관리위원회(TMB, Technical Management Board)

TMB는 ISO 표준 개발 전반을 총괄하는 핵심 기구로, 기술위원회(TC)가 전략적 목표에 맞춰 효율적으로 운영되도록 감독한다. 또한, 표준화 과정에서 발생하는 이견을 조정하고, 표준 개발의 방향성을 통합적으로 조정하는 역할을 수행한다.

8) 기술위원회(Technical Committees)

기술위원회는 ISO 거버넌스 구조의 가장 기초 단위이자, 실질적인 표준 개발의 중심이다. 각 위원회는 특정 산업 분야의 국제표준을 개발하고 유지하는 역할을 하며, 산업 전문가, 학계, 규제 기관 등 다양한 이해관계자가 참여하여 실제 산업 현장의 요구를 반영한다.

총회와 이사회는 전략적 결정을 담당하고, 다양한 위원회와 자문 그룹은 실무적 정책과 기술 이슈를 다룸으로써, ISO는 전 세계적으로 실질적인 영향력을 가진 표준기관으로 기능하고 있다.

다. ISO 표준의 역할과 중요성
1) ISO 표준화 개발 및 승인과정

ISO(국제표준화기구)의 국제표준은 체계적이고 엄격한 절차를 통해 개발되며, 각 단계마다 전담 조직이 명확한 역할을 수행한다. 이 과정을 통해 표준은 산업계, 학계, 정부 및 시민사회 등 다양한 이해관계자의 의견을 반영하면서도 기술적 일관성과 국제적 합의를 확보하게 된다.

〈ISO 표준화 개발 및 승인과정〉

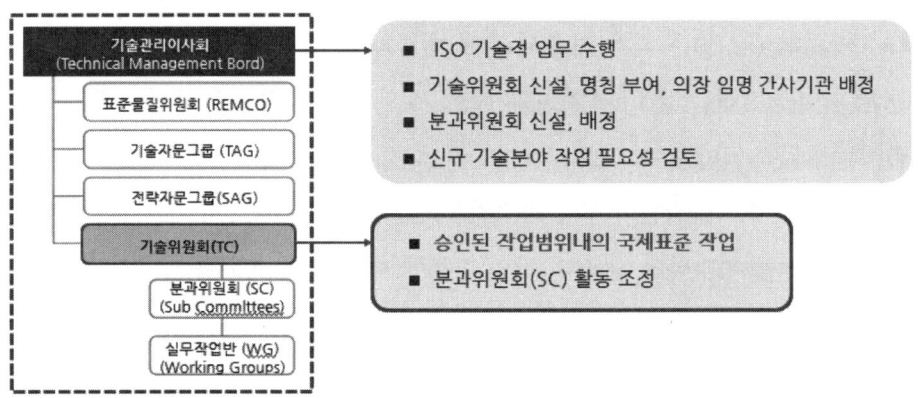

출처: www.kats.go.kr/content.do?cmsid=37

표준 개발의 중심에는 기술관리이사회(Technical Management Board, TMB)가 있다. TMB는 ISO 내에서 기술적 업무를 총괄하는 핵심 조직으로, 기술위원회(Technical Committee, TC)의 신설과 명칭 부여, 위원장 임명, 간사기관 배정 등 표준 개발 체계 전반에 대한 감독 역할을 수행한다. 또한, 분과위원회(Sub-

Committee, SC)의 설치 및 배정, 신규 기술 분야에 대한 작업 필요성 검토 등 전략적 기술 조정과 자원 배분을 책임진다.

표준의 실제 개발은 기술위원회(TC)에서 이루어진다. TC는 특정 기술 분야를 담당하며, 국제표준의 기획, 초안 작성, 검토, 합의 형성과 같은 전 과정을 주도한다. TC 산하에는 필요에 따라 분과위원회(SC)와 실무작업반(Working Group, WG)이 구성된다. SC는 TC의 세부 주제를 담당하는 조직으로, 전문화된 표준 개발을 지원한다. WG는 표준 초안을 실제로 작성하고 기술적 논의를 구체화하는 실무 단위로, 산업 전문가와 학자들이 참여하여 기술적 완성도를 높이는 역할을 한다.

TMB 산하에는 표준 개발을 지원하는 여러 자문기구도 존재한다. 예를 들어, 표준물질위원회(REMCO)는 표준물질에 대한 자문을 제공하며, 기술자문그룹(TAG)과 전략 자문 그룹(SAG)은 각각 기술적 문제 해결과 장기적인 표준 전략 방향 수립을 지원한다. 이들 조직은 각 기술 위원회가 전문성과 정책 방향성을 동시에 확보하도록 도와주는 보완적 역할을 수행한다.
이처럼 ISO 내 기술위원회 및 분과위원회의 운영을 총괄하면서, 새로운 표준의 필요성과 타당성을 평가하고, 승인된 작업 항목에 따라 국제 표준화 작업이 원활히 진행되도록 조정하는 역할을 맡는다. 분과위원회의 활동 범위와 실행 계획도 TMB의 검토와 승인 절차를 거쳐야 한다.

각 조직은 상호 유기적으로 연결되어 있으며, 이를 통해 ISO는 기술적 신뢰성과 국제적 정합성을 모두 갖춘 표준을 개발할 수 있는 기반을 마련하고 있다.

2) ISO 표준의 역할

ISO 표준은 산업과 시장 전반에서 품질, 안전, 효율성, 상호 운용성을 보장하는 전 세계적으로 통용되는 프레임워크를 제공한다. 이러한 표준은 조직이 제품, 서비스, 프로세스의 일관성을 확보하고, 고객 만족도를 향상시키며, 규제 요구사항을 충족하도록 돕는 구조화된 지침 역할을 한다. 동시에, 기업이 혁신을 장려하고 지속 가능한 운영을 실현할 수 있도록 기반을 제공한다.

- 국제 무역 촉진: ISO 표준은 국가 간 기술적 장벽을 제거하여 원활한 무역을 촉진한다. 각국의 상이한 품질 및 안전 기준을 국제적으로 통일함으로써, 기업은 복잡한 규격 차이를 극복하고 글로벌 시장에 쉽게 진출할 수 있다. 이에 따라 수출입 절차가 간소화되고, 다양한 국가에 대한 시장 접근성이 향상된다.

- 품질 및 안전성 보장: ISO 9001(품질경영시스템)과 같은 표준은 제품 및 서비스의 품질을 일정 수준 이상으로 유지하는 데 기여한다. 또한, ISO 45001(산업안전보건경영시스템)은 근로자와 소비자의 건강과 안전을 보장하는 데 필수적인 역할을 수행한다. 이러한 표준은 기업의 신뢰성 제고와 함께 소비자 신뢰 구축에도 효과적이다.

- 운영 효율성 향상: ISO 표준은 프로세스 개선을 통한 운영 효율성 향상에 도움을 준다. 예를 들어, ISO 50001(에너지경영시스템)은 에너지 사용 최적화를 통해 비용을 절감하게 하며, ISO 27001(정보보안경영시스템)은 데이터 보호를 강화하여 보안 리스크를 최소화한다. 이를 통해 기업은 경영 자원의 낭비를 줄이고, 지속가능성을 높일 수 있다.

- 법적 규제 준수 지원: ISO 표준은 기업이 국내외 법적 규제에 효과적으로 대응하도록 지원한다. 특히, ISO 14001(환경경영시스템)은 각국의 환경 규제를 충족시키는 데 필요한 실질적인 기준을 제공함으로써, 법적 리스크를 줄이고 사회적 책임을 이행할 수 있도록 돕는다.

- 지속가능 경영 및 ESG 구현: 최근 기업의 사회적 책임이 강조되는 가운데, ISO는 지속가능 경영의 기반이 되는 다양한 표준을 제공하고 있다. 대표적으로 ISO 26000(사회적 책임)은 기업이 윤리적, 사회적, 환경적 책임을 다할 수 있도록 지침을 제공한다. 이처럼 ISO 표준은 기업이 환경(Environment), 사회(Social), 지배구조(Governance) 요소를 체계적으로 반영하는 ESG 경영을 실현하도록 유도한다.

ISO 표준은 지속적인 개선과 글로벌 조화를 위한 기반으로 작용하며, 이를 통해 조직은 효율적이고 지속 가능하며, 국제적으로 경쟁력 있는 방식으로 운영될 수 있다. 또한 ISO 표준에 기반한 인증은 고품질, 윤리적 운영, 지속가능성에 대한 조직의 의지를 외부에 명확하게 보여 줌으로써, 비즈니스, 소비자, 이해관계자 간의 신뢰를 구축하는 데 핵심적인 역할을 한다.

3) ISO 표준의 중요성

ISO 표준은 기업과 조직이 경쟁력을 강화하고, 지속 가능한 성장을 실현하는 데 필수적인 역할을 한다. ISO 표준이 중요한 이유는 다음과 같다.

- 글로벌 시장 접근성 확보: ISO 인증을 획득한 기업은 글로벌 시장에서 신뢰를 얻을 수 있으며, 국제 비즈니스 기회를 확대할 수 있다. ISO 인증은 특정 산업에서 거래 조건의 일부로 요구되는 경우가 많기 때문에, 기업의 글로벌 경쟁력 확보에 핵심적인 요소가 된다.

- 리스크관리 및 기업 보호: ISO 표준은 다양한 경영 리스크를 줄이는 데 기여한다. 예를 들어, ISO 27001(정보보안관리시스템)은 사이버 위협 및 데이터 유출을 방지하고, ISO 22301(비즈니스연속성관리시스템)은 위기 상황에서도 기업의 핵심 기능이 유지되도록 지원함으로써 기업 회복탄력성을 높인다.

- 기업 평판 및 브랜드 가치 상승: ISO 인증을 받은 기업은 신뢰성과 전문성을 인정받아 브랜드 가치가 상승한다. 이는 고객, 투자자, 협력사 등 주요 이해관계자들에게 긍정적인 이미지를 전달하며, 기업의 사회적 책임과 지속 가능 경영에 대한 의지를 부각시킨다.

- 비용 절감 및 운영 최적화: ISO 표준은 기업의 프로세스를 체계화하고 최적화함으로써 운영 효율성을 높이고 비용을 절감할 수 있게 한다. 예를 들어, ISO 14001(환경경영시스템)은 자원 낭비를 줄이고 친환경 경영을 실현하며, ISO 50001(에너지경영시스템)은 에너지 사용량을 줄여 에너지 비용을 절감할 수 있도록 돕는다.

- 규제 대응 및 법적 요구 사항 준수 용이: 점차 강화되는 국내외 법적·규제 환경에 효과적으로 대응할 수 있도록, ISO 표준은 명확한 가이드라인을 제공한다. 환경, 안전, 보건 등 다양한 분야의 ISO 표준을 도입하면 기업은 법적 리스크를 최소화할 수 있으며, 규제 기관과의 신뢰 관계를 구축할 수 있다.

ISO 표준을 도입함으로써 기업은 무역 장벽을 낮추고, 품질과 안전을 보장하며, 효율성을 높이고, 법적 리스크를 줄일 수 있다. 따라서 ISO 표준의 역할과 중요성을 충분히 이해하고 이를 적극적으로 활용하는 것은 기업의 장기적인 성공에 결정적인 영향을 미친다.

4) ISO 표준 제정 절차

ISO 표준 제정은 ISO/IEC 기술작업지침서에 기반하여 총 7단계에 걸쳐 체계적이고 투명하게 진행된다. 각 단계는 기술적 신뢰성과 국제적 합의를 바탕으로 표준을 수립하기 위한 구조로 설계되어 있다.

⟨ISO 표준 제정 절차⟩

단계	명칭	내용
0 예비단계	예비업무항목 PM (Preliminary Work Item)	
1 제안단계	신규 업무 항목 제안 NP (New Work Item Proposal)	소속 TC 또는 SC의 P멤버 2/3 이상 찬성 및 P멤버의 5개국 이상이 프로젝트에 참여로 승인
2 준비단계	작업 초안 WD (Working Draft)	Working Group을 구성하여 CD초안 작성
3 위원회 단계	위원회 초안 CD (Committee Draft)	P멤버의 2/3 이상 찬성으로 승인
4 절의단계	국제표준 초안 DIS (Draft International Standard)	위원회 P멤버의 2/3 이상 찬성 및 투표 총수의 1/4 이하 반대로 승인
5 승인단계	국제표준 최종안 FDIS (Final Draft International Standard)	위원회 P멤버의 2/3 이상 찬성 및 투표 총수의 1/4 이하 반대로 승인
6 출판단계	국제표준 IS (International Standard)	국제표준의 발간과 배포

출처: www.kats.go.kr/content.do?cmsid=37

0단계: 예비단계(PM - Preliminary Work Item)

이 단계는 새로운 표준 제정이 필요한 주제를 사전에 검토하는 과정이다. 기술위원회(TC) 또는 분과위원회(SC) 내에서 논의를 통해 예비 업무 항목으로 등록하며, 해당 주제가 정식 표준화로 이어질 수 있는지 타당성을 탐색한다.

1단계: 제안단계(NP - New Work Item Proposal)

정식 표준화 작업이 시작되는 단계로, 새로운 업무 항목이 공식적으로 제안된다. TC 또는 SC의 P 회원국 중 2/3 이상 찬성과 최소 5개국의 프로젝트 참여 의사 확보가 필요하다. 제안은 국가회원기관, 간사기관, TMB(기술관리이사회), 자문 그룹 등 다양한 주체가 할 수 있으며, 제안된 안건은 TC의 정회원에게 회람되어 투표에 부쳐진다.

2단계: 준비단계(WD - Working Draft)

작업 초안을 작성하는 단계로, 실무작업반(WG)이 구성되어 기술 내용을 구체적으로 논의하고 초안을 마련한다. 이 초안은 이후 위원회 초안(CD)의 기초가 된다.

3단계: 위원회단계(CD - Committee Draft)

Working Draft를 바탕으로 위원회 초안(CD)을 작성하고, 이를 TC 또는 SC의 P 회원에게 회람한다. 회원국의 2/3 이상 찬성을 얻어야 다음 단계로 넘어갈 수 있으며, 이 과정에서 폭넓은 의견 수렴과 기술적 합의가 이루어진다.

4단계: 결의단계(DIS - Draft International Standard)

CD 단계에서 충분한 합의를 얻은 초안은 DIS로 전환되어 모든 ISO 회원국에 회람된다. 총투표수의 2/3 이상 찬성과 1/4 이하 반대일 경우 통과된다. 국제적 합의를 검증하는 가장 중요한 단계이다.

5단계: 승인단계(FDIS - Final Draft International Standard)

DIS 통과 이후, 문서는 최종 국제표준안(FDIS)으로 정리되어 ISO 회원국에게 회람된다. 이때도 2/3 이상 찬성, 1/4 이하 반대기준으로 최종 투표가 진행된다. 주로 형식적 검토가 중심이 되며, 내용 변경은 거의 이루어지지 않는다.

> **6단계: 출판단계(IS - International Standard)**

FDIS가 최종 승인되면 공식 국제표준(IS)으로 발간된다. 이 단계에서 해당 표준은 전 세계에 배포되며, 실제 산업 및 행정 현장에서 활용 가능한 상태로 발효된다.

제정 절차는 ISO 표준이 국제적 신뢰성과 투명한 합의 과정을 통해 수립되도록 보장한다. 또한, 참여회원(P-Member)과 준회원(O-Member)의 권한 차이에 따라 의견 제시 및 투표 권한이 다르게 적용되므로, 회원국의 참여 유형에 따라 표준 제정 과정에서의 영향력도 달라진다.

1.2 ESG 경영과 ISO 표준의 연계

가. ESG와 관련된 대표적인 ISO 표준

ESG와 관련된 ISO 표준은 기업이 지속가능성을 강화하고 책임 있는 경영을 실천하는 데 중요한 기준으로 작용한다. 다음은 ESG 각 부문과 연관된 대표적인 ISO 표준들이다.

ISO표준	주제	주요 목적	특징
ISO 14001	환경 경영 시스템	환경 성과 개선	환경 영향 관리, 법규 준수
ISO 50001	에너지 경영 시스템	에너지 효율성 향상	에너지 사용 최적화, 비용 절감
ISO 26000	사회적 책임	지속 가능한 발전에 기여	가이드라인 제공, 인증 불가
ISO 45001	산업안전보건 경영 시스템	작업장 안전 및 건강 증진	위험 예방, 법적 요구사항 준수
ISO 37001	반부패 경영 시스템	조직 내 부패 방지	뇌물 위험 감소, 윤리경영 강화

ISO 31000	위험 관리	조직의 위험 관리 체계화	모든 유형의 위험에 적용 가능
ISO 20400	지속 가능한 조달	공급망의 지속가능성 향상	사회적, 환경적 영향 고려한 구매
ISO 37301	준법 경영시스템	법규 및 윤리 준수 강화	조직의 컴플라이언스 문화 조성

• ISO 14001(환경경영시스템, EMS)

환경 요소를 체계적으로 관리할 수 있도록 지원하는 핵심 표준이다.

온실가스 배출 저감, 자원 효율성 향상, 환경 법규 준수 등 환경(E) 부문에서 가장 널리 사용되는 국제표준으로, 지속 가능한 기업 경영의 기초를 제공한다.

• ISO 50001(에너지경영시스템, EnMS)

에너지 효율성과 지속 가능한 에너지 관리를 위한 프레임워크를 제공한다.

에너지 사용량 최적, 에너지 성능 향상, 탄소 배출 절감 등 ESG의 환경(E) 측면에서 에너지관리 전략 수립에 중요한 역할을 한다.

• ISO 26000(사회적 책임 지침)

기업이 사회적 책임 이행을 위한 비인증형 지침 표준으로, 공정한 노동 관행, 인권 존중, 소비자 보호, 지역 사회 개발 등 사회(S) 부문의 핵심 가치 실현을 위한 윤리적 기준을 제시한다.

• ISO 45001(안전보건경영시스템, OHSMS)

근로자의 안전과 건강을 보호하는 기준을 제시하는 표준으로, 산업재해 예방, 안전한 근무 환경 조성, 위험 요소 사전 관리 등 사회(S) 부문에서 직장 내 인권과 복지 보장을 위한 제도적 기반을 마련한다.

- ISO 37001(부패방지경영시스템, ABMS)

　기업의 반부패 정책과 통제를 체계화하는 표준이다. 뇌물 수수 방지, 내부 통제 및 감시 강화, 부패 리스크 평가 등 지배구조(G) 부문에서 투명하고 윤리적인 경영체계 구축을 위한 필수 기준이다.

- ISO 31000(위험관리 표준)

　기업이 ESG 리스크(기후변화, 사회적 리스크, 지배구조 리스크 등)를 효과적으로 관리할 수 있도록 한다. ESG 관련 위험을 선제적으로 대응할 수 있는 프레임워크를 제공한다.

- ISO 20400(지속 가능한 조달 표준)

　기업의 공급망 및 조달 활동을 지속 가능한 방식으로 전환하도록 돕는 표준이다. 친환경 제품 조달, 노동권 보호, 윤리적 구매 정책 등 환경(E)과 사회(S) 측면에서 책임 있는 공급망 관리를 실현할 수 있다.

- ISO 37301(컴플라이언스 경영시스템)

　조직이 법률 및 윤리적 요구 사항을 준수하도록 하는 표준으로, 규제 리스크 대응, 내구규정 관리, 법령 및 윤리 준수 체계화 등 지배구조(G) 부문에서 지속 가능한 거버넌스 시스템 구축을 지원한다.

　ISO 표준은 기업이 ESG 경영을 구조화하고 실천 가능하게 만드는 데 필수적인 도구이다. 기업은 이를 활용해, 환경 보호, 사회적 책임 이행, 투명한 지배구조 확립 등 ESG 전략을 구체화하고 지속가능성 목표를 효과적으로 달성할 수 있다.

나. ISO 표준을 활용한 ESG 경영

ISO(국제표준화기구) 표준은 기업이 ESG 경영을 실천하는 데 있어 핵심적인 실행 도구로 기능한다. ISO는 글로벌 수준의 기준을 바탕으로 환경 보호, 사회적 책임, 윤리적 지배구조 등 ESG 각 요소를 체계화할 수 있는 프레임워크를 제공하며, 이를 통해 기업은 지속 가능한 경영 시스템을 수립하고 국제적 신뢰를 확보할 수 있다.

1) ESG 경영 실현을 위한 핵심 ISO 표준 활용 전략

• 환경 보호와 에너지 효율성 개선을 위한 전략

ISO 14001은 환경경영시스템 구축을 통해 온실가스 감축, 자원 절약, 폐기물 저감 등 기업의 환경 영향을 최소화하는 체계를 제공한다. 예를 들어, 삼성전자는 ISO 14001을 기반으로 친환경 생산 공정을 도입하고 있다. 또한 ISO 50001은 에너지 사용의 체계적 분석과 효율 개선을 가능하게 하여, 에너지 절감과 탄소중립 목표 달성을 지원한다.

• 사회적 책임 이행과 인권 보호 측면

ISO 26000은 노동 관행, 인권 존중, 지역사회 참여 등을 아우르는 사회책임 지침을 제공한다. 글로벌 기업 H&M은 이 표준을 활용해 공급망 내 노동권을 보호하고 지속 가능한 조달을 실현하고 있다. 또한, ISO 45001은 산업재해 예방과 안전한 근로 환경 조성을 통해 근로자의 건강과 복지를 보장하는 데 기여한다.

• 윤리적 경영과 지배구조 개선전략

ISO 37001이 반부패 리스크를 체계적으로 관리할 수 있는 기준을 제시하며, 기업의 법적 컴플라이언스 수준을 강화한다. 다국적 기업과 금융기관들은 이 표준을 통해 글로벌 반부패 요구에 부응하고 있다. ISO 9001은 품질경영 시스템을 통해 내부 통제 및 지속적 개선을 가능하게 하여 기업의 투명성과 신뢰도를 제고하고 있다.

ISO 표준은 ESG의 각 영역에서 구체적인 실행방안을 제공함으로써, 기업이 지속 가능한 가치를 창출하고 글로벌 경쟁력을 갖추는 데 실질적인 기반을 마련해 준다.

ESG 전략 요소	주요 ISO 표준	설명	대표 사례
환경 보호 및 에너지 효율성 개선	ISO 14001, ISO 50001	환경경영 및 에너지경영 시스템을 통해 탄소 배출 저감, 에너지 효율성 향상, 재생에너지 확대 등 지속 가능한 운영 실현	삼성전자: ISO 14001과 ISO 50001을 기반으로 글로벌 제조 공정의 탄소 감축 및 에너지 절감
환경 보호 및 에너지 효율성 개선	ISO26000, ISO 45001	인권 보호, 노동 조건 개선, 산업재해 예방 등을 통해 사회적 책임을 체계적으로 수행하고 지속 가능한 급망 구축	H&M: ISO 26000을 도입해 공급망 내 인권 및 노동 환경 개선 추진
윤리적 경영 및 거버넌스 강화	ISO 37001, ISO 9001	반부패 경영과 품질경영을 통해 윤리적 투명성을 제고하고, 지배구조 개선과 이해관계자 신뢰 확보	글로벌 금융사: ISO 37001 인증을 통해 반부패 시스템을 강화하고, 신뢰 기반의 글로벌 경영 실현

2) ISO 기반 ESG 경영 3단계 실행 전략

1단계: ESG 목표 설정과 ISO 연계 경영 방침 수립

기업은 자사의 ESG 목표를 설정하고 이를 ISO 표준과 연계하여 경영 방침으로 구체화한다. 이 단계에서는 환경적, 사회적, 지배 구조적 리스크를 진단하고 개선이 필요한 영역을 명확히 정의하는 것이 중요하다.

2단계: ISO 기반 ESG 운영 시스템 구축

ISO 인증을 위한 운영 시스템을 체계적으로 구축한다. 기업은 해당 표준의 요구사항을 반영한 정책과 절차를 수립하고, ESG 목표에 부합하는 내부 관리체계 및 실행 프로그램을 도입해야 한다.

3단계: 지속적 모니터링과 성과 고도화

지속적인 모니터링과 개선 활동을 수행한다. 내부 감사와 외부 평가를 통해 표준 준수 여부를 점검하고, ESG 성과를 데이터 기반으로 분석함으로써 미비점을 보완하고 성과를 고도화해 나간다.

이러한 단계적 접근은 기업이 ESG 요소를 전략적으로 관리할 수 있는 기반을 마련하며, ISO 표준을 활용함으로써 환경 보호, 사회적 책임, 윤리적 경영을 일관되게 실현할 수 있게 한다.

1.3 ISO 표준을 활용한 ESG 경영 전략

가. ISO 표준의 ESG 경영 통합 방법

기업이 ESG 경영을 실질적으로 실행하기 위해서는 환경(E), 사회(S), 지배구조(G) 각 측면에서 구체적이고 측정 가능한 지속가능성 목표를 설정하는 것이 출발점이다. ISO 표준은 ESG 목표를 조직 전반에 통합하고 관리할 수 있는 체계적 방법론을 제공한다.

1) ISO 표준으로 강화하는 지속가능경영 체계

1단계: ESG 목표설정

기업이 지속 가능한 경영을 실현하기 위한 출발점으로, 환경(E), 사회(S), 지배구조(G) 측면에서 명확하고 구체적인 방향성을 제시해야 한다. 이러한 목표는 기업의 업종 특성, 조직 규모, 이해관계자의 기대 등을 반영하여 수립되며, 실현 가능성과 측정 가능성을 고려해야 한다. 체계적인 ESG 목표설정을 통해 기업은 환경 보호, 사회적 책임 이행, 투명한 지배구조 확립이라는 세 가지 핵심 요소를 균형 있게 관리하고, 장기적인 지속 가능성과 경쟁력 확보를 동시에 도모할 수 있다.

2단계: ISO 기반 관리 시스템 도입

기업은 ESG 경영을 효과적으로 실현하기 위해 국제표준화기구(ISO)의 표준을 기반으로 한 통합 관리 시스템을 도입할 수 있다. 대표적으로, ISO 14001은 환경 경영 시스템으로서 기업의 환경 영향을 최소화하고 자원 효율성을 극대화하는 체계를 제공한다. ISO 26000은 사회적 책임에 대한 지침을 담고 있어 윤리적 경영과 지속 가능한 기업 운영을 위한 방향성을 제시한다. ISO 50001은 에너지 관리 시스템으로, 에너지 사용의 효율성을 높이고 탄소배출을 줄이는 데 중점을 둔다. 마지막으로, ISO 37001은 반부패 경영 시스템으로, 조직 내 부패와 비윤리적 행위를 예방하고 경영의 투명성을 강화하는 데 기여한다. 이러한 ISO 표준은 ESG 각 영역에 필요한 핵심 요소를 체계적으로 반영하여, 기업이 지속 가능한 성과를 달성할 수 있도록 돕는다.

3단계: 성과 측정 및 보고

기업의 ESG 경영성과를 객관적으로 평가하고, 이를 바탕으로 지속 가능한 경영 보고서를 작성하는 일은 매우 중요하다. 이를 위해 우선, ESG 성과 지표(KPI)를 설정하여 기업의 지속가능성을 체계적으로 측정하고 관리할 수 있는 기준을 마련해야 한다. 이어서, 정량적 데이터 분석을 통해 ESG 활동의 성과를 수치화하고, 이해관계자에게 신뢰할 수 있는 정보를 제공하는 것이 필요하다. 또한, 기업은 GRI, SASB, ISSB 등 국제적으로 인정받는 프레임워크를 활용하여 지속 가능 경영 보고서를 작성함으로써 정보의 투명성과 신뢰도를 높여야 한다. 마지막으로, ESG 리스크관리 체계를 구축하여 환경 및 사회적 리스크 등 비재무적 요소를 포괄적으로 고려하고, 이를 통해 지속 가능한 경영 전략을 강화해야 한다.

4단계: 지속적 개선

ESG 경영은 단발적인 활동이 아니라, 기업의 지속 가능한 성장을 위한 장기적이고 체계적인 전략으로 운영되어야 한다. 이를 위해 다음과 같은 실행방안이 중요하다. 먼저, 주기적인 ESG 성과 평가를 실시하여 경영 활동의 결과를 점검하고, 필요에 따라 전략을 수정·보완하는 유연한 대응 체계를 구축해야 한다. 또한, 고객, 투자자, 직원 등 다양한 이해관계자의 피드백을 수렴하고 이를 ESG 전략에 반영함으로써 사회적 수용성과 실행력을 높일 수 있다.

2) 디지털 혁신과 ISO 기반 ESG 경영 통합 전략

AI, 빅데이터, 블록체인 등 디지털 기술을 활용하여 ESG 데이터를 보다 정확하고 신속하게 수집·분석함으로써, 과학적이고 실효성 있는 의사결정을 지원해야 한다. ESG 리포트 및 정보의 정기적인 공개를 통해 투명성을 제고하고, 기업에 대한 신뢰를 확보하는 것 또한 중요하다. 마지막으로, 직원 교육과 조직 문화 강화를 통해 ESG 경영을 전사적으로 실천할 수 있는 내재화된 시스템을 구축하고, 조직 전반에 지속가능성 중심의 문화가 정착되도록 유도해야 한다.

〈ESG 경영 전략 실행 단계 요약표〉

실행단계	핵심 내용
ESG 목표 설정	환경, 사회, 지배구조 측면에서 명확하고 측정 가능한 지속가능성 목표를 설정하고 업종, 규모, 이해관계자 기대에 따라 차별화된 전략 수립
ISO 기반 관리 시스템 도입	ISO 14001(환경), ISO 26000(사회), ISO 50001(에너지), ISO 37001(반부패) 등을 통해 체계적인 ESG 관리 시스템 구축
성과 측정 및 보고	ESG KPI 설정, 정량적 데이터 분석, 국제 표준(GRI, SASB, TCFD 등)에 따른 보고서 작성, ESG 리스크 고려 등 성과의 투명한 평가 및 보고
지속적 개선	주기적 평가와 피드백 수렴, 디지털 기술 활용, 정기적 리포트 공개, 내부 교육 및 조직문화 정착을 통해 ESG 전략 지속 개선

ESG 경영 통합은 기업의 지속가능성과 글로벌 경쟁력을 좌우하는 핵심 전략이다. ISO 표준을 기반으로 한 체계적인 ESG 전략 구축은 환경 보호, 사회적 책임 이행, 윤리적 지배구조 확립이라는 세 가지 축을 균형 있게 실현할 수 있도록 한다. 이를 통해 기업은 이해관계자의 신뢰를 얻고, 변화하는 시장과 규제 환경에 유연하게 대응하며, 지속 가능한 성장을 이루는 기반을 마련할 수 있다.

나. ESG 경영에서 ISO의 역할과 미래 전망

ISO(국제표준화기구)는 ESG 경영의 발전과 통합에 있어 핵심적인 역할을 수행하고 있다. 특히 2024년 11월 14일 발표된 ESG 구현 원칙(IWA 48:2024)은 조직이 ESG 성과를 체계적으로 개선하고, 전 세계적으로 ESG 채택을 가속화하는 데 중대한 기준점이 되고 있다.

이 표준은 ESG 원칙을 조직의 문화와 운영 전반에 통합하고, 성과 관리 및 보고의 체계를 강화하며, GRI, SASB, TCFD 등 기존 글로벌 공개 프레임워크와의 상호운용성을 촉진하는 데 중점을 둔다. 이를 통해 기업은 일관되고 신뢰할 수 있는 방식으로 ESG 경영을 실현할 수 있으며, 국제적 기준에 부합하는 투명한 정보공개가 가능해진다.

앞으로 ISO는 ESG 관련 표준의 지속적인 개발과 개정을 통해, 기업이 급변하는 규제 환경과 이해관계자의 기대에 효과적으로 대응할 수 있도록 지원할 것으로 전망된다. 특히 ESG 정보의 투명성과 신뢰성을 확보하기 위한 글로벌 표준화 노력이 한층 강화될 것으로 보인다. 또한 ISO는 순환 경제(circular economy) 실현과 온실가스(GHG) 감축에 중점을 둔 새로운 표준 도입을 통해, 기업이 기후 변화 대응 및 자원 효율성 제고에 능동적으로 대응할 수 있도록 할 예정이다. 이는 넷-제로(Net Zero) 달성과 함께 지속 가능한 성장 모델로의 전환을 촉진하는 데 중요한 역할을 할 것이다.

2. ISO 경영 시스템 표준과 HLS

ISO 경영 시스템 표준은 조직이 품질, 환경, 안전, 윤리 등 다양한 분야에서 체계적인 경영 체계를 구축하고 지속 가능한 성과를 달성할 수 있도록 지원하는 국제표준이다. 이러한 표준은 조직이 ESG 전략을 효과적으로 실현하는 기반이 되며, 글로벌 수준의 지속 가능 경영을 가능하게 한다.

특히 ISO는 다양한 분야의 관리 시스템 표준을 일관되게 설계하기 위해 '고수준 구조(High-Level Structure, HLS)'라는 공통 프레임워크를 도입하였다. HLS는 모든 ISO 관리 시스템 표준에 적용되는 10개 조항의 통합 구조로, 조직이 여러 경영 시스템을 효율적으로 통합·운영할 수 있도록 지원한다. 이를 통해 조직은 전략적 방향과 경영 프로세스를 체계적으로 정렬하고, 중복 없이 통합된 방식으로 관리 시스템을 운영할 수 있다.

ISO 표준과 HLS의 통합은 ESG 경영과 밀접하게 연계된다.
조직은 환경(ISO 14001), 에너지(ISO 50001), 안전보건(ISO 45001), 반부패(ISO 37001), 사회적 책임(ISO 26000) 등 ESG 각 영역에 해당하는 ISO 표준을 HLS 기반으로 통합 운영함으로써, ESG 리스크를 효과적으로 관리하고 지속 가능성을 강화할 수 있다. 따라서 ISO 경영 시스템 표준과 HLS는 기업이 ESG 요소를 전략적으로 관리하고 글로벌 시장에서 신뢰와 경쟁력을 확보하는 데 필수적인 도구로 작용한다.

2.1 고위 구조(HLS) 개요와 ESG 시스템

ESG 경영이 글로벌 경영의 핵심 과제로 부상하면서, 이를 효과적으로 실천하기 위한 통합적이고 체계적인 관리 시스템의 필요성이 강조되고 있다. 이러한 배경에서 ISO는 다양한 경영 시스템 표준 간의 일관성과 호환성을 높이기 위해 고위 구조(High-Level Structure, HLS)를 도입하였다. HLS는 ESG 시스템의 설계와 실행에도 효과적으로 적용된다.

가. ESG 경영체계 강화를 위한 HLS와 ISO 통합 프레임워크

HLS는 모든 ISO 경영 시스템 표준에 공통적으로 적용되는 구조로, '동일 조항 구조(Same Clause Structure)', '동일 핵심 본문(Identical Core Text)', '공통 용어 및 정의(Common Terms and Definitions)' 세 가지 요소를 기반으로 한다. 이러한 구조는 ISO 14001(환경경영), ISO 45001(산업안전보건경영), ISO 9001(품질경영) 등 다양한 분야의 표준에 일관되게 적용되며, 여러 시스템을 통합적으로 운영할 수 있도록 지원한다. 특히, ESG 관리 체계의 구축에 있어 HLS는 구성 요소 간의 중복을 줄이고, 프로세스 간 연계성을 높이며, 전체 경영 시스템의 일관성과 효율성을 제공한다.

〈네덜란드에서 제안한 Flower Model〉

"Flower Model"은 ISO 경영시스템 표준 개발 초기 단계에서 제안된 시각적·개념적 모델로, 다양한 관리 시스템 표준들이 유기적으로 통합될 수 있도록 하는 구조를 설명하는 데 중요한 역할을 했다. 1990년대 초 네덜란드 표준화 기관(NEN)이 개발한 이 모델은 품질경영(ISO 9001), 환경경영(ISO 14001), 산업안전보건경영(ISO 45001), 정보보안경영(ISO 27001) 등 서로 다른 표준 간 구조적 일관성 부재로 인한 비효율 문제를 해결하기 위해 고안되었다.

나. ISO Annex SL 구조와 ESG 통합 관리 전략

"Flower Model"은 모든 ISO 경영시스템에 공통 적용되는 핵심 요구 사항을 중심(Core)에 배치하고, 각 분야별 특화 요구 사항을 꽃잎(Petals) 형태로 확장하는 방사형 구조로 설계되었다. 중심에는 '리더십', '기획', '지원', '운영', '성과 평가', '개선' 등 경영시스템의 기본 프레임워크를 이루는 10개 공통 조항이 포함되며, 각 꽃잎에는 품질, 환경, 안전보건, 에너지 등 개별 표준의 세부 요구 사항이 위치한다.

이 구조는 시스템 간 중복 업무를 제거하고, 내부 감사, 경영 검토, 리스크 평가 등 공통 절차를 통합 운영할 수 있게 하여 표준 간 충돌을 줄이고 자원 낭비를 최소화한다. Flower Model은 이후 ISO Guide 및 국제표준 기술 작업지침서에 영향을 미쳤으며, 공식적으로 고위 구조(High-Level Structure, HLS)로 발전하여 ISO/IEC 지침 제1부(Annex SL)에 채택되었다.

ESG 경영체계 구축에서 Flower Model과 HLS는 철학적·기술적 기반을 제공하며, 기업이 ESG 요소를 경영 전반에 내재화하고 복잡한 이해관계자 요구와 국제 규제에 유연하게 대응하도록 돕는다. 특히 HLS 기반의 ESG 시스템은 환경(ISO 14001), 사회(ISO 26000), 지배구조(ISO 37001) 표준을 통합 관리함으로써 운영 일관성, 내부 감사 편의성, 성과 측정 효율성을 높인다. ESG 전략 실행력과 규제 대응력을 강화하는 핵심 구조로, HLS는 통합적 ESG 경영의 실현을 뒷받침한다.

2.2 HLS 기반 ISO 표준의 적용 사례

ISO 경영시스템 표준에 적용된 고위 구조(High Level Structure, HLS)는 다양한 경영시스템 간 통합과 일관성 확보를 목적으로 도입된 공통 프레임워크이다. ESG Management System에서 HLS의 적용은 환경, 사회, 지배구조 요소를 조직 경영 전반에 효과적으로 통합하여 전략적 경영이 가능하도록 지원한다.

ISO 기술관리이사회(TMB)는 ISO 9001(품질경영), ISO 14001(환경경영) 등 다양한 표준 사용자들의 피드백을 토대로, 서로 다른 모델과 용어가 통합 시스템 구축에 혼란을 야기한다고 판단하였다. 이에 2012년부터 모든 경영시스템 표준(MSS: Management System Standards)에 대해 HLS를 상위 구조로 공식 도입하여, 구조와 용어, 핵심 요구사항을 일원화했다.

HLS는 공통 10개 조항(조직 환경 이해, 이해관계자 식별, 리스크 및 기회 도출, 리더십, 계획 수립, 운영, 성과 평가, 개선 등)을 바탕으로 여러 경영시스템의 동시 적용과 통합 운영을 가능하게 한다.

기존에 품질경영이나 환경경영 시스템을 운영하는 기업이 ESG 시스템을 추가 도입할 경우, 별도의 중복 설계 없이 하나의 통합된 프레임워크 내에서 효율적으로 관리할 수 있다. 이를 통해 불필요한 비용과 시간 손실을 줄이고, 경영자 및 실무자의 이해도를 높인다.

ESG 경영 측면에서 HLS는 '리스크 기반 사고'를 통해 기후 변화, 인권, 지배구조 문제 등 다양한 ESG 리스크를 사전에 식별하고 이에 전략적으로 대응할 수 있도록 지원한다. 또한, 내부 감사, 성과 평가, ESG 정보 공시, 이해관계자 피드백 수렴 과정을 통해 ESG 거버넌스를 체계적으로 강화한다.

HLS는 주요 국제 ESG 보고 프레임워크와의 정합성을 높여, ESG 보고서 작성 시

중복 작업을 최소화하고 보고서의 품질과 신뢰도를 향상시킨다.

2.3 HLS 경영 시스템의 핵심 원칙

HLS(High Level Structure, 고수준 구조)는 ISO 9001(품질경영), ISO 14001(환경경영), ISO 45001(안전보건경영) 등 모든 주요 ISO 경영시스템 표준에 동일하게 적용된다.

〈경영시스템 표준의 기본 틀 HLS〉

HLS 기반 경영시스템은 Plan-Do-Check-Act(PDCA) 사이클을 중심으로 구성되며, 총 10개 조항으로 체계화되어 경영 시스템의 핵심 요소들이 '리더십(Clause 5)'을 중심으로 연계되어 있다는 점이 특징이다.

리더십(Clause 5) 단계

조직의 전략 방향 설정과 ESG를 포함한 경영 시스템 전반의 문화 및 책임을 주도하는 핵심 역할을 한다. 리더는 조직의 비전과 목표를 명확히 공유하고, 모든 이해관계자가 적극 참여할 수 있는 환경을 조성한다.

계획(Clause 6) 단계

조직의 내부·외부 이슈와 이해관계자의 요구를 반영해 전략과 목표를 수립하며, 위험과 기회를 분석하여 실행계획을 마련한다. ESG 경영에서는 기후변화, 인권, 부패방지 등이 주요 고려사항이다.

지원 및 운영(Clause 7·8) 단계

인적·물적 자원 관리, 역량 강화, 문서화 및 커뮤니케이션 등 경영시스템 실행의 실질적 기반을 다룬다. ESG 실행 전략으로는 재생에너지 도입, 공급망 관리, 노동권 보호 등이 포함된다.

성과평가(Clause 9) 단계

내부 감사와 KPI, 이해관계자 피드백 등을 통해 시스템의 효과성을 검토하며, ESG 관련 지속가능성 지표와 탄소 배출량 등이 평가 요소로 포함된다.

개선(Clause 10) 단계

부적합 사항과 성과 부족 요인을 바탕으로 시정조치와 지속적 개선을 수행하여, ESG 리스크관리 및 전략 목표 재정비를 통한 장기적 경쟁력 확보에 기여한다.

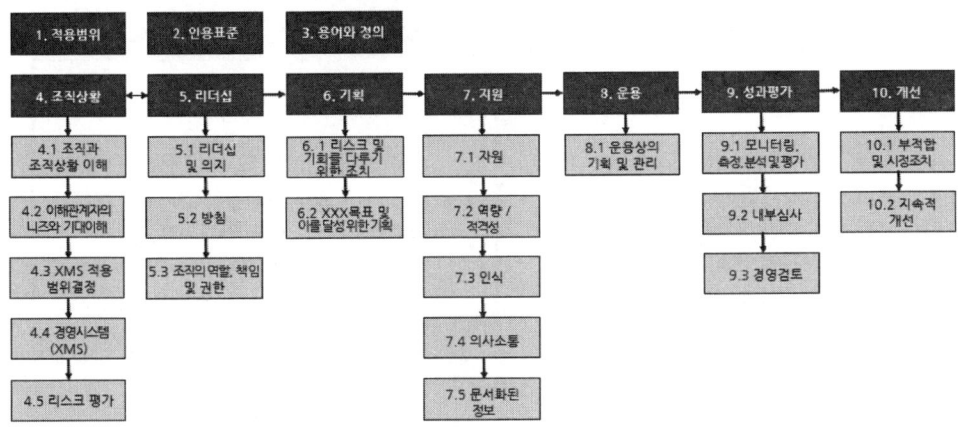

HLS 구조는 조직의 외부 요구와 내부 역량을 통합해 고객 만족과 지속가능성이라는 두 가지 목표를 동시에 달성하도록 돕는다. 특히 ESG와 같이 복잡한 경영 요소를 체계적으로 내재화하는 것이 필수적이다.

2.4 ESG 시스템 구축의 필수 요소

HLS(High Level Structure) 기반 경영시스템 구축과 운영에 있어 리스크 기반 사고(Risk-based Thinking)와 프로세스 접근(Process Approach)은 필수 요소로 작용한다.

〈리스트 기반 사고와 프로세스 접근의 차이〉

리스크 기반 사고 (Risk-based Thinking)	프로세스 접근 (Process Approach)
System Alignment(시스템 정렬)	Cross Function(교차 함수)
조직이 직면할 수 있는 다양한 위험을 체계적으로 식별하고 평가하며, 이를 관리하는 접근 방법으로 잠재적인 문제를 사전에 예방하고, 기회를 최대한 활용할 수 있다.	조직의 활동을 개별 프로세스로 구분하고, 이러한 프로세스들이 상호 연관되어 운영되는 방식을 관리하는 방법으로 프로세스 간의 상호작용과 통합을 통해 효율성을 높이고, 지속적인 개선을 도모한다.

출처: 경영시스템 표준의 새로운 패러다임

ISO 경영시스템 표준 전반에 공통된 운영 철학으로 자리 잡은 이 두 원칙은, 조직이 복잡하고 불확실한 경영 환경에서도 효과적이고 일관되게 시스템을 운용할 수 있도록 하는 핵심 기반이 된다.

리스크 기반 사고는 조직이 잠재적 위협과 기회를 선제적으로 인식하고 대응할 수 있게 하며, 프로세스 접근은 조직 내 각 활동의 상호 연계성과 흐름을 체계적으로 관리하여 업무 효율성과 목표 달성을 지원한다. 이로써 조직은 지속 가능한 성과를 창출하고 변화하는 환경에 유연하게 적응할 수 있다.

HLS 구조 내에서 리스크 기반 사고와 프로세스 접근은 조직의 통합적이고 유연한 대응 역량을 강화하며, 지속 가능한 성장을 실현하는 실천적 도구로 기능한다. 이들은 전략 수립부터 실행, 평가, 개선에 이르는 전 과정에 내재된 핵심 철학이자 실행 메커니즘이라 할 수 있다.

가. 리스크 기반 사고

리스크 기반 사고(Risk-Based Thinking)는 ISO 경영시스템 표준(HLS: High

Level Structure)의 핵심 원칙으로, 조직이 리스크를 회피하는 수동적 개념에서 벗어나, 이를 전략적으로 인식하고 관리하며 동시에 기회를 창출하는 능동적 사고방식이다.

<리스트 기반 사고>

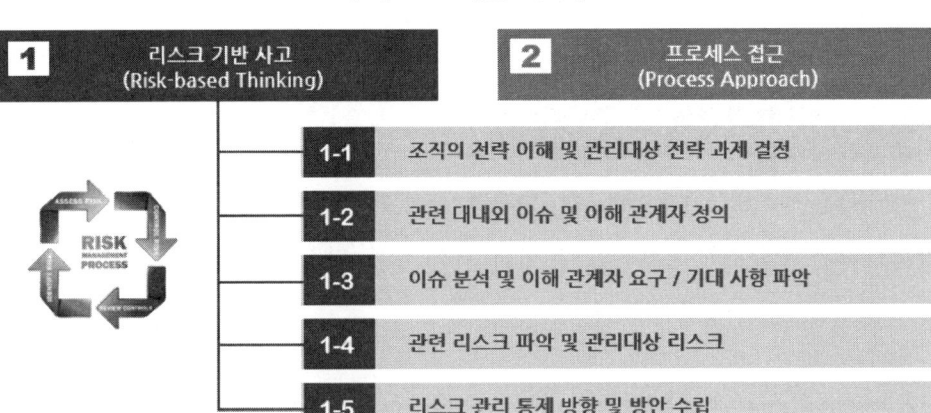

출처: 경영시스템 표준의 새로운 패러다임

1) 리스크 기반 사고의 개념과 역할

리스크는 조직 목표에 부정적 영향을 줄 수 있는 불확실성으로, 예상 가능한 사건뿐 아니라 전혀 예측하지 못한 상황에서 비롯될 수 있다. ISO 31000에서는 이를 "목적 달성에 영향을 미칠 수 있는 불확실성의 효과(effect of uncertainty)"로 정의하며, 이는 부정적 결과뿐 아니라 긍정적 기회까지 포함하는 개념이다.

리스크 기반 사고(Risk-Based Thinking)는 이러한 리스크를 회피하는 것이 아니라, 전략적 기회로 전환하는 통합적 사고방식이다. 이는 ISO 경영시스템 표준(HLS)의 중심 철학이자, 조직이 회복탄력성과 지속가능성을 확보하는 핵심 원칙으로 기능한다.

2) 리스크 기반 사고의 단계별 구성

1-1: 조직의 전략 이해 및 관리 대상 전략과정 결정

리스크관리는 조직 내부(조직 구조, 자원, 인력 등)와 외부(산업 환경, 법규, 사회적 기대 등) 환경을 진단하는 데서 출발한다. 이를 통해 리스크의 전반적 맥락과 관리 방향을 설정한다.

1-2: 관련 대내외 이슈 및 이해관계자 정의

이해관계자의 요구와 기대(고객, 투자자, 지역사회 등)를 식별하고 분석함으로써, 잠재적 리스크를 조기에 포착할 수 있다. 특히 ESG 리스크는 이해관계자의 인식 변화에 직접적으로 영향을 받는다.

1-3: 이슈 분석 및 이해관계자 요구/기대사항 파악

리스크 요소(무엇이 문제인가), 리스크 근원(왜 발생하는가), 사건(Event), 그리고 영향(결과)에 대해 체계적으로 분석하고, 발생 가능성과 영향도를 결합해 리스크 수준을 평가한다.

1-4: 관련 리스크 파악 및 관리 대상 리스크

예측 가능성과 통제 가능성을 기준으로 리스크 우선순위를 정하고, 회피(Avoid), 전가(Transfer), 완화(Mitigate), 수용(Accept) 중 적절한 대응 전략을 선택한다.

1-5: 리스크 관리 통제 방향 및 방안 수립

리스크 기반 사고는 부정적 영향을 사전에 예방하고, 기회를 전략적으로 포착하며, 데이터 기반의 의사결정을 가능하게 하고, 조직 내 책임과 역할을 명확히 함으로써 효과적인 리스크 대응과 지속 가능한 경영을 실현한다.

이에 따라 ISO 26000, ISO 37101, ISO 37125 등 ESG 관련 시스템 구축 시 리스크 기반 사고는 필수적인 요소로 요구된다. 불확실성과 복잡성이 상존하는 경영 환경에서, 리스크 기반 사고는 조직 전략의 핵심 구조로 작동하며, 기업은 리스크를 회피 대상이 아닌 전략적 기회로 인식하는 관점을 내재화해야 한다.

나. 프로세스 접근

1) 프로세스 접근의 개념과 역할

프로세스 접근(Process Approach)은 HLS(High-Level Structure) 기반 경영시스템 구축에 있어 핵심적인 운영 원칙으로, 조직의 운영을 체계적이고 통합된 방식으로 관리하여 경영의 효율성과 효과성을 동시에 향상시키는 전략적 접근이다. 이 방식은 조직의 모든 활동을 '프로세스' 단위로 정의하고, 이들 간의 흐름과 상호작용을 분석 및 최적화함으로써 지속 가능한 성과 개선과 리스크 대응을 가능하게 한다.

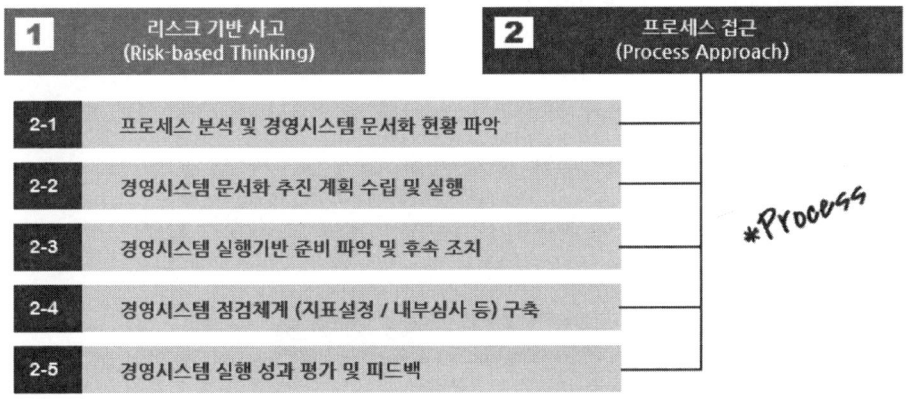

출처: 경영시스템 표준의 새로운 패러다임

2) 프로세스 접근의 단계별 구성

2-1: 프로세스 분석 및 경영시스템 문서화 현황 파악

조직 내 주요 활동을 개별 프로세스로 식별하고 정의하는 것에서 출발한다. 각 프로세스는 고유한 목적, 투입(Input)과 산출(Output), 책임, 자원, 지원 요소 등을 명확히 설정하고 문서화해야 한다.

2-2: 경영시스템 문서화 추진 계획 수립 및 실행

프로세스 간의 상호작용을 이해하고 최적화하는 작업이 핵심이다. 단일 프로세스의 개선만으로는 전체 시스템의 성능을 담보할 수 없기 때문에, 각 프로세스 간의 흐름을 시각화하고 이를 통해 병목현상, 중복 업무, 정보 단절 등의 문제를 사전에 파악하여 개선하는 것이 중요하다.

2-3: 경영시스템 실행기반 준비 파악 및 후속 조치

프로세스의 효과적인 운영을 위한 관리와 통제가 필요하다. 이를 위해 각 프로세스에 대해 KPI(Key Performance Indicator)를 설정하고, 성과를 정량 및 정성 지표로 모니터링한다. 이 지표는 품질, 납기, 비용, 고객 만족 등 조직의 전략적 목표와 연계되어야 하며, 수치 이상의 경영 인사이트를 제공할 수 있어야 한다.

2-4: 경영시스템 점검체계(지표설정/내부 심사 등) 구축

프로세스 접근은 지속적인 개선(Continuous Improvement)을 전제로 한다. PDCA(Plan-Do-Check-Act) 사이클을 적용하여, 기대한 성과가 달성되지 않았을 경우 그 원인을 분석하고, 적절한 조치를 계획·실행·검토하는 일련의 과정을 반복함으로써 시스템의 성숙도를 높인다. 이러한 반복적 학습 구조는 조직의 유연성과 회복 탄력성을 강화한다.

> 2-5: 경영시스템 실행 성과 평가 및 피드백

이해관계자의 참여와 협력은 프로세스 접근의 성공에 결정적인 영향을 미친다. 고객, 내부 직원, 협력업체, 규제 기관 등 다양한 이해관계자의 요구와 기대를 프로세스 설계 및 실행 단계에 반영하고, 이를 통해 조직 내외부의 커뮤니케이션을 강화함으로써 전사적인 협업 기반을 구축할 수 있다.

2.5 ISO 기반 ESG 시스템 도입 기업 사례 비교

가. 삼성전자(Samsung Electronics)

삼성전자는 ISO 기반의 ESG 시스템을 성공적으로 도입한 대표적인 글로벌 기업으로 지속 가능한 경영을 실현하기 위해 ISO 14001(환경경영시스템)과 ISO 50001(에너지경영시스템) 인증을 취득하였다. 이를 기반으로 환경 및 에너지 관리체계를 체계적으로 구축하고 시스템적 접근을 통해 온실가스 배출 저감, 에너지 효율 향상, 자원 순환 등의 ESG 목표를 강화하고 있으며, 글로벌 환경 규제 및 시장의 지속 가능성 요구에도 능동적으로 대응하고 있다.

1) ISO 14001 도입과 환경 경영 전략

삼성전자는 ISO 14001 기반의 환경경영시스템을 도입하면서 'PlanetFirst'라는 환경 비전을 수립하고, 친환경 제품 개발과 자원 효율성 향상에 집중하고 있다. 전자 산업 특성상 필연적으로 발생하는 환경 영향을 최소화하기 위해, 공정 설계 및 생산 단계부터 환경 영향을 고려한 시스템을 운영하며, 생산 과정에서의 에너지 절약과 유해 물질 저감, 폐기물 재활용을 추진하고 있다.

국내외 사업장에 태양광 및 지열 등 재생 가능 에너지를 활용한 설비를 구축하고, 인도, 멕시코, 브라질 등 해외 공장에서도 청정 에너지원 도입을 확대하고 있다. 삼성전자는 협력업체에도 ISO 14001 인증을 요구하고, 공급망 전반에 걸쳐 환경 영향을 줄이기 위한 교육과 지원 프로그램을 운영함으로써, 공급망 차원의 지속가능성도 함께 확보해 나가고 있다.

2) ISO 50001 도입과 에너지 경영

에너지 사용의 효율성을 극대화하기 위해 삼성전자는 ISO 50001 기반의 에너지 경영시스템을 구축하고, 생산 공정 및 운영 단계 전반에 걸쳐 체계적인 에너지 관리 전략을 적용하고 있다. 공정 내 폐열 회수 기술, 전기열원 활용, 고효율 설비 도입 등 다양한 기술적 접근을 통해 에너지 낭비를 최소화하고 있으며, AI 기반의 에너지 절감 알고리즘과 고효율 부품 적용으로 제품 사용 단계에서도 탄소 배출량을 줄이고 있다.

실시간 에너지 모니터링 시스템을 통해 사업장 내 에너지 소비 데이터를 수집·분석하고 있으며, 이를 바탕으로 에너지 절감 방안을 지속적으로 개선하고 있다. 이러한 노력을 통해 삼성전자는 제품의 에너지 소비량을 2030년까지 2019년 대비 평균 30% 이상 절감하는 것을 목표로 설정하고 있으며, 스마트폰, TV, 냉장고, 세탁기 등 주요 제품군에 그 성과를 반영하고 있다.

3) 자원 순환과 친환경 소재 활용

자원 순환 측면에서도 삼성전자는 ISO 14001 체계를 바탕으로 폐전자제품 수거 및 재활용을 전략적으로 추진하고 있다. 2009년부터 2030년까지 누적 1,000만 톤, 2050년까지 2,500만 톤의 폐전자제품을 수거한다는 목표 아래, 자원 회수 및 재활용 체계를 고도화하고 있다.

수거된 제품에서 추출한 자원을 친환경 소재로 전환해 제품에 재사용하고 있으며, 실제로 갤럭시 S23에는 폐어망을 재활용한 플라스틱 소재가 적용되었고, 패키지 박스는 100% 재활용 종이로 제작되었다. 자원 순환 전략은 제품 전 생애주기(Life

Cycle)를 고려한 친환경 설계 원칙과 연결되어 있으며, 친환경 마케팅 차원을 넘어 ESG 성과의 실질적 증거로 기능하고 있다.

글로벌 지속가능성 지수(DJSI) 등 국제 ESG 평가기관으로부터 높은 평가를 받고 있으며, 온실가스 감축, 에너지 효율, 친환경 소재 사용 등 환경 지표를 경영성과에 통합해 ESG를 경영 핵심 요소로 삼고 있다. 앞으로도 ISO 14001과 ISO 50001을 체계적으로 운영하고 첨단 탄소 저감 기술을 도입해 기후변화 대응에 앞장서며 지속 성장을 추구할 계획이다.

나. 종근당(Chong Kun Dang)

종근당은 국내 제약·바이오 업계 최초로 ISO 50001(에너지경영시스템) 인증을 획득한 기업으로, 에너지 효율성 제고와 온실가스 배출 저감을 중심으로 한 체계적인 ESG 경영을 실천하고 있다. 2019년 11월 ISO 14001(환경경영시스템) 인증에 이어, 같은 해 12월 ISO 50001 인증을 추가로 취득함으로써, 환경과 에너지 분야 모두에 걸쳐 국제표준 기반의 지속 가능한 관리체계를 구축하였다.

1) ISO 50001 도입과 에너지 효율성 관리

2019년 12월 16일, 종근당은 에너지 효율성과 지속가능성을 높이기 위해 ISO 50001 인증을 도입하였다. 이를 통해 생산 공정 전반의 에너지 사용량을 체계적으로 분석하고, 에너지 낭비를 줄이기 위한 최적화 방안을 실행하고 있다. 특히 온실가스 감축을 위한 설비 개선과 기술 혁신을 지속적으로 추진하고 있으며, 에너지 절약 캠페인 및 전사적 직원 교육을 통해 에너지 절감 문화 확산에도 힘쓰고 있다. 이러한 내부 변화는 조직문화 차원에서의 지속 가능한 경영 환경 조성을 목표로 하고 있다. 전사적 협업을 통해 에너지 절약을 생활화하고 있으며, 이를 통해 ESG 전략을 실질적인 행동으로 전환하고 있다.

2) ESG 성과 관리 및 글로벌 평가

ISO 기반 에너지 관리 시스템을 활용하여 ESG 성과를 정량적으로 관리하고 있다. 특히 에너지 사용량 및 온실가스 배출량에 대한 데이터를 지속적으로 수집·분석하여, 이를 바탕으로 한 ESG 성과보고서를 발행하고 있다. 종근당의 ESG 보고체계는 경영 의사결정에 ESG 성과를 반영하고, 내부 구성원과 투자자 간 신뢰를 구축하는 전략적 도구로 기능하고 있다.

ISO 50001 기반의 에너지 효율 관리 체계를 바탕으로, 실질적인 환경 보호 성과를 달성하고 있다. 온실가스 배출 저감, 에너지 사용 최적화 등에서 가시적인 성과를 거두며 국내외 ESG 평가기관으로부터 긍정적인 평가를 받고 있다. 글로벌 지속가능성 지수(DJSI)와 같은 국제 평가 지표에서도 성과가 반영되며, 이는 기업의 장기적 가치와 ESG 경쟁력을 높이는 기반이 되고 있다.

〈 종근당 ESG 평가등급 〉

평가 연도	통합등급	환경	사회	지배구조
2024년	A	A	A	B+
2023년	B+	A	A	B
2022년	B+	B+	A	B

출처: 한국 ESG기준원

종근당은 앞으로도 ISO 기반 경영시스템을 지속적으로 고도화하여 ESG 경영을 강화하고, 사회적 책임과 환경 보전이라는 두 축을 균형 있게 발전시켜 기업의 지속가능한 성장을 실현할 계획이다.

다. ISO 14001와 ISO 50001의 차이점

삼성전자와 종근당의 사례는 ISO 기반 ESG 시스템이 환경 성과를 체계적으로 관리하는 데 있어 핵심적 역할을 하며, 글로벌 투자자와 이해관계자에게 신뢰성 있는 정보를 제공함으로써 기업의 지속가능성 강화에 기여한다는 점을 잘 보여 준다. 특히 ISO 14001(환경경영시스템)과 ISO 50001(에너지경영시스템) 같은 국제표준을 도입함으로써, 환경 보호와 에너지 효율성 향상을 동시에 추구하고 투명한 ESG 성과 관리 체계를 구축할 수 있으며, 이를 통해 글로벌 시장에서의 경쟁력을 높일 수 있었다.

1) ISO 14001(환경경영시스템)

ISO 14001은 환경 경영 시스템(EMS)에 관한 국제표준으로, 조직이 환경 성과를 개선하고 환경에 미치는 부정적 영향을 최소화하며, 관련 법규를 준수할 수 있도록 체계적인 관리 방식을 제공한다.

첫째, 조직은 환경 정책을 수립해야 한다. 이 정책은 조직의 환경 목표와 방향성을 명확히 하며, 모든 구성원이 이해하고 실천할 수 있도록 간결하게 작성되어야 한다. 또한 환경 정책은 조직의 전반적 경영 활동과 연계되어야 하며, 지속 가능한 개발을 촉진하는 행동 원칙과 실현 가능한 목표를 포함해야 한다.

둘째, 조직은 자사의 활동, 제품, 서비스가 환경에 미치는 측면과 영향을 체계적으로 식별하고 평가해야 한다. 이를 통해 중요 환경 영향을 우선적으로 관리할 수 있는 기반을 마련한다.

셋째, 조직은 환경 정책과 연계된 구체적이고 측정 가능한 환경 목표를 설정하고, 목표 달성을 위한 실행 계획을 수립해야 한다. 이 계획에는 필요한 자원 배분, 책임과 역할 분담, 일정 관리 및 관련 절차 등이 포함된다.

넷째, 환경 관리 프로그램을 실행하고 그 효과성을 지속적으로 모니터링 및 평가하는 체계를 운영해야 한다. 정기적인 내부 감사와 경영 검토를 통해 시스템 운영 현황을 점검하고 개선 사항을 도출하여 반영한다.

다섯째, 환경 관리 활동과 성과에 관한 문서화 및 기록 유지가 필수적이다. 이는 법적 준수 증명, 내부 관리, 외부 감사 및 지속적 개선 활동의 근거 자료로 활용된다.

2) ISO 50001(에너지경영시스템)

ISO 50001은 조직이 에너지 관리를 체계적으로 수행하고 지속적으로 개선할 수 있도록 지원하는 국제 표준으로 에너지 관리와 관련된 명확한 정책 수립, 측정 가능한 목표 설정, 실행 및 모니터링, 그리고 지속적인 개선 과정을 포함하는 전반적인 경영 시스템을 요구한다.

첫째, 조직이 포괄적인 에너지 정책을 수립하도록 요구한다. 이 정책은 조직의 에너지 이용 및 소비와 관련된 기본적인 방침과 방향을 제시하며, 전체 경영 전략과 연계되어야 한다. 모든 구성원이 이해하고 실천할 수 있도록 명료하게 표현되어야 하며, 실현 가능하고 측정 가능한 에너지 절감 목표를 포함해야 한다.

둘째, 에너지 정책에 따라, 조직은 자사 고유의 에너지 사용 데이터를 분석하고, 이를 기반으로 실질적이고 측정 가능한 에너지 목표를 설정해야 한다. 이러한 목표는 정기적으로 검토되고, 필요시 조정되며, 개선 활동과 연결되어야 한다. 이 과정을 통해 조직은 에너지 사용의 효율성을 극대화하고, 에너지 관리 성과를 지속적으로 향상시킬 수 있다.

셋째, 조직은 에너지 사용 및 소비에 관한 데이터를 체계적으로 관리하고 분석해야 한다. 이 데이터는 에너지 성능의 모니터링 및 개선 가능성을 식별하는 데 중요한 근거 자료로 활용된다. 또한, 성능 개선계획을 수립하고 실행하여 실제 에너지 절감 효과를 달성해야 한다.

넷째, 에너지 사용 데이터를 체계적으로 관리하고 분석하여 성과를 평가하고 개선 방향을 도출하도록 한다. 이를 통해 에너지 절감 활동을 계획하고 효과를 검증할 수 있다. 또한, 조직 내 커뮤니케이션과 직원 교육을 통해 전 구성원이 에너지 절감의 중요성을 인식하고 자발적으로 참여할 수 있는 문화를 조성하도록 요구한다.

다섯째, 에너지 관리와 관련된 활동과 성과에 대해 철저한 문서화와 기록 관리를 요구한다. 이는 에너지 관리 시스템의 투명성과 신뢰성을 확보하는 데 기여하며, 외부 인증이나 내부 감사, 그리고 성과 평가 과정에서 핵심적인 증거로 활용된다. 정교하게 관리된 기록은 에너지 성과의 추적과 개선 방향 설정에 있어 중요한 자산이 된다.

〈 ISO 14001 vs. ISO 50001 〉

특징	ISO 14001	ISO 50001
주요초점	환경 관리	에너지 관리
적용범위	환경적 영향과 관련된 모든 활동	에너지 사용, 효율 및 관리에 집중
목표	환경적 영향 최소화, 법적 준수	에너지 비용 절감, 에너지 효율 향상
이점	법적 준수, 환경 리스크 감소, 국제적 인지도 향상	에너지 비용 절감, 온실가스 배출 감소, 에너지 사용 최적화
문서화 요구사항	환경 정책, 목표, 프로그램 및 성과 평가	에너지 정책, 목표, 데이터 관리 및 성능 평가

ISO 14001과 ISO 50001은 각각 환경 관리 시스템(EMS)과 에너지 관리 시스템(EnMS)에 관한 국제 표준으로, 목적과 적용 범위에서 차이를 보인다. ISO 14001은

환경 전반에 대한 종합적인 접근을 통해 지속 가능한 경영을 실현하고, ISO 50001은 구체적인 에너지 성과 향상을 목표로 하여 재무적 절감 효과까지 기대할 수 있다.

두 표준은 각각의 목적에 따라 구분되지만, 상호보완적으로 운영될 수 있으며, 실제로 많은 조직이 두 표준을 함께 도입해 환경 보호와 에너지 효율성 강화를 동시에 실현하고 있다.

3. ESG 경영 시스템

ESG 경영시스템은 기업이 지속가능경영을 체계적으로 실행하기 위해 구축하는 종합적인 경영 인프라이다. 이는 환경 보호, 사회적 책임 이행, 투명한 지배구조를 기업 전략에 통합함으로써, 리스크를 최소화하고 지속 가능한 성장을 실현하는 것을 목표로 한다.

최근 ESG 정보공시의 의무화, 글로벌 평가기관의 비재무적 기준 강화, 이해관계자의 요구 다양화 등은 기업에게 ESG를 필수로 요구하고 있다.

3.1 ESG 경영 시스템 개요와 적용 프레임워크

가. 적용 범위

1) ESG 경영시스템 적용 범위 설정의 전략적 중요성

ESG 경영시스템의 적용 범위는 조직이 해당 시스템을 효과적으로 운영하기 위해 명확히 설정해야 하는 핵심 절차 중 하나이다. 이는 형식적 요건이 아니라, ESG 전략의 실효성과 실행력을 결정짓는 전략적 판단의 영역이다. 환경(E), 사회(S), 지배구조(G)의 세 가지 핵심축이 유기적으로 연결된 ESG 시스템의 특성상, 적용 범위 설정 시 다양한 요소를 종합적으로 고려할 필요가 있다.

자사의 내부 및 외부 이슈를 포괄적으로 분석함으로써 ESG 시스템이 영향을 주고받는 경계를 명확히 해야 한다. 외부 이슈에는 관련 법규 및 산업 규제, 이해관계자의 기대, 사회적 요구와 트렌드 등이 포함되며, 내부 이슈로는 조직 구조, 사업 영역, 공급망 특성, 리더십, 조직문화 등이 포함된다. 예를 들어, 제조업체는 온실가스 배출과 폐기물 처리와 같은 환경적 요소를 중심으로 고려해야 하며, 금융기관은 책임투자, 리스크관리, 정보공시 등의 요소를 중심에 두어야 한다.

2) 공급망까지 확장된 ESG 경영시스템 적용 범위 설계

다양한 이해관계자의 요구사항을 반영하는 것도 적용 범위 설정에서 중요하다. ESG 경영은 전통적인 내부 중심의 경영 시스템과 달리, 고객, 투자자, 지역사회, 정부 기관 등 다양한 외부 이해관계자의 의견과 기대를 적극적으로 수렴하고 반영하는 구조를 지닌다. 이러한 요구사항은 조직의 사회적 책임과 투명성을 제고하며, 외부 신뢰를 확보하는 데 결정적인 역할을 한다.

적용 범위를 설정할 때는 물리적 경계와 기능적 범위를 동시에 고려해야 한다. 이는 본사뿐만 아니라 생산시설, 지점, 협력사 등 조직의 다양한 운영 단위에 걸쳐 ESG 시스템이 어떻게 적용되는지를 명확히 구분하는 것이다. 특히 공급망 관리에 대한 국제적 관심이 높아지는 흐름 속에서, 주요 협력사에 대한 ESG 리스크 평가와 관리 체계를 적용 범위에 포함시키는 것이 바람직하다.

ESG 시스템은 리스크 기반 사고(Risk-based Thinking)를 근간으로 하므로, 환경 재해, 인권 침해, 윤리적 리스크 등 조직이 직면할 수 있는 주요 ESG 리스크에 대한 평가 결과를 반영해 적용 범위를 조정하는 것이 필요하다. 이는 조직의 회복탄력성과 지속가능성을 강화하는 전략적 대응 수단으로 기능한다.

ESG-MS(Management System) 표준에서는 이러한 적용 범위를 문서화하고, 이해관계자가 접근할 수 있도록 공개함으로써 조직의 투명성과 책임성을 보장할 것을 요구하고 있다.

나. ESG 경영시스템에서 인용표준과 적용

ESG 경영시스템에서 '인용표준'은 시스템을 구축하고 실행하는 과정에서 참조하거나 근거로 삼는 국제적 기준들을 의미한다. 이러한 표준은 ESG의 세 가지 핵심 영역인 환경(E), 사회(S), 지배구조(G)를 조직의 경영 시스템에 일관되게 통합하는 데 필요한 기준틀을 제공한다. 인용표준은 ESG 요소를 체계적으로 내재화하고, 지속가능성과 책임경영을 제도화하는 데 핵심적인 역할을 수행한다.

1) ESG 각 영역별 국제표준과 적용 전략

대표적인 인용 표준으로는 국제표준화기구(ISO), 글로벌 보고 이니셔티브(GRI), 국제지속가능성기준위원회(ISSB), 지속가능성 회계기준위원회(SASB) 등이 제정한 다양한 규격들이 있다. 이러한 표준들은 ESG 요소들을 정량적·정성적으로 통합하여 경영시스템으로 구현하는 데 초점을 둔다. 이를 통해 조직은 ESG 이슈를 관리 가능한 시스템 범주로 정리하고, 실행 가능성과 검증 가능성을 동시에 확보할 수 있다.

환경 분야에서는 ISO 14001(환경경영시스템)과 ISO 50001(에너지경영시스템)이 주로 인용된다. 이 두 표준은 조직의 환경 영향을 체계적으로 식별하고 관리하는 것은 물론, 에너지 사용의 효율성과 온실가스 감축 등을 구체적인 성과 지표와 연결시킴으로써 환경 성과를 개선하는 데 실질적인 도구로 활용된다.

사회적 책임과 관련해서는 ISO 26000(사회적책임가이드라인)과 ISO 45001(산업안전보건경영시스템)이 주된 참조 기준으로 작용한다. 이를 통해 조직은 인권 보호, 노동 환경 개선, 안전보건 리스크관리 등 사회적 측면에서의 책무를 효과적으로 이행할 수 있으며, 특히 ISO 26000은 정량화하기 어려운 윤리적 경영, 다양성 존중, 지역사회 기여 등의 항목까지도 포괄할 수 있는 폭넓은 지침을 제공한다.

지배구조 측면에서는 ISO 37001(부패방지경영시스템)과 같은 표준을 통해 윤리경영의 체계를 수립하고, 부패 리스크를 사전에 식별 및 예방할 수 있는 내부통제 메커니즘을 마련할 수 있다. 이는 조직의 투명성 확보는 물론, 경영진의 책임성과 기업의 사회적 신뢰도 제고에도 기여한다.

2) HLS 기반 ESG 표준 연계와 운영 효율화

ESG 경영시스템은 이러한 인용표준들을 유기적으로 연계하여 적용함으로써 각 분야별 실천 항목을 구체화하고, 성과 측정을 위한 공통 기준을 마련한다. 특히 ISO의 고수준 구조(HLS, High-Level Structure)를 기반으로 한 표준 간의 상호운용성을 확보하면, ESG 요소를 독립적으로 분산 운영하는 대신, 통합된 시스템 내에서 전략적이고 구조적으로 관리할 수 있는 운영 기반이 마련된다.

인용 표준은 ESG 경영시스템의 '기술적 근간'으로서, 조직이 ESG 활동을 효과적으로 실행하고, 국제적 기준에 부합하는 지속가능경영을 실현하는 데 필수적인 구조적 요소이다. 따라서 조직은 각 인용 표준의 목적과 요구사항, 구조를 정확히 이해하고, 이를 조직의 업종, 규모, 운영 특성에 맞게 해석하여 적용해야 한다. 이는 ESG 경영의 실효성을 제고하는 동시에, 글로벌 이해관계자와의 신뢰 구축 및 경쟁력 강화에도 결정적인 역할을 한다.

다. ESG 경영시스템의 문서화된 정보 관리와 운영 기획

ESG 경영시스템에서 '문서화된 정보 관리'와 '운영 기획'은 조직이 환경, 사회, 지배구조 측면의 활동을 체계적이고 일관성 있게 실행하기 위한 핵심 운영 메커니즘이다. 특히 ISO 기반의 ESG 시스템은 국제표준과 정합성을 갖춘 문서 관리 및 실행 계획 수립을 통해 조직의 지속가능성과 ESG 성과 달성을 동시에 추구한다.

1) 문서화된 정보 관리의 개념과 요건

'문서화된 정보(documented information)'란 ISO 시스템 규격에서 요구하는 공식적인 정보 형태로, 정책, 절차서, 업무지침, 기록문서, 보고서 등을 포함한다. 문서의 형식은 텍스트, 도표, 시각자료, 디지털 파일 등 다양할 수 있으며, 이들은 조직의 ESG 경영시스템이 안정적으로 운영되고 있다는 것을 입증하는 근거가 된다.

문서명, 식별 번호, 작성일, 작성자, 적용 범위 등 필수 메타데이터(metadata)를 포함해야 하며, 언어, 형식, 버전 정보 등의 기준도 명확히 설정되어야 한다. 이는 정보의 일관성, 접근성, 추적 가능성을 보장하며, 내부 이해관계자는 물론 외부 감사기관이나 규제 당국에도 신뢰할 수 있는 자료를 제공하는 기반이 된다. 문서는 생성에서 보관, 유지, 폐기까지 전 생애주기에 걸쳐 관리되어야 하며, 필요시 언제든지 접근이 가능해야 한다. 특히 ESG 관련 문서는 기밀성(confidentiality), 무결성(integrity), 가용성(availability)이라는 정보보안의 3요소를 충족해야 하므로, 권한 관리 체계와 변경이력 추적 시스템이 병행되어야 한다.

2) 운영 기획의 체계와 절차

운영 기획(operational planning)은 조직의 ESG 목표를 달성하기 위한 실행 전략, 자원 배분, 역할 정의, 성과 지표 설정 등의 통합적 기획 활동을 의미한다. 이는 ESG 목표와 조직의 전반적인 리스크·기회 분석, 법적 요구사항, 이해관계자의 기대사항을 반영하여 전략적으로 수립되어야 한다.

ISO 기반 ESG 시스템에서는 운영 기획 시 고려 요소는 다음과 같다.

- 각 ESG 영역에 대한 리스크 및 기회 분석을 통해 우선순위를 설정하고 실행 방향을 명확히 한다.
- 부서별 책임자와 실무담당자의 역할과 책임(R&R)을 명확히 배분하고, 실행 가능한 KPI와 업무 절차를 마련한다.
- 계획된 실행안은 프로세스 중심의 접근법에 따라 문서화하고, 필요한 자원(인력, 예산, 기술 등)을 적정하게 배정한다.

이러한 계획은 모두 실행 가능성과 측정 가능성을 중심으로 수립되어야 한다.

3) 실행력 확보를 위한 프로세스 기반 운영

운영 기획은 실행력과 효과성을 지속적으로 확보하기 위한 프로세스 접근법(process approach)과 PDCA 사이클(Plan-Do-Check-Act)의 적용이 필수적이다. 계획된 활동은 실행(Do)되고, 성과는 점검(Check)되어야 하며, 평가 결과를 바탕으로 지속적인 개선(Act)이 이어져야 한다.

ESG 활동은 정형화된 규제가 아닌, 변화하는 외부 환경과 리스크요인을 수시로 반영해야 하므로, 비상상황 대응 계획과 커뮤니케이션 전략을 함께 수립해야 한다.

4) 전략 실행 기반으로서의 가치

문서화된 정보 관리와 운영 기획은 조직의 ESG 전략을 실행 가능한 경영활동으로 전환시키는 핵심 수단이다. 이를 통해 조직은 ESG 공시 의무화, 글로벌 공급망 실사, 녹색금융 기준 강화 등 외부 요인 변화에 유연하게 대응할 수 있으며, 동시에 내부 시스템의 투명성과 신뢰성을 확보할 수 있다.

이 두 요소는 ESG 경영시스템의 실행력을 강화하는 실질적 기반이 되며, 조직의 구조적 경쟁력 확보와 지속 가능한 성장을 가능하게 하는 중요한 경영 인프라로 기능한다. 따라서 ESG 경영을 도입하는 조직은 문서화된 정보와 운영 기획을 형식 요건이 아닌, 전략적 자산으로 인식하고 지속적인 개선과 내재화를 추진해야 한다.

3.2 ESG 시스템 기반 전략 수립

가. 조직 상황의 이해와 전략적 정렬

ESG 경영시스템 구축의 출발점은 조직의 내외부 환경을 면밀히 파악하고, 이를 ESG 전략과 정합성 있게 연결하는 '조직 상황의 이해(Understanding the Context of the Organization)'이다. 이는 ISO 표준(ISO 14001, ISO 26000, ISO 37125 등)에서 공통적으로 요구되는 초기 활동으로, 조직의 지속가능성과 책임경영의 전략적 실행력을 좌우하는 핵심 기초 작업이다.

조직 상황 분석은 ESG를 보고서 작성을 위한 활동이 아닌, 지속 가능한 가치 창출의 전략적 구성요소로 자리매김하게 한다. 이를 위해 조직은 자사의 특성과 외부 여건을 통합적으로 분석하고, 이를 바탕으로 ESG 전략의 방향성과 우선순위를 도출해야 한다.

1) 외부 환경 요인의 분석

외부 환경 요소는 ESG 이슈의 구조와 범위를 결정짓는 중요한 기준으로 작용한다. 법적·규제적 요건, 기술 트렌드, 산업 경쟁 구도, 소비자 및 투자자의 기대, 지역사회 요구, 생태적 조건, 글로벌 정책 변화 등이 대표적이다. 이러한 요소는 국가 및 산업 특성에 따라 다르게 나타날 수 있으며, 동적이며 복합적으로 작용하므로 주기적인 재분석이 요구된다.

또한, 조직이 속한 가치사슬 전체에 걸친 ESG 리스크를 고려하는 것이 중요하다. 예컨대, 공급업체의 인권침해, 협력업체의 온실가스 배출, 위탁기관의 부패 행위 등은 조직의 직접적 통제 영역을 넘어선 간접적 리스크로 분류되지만, 점차 기업 책임의 범위 안으로 통합되고 있다.

2) 내부 역량과 시스템 분석

내부적으로는 조직의 ESG 관련 가치관과 리더십, 조직문화, 기술적 역량, 인적 자원, 기존 경영시스템의 성숙도 등이 고려된다. 또한 ESG 경영에 필요한 인프라의 수준과 ESG 성과 측정을 위한 기반 자료의 확보 여부도 진단 대상이다. 조직이 타 조직의 운영에 일정 수준 이상의 영향력을 행사할 경우, 그에 따른 ESG 책임 범위도 명확히 인식해야 한다. 이는 조직의 사회적 책임을 파악하는 동시에, 공급망 또는 파트너십 단위에서의 ESG 연계 전략을 수립하는 토대를 제공한다.

3) ESG 워싱 방지와 진정성 확보

최근 ESG 워싱(Greenwashing, Social-washing 등)에 대한 사회적 감시가 강화됨에 따라, 조직은 ESG 실행의 진정성과 투명성을 보장할 수 있는 내부 방침을 수립해야 한다. 이를 위해 조직 상황 분석 과정에서 ESG 관련 의사결정, 실행 과정, 정보공시 등에서 과장, 왜곡, 은폐의 가능성을 식별하고, 관련 징후 발생 시 즉각적인 개선조치를 취하는 내부 메커니즘을 갖추는 것이 필수적이다. 이러한 구조는 ESG 리스크를 예방하는 동시에, 외부 이해관계자로부터 신뢰를 확보하는 수단이 된다.

4) 전략 이론과의 연계: 상황 맥락화(Contextualization)

조직 상황에 대한 이해는 전략학에서 '상황 맥락화(contextualization)' 이론에 근거하며, 이는 전략이 조직 외부 환경의 복잡성과 동적 변화를 반영하여 유연하게 조정되어야 함을 의미한다. ESG 경영도 예외가 아니며, 이 이론은 조직이 외부 불확실성과 내부 역량을 전략적으로 연결하는 방법을 설계하는 데 핵심적 역할을 한다. ESG 전략은 조직이 처한 상황에 따라 동일하지 않으며, 조직의 규모, 업종, 가치사슬 구조, 지역사회와의 관계 등에 따라 개별화되어야 한다.

5) ESG 전략 수립의 토대로서의 조직 상황

조직 상황의 이해는 ESG 경영시스템의 모든 구성요소의 타당성과 실효성을 뒷받침하는 전략적 기반이다. 이는 조직의 존재 목적과 지속가능경영 목표를 연결하는 작업이며, 궁극적으로는 ESG 경영의 실행력 확보와 시장 경쟁력, 사회적 신뢰성 강화의 출발점이 된다.

나. 리더십: 전략적 방향성과 실행력의 원천

리더십(Leadership)은 ESG 경영시스템의 중심축이자 전략적 방향성과 실행력을 조직 전반에 투영시키는 핵심 요소다. 특히 ISO 기반 ESG 시스템에서는 리더십을 CEO와 경영진이 조직의 ESG 원칙을 실제 경영 전반에 통합하고, 그 중요성과 정당성을 조직 안팎에 실증하는 행위로 정의한다. ESG 경영에서 리더십은 선언이 아니라 실천이며, 명확한 방향 제시와 자원의 뒷받침을 통해 조직의 체계를 변화시키는 힘으로 작용한다.

1) CEO의 책임성과 전략적 통합

ISO 규격에 따르면, 리더십은 조직의 목적 달성을 위한 방향 설정, 문화 조성, 목표 공유 및 참여 촉진이라는 기능을 수행해야 한다. ESG 경영에서도 동일하게, CEO는 ESG 경영시스템의 효과성에 대한 최종 책임(Accountability)을 진다. 이는 ESG 목표와 조직의 전략이 일관되게 정렬되도록 하고, ESG 활동이 조직의 주요 경영 프로세스에 통합되도록 보장하는 것을 의미한다.

즉 ESG는 마케팅, 인사, 생산 등 각 부서에 개별적으로 부여된 과제가 아니라, 전사적 전략 수준에서 실현되어야 하며, 이에 따라 경영진은 목표설정, 자원 배분, 성과평가를 포함한 전략적 실행 기반을 체계화해야 한다.

2) 프로세스 접근법과 리스크 기반 사고 촉진

ESG 경영의 복잡성과 불확실성은 리더가 리스크 기반 사고(Risk-Based Thinking)를 조직 전반에 적용하도록 요구한다. 이는 단기적 위기 대응을 넘어 ESG 이슈에 대한 선제적 인식과 전략적 대응을 포함한다. 경영진은 각 부서가 ESG 리스크와 기회를 명확히 파악하고, 이에 기반한 실행 계획을 수립할 수 있도록 체계적인 프로세스를 마련해야 한다.

환경 분야에서는 기후변화 대응, 사회 분야에서는 노동·인권 리스크, 지배구조 분야에서는 윤리경영 및 내부통제 강화를 통해 잠재 리스크를 최소화할 수 있다. 이는 리더의 인식 전환과 명확한 가이드라인 제공 없이는 불가능하다.

3) ESG 가치에 대한 조직 내 커뮤니케이션

전사적 공감대 형성과 참여 촉진도 리더십의 핵심 역할이다. ESG 경영은 단기 수익 중심의 접근에서 벗어나 장기적 지속가능성과 사회적 신뢰를 중시하기 때문에, 구성원의 공감과 자발적 실행이 필수적이다. 이를 위해 리더는 ESG 경영의 중요성과 방향성을 명확한 언어로 지속적으로 전달하고, 그 가치를 일관되게 행동으로 보여야 한다.

CEO의 메시지나 경영진의 실천적 태도는 구성원에게 신뢰를 형성하고, ESG 목표 달성의 동기 요인으로 작용한다. 내부뿐 아니라 외부 이해관계자에게도 ESG의 진정성을 전달하는 창구가 리더십이다.

4) 책임 체계와 자원 배분의 제도화

리더십은 조직 내 ESG 실행 구조를 제도화하고, 책임과 권한을 명확히 설정하는 역할도 수행해야 한다. ESG 담당자를 임명하거나, 이사회 산하에 ESG 위원회를 설치하여 역할을 구체화하고, 성과를 주기적으로 검토하는 체계를 마련해야 한다. 감사위원회가 ESG 보고서의 객관성을 검토하고, ESG 워싱 가능성을 사전에 점검할 수 있는 내부통제 메커니즘을 운영하는 것이 바람직하다. 또한, 필요한 인력과 예산, 정보 시스템 등 자원의 가용성을 보장함으로써 실행력 있는 ESG 경영체계를 구현할 수 있다.

5) 지속적 개선의 유도와 실질적 진정성 확보

리더십은 ESG 경영시스템이 일회성 활동에 그치지 않도록 지속적 개선(Continuous Improvement)을 촉진해야 한다. ESG는 외부 환경 변화, 이해관계자의 기대, 내부 평가 결과에 따라 유연하게 조정되고 재설계되어야 하며, 이를 위해 리더는 PDCA(Plan-Do-Check-Act) 사이클에 따라 ESG 활동의 효과를 주기적으로 검토하고 개선조치를 실행해야 한다.

ESG 워싱과 같은 비윤리적 리스크를 사전에 통제하기 위해 투명성과 책임 기반의 문화를 조성하고, 실질적인 진정성을 유지하는 데 집중해야 한다. 이러한 문화는 외부로부터 신뢰를 구축하는 가장 강력한 기반이 된다.

ESG 경영에서 리더십은 조직의 전략과 문화, 실행 전반에 영향을 미치는 중요한 전략적 촉진자 역할을 한다. 리더의 진정성 있는 의지와 행동은 ESG 시스템의 성공적 정착과 지속가능성, 그리고 사회적 신뢰 확보에 결정적인 요소로 작용한다.

다. 기획: ESG 전략 실현을 위한 체계적 설계

기획(Planning)은 ESG 경영시스템에서 전략 실행을 위한 구체적인 청사진을 마련하는 핵심 단계이다. 조직의 지속가능성과 책임 경영을 실현하기 위해 필요한 리스크관리, 목표설정, 실행 계획, 변경 대응 등을 총체적으로 설계하는 과정이다. ISO 기반 ESG 시스템에서의 기획은 다음의 세 가지 하위 요소로 구성된다.

① 리스크 및 기회의 식별과 관리

기획의 출발점은 조직이 ESG 경영시스템을 통해 의도한 결과를 달성할 수 있도록 리스크(Risk)와 기회(Opportunity)를 식별하고 관리하는 것이다. 리스크는 바람직하지 않은 결과를 초래할 수 있는 불확실성으로, 기후 리스크, 인권 침해, 부패, 공급망 불안정 등이 여기에 포함된다. 반면, 기회는 ESG를 통해 긍정적 영향을 확대할 수 있는 가능성으로, 친환경 제품 개발, 지역사회 가치 창출, ESG 기반 투자유치 등이 예시가 된다.

조직은 리스크와 기회를 정량적·정성적으로 평가하고, 그 결과를 ESG 경영시스템 설계에 반영해야 한다. 평가 시에는 조직의 법적·규범적 요구사항, 정책 방침, 시장 기대, 이해관계자 요구 등을 고려하며, 관련된 준수 의무사항과 리스크 평가 결과를 통합적으로 분석해야 한다.

특히 리스크·기회 대응 계획은 조직의 경영 프로세스에 실질적으로 통합되어야 하며, 비상 상황 대응계획(Contingency Plan)까지 포함하여 관리 가능성과 회복력을 높여야 한다. 이러한 대응계획은 단순 선언이 아니라, 실행 가능성과 효과성에 대한 평가 체계를 수반해야 한다.

② ESG 목표 수립 및 실행 계획

ESG 방침과 정렬된 구체적인 ESG 목표를 수립하고, 그 달성을 위한 실행 계획을 마련하는 것이다. ESG 목표는 측정 가능하고, 조직의 전략, 법적 요구사항, 이해관계자의 기대와 연계되어야 한다. 슬로건 수준을 넘어 문서화되고, 실행 가능하며, 평가 및 보고가 가능한 형태로 구체화되어야 한다. 실행 계획에는 수행할 과업, 필요 자원, 책임자, 완료 시점, 성과 평가 방식 등이 포함되어야 하며, 이는 목표 달성의 실행력을 담보하는 중요한 요소다. 예를 들어, 탄소배출 감축목표를 설정할 경우, 감축 대상 범위, 기준 연도, 감축 수단, 담당 부서, 예산 등 구체적인 실행 항목이 함께 마련되어야 한다.

③ 변경 기획: 유연하고 일관된 대응 설계

기획의 마지막 구성 요소는 변경 기획(Planning for Change)'이다. 이는 ESG 경영시스템이 외부 환경 변화나 내부 요구사항 변화에 따라 지속적으로 유연하게 대응할 수 있도록 준비하는 과정이다. 조직은 다음과 같은 항목을 중심으로 변경 계획을 수립해야 한다. 특히 변화가 빈번한 ESG 영역의 특성상, 조직은 변경 관리(Change Management)를 통해 의도하지 않은 부작용을 최소화하고, 전략 목표와의 정렬성을 유지해야 한다.

ESG 경영시스템에서 기획은 조직의 전략 역량과 경영 성숙도를 반영하는 가장 중요한 경영 기능이다. 효과적인 기획을 통해 조직은 리스크를 사전에 통제하고, 실현 가능한 목표를 수립하며, 변화에 민첩하게 대응함으로써 ESG 경영의 지속가능성과 신뢰성을 확보할 수 있다. 기획의 품질과 정밀도는 조직의 ESG 경영성과를 좌우하는 결정적 요인이며, 기획의 깊이가 곧 ESG 전략의 깊이라고 할 수 있다.

3.3 ESG 경영시스템의 실행과 지원

가. 지원

ESG 경영시스템에서 '지원(Support)'은 조직이 ESG 시스템을 효과적으로 수립하고, 유지하며, 지속적으로 개선하기 위해 필요한 기반 자원을 어떻게 확보하고 관리하는지를 다루는 핵심 항목이다. 이는 실행을 위한 보조적 수단이 아니라, ESG 전략이 실제 경영 활동으로 전환되기 위한 필수 조건으로 작용한다. ISO 기반 경영시스템 표준은 '지원'을 자원, 역량, 인식, 커뮤니케이션, 문서화된 정보 관리의 다섯 가지 구성요소로 구체화하고 있다.

ISO 경영시스템의 '지원(Support)' 5대 구성 요소

① '자원'의 측면에서 조직은 ESG 경영시스템의 수립과 운영, 개선을 위해 어떤 자원이 필요한지를 명확히 정의하고, 이를 적절히 배분해야 한다. 이는 물적·인적 자원을 포함하며, 내부 역량의 수준과 한계를 객관적으로 분석한 뒤 외부 공급자나 협력사로부터의 자원 확보 가능성까지 고려하는 전략적 접근이 요구된다. 특히 ISO 부속서 C.10에서 언급하듯, 협력사나 공급망 전체의 ESG 대응 수준 역시 조직의 자원 범주에 포함되므로, 공급망 차원의 ESG 역량 강화도 기획되어야 한다.

② '역량(Competence)'은 ESG 경영시스템이 목적한 효과를 내기 위한 실질적인 실행 능력이다. 조직은 ESG 관련 업무를 수행하는 인력의 학력, 경험, 전문성, 자격 요건 등을 바탕으로 적정한 역량을 평가하고 확보해야 하며, 필요시 이를 교육, 멘토링, 외부 전문가의 자문 또는 인사 재배치를 통해 보완할 수 있어야 한다. 또한 이러한 역량은 정기적으로 점검되며, 문서화된 형태로 관리되어야 한다. 특히 ESG와 관련된 민감한 이슈나 외부 이해관계자의 요구에 직접 대응하는 인원은 그 자격과 책임이 명확히 정의되어야 한다.

③ '인식(Awareness)'과 ④ '커뮤니케이션(Communication)'은 조직 구성원이 ESG 경영의 의미와 중요성을 이해하고 자발적으로 참여할 수 있도록 하는 핵심 기반이다. ESG는 조직 전체의 문화적 수용성과 실행 의지가 뒷받침되어야 성공할 수 있는 시스템이므로, 모든 임직원이 자신의 업무와 ESG 사이의 연관성을 명확히 인식할 수 있어야 한다. 이를 위해 정기적인 사내 교육, 워크숍, 내부 커뮤니케이션 전략이 마련되어야 하며, 조직의 ESG 가치와 목표는 반복적으로 공유되고 공감되어야 한다.

⑤ '문서화된 정보(Documented Information)'의 체계적인 관리는 ESG 경영의 투명성과 추적 가능성을 담보하는 수단이다. ESG 관련 문서는 작성·검토·갱신 과정

에서의 적절성, 사용의 용이성, 기밀성, 보안성, 변경이력 관리 등을 충족해야 하며, 이해관계자와의 소통이나 법적·규제적 요구사항 대응에 있어 핵심적인 근거로 활용된다. 특히 정보의 접근성 관리, 버전관리, 보존 기간 설정 등은 ESG 시스템의 신뢰성과 감사 대응 능력을 높이는 데 중요한 역할을 한다.

나. 운용

ESG 경영시스템의 '운용(Operation)'은 수립된 정책과 목표를 실제 경영활동 속에서 실현하는 실행 단계로, ESG 전략을 조직 운영 전반에 내재화하는 핵심 과정이다. 이 단계는 단순한 실행이 아니라, 조직의 운영 체계 전반에 ESG 원칙을 체계적으로 반영하고 통제함으로써 경영시스템의 일관성과 효과성을 확보하고, 궁극적으로 지속 가능한 성과를 창출하는 데 목적이 있다.

1) 운영 기획 및 관리(Operation Planning and Control)

이 과정은 조직이 ESG 경영시스템의 요구사항을 충족하기 위해 필요한 프로세스를 정의하고, 이를 실행·관리하는 체계를 수립하는 것을 의미한다. 여기서 중요한 것은 조직이 사전에 식별한 ESG 리스크 및 기회를 기준으로 각 부문별 실행 전략을 수립하고, 구체적인 관리 통제를 설계해야 한다는 점이다. 이러한 통제는 절차, 기준, 자원 배분, 책임 설정, 일정 계획 등 다양한 형태로 구체화되며, 변화하는 외부 환경과 내부 성과에 따라 정기적으로 검토·개선되어야 한다.

운영 기획은 문서화된 기준과 내부 교육, 관리체계 점검 등과 연계되어야 하며, ESG 목표가 실제 현장에서 실현되도록 연결고리를 강화하는 것이 핵심이다.

2) 비상사태 관리(Emergency Preparedness and Response)

ESG 이슈는 종종 예기치 않은 리스크로 발생하기 때문에, 이에 대한 사전 대응 체계 수립은 시스템의 안정성과 회복탄력성을 결정짓는 요소가 된다. 비상사태 관리 활동은 자연재해, 환경 사고, 인권침해, 공급망 붕괴 등 다양한 유형의 위기 상황을 상정하고, 이에 대한 대응 시나리오를 설계하며, 역할과 책임의 명확화, 커뮤니케이션 체계 구축, 외부 이해관계자와의 협업체계 마련 등을 포함한다.

또한 비상 상황 발생 시 빠르고 효과적인 대응을 가능하게 하기 위해, 정기적인 모의 훈련과 평가 활동이 병행되어야 하며, 이를 통해 대응 계획의 실효성을 점검하고 지속적으로 보완해 나가는 것이 중요하다. 이러한 사전적 대응 체계는 ESG 리스크 관리의 일부로서 조직의 복원력(Resilience)을 제고하고, 불확실한 상황에서도 신속하게 경영 안정성을 회복할 수 있는 기반이 된다.

3.4 ESG 경영 시스템의 평가와 개선

가. 성과 평가

ESG 경영시스템에서 '성과평가(Performance Evaluation)'는 조직이 설정한 전략적 목표의 달성 수준과 시스템의 운영 효과성을 종합적으로 측정·분석하는 핵심 과정이다. ESG 활동의 실질적 성과를 정량적·정성적으로 평가하고, 이를 기반으로 한 개선 활동을 촉진함으로써 조직의 ESG 경영체계를 지속적으로 고도화하는 전략적 기능을 수행한다.

업종 특성과 ESG 전략에 부합하도록 선정되어야 하며, 수집되는 데이터는 신뢰성과 객관성을 갖추어야 한다. 이를 위해 조직은 데이터 수집의 절차와 책임, 빈도, 시기, 수단 등을 사전에 표준화된 방식으로 정의하고, 이를 일관되게 적용할 수 있는 시스템을 갖추어야 한다.

첫째, 측정된 성과는 수치로 제시되는 데 그치지 않고, 체계적인 분석과 평가를 통해 ESG 경영시스템의 실질적 효과성에 대한 판단 자료로 활용되어야 한다. 예를 들어 목표 달성 수준이 미흡한 경우, 결과를 보고하는 데 그치지 않고 그 원인을 분석하여 정책적 방향성이나 실행 전략을 재정비하는 조치로 연결되어야 한다. 이러한 분석 과정은 반드시 문서화되어야 하며, 이는 조직 내부의 의사결정의 근거가 될 뿐만 아니라, 외부 이해관계자와의 신뢰 구축, ESG 공시 대응, 인증 및 외부 검증 등 다양한 목적을 위한 핵심 자료로 활용된다.

둘째, 법적 요구사항 및 기타 이해관계자 요구 충족 여부를 점검하는 준수 평가(Compliance Evaluation)의 기능도 포함한다. 조직은 ESG 관련 법령 및 규제의 변화에 능동적으로 대응할 수 있는 체계를 갖추고, 일정한 주기로 그 준수 상태를 점검하며, 필요한 경우 즉각적인 시정 조치를 취할 수 있도록 체계적인 프로세스를 구축해야 한다. 특히 ESG 정보공개와 관련된 법제도 변화가 빈번한 상황에서는 준수 여부의 주기적 점검이 리스크를 사전에 차단하는 데 매우 효과적이다.

성과 평가는 ESG 경영시스템의 실질성과 성숙도를 평가하고, 이를 기반으로 시스템을 개선해 나가는 전략적 순환의 중심축이다. 모니터링 → 분석 → 개선으로 이어지는 이 선순환 구조를 통해 조직은 ESG 역량을 점진적으로 향상시킬 수 있으며, 기업의 지속가능경영 실현과 이해관계자의 신뢰 확보, 장기적 기업 가치 제고에 기여하는 결정적 요소가 된다.

나. 개선

ESG 경영시스템의 마지막 단계인 '개선(Improvement)'은 조직이 지속 가능한 성장을 실현하기 위해 반드시 수행해야 할 전략적 활동이다. 이는 ESG 활동 전반의 체계적 성과 향상과 혁신을 추구하는 핵심 과정이다. ISO 기반 경영시스템의 기본 원칙 중 하나인 '지속적 개선(Continual Improvement)' 개념에 기반하며, 조직의 내적 역량 강화는 물론 외부 이해관계자와의 신뢰 확보에도 결정적인 역할을 한다.

개선 활동은 내부 감사, 성과 모니터링, 경영 검토 등의 과정을 통해 식별된 비효율적 요소, 부적합 사항, 리스크 요인 등을 해결하기 위한 구체적 조치에서 출발한다. 조직은 ESG 경영시스템 내에서 발생한 부적합(Nonconformity)을 정확히 인지하고, 이에 대한 시정 조치(Corrective Action)를 계획하고 실행해야 한다. 이때의 시정조치는 일시적 해결이 아니라, 유사한 문제가 반복되지 않도록 근본 원인을 분석하고 구조적인 개선책을 마련하는 데 중점을 두어야 한다.

또한 '개선'은 반응적 조치에 그치지 않고, 선제적 조치로 확장되어야 한다. ESG 경영 환경은 빠르게 변화하고 있으며, 법적 규제의 강화, 이해관계자의 요구 증대, 사회적 가치 기준의 변화 등 다양한 외부 요소가 조직의 지속 가능성에 영향을 미친다. 이러한 외부 환경 변화에 능동적으로 대응하기 위해, 조직은 위험 기반 사고(Risk-Based Thinking)에 입각해 잠재적인 ESG 리스크와 기회를 지속적으로 탐색하고 시스템을 유연하게 발전시켜야 한다.

개선은 ESG 경영시스템의 마무리 단계가 아니라, 전략적 가치 향상을 위한 출발점이다. 조직은 이를 통해 ESG 측면에서의 리스크를 최소화하고 기회를 극대화하며, 지속 가능한 경쟁 우위를 확보할 수 있다. 개선의 철학은 ESG 경영을 단기적 규제 대응 차원을 넘어서, 장기적 기업가치 창출과 조직의 생존 전략으로 전환시키는 데 있어 핵심축이 된다.

제9장 ESG 경영 컨설팅

1. 지속 가능한 미래를 위한 ESG 경영 컨설팅

ESG 컨설팅은 조직이 환경, 사회, 지배구조 전반에서 지속 가능한 경영을 실현하고 전략적 목표를 달성하도록 지원하는 핵심 수단이다.

ESG 컨설팅은 기업이 리스크를 진단하고, 전략을 수립하며, 글로벌 기준과 규제에 대응할 수 있도록 전문 지식과 실행방안을 제공한다. 컨설팅을 통해 기업은 ESG 경영 체계를 효과적으로 구축하고, 내부 역량을 강화하며, 이해관계자의 신뢰를 확보할 수 있다. 이를 수행하는 컨설턴트는 다양한 분야의 전문성을 바탕으로 조직 맞춤형 해결책을 제시하며, 변화하는 환경에 대응하는 최신 지식과 분석 역량을 갖추어야 한다.

1.1 ESG 전략 실행을 위한 컨설팅 구성과 원칙

ESG 컨설팅은 기업이 환경(E), 사회(S), 지배구조(G) 전반의 과제를 전략적으로 해결하고, 지속 가능한 경영체계를 구축하는 데 필수적인 지원 역할을 한다. 전략에 통합하여 장기적인 가치를 창출하는 데 중요한 역할을 한다.

가. ESG 전략 수립 및 실행 지원

ESG 컨설팅은 지속가능성과 기업의 장기적 성장 전략, 투자 유치, 법적 리스크 대응, 평판 관리 등 다양한 측면에서 매우 중요해지고 있다. 최근 기업들은 환경(E), 사회(S), 지배구조(G) 측면에서의 책임 있는 경영을 요구받고 있으며, 이에 따라 ESG 경영을 도입하고 체계화하려는 수요가 급증하고 있다.

- 기후변화, 노동권, 윤리경영 등 ESG 이슈는 기업 경쟁력의 핵심 요소다. 컨설팅은 이에 선제적으로 대응할 수 있는 전략 수립과 실행을 지원한다.

- ESG 성과는 기업 이미지와 직결되며, 윤리적 소비 트렌드 속에서 이해관계자 신뢰 확보가 중요해졌다. 컨설팅은 커뮤니케이션 전략을 포함한 평판 관리 방안을 제공한다.

- ESG 우수 기업은 투자자에게 매력적인 대상으로 평가받는다. 글로벌 자산운용사들이 ESG를 투자 기준으로 삼으면서, 컨설팅은 투자 대응 전략 수립에 기여한다.

- ESG 관련 규제 강화에 따라 기업은 국내외 법규를 사전에 파악하고 준수 시스템을 갖춰야 한다. 컨설팅은 이에 필요한 체계 구축을 지원한다.

ESG 컨설팅은 기업의 지속가능성과 장기 성장, 이해관계자 신뢰 구축, 리스크 대응을 위한 전략적 도구로서 필수적인 역할을 수행한다. 기업이 내외부 리스크를 통합적으로 관리하고, ESG 기반의 전략적 방향성을 설정함으로써 신뢰받는 기업으로 도약하는 데 결정적인 역할을 한다.

나. ESG 컨설팅의 구성요소

ESG의 세 가지 구성요소는 기업이 지속 가능한 경영을 실현하기 위해 고려해야 할 핵심축으로 기능한다.

〈ESG 경영컨설팅의 구성요소〉

환경 Environment	1. 환경 관리 : 기업의 환경 영향을 최소화하고, 자원 효율성을 극대화하는 전략 수립. 2. 탄소 배출 관리 : 탄소 발자국을 측정하고, 감축 목표 설정 및 이행 계획 수립. 3. 친환경 제품 개발 : 친환경 제품 및 서비스 개발을 위한 연구 및 지원. 4. 환경 리스크 관리 : 환경 리스크 식별 및 대응 전략 마련.
사 회 Social	1. 사회적 책임 : 기업의 사회적 책임을 다하기 위한 전략 및 활동 계획. 2. 인권 보호 : 노동자의 권리 보호 및 인권 존중 정책 수립. 3. 공정한 노동 환경 : 공정한 노동 관행 및 안전한 작업 환경 조성. 4. 지역사회 기여 : 지역사회 발전에 기여하는 프로그램 및 활동 지원.
지배구조 Governance	1. 투명한 경영 : 경영 투명성을 높이고, 윤리적 경영을 위한 정책 수립. 2. 이사회 구성 및 운영 : 이사회의 다양성 및 독립성 강화. 3. 내부 통제 : 효과적인 내부 통제 시스템 구축 및 운영. 4. 리스크 관리 : 기업의 다양한 리스크를 식별하고 관리하는 시스템 마련

각 요소는 기업 활동 전반에 걸쳐 리스크를 식별하고, 기회를 창출하며, 전략적 의사결정의 기준이 된다. ESG 컨설팅은 이러한 세 영역에 대한 분석과 개선을 통해 기업이 균형 잡힌 지속가능 경영 체계를 구축할 수 있도록 지원한다.

- 환경(Environment): 기업이 환경에 미치는 부정적 영향을 최소화하고, 자원의 지속가능성을 보장하는 데 초점을 맞춘다. 구체적으로는 기후변화 대응, 탄소배출 저감, 환경오염 방지, 생물다양성 보호, 자원 및 폐기물 관리, 에너지 효율 개선, 그리고 친환경적인 구매 및 조달 체계 구축 등의 활동이 포함된다. 이는 기업이 탄소중립 및 친환경 경영을 실현하기 위한 전략 수립의 기초가 된다.

- 사회(Social): 기업의 활동이 직원, 고객, 지역사회, 공급망 등 다양한 이해관계자에게 미치는 영향을 중심으로 구성된다. 이에는 인권 존중, 근로자의 안전과 복지, 성별 및 다양성 강화, 고객 프라이버시 보호, 지역사회와의 협력, 윤리적인 공급망 관리 등이 포함되며, 기업이 사회적 책임을 어떻게 실천하고 있는지를 평가

하는 중요한 기준이 된다. 특히 기업의 내부 문화와 대외 신뢰도를 형성하는 데 있어 사회 요소는 중요한 역할을 한다.

- 지배구조(Governance): 기업의 의사결정 체계와 투명성, 윤리성, 법규 준수 여부 등을 포괄한다. 이사회 및 감사위원회의 독립성과 구성, 부패 방지 정책, 정치 기부 및 로비 활동의 투명성, 기업 윤리 강령, 컴플라이언스 체계 구축, 공정 경쟁 원칙 준수 등이 주요 항목으로 다뤄진다. 이는 투자자와 이해관계자에게 기업의 지속가능성과 경영진의 책임성을 입증하는 핵심 요소로 작용한다.

ESG의 구성 요소인 환경(E), 사회(S), 지배구조(G)는 상호 밀접하게 연결되어 있어, 기업의 지속가능성과 경쟁력 강화를 위해서는 이들 요소를 통합적으로 관리하는 접근이 필수적이다. ESG 컨설팅은 이들 요소를 종합적으로 분석하고 개선전략을 제시함으로써, 기업이 환경 보호, 사회적 책임, 투명한 지배구조를 기반으로 장기적인 가치를 창출할 수 있도록 지원하는 중요한 수단이 된다. 이러한 통합적 ESG 접근 방식은 글로벌 지속가능성 평가 기준뿐 아니라, 이해관계자와의 관계 형성, 리스크관리, 기업 평판 개선에도 긍정적인 영향을 미친다.

다. ESG 경영 컨설팅의 7가지 기본 원칙

ESG 경영 컨설팅은 기업이 지속 가능한 경영을 실현할 수 있도록 체계적이고 효과적인 자문을 제공하는 전문 서비스이다. 이러한 컨설팅이 실질적인 성과를 거두기 위해서는 일정한 원칙과 철학이 바탕이 되어야 하며, ESG 전략의 정당성과 실효성을 확보하기 위한 7가지 기본 원칙은 그 중심에 있다. 이 원칙들은 컨설팅을 통해 수립된 전략이 형식적 대응에 그치지 않고, 기업의 내재화된 가치로 정착하도록 안내하는 기준이 된다.

① 포괄성(Inclusiveness): 기업이 ESG 전략을 수립할 때 모든 이해관계자의 의견과 요구를 반영하는 접근 방식으로, 주주, 임직원, 고객, 지역사회, 공급업체 등 다양한 이해관계자와의 소통과 협력을 기반으로 한다. 포괄적 접근은 다양한 관점의 균형을 확보하게 하며, 이를 통해 기업은 신뢰 기반의 ESG 전략을 설계할 수 있다.

② 중요성(Materiality): ESG 활동은 자원의 효율적 배분이 전제되어야 하며, 이를 위해 기업과 이해관계자에게 실질적인 영향을 미치는 핵심 이슈를 선별하는 작업이 필수적이다. 산업별 특성과 조직의 경영환경을 고려한 중요성 평가를 통해 전략의 집중도와 실행력을 높일 수 있다.

③ 진정성(Authenticity): ESG는 외부 평가나 이미지 제고를 위한 수단이 아니라, 기업의 핵심 가치와 철학에 근거해야 한다. 진정성 있는 ESG 활동은 일관된

실천과 장기적인 성과로 이어지며, 지속 가능한 신뢰를 구축하는 토대가 된다.

④ 참여와 소통(Participation & Communication): ESG 전략은 일방적인 선언이 아니라, 다양한 이해관계자의 참여를 바탕으로 형성되어야 하며, 실행 과정에서도 지속적인 소통이 필요하다. 명확하고 투명한 커뮤니케이션은 전략에 대한 수용성을 높이고, 이해관계자와의 유대감을 강화하는 데 기여한다.

⑤ 윤리적 경영(Ethical Management): ESG는 본질적으로 윤리성과 책임을 바탕으로 한 경영이다. 기업은 윤리 강령을 준수하고, 부패 방지 체계를 강화함으로써 내부 투명성을 제고하고 외부의 신뢰를 확보해야 한다. 이는 ESG의 기반을 지탱하는 핵심 원칙이다.

⑥ 맞춤형 접근(Customized Approach): ESG 전략은 보편적인 기준 위에 각 기업의 특수성을 반영해야 하며 업종, 기업 규모, 사업 모델, 경영 목표 등에 따라 차별화된 방식으로 설계되어야 한다. 맞춤형 전략은 실현 가능성을 높이고, 변화하는 외부 환경에 유연하게 대응할 수 있는 기반이 된다.

⑦ 지속적 개선과 혁신(Continuous Improvement & Innovation): ESG는 단기적 활동이 아닌, 장기적 관점에서의 지속적인 개선 과정을 전제로 한다. 정기적인 성과평가, 피드백 반영, 기술 및 혁신 솔루션의 도입을 통해 ESG 전략의 완성도를 높이고, 시대적 요구에 부합하는 방향으로 끊임없이 진화해 나가야 한다.

ESG 경영 컨설팅의 7대 기본 원칙을 충실히 반영한 ESG 전략은 이해관계자와의 신뢰를 강화하고, 기업의 지속 가능한 경쟁력 확보를 실현하는 핵심 동력이 된다.

라. ESG 경영 컨설팅을 위한 자원 요구사항

ESG 경영시스템에서의 요구사항은 조직이 환경(E), 사회(S), 지배구조(G) 영역에서 지속가능성과 책임 있는 경영을 실현하기 위해 반드시 고려해야 할 핵심 요소들을 의미한다. 이러한 요구사항은 기업이 ESG 전략을 효과적으로 실현하고, 다양한 이해관계자의 기대에 부응하며, 관련 법적·국제 기준을 충족하는 데 중요한 기준이 된다.

- 환경(Environment): 기후 변화 대응과 탄소배출 저감이 중심 과제로 자리 잡고 있다. 이에 따라 기업은 탄소배출량의 체계적인 측정과 관리, 대기 및 수질오염 저감, 생물다양성 보존, 삼림 벌채 방지, 에너지 효율성 제고, 폐기물의 감축 및 재활용, 물 부족 문제 대응 등의 실질적인 관리 활동을 수행해야 한다. 이러한 활동은 지속 가능한 생산 체계와 운영 모델의 정립으로 이어지며, ISO 14001(환경경영시스템), ISO 50001(에너지경영), ISO 14040(전과정평가: LCA) 등과 같은 국제표준이 구체적인 실천 지침을 제공하고 있다.

- 사회(Social): 기업의 활동이 이해관계자에게 미치는 영향을 고려하는 것이 핵심

이다. 주요 요구사항으로는 고객 만족도 제고, 개인정보 및 데이터 보호, 성별·인종·연령 등 다양한 측면에서의 포용성과 다양성 존중, 지역사회와의 상생, 인권보호, 공정한 노동기준 준수, 공급망 내 인권 및 근로 환경 관리 등이 포함된다. 특히 글로벌 공급망 전반으로 사회적 책임의 범위가 확장되고 있는 최근의 추세는, 기업이 외부 협력업체의 ESG 리스크까지 통합적으로 관리해야 함을 의미한다. 이와 관련하여 ISO 26000(사회적 책임), ISO 45001(산업안전보건), ISO/IEC 27001(정보보호), ISO 22301(업무연속성관리) 등의 국제표준이 실무적인 기반을 마련해 준다.

- 지배구조(Governance): ESG의 기반이 되는 운영 시스템으로, 투명하고 책임 있는 경영 체계를 요구한다. 구체적으로는 이사회 구성의 독립성과 다양성 확보, 감사위원회의 역할 강화, 윤리 강령 수립, 반부패 정책 운영, 로비 및 정치자금의 투명성 확보, 공정한 의사결정 체계 구축 등이 주요 항목으로 포함된다. 이러한 기준들은 ISO 37001(부패방지경영시스템), ISO 37301(준법경영시스템), ISO 31000(위험관리), ISO 5116-1(지속가능성 보고 투명성) 등을 통해 실질적인 관리 기준과 평가 지침을 제공받을 수 있다.

ESG 경영에서의 이러한 요구사항은 형식적인 체크리스트가 아니라, 기업이 전략적이고 통합적인 ESG 시스템을 구축하는 데 필수적인 토대이다. ISO 기반의 접근은 ESG를 일회성 프로젝트가 아닌 전사적 경영 전략으로 구축하게 하며, 이를 통해 기업은 이해관계자 신뢰 확보, 투자 유치, 평판 제고, 법적 리스크 대응 등 다양한 효과를 동시에 추구할 수 있다. ESG 요구사항은 외부 평가기관의 ESG 등급 산정, 투자자들의 리스크 평가, 소비자의 윤리적 소비 판단 등에도 직간접적인 영향을 미친다.

따라서 ESG 경영 도입 기업은 요구사항을 면밀히 검토하고, 전략 수립과 실행, 문서화 및 성과 평가 체계를 전사적으로 구축해야 한다. 지속적 운영과 개선을 통해서만 실효성과 경쟁력을 유지할 수 있다.

1.2 ESG 경영 컨설팅 프로세스의 단계별 접근

ESG 경영시스템의 실행은 HLS(High-Level Structure)의 구조적 체계를 따르며, 이를 통해 조직은 ESG 전략을 경영 전반에 통합하고 지속 가능한 성과를 체계적으로 달성할 수 있다. ESG 경영시스템은 위험 기반 사고(Risk-Based Thinking)와 프로세스 접근(Process Approach)을 통합하여 전략적 실행력을 갖춘 경영 인프라로 기능한다.

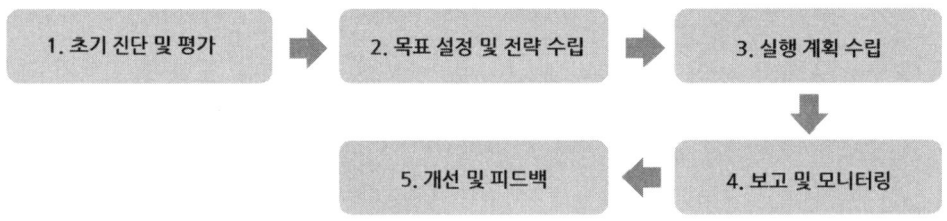

1단계: 초기 진단 및 평가

'초기 진단 및 평가'는 기업의 현재 ESG 현황과 리스크, 기회 요인을 종합적으로 분석하여 객관적인 진단 결과를 도출한다.

초기 진단은 GRI, SASB, ISSB 등 글로벌 ESG 프레임워크에 대한 이해를 바탕으로 수행된다. 컨설턴트는 산업별 ESG 이슈와 기준을 고려하여 기업의 강점과 취약점을 항목별로 분석하며, 정량적 자료와 정성적 인터뷰 결과를 통합해 진단의 객관성과 타당성을 확보한다.

구체적으로, 환경(E) 영역에서는 온실가스 배출량, 에너지 소비, 자원 활용 및 폐기물 처리 등의 항목이 진단되며, 사회(S) 영역에서는 인권 보호, 다양성과 포용, 안전보건, 지역사회 기여도 등이 주요 평가 대상이 된다. 지배구조(G) 영역에서는 이사회 구성의 투명성, 윤리경영 체계, 내부통제 및 컴플라이언스 체계 등이 점검된다. 이러한 진단항목은 대기업의 경우 약 61개, 중소기업은 약 27개 항목으로 구성되어, 조직의 규모와 특성을 반영한 맞춤형 진단이 가능하다. 이 단계에서는 기업의 ESG 리스크를 사전에 식별하고 평가하는 것이 중요하다.

벤치마킹도 초기 진단에서 매우 효과적인 도구로 활용된다. 유사 업종의 ESG 선도 기업들과의 비교를 통해 자사의 ESG 수준을 객관적으로 파악하고, 업계 평균 대비 개선이 필요한 핵심 영역을 식별할 수 있다.

초기 진단 및 평가는 ESG 실행 전략 수립에 필요한 인사이트와 데이터 기반을 제공하는 필수 단계이다. 이 과정을 통해 기업은 ESG 경영 체계를 체계적으로 정립할 수 있으며, 장기적인 지속가능성과 경쟁력 강화의 기반을 마련하게 된다.

2단계: 목표설정 및 전략 수립

'ESG 목표설정 및 전략 수립' 단계에서는 진단 결과를 바탕으로 현실적이고 명확한 ESG 목표를 설정하고, 이를 달성하기 위한 중장기 전략을 수립한다. 설정되는 목표는 정량적 지표(KPI)를 중심으로 향후 ESG 성과 측정 및 외부 공시, 투자자 대응의 기준이 되며, 대외 신뢰 구축의 핵심 자료가 된다.

전략 수립은 ESG 요소를 조직의 전체 경영 전략과 연계하는 작업으로, 이를 위해 부서 간 협업체계를 구축하고 전사적인 커뮤니케이션 기반을 강화하는 것이 필수적이다. 또한, 외부의 ESG 규제 변화, 산업별 특성, 이해관계자의 요구사항 등을 충분히 반영하여 전략을 설계해야 한다. 이 과정에서 전략은 선언적 수준에 그치지 않도록 구체적인 실행방안과 단계별 이행 로드맵을 포함해야 하며, 자원 배분, 조직 역량 강화 방안도 함께 고려된다.

조직의 지속 가능한 경쟁력을 좌우하는 핵심 과정이며, 경영의 실행 가능성과 효과성을 높이기 위한 실질적 토대를 마련하는 데 목적이 있다. ESG 컨설턴트는 이 과정에서 국제 기준과 업계 벤치마크를 제시하고, 조직의 현실과 목표 사이의 간극을 해소할 수 있도록 전략 수립 전반에 걸쳐 전문적인 자문과 실행 지원을 제공하게 된다.

3단계: 실행 계획 수집

'ESG 이행 체계 수립 및 실행' 단계에서는 구체적인 활동 계획과 역할 분담, 일정 등을 마련하여 전략이 현장에 효과적으로 적용될 수 있도록 한다.

먼저, 각 부서는 ESG 전략에 부합하는 실행계획(Action Plan)을 수립하고, 이를 뒷받침할 운영지침, 내부 규정, 행동강령 등의 문서를 정비해야 한다. 이러한 문서화는 구성원들의 역할을 명확히 하고, ESG 활동의 일관성과 책임성을 강화하는 데 필수적이다. ESG 컨설턴트는 기업의 업종, 규모, 조직 구조, 사업 모델 등을 고려해 실행 가능한 수준의 이행 체계를 설계하고, 내부 이해관계자와의 긴밀한 협의를 통해 실행력 있는 방안을 마련해야 한다.

이행 체계는 크게 세 가지 핵심 요소를 포함한다.

① ESG 전략을 주도할 전담 부서 또는 조직(ESG 위원회, 지속가능경영팀 등)의 설치 및 역할 분담이다. 명확한 책임 주체를 지정하고, 유관 부서 간의 협업체계를 마련해야 한다.

② ESG 활동의 성과를 측정하고 관리할 수 있도록 KPI 기반의 모니터링 시스템을 구축해야 하며, 이를 통해 활동의 진척 상황과 결과를 정기적으로 점검하고 필요시 조정이 가능하도록 해야 한다.

③ 조직 전반에 ESG 인식을 확산시키기 위한 교육과 커뮤니케이션 활동이 필요하다. 이는 실행 체계의 정착과 지속가능성을 높이는 데 중요한 기반이 된다.

ESG 데이터를 수집하고 관리할 수 있는 시스템을 병행하여 구축해야 한다. 온실가스 배출량, 노동환경 지표, 윤리경영 이행률 등 ESG 관련 데이터를 정량적·정성적으로 측정할 수 있어야 하며, 이러한 데이터는 외부 공시, ESG 평가 대응, 내부 개선 활동의 핵심 자료로 활용된다. 객관적인 데이터 기반 관리체계는 ESG 전략의 실행 신뢰성을 높이고, 투자자 및 외부 이해관계자와의 소통에도 결정적인 역할을 한다.

4단계: 보고 및 모니터링

'성과 모니터링 및 ESG 보고체계 구축' 단계는 ESG 성과를 정기적으로 점검하고 관련 정보를 투명하게 공개하며, 이해관계자와의 소통을 강화하는 과정이다.

조직은 환경(E), 사회(S), 지배구조(G) 각 분야별 핵심성과지표(KPI)를 설정하고, 이를 정량적·정성적으로 모니터링할 수 있는 평가체계를 마련해야 한다. 환경 분야에서는 온실가스 배출량, 에너지 사용량, 재활용률 등이 지표로 활용되며, 사회 분야는 다양성 지수, 직원 만족도, 사회 공헌 실적 등을 포함한다. 지배구조 분야는 이사회 독립성, 윤리경영 준수율, 내부통제 수준 등으로 구성된다. 이러한 지표는 ESG 목표 달성 수준을 정기적으로 진단하고, 전략의 실행력을 객관적으로 평가하는 도구가 된다.

ESG 보고체계 구축은 기업이 자신의 지속가능성 활동을 외부에 투명하게 공개하고, 신뢰를 확보하는 중요한 수단이다. 국제 공시 기준(GRI, SASB, ISSB 등)에 기반한 ESG 보고서는 기업의 전략, 실행 결과, 비전 등을 통합적으로 담아내며, 투자자·고객·규제기관 등 이해관계자의 판단 기준이 된다. 보고의 신뢰성을 높이기 위해 제3자 검증이나 외부 감사를 병행하는 것도 중요하다. 이를 통해 ESG 정보의 객관성을 확보하고, 글로벌 시장에서의 신뢰도와 브랜드 가치를 높일 수 있다.

5단계: 개선 및 피드백

ESG 컨설팅의 마지막 단계는 '성과 개선 및 사후 관리 체계 수립'이다. 모니터링 결과를 토대로 문제점을 보완하고, 지속적인 개선 활동을 통해 ESG 경영의 완성도를 높여 나간다. 기업은 성과 분석 결과를 기반으로 개선이 필요한 영역을 식별하고, 그 원인에 대한 진단을 토대로 구체적인 실행계획을 수립한다. 예를 들어, 온실가스 감축 목표가 미달된 경우, 에너지 효율화, 재생에너지 도입 확대, 설비 개선 등 실질적인 전략을 새롭게 도입하게 된다. 사회나 지배구조 영역에서도 다양성 확보나 이사회 투명성 제고와 같은 과제가 실행 가능한 계획으로 전환된다.

성과 개선은 보완 조치에 머무르지 않고, 장기적인 ESG 내재화를 위한 사후 관리 체계 구축으로 이어진다. 이를 위해 ESG 지침의 정기적 개정, 내부 감사 주기설정, KPI와 임직원 평가 및 보상 연계 등 구조적 장치가 마련되어야 한다. 특히, ESG 성과가 인사나 보상 체계와 연결될 경우, 조직 구성원의 자발적 참여와 실질적 실행을 촉진할 수 있다.

이와 함께, ESG 관련 교육과 내부 인식 제고 활동 역시 중요한 요소다. ESG가 규제가 아닌 전략적 가치로 인식되도록 반복적이고 실천적인 교육을 시행함으로써, 전사적 참여 기반을 강화할 수 있다. 이 단계에서는 지속적인 피드백 순환 체계를 마련하는 것이 핵심이다. ESG 위원회나 전담 부서를 중심으로 정기적인 점검과 평가를 실시하고, 외부 이해관계자의 의견을 반영하는 구조를 갖추어야 한다. 이러한 선순환 시스템은 ESG 경영의 성숙도를 높이고, 변화하는 환경에 능동적으로 대응할 수 있게 한다.

1.3 ESG 컨설팅 시장의 발전 방향과 미래 전망

2022년 기준 글로벌 ESG 자산은 30조 달러를 돌파했으며, 2030년까지 40조 달러를 초과할 것으로 예상된다. 이는 전체 자산의 약 35%에 해당하며, ESG에 대한 투자 수요의 급증을 보여 준다. ESG 채권시장 성장과 다양한 상품 개발은 기업에 새로운 자금 조달 기회를 제공하는 동시에, 전략 수립과 공시 역량 강화를 요구하고 있다. 이에 따라 ESG 컨설팅 수요도 빠르게 증가하고 있으며, 기업들은 ESG를 장기 경쟁력 확보를 위한 핵심 전략으로 인식하고 있다. 앞으로 ESG 컨설턴트는 전략 수립부터 실행, 공시, 개선에 이르기까지 전 과정에서 기업의 지속가능 경영을 지원하는 중요한 파트너로서 역할이 더욱 확대될 것이다.

가. ESG 데이터 및 디지털 기술 활용 증가

최근 ESG 경영이 기업의 지속가능성과 투자 유치의 핵심 요소로 자리 잡으면서, ESG 데이터 분석과 디지털 기술의 활용이 필수적 과제로 부각되고 있다. ESG 공시 및 평가 기준이 정교해지고 있으며, 이에 따라 기업들은 관련 데이터를 체계적으로 수집하고, 관리하며, 외부에 투명하게 보고할 수 있는 역량을 강화해야 하는 상황에 놓였다.

1) ESG 데이터 관리와 디지털 플랫폼 시장의 급성장

ESG 공시 요구가 확대되면서 기업들이 관리해야 할 데이터의 양과 질이 급증하고 있다. 예를 들어, 글로벌 헬스케어 기업 필립스(Philips)는 유럽연합의 지속가능성 공시 기준(ESRS)에 따라 950개의 ESG 데이터 포인트를 검토했으며, 이 중 약 30%만이 기준을 충족한다고 발표했다. 향후 이 수치는 1,144개로 늘어날 것으로 전망되며, 이는 ESG 데이터 관리의 정밀도와 신뢰성을 확보하는 일이 얼마나 중요한지를 보여 준다.

이와 같은 변화는 ESG 데이터 플랫폼 시장의 성장으로 이어지고 있다. Bloomberg에 따르면, 글로벌 ESG 공시 및 데이터 플랫폼 시장은 2022년 7억 달러에서 2027년 15억 달러 규모로 두 배 이상 성장할 것으로 예상된다. 이는 기업들이 ESG 정보를 투명하게 관리하고 공시하기 위한 기술적 인프라 구축에 집중하고 있음을 의미한다.

이러한 맥락에서 인공지능(AI), 빅데이터, 클라우드, 블록체인 등 디지털 기술을 활용한 ESG 솔루션의 수요가 빠르게 확대되고 있다. ESG 데이터의 복잡성과 방대한 양을 효과적으로 처리하기 위해 많은 기업들이 디지털 ESG 플랫폼을 도입하고 있으며, AI 기반 ESG 평가 시스템 또한 점차 확산되고 있다. 예를 들면, AWS와 협력한 기술 컨설팅 기업 Contino는 기업들이 실시간으로 탄소 배출량을 추적하고 ESG 목표 달성 현황을 모니터링할 수 있는 클라우드 기반 지속가능성 대시보드를 제공하고 있다. 탄소 회계(Carbon Accounting) 스타트업에 대한 투자 증가도 이러한 흐름을 뒷받침한다. 2022년 글로벌 탄소 회계 스타트업에 유입된 자본은 7억 6,700만 달러에 달했으며, 2023년에도 3억 3,300만 달러 규모의 투자가 지속되었다. 이는 ESG 데이터 분석과 리포팅 자동화에 대한 기업들의 수요가 실제 투자로 이어지고 있음을 보여 준다.

2) 국내 ESG 디지털 전환과 컨설팅 산업의 진화

국내에서도 ESG 디지털 전환이 가속화되고 있다. 2023년 9월 한국경제신문 보도에 따르면, 국내 주요 회계법인과 컨설팅 업체들이 자체 ESG 공시 플랫폼을 출시하거나 이를 위한 IT 시스템 통합(SI)을 추진하고 있으며, 대기업은 자체 시스템을, 중소기업은 ESG 컨설팅을 통해 클라우드 기반 ESG 솔루션을 도입하는 사례가 늘고 있다.

ESG 컨설팅 산업 또한 이러한 변화에 발맞추어 진화하고 있다. 컨설턴트들은 기업의 데이터 기반 ESG 전략 수립 및 디지털 전환을 종합적으로 지원하는 전문 파트너로서의 역할을 강화하고 있다. 향후 ESG 컨설팅의 중심은 데이터, 기술, 그리고 지속가능한 비즈니스 인프라 구축으로 이동할 것이며, 이에 따른 전문성과 시장 수요도 지속적으로 확대될 것으로 전망된다.

나. ESG 규제의 글로벌 표준화 가속화

최근 ESG 규제의 글로벌 표준화가 빠르게 진행되고 있으며, 이는 기업들의 ESG 공시 의무 강화로 이어지고 있다. 대한상공회의소(2023년 10월 보고서)에 따르면, ESG 규제는 대기업뿐만 아니라 중소기업까지도 이에 대응해야 하는 환경으로 변화하고 있다.

1) ESG 공시의 표준화 및 의무화 강화

과거에는 ESG 정보 공시가 기업 자발에 의해 이루어졌지만, 현재는 국제적으로 통일된 의무 공시 체계로 전환 중이다. 한국거래소(2023년 8월 발표)에 따르면, 2026년부터 국내 상장기업을 포함한 주요 기업들이 ESG 정보를 반드시 공시해야 하며, 이에 따른 표준화 작업도 활발히 진행 중이다. 유럽연합(EU)은 2024년부터 '지속가능성 공시 지침(CSRD)'을 시행해 유럽뿐 아니라 글로벌 시장 내 기업들도 이에 부응해야 한다. 네덜란드 ING은행(2023년 보고서)은 ESG 공시 기준이 통일되지 않으면 글로벌 투자자들이 기업의 지속가능성을 정확히 평가하기 어렵고, 금융 시장의 안정성도 저해될 수 있다고 강조한다.

2) 투자자들의 ESG 정보 요구가 지속 증가

ESG 경영은 기업의 리스크관리 및 장기 수익성과 밀접한 관계를 맺으면서, 글로벌 투자자들은 ESG 데이터를 핵심 투자 판단 기준으로 삼고 있다. 블랙록(BlackRock)의 2023년 연례 보고서는 ESG 성과가 뛰어난 기업이 자본 조달 비용을 절감할 수 있음을 보여 준다. 미국 증권거래위원회(SEC)는 2023년 7월 기후변화 관련 공시 의무를 강화하고 이를 위반하는 기업에 대해 엄격한 제재 방침을 발표했다.

3) ESG 규제의 적용 범위가 공급망 전반으로 확장

EU가 2023년 5월 채택한 '공급망 실사 지침(CSDDD)'은 기업이 공급망 내 인권 침해 및 환경 훼손 문제를 파악하고 적극 대응할 책임이 있음을 명확히 하고 있다. PwC(2023년 ESG 리포트)는 공급망 내 ESG 리스크 미관리 시 브랜드 가치 하락과 법적제재 가능성이 커진다고 지적하며, 글로벌 표준화가 필요하다고 강조한다.

4) 소비자의 ESG 인식 변화가 규제 강화의 주요 동력으로 작용

맥킨지(McKinsey) 2023년 소비자 행동 보고서에 따르면, 전 세계 소비자 중 70% 이상이 ESG를 실천하는 기업의 제품에 더 많은 비용을 지불할 의향이 있다고 응답했다. 대한상공회의소(2023년 ESG 트렌드 보고서)는 소비자의 지속가능성 요구 증가가 정부 및 기업의 ESG 기준 도입을 촉진하는 요인임을 확인했다.

ESG 규제 글로벌 표준화의 가속화는 기업이 투자자, 정부, 소비자, 공급망 등 다양한 이해관계자의 기대에 부응하기 위한 필수 전략으로 자리 잡고 있다. 한국거래소는 ESG 공시 및 경영 기준의 명확화가 기업의 ESG 리스크관리와 글로벌 경쟁력 유지에 기여한다고 평가하며, PwC는 명확한 표준화가 기업의 ESG 전략 수립과 장기 지속가능성 향상에 긍정적 영향을 준다고 분석했다. 이에 따라 ESG 컨설팅은 기업이 공시와 평가체계를 체계적으로 구축하도록 지원하는 핵심 역할을 하며, 향후 더욱 빠르고 폭넓은 규제 대응이 요구될 것으로 보인다.

다. 공급망 내 ESG 리스크관리 중요성 확대

최근 ESG 경영의 범위가 확대되면서, 기업의 공급망 전반에 걸친 ESG 리스크관리가 핵심 과제로 떠오르고 있다. 과거에는 자사 내부의 ESG 실천에 초점이 맞춰졌

다면, 이제는 협력업체와 공급망 전체의 지속가능성을 확보하는 것이 기업 생존과 직결되는 요소로 부각되고 있다. 이는 ESG 컨설팅이 단순한 진단을 넘어, 공급망 전반의 리스크 분석과 전략 수립을 포함하는 필수 서비스 영역으로 발전하고 있음을 보여 준다.

1) 공급망 ESG, 글로벌 규제로 법적 책임 강화

유럽연합(EU)은 2023년 '기업 지속가능성 실사 지침(CSDDD)'을 채택하여, 기업이 공급망 내 인권 침해 및 환경 훼손 문제를 사전에 식별하고 조치할 법적 책임을 부과했다. PwC(2023년 ESG 리포트)는 해당 지침이 본격 시행되면 글로벌 기업들이 공급망 실사와 대응 역량을 강화해야 하며, 이 과정에서 ESG 컨설팅의 역할이 더욱 중요해질 것이라 분석했다. 또한, 미국 증권거래위원회(SEC)는 기업 ESG 공시 시 공급망 전반의 탄소배출(Scope 3)을 포함하도록 요구하고 있어, 공급망 ESG 데이터 수집 및 분석 체계의 필요성이 커지고 있다.

2) 공급망 ESG 리스크, 투자자 핵심 평가 기준

글로벌 투자기관들은 기업의 공급망 리스크 수준을 재무 안정성과 직결된 요소로 보고 있으며, 블랙록(BlackRock) 2023년 보고서에 따르면, 공급망 내 ESG 리스크를 관리하지 못한 기업은 브랜드 가치 하락과 규제 위반 가능성으로 인해 투자 매력도가 낮아진다. FTSE Russell(2023년 ESG 리스크 분석 보고서) 역시 ESG 리스크가 높은 공급망을 보유한 기업은 평균적으로 15~20% 더 높은 자본 조달 비용을 부담한다고 밝혔다. 이는 공급망 관리 역량이 기업의 재무 건전성과 직결된다는 점을 시사하며, ESG 컨설팅이 이러한 리스크 대응 전략을 수립하는 데 실질적 기여를 하고 있다.

3) 소비자 인식 변화, 공급망 ESG 관리 중요성 부각

윤리적 소비에 대한 관심이 높아지면서, 소비자들은 기업이 윤리적이고 지속 가능한 공급망을 운영하는지를 주의 깊게 살펴보고 있다. 맥킨지(2023년 소비자행동보고서)에 따르면, 전 세계 소비자의 70% 이상이 윤리적인 공급망을 운영하는 기업의 제품을 선호하는 것으로 나타났다. 특히, 패션 산업 등에서 아동 노동이나 환경 파괴와 관련된 논란이 브랜드 불매로 이어지는 사례가 증가하면서, 기업들은 ESG 컨설팅을 통해 투명한 공급망 체계와 윤리적 조달 기준을 마련하고 있다.

〈공급망 내 ESG 리스크관리의 중요성〉

구분	핵심 내용	관련 자료 및 출처
글로벌 규제 강화	EU CSDDD 및 미국 SEC의 공급망 관련 ESG 공시 요구 강화. 공급망 내 ESG 리스크 미관리 시 법적 책임 증가	PwC ESG 리포트 (2023.6), EU CSDDD, SEC 공시 제안(2023.7)
투자자 관점	글로벌 투자자들이 공급망 ESG 리스크를 주요 투자 판단 기준으로 활용. ESG 리스크 미관리 시 자본 조달 비용 증가	BlackRock 연례 보고서(2023), FTSE Russell ESG 리포트(2023)
소비자 인식 변화	소비자들이 윤리적 공급망을 중시. ESG 미준수 시 불매운동 및 브랜드 가치 하락 위험 증가	McKinsey 소비자 행동 보고서(2023)

ESG 컨설팅은 공급망 내 ESG 데이터를 실시간으로 모니터링하고, 위험 요소를 조기에 감지하여 대응할 수 있는 체계를 구축함으로써, 기업의 지속가능성을 실질적으로 강화하는 데 기여하고 있다. 특히, ESG 관련 데이터의 투명성과 신뢰성을 확보하는 과정에서 컨설팅은 필수적인 역할을 수행하고 있다.

글로벌 규제와 투자자 기대, 소비자 요구가 고조되면서, 공급망 ESG 리스크관리는 기업의 지속가능성과 경쟁력을 좌우하는 전략적 과제가 되었다. PwC는 2023년 보고서를 통해 향후 ESG 컨설팅 시장의 약 40% 이상이 공급망 ESG 분석 및 개선 솔루션 제공에 집중될 것이라 전망하며, 공급망 내 ESG 성과를 실시간으로 추적하고 협력업체와의 공동 대응 체계를 구축하는 데 있어 컨설팅의 중요성이 더욱 부각될 것이라고 분석했다.

라. 탄소중립과 기후 대응 전략 수립 강화

전 세계적으로 탄소중립과 기후변화 대응은 산업 구조 전반을 변화시키는 핵심 의제로 부상하고 있다. 각국의 정책 강화와 기술 발전, 민간 부문의 적극적인 대응이 맞물리면서 ESG 컨설팅의 중요성도 함께 커지고 있다. ESG 경영 컨설턴트는 탄소중립 실현을 위한 실행 전략을 제시하고, 기업이 지속 가능한 경쟁력을 확보하도록 돕는 핵심 촉진자로서의 역할을 수행하고 있다.

1) 주요국의 탄소중립 정책 강화

세계 주요국들은 2050년까지 탄소중립을 달성하겠다는 장기 목표를 수립하고, 이를 위한 제도적 기반을 빠르게 마련하고 있다.

- 유럽연합(EU)은 '유럽 그린딜(European Green Deal)'을 통해 2030년까지 온실가스 배출량을 1990년 대비 55% 감축하고, 2050년까지 탄소중립을 달성하겠다는 계획을 세웠다. 이와 함께 도입되는 탄소국경조정제도(CBAM)는 고탄소 국가로부터 수입되는 제품에 대해 관세를 부과하는 제도로, 글로벌 기업들에게 탄소배출 저감 압력을 가중시키고 있다.

- 미국은 2021년 '기후 행동계획'을 통해 2030년까지 온실가스 배출을 50~52% 감축하고, 2050년 탄소중립을 공식화하였다. 동시에 미국 증권거래위원회(SEC)는

기후 관련 공시 의무화를 추진 중이며, 이에 따라 기업들은 자사뿐 아니라 공급망의 탄소배출 현황까지 공개해야 하는 상황이다.

• 한국도 '2050 탄소중립 기본법'을 제정하고 2030년까지 국가 온실가스 감축 목표(NDC)를 40%로 설정함으로써, 국내 기업들의 기후 전략 수립이 법적 요구로 강화되고 있다. 이러한 변화는 전 세계적으로 탄소 감축 전략이 기업 활동의 전제조건이 되고 있음을 시사한다.

2) 기술 혁신과 재생에너지 전환

탄소중립 실현을 위한 기술 개발과 재생에너지 확산이 빠르게 진행되고 있다. 국제에너지기구(IEA)는 2023년 보고서를 통해 재생에너지 투자 규모가 사상 최대치인 1조 7천억 달러를 초과했다고 발표했으며, 이는 화석연료 투자 대비 2배 이상 많은 수치다. 태양광과 풍력 발전의 경제성 향상은 이러한 전환을 더욱 가속화시키고 있다.

이산화탄소 포집·저장(CCUS) 기술은 2050년까지 글로벌 탄소 감축목표의 15% 이상을 담당할 것으로 전망된다. 실제로 많은 글로벌 기업들이 CCUS를 전략적으로 도입하고 있으며, 이는 탄소배출 저감을 위한 현실적인 기술 해법으로 떠오르고 있다.

수소 경제도 주요 대응 전략으로 주목받고 있다. 특히 그린 수소 생산 기술은 재생에너지와의 결합을 통해 친환경적인 에너지 전환 수단으로 부상하고 있으며, 블룸버그 NEF는 2030년까지 수소 산업의 연평균 성장률을 30%로 전망하고 있다.

3) 기업 및 금융기관의 탄소중립 이행 가속화

글로벌 기업들은 ESG 경영을 강화하는 한편, 탄소중립 목표 달성을 위해 기후 전략을 전면 재편하고 있다. 애플은 2030년까지 전체 공급망을 탄소 중립화하겠다는 목표를 제시했으며, 주요 자동차 기업들도 2040년까지 전기차 전환을 완료하겠다는 계획을 발표했다. 삼성전자는 '신환경경영전략'을 통해 2050년까지 탄소중립을 달성하기 위해 7조 원 규모의 투자를 추진하고 있다.

금융기관의 변화도 주목할 만하다. 블랙록은 운용자산의 75% 이상을 2025년까지 탄소중립 포트폴리오로 전환할 계획이며, 탄소 집약적인 기업에 대한 투자 제한을 강화하고 있다. EU는 지속가능 금융공시 규제(SFDR)를 통해 금융기관의 ESG 투자 기준을 제도화하고 있으며, 이는 기업들의 기후 대응 역량이 자금 조달 가능성과 직접 연결되고 있음을 의미한다.

4) ESG 컨설팅의 전략적 가치 확대

탄소중립이 세계적으로 규범화됨에 따라, 기업들이 기후 대응 전략을 실질적으로 수립하고 실행할 수 있도록 돕는 ESG 컨설팅의 중요성은 급격히 높아지고 있다. PwC는 2025년까지 ESG 컨설팅 시장이 연평균 15% 이상 성장할 것으로 내다보며, 특히 탄소중립 전략 수립, 기후 리스크 분석, 재생에너지 도입 컨설팅이 핵심 서비스로 구축될 것으로 전망하고 있다.

ESG 컨설팅은 탄소중립 목표 설정, 배출 감축 실행계획 수립, 탄소배출권 거래 대응, 공급망 탄소 관리 등 복합적인 기후 전략을 수립하는 데 있어 전략적 파트너로 기능한다. 특히 변화하는 글로벌 규제에 대응하고, 투자자 및 고객과의 신뢰를 구축하기 위해 ESG 전문가의 개입은 필수적이다.

주요국의 법제화 움직임과 함께, 기술 혁신과 투자 지형의 변화는 기업에게 실질적 대응을 요구함에 따라 ESG 컨설팅은 기업들이 탄소중립 목표를 달성하고 지속가능성을 확보하는 데 있어 핵심적 역할을 수행하고 있으며, 미래 ESG 산업의 중심축으로 자리매김할 것이다.

2. ESG 경영 컨설팅의 필요성과 컨설턴트의 역할

ESG 컨설팅은 기업이 직면한 비재무적 리스크와 기회를 구조적으로 분석하고, 실행 가능한 전략으로 구체화하도록 지원한다. 또한 컨설팅은 진단에서 끝나지 않고, 기업의 핵심 전략 및 경영 모델 전반에 ESG 요소를 내재화하여 지속 가능한 성장 기반을 마련하는 데 중점을 둔다. 특히 자원의 제약과 시장의 압력 속에서 기업이 본질적인 경쟁력을 확보하려면, 외부의 전문 역량과 협력하여 ESG 전략을 설계하고 구체화하는 과정이 필수적이다.

따라서, ESG 컨설팅은 변화의 방향을 '선택'이 아니라 '전환'으로 만들어 주는 실질적 촉매제이며, 컨설턴트는 기업이 지속가능성과 수익성을 동시에 추구할 수 있도록 돕는 전략적 동반자이다.

2.1 ESG 경영 컨설팅의 필요성

기업을 둘러싼 경영 환경은 급변하고 있다. 과거에는 재무제표 하나만으로 기업의 건강성을 판단할 수 있었지만, 이제는 그 숫자 이면의 비재무적 요소까지 함께 평가되는 시대다. 기후위기, 공급망 인권 문제, 이해관계자 자본주의의 부상 등은 기업의 지속가능성을 결정짓는 핵심 변수로 부상했다. ESG는 환경(E), 사회(S), 지배구조(G)의 세 단어의 조합이 아니라, 기업의 존재 이유와 지속가능성에 대한 근본적 질문이 담긴 전략이자 철학이다.

하지만 이 새로운 기준에 적응하는 과정은 결코 단순하지 않다. ESG는 모든 기업에 동일한 해답을 주지 않으며, 각 기업의 업종, 규모, 전략, 가치관에 따라 전혀 다른 해석과 접근을 요구한다. 이 복잡성과 불확실성 속에서 기업이 방향을 잃지 않기 위해 필요한 것이 바로 전문적인 ESG 컨설팅이다.

가. ESG를 둘러싼 외부 압력과 내부 갈등

글로벌 투자자들은 수익률만을 보지 않는다. ESG 기준을 충족하지 못하는 기업은 투자 대상에서 제외되거나, 자금 조달 비용이 상승한다. 유럽의 CSRD, 미국의 SEC 기후정보 공시안, 국제회계기준(IFRS ISSB) 등 ESG 공시는 '권장'이 아닌 '의무'로 빠르게 전환되고 있다.

이러한 외부 규제는 국내 기업에게도 영향을 미친다. 수출 중심의 제조업체들은 글로벌 밸류체인의 일원으로서 실사와 공시의무를 요구받고 있으며, 스타트업이나 중소기업 역시 ESG 평가와 인증이 각종 투자나 정책자금의 전제조건으로 작용하는 상황이다. 그러나 내부적으로는 ESG의 개념조차 생소하거나, 경영 전략과 어떻게 연결할지 막막한 경우가 많다. 이러한 외부 압력과 내부 공백 사이의 간극을 메우는 것이 ESG 컨설팅의 출발점이다.

나. 기업의 생존 전략으로서의 ESG

ESG는 단기 실적과 충돌하는 불편한 요구가 아니다. 오히려 장기적인 수익성과 브랜드 가치, 리스크 관리의 기반이 된다. 탄소중립에 대응하지 않는 기업은 에너지 비용, 규제 부담, 평판 리스크에 직면하며, 인권과 다양성을 무시한 고용 정책은 우수 인재의 이탈과 내부 갈등으로 이어진다. 반대로 ESG를 전략적으로 수용한 기업은 공급망에서의 신뢰를 확보하고, 투자자와 고객으로부터 우선순위를 부여받는다.

ESG 컨설팅은 이와 같은 변화의 흐름 속에서 기업이 성장을 설계할 수 있도록 돕는다. 단기 성과에 치우치지 않고, 기업의 정체성과 가치를 ESG 전략과 정렬시키는 과정이야말로, 새로운 경쟁력의 근원이 된다.

다. ESG 전략 수립의 현실적 어려움

문제는 ESG의 필요성을 인식한 이후에도 실행에 옮기기 어렵다는 점이다.

- 어떤 프레임워크를 기준으로 전략을 수립해야 하는가?
- 환경(E), 사회(S), 지배구조(G) 중 무엇이 우리 기업의 핵심인가?
- 탄소배출 데이터를 어떻게 수집하고 검증할 것인가?
- 인권 실사나 공급망 리스크는 어디서부터 시작해야 하는가?

많은 기업이 이 질문 앞에서 주저한다. 특히 ESG는 '단일 부서'의 책임으로 국한할 수 없는 복합적 이슈이기 때문에, 내부 인력만으로 전략 수립과 실행을 동시에 해결하기는 어렵다. 이러한 한계를 보완하는 실질적 해결책이 외부 ESG 컨설팅의 개입이다.

라. ESG 컨설팅이 제공하는 가치

ESG 컨설팅은 평가서를 작성해 주는 역할이 아니다. 그들은 다음의 가치를 기업에 전달한다.

- 체계적인 프레임 제공: ESG 관련 규제와 표준이 복잡하게 얽혀 있는 상황에서, 기업이 우선순위를 설정할 수 있도록 도와준다.
- 산업 맞춤형 전략 설계: 업종과 시장 특성을 반영하여 실효성 있는 전략을 구축한다.
- 리스크 식별과 대응: 환경적, 사회적 리스크를 선제적으로 진단하고 관리 방안을 설계한다.
- 내부 의사결정 구조 개선: ESG 관점을 지배구조와 연계해 지속가능한 의사결정 구조를 설계한다.

ESG 경영 컨설턴트는 기업이 '지속가능한 성장을 위한 새로운 해석'을 갖도록 돕는 전략 파트너이다. 표면적으로는 공시와 인증, 보고서 작성의 전문가처럼 보이지만, 실질적으로는 기업의 정체성을 ESG라는 렌즈로 재정의하고, 경영 전략의 지형을 재설계하는 조율자다. ESG 시대의 기업은 독자적으로 생존할 수 없으며, 변화의 길을 함께 설계하고 동행할 수 있는 파트너십이 필수다. ESG 컨설팅은 그 여정의 출발점이자 안내자다.

2.2 ESG 경영 컨설턴트의 역할

기업의 ESG 전환 여정은 외부 기준을 따라가는 문제를 넘어, 조직 내부의 문화와 전략을 전면적으로 재구성하는 복잡한 작업이다. 이러한 전환을 주도하는 주체가 바로 ESG 경영 컨설턴트다. 이들은 전문가로서의 지식을 전달하는 데 그치지 않고, 전략과 실행의 간극을 메우는 설계자이자 촉진자로서 기능한다.

가. 컨설턴트의 핵심역할

해석자: 글로벌 기준과 기업 실정의 다리 놓기

GRI, SASB, ISSB 등 국제적 공시 기준은 ESG 실무의 출발점이지만, 이를 기업 실정에 맞게 해석하고 내재화하는 것은 또 다른 과제다. ESG 경영 컨설턴트는 이 복잡한 기준들을 정리하고, 기업에 가장 적합한 기준을 제안하며, 전략 방향성과의 연결고리를 마련한다.

분석가: 리스크와 기회의 정량화

컨설턴트는 기업의 환경 데이터를 수집·검증하고, 사회적 영향 요소를 측정하며, 지배구조의 리스크 지점을 분석한다. 이 데이터 기반 분석은 전략적 의사결정의 핵심 도구가 된다.

설계자: 전략 구조의 설계와 로드맵 제시

단기 대응이 아닌, 중장기 ESG 전략을 수립하기 위해 로드맵과 실행계획을 설계한다. 교육, KPI, 인센티브 설계 등 실행 가능성과 지속 가능성을 담보할 수 있도록 전사 전략으로 ESG를 정렬시킨다.

촉진자: 조직문화 전환의 동반자

ESG는 보고서 한 장으로 끝나는 프로젝트가 아니다. 내부 직원의 인식 개선, 리더십의 변화, 부서 간 협업 등 조직문화의 전환이 필수다. 컨설턴트는 이러한 변화를 조직 안에서 촉진하고 견인하는 내부 파트너로 활동한다.

나. ESG 경영 컨설턴트가 직면하는 도전

실무에서 ESG 경영 컨설턴트가 직면하는 가장 큰 어려움은 '형식적 대응'에 머무르려는 기업과의 마찰이다. 예산·인력·시간의 제약 속에서 최소한의 보고서를 만들고 의무를 채우는 데 그치려는 기업이 많다. 그러나 진정한 ESG 전환은 그러한 '체크리스트 대응'으로는 불가능하다. 컨설턴트는 이러한 현실적 한계를 이해하면서도, ESG의 본질과 가치를 지속적으로 설득하고 이끌어야 하는 전략적 커뮤니케이터가 되어야 한다.

다. 전문성의 융합

오늘날의 ESG 경영 컨설턴트는 회계·환경·노무·법률·전략·IT 등 다양한 분야에 걸친 통합적 역량이 요구된다. 환경정보 분석과 LCA, 인권 실사와 OECD 가이드라인, 거버넌스와 이사회 구조 평가 등은 각각 전문 영역이지만, ESG 경영 컨설턴트는 이 모든 요소를 하나의 전략 흐름으로 통합할 수 있어야 한다. '조율된 전문가'로서의 정체성이 ESG 경영 컨설턴트의 차별화된 경쟁력이다.

이제 ESG 경영 컨설턴트는 평가 대응 전문가가 아닌, 기업의 전략적 진화를 설계하고 촉진하는 파트너로 자리 잡고 있다. ESG는 단기 트렌드가 아닌 경영의 패러다임 전환이며, 그 중심에는 기업을 돕는 '외부의 힘'이 있다. 컨설턴트는 기업의 잠재력을 끌어올리고, 변화를 지속 가능한 성장으로 연결 짓는 실행 가능한 전략의 건축가다.

2.3 내부 ESG 팀 vs. 외부 컨설팅: 역할과 차이점 비교

기업이 ESG 경영을 체계적으로 실천하기 위해서는 내부의 실행 조직과 외부의 전문 조력자가 모두 필요하다. 내부 ESG 팀과 외부 ESG 컨설팅은 각기 다른 역할과 강점을 가지며, 두 조직의 조화로운 협력은 기업이 지속가능성을 효과적으로 내재화하는 데 핵심적인 조건이 된다.

구분	내부 ESG 팀	외부 ESG 컨설팅 회사
역할	기업의 지속 가능한 경영 목표를 실행하고, ESG 전략을 실무적으로 관리	ESG 관련 규제 및 글로벌 동향을 분석하여 전문적인 전략을 제공
전문성	기업의 내부 프로세스 및 산업에 대한 이해도가 높음	ESG 평가, 지속 가능 경영, 공시 기준 등에 대한 높은 전문성을 보유
비용	장기적으로 유지하는 인건비 발생	단기적으로 컨설팅 비용이 소요되지만 전문 지식 제공
객관성	기업 내부 시각에서 접근하여 때때로 편향된 의사 결정 가능	독립적인 외부 시각에서 기업의 ESG 수준을 객관적으로 평가
유연성	기업의 장기적인 ESG 전략 실행과 기업 문화 내 ESG 정착을 주도	특정 ESG 프로젝트 또는 변화 관리에 맞춰 유연하게 개입

가. 내부 ESG 팀의 전략적 기능과 실행력

내부 ESG 팀은 기업이 장기적 관점에서 ESG 전략을 기획하고 일관되게 실행하기 위한 중심축이다. 이들은 기업의 사업 구조, 산업 환경, 조직 문화에 대한 이해를 바탕으로 현실적인 ESG 과제를 정의하고, 내부 자원을 동원하여 실행 가능성을 높이는 역할을 맡는다.

ESG 데이터를 수집하고, 정량·정성적 지표를 기반으로 ESG 성과를 평가하며, 이를 경영진 및 이해관계자에게 투명하게 보고하는 기능도 수행한다. 이는 기업의 지속가능성 보고서(Sustainability Report) 작성, ESG 공시 대응, 내부 정책 수립 등의 업무와 직결된다. 내부 팀은 ESG 전략을 기업의 경영 활동 전반에 내재화시키는 중추 역할을 하며, 실행력을 지속적으로 확보하는 데 가장 적합한 조직이다. 그러나 내부 팀은 제한된 자원, 부족한 외부 시각, 급변하는 글로벌 ESG 기준에 대한 정보 부족 등의 한계를 지닐 수 있다. 이러한 한계를 보완하기 위해 외부 ESG 컨설팅의 협력이 필요하다.

나. 외부 ESG 컨설팅의 전문성과 객관성

외부 ESG 컨설팅은 다양한 산업 경험과 글로벌 기준에 기반한 전문성을 바탕으로, 기업의 ESG 전략 수립과 고도화를 지원한다. 특히 빠르게 변화하는 글로벌 ESG 규제, 공시기준(IFRS S1/S2, CSRD, SEC 공시 등) 그리고 주요 ESG 평가기관(MSCI, Sustainalytics, CDP 등)의 요구사항을 반영한 맞춤형 전략을 제공한다는 점에서 내부 팀이 접근하기 어려운 영역을 보완한다.

컨설팅 조직은 ESG 리스크 진단, 공급망 실사, 기후변화 시나리오 분석, 중대성 평가(Materiality Assessment) 등을 통해 기업이 ESG 경영의 초기 기반을 마련하거나 전략을 재정비하는 데 핵심적인 역할을 한다. 특히 외부의 시각에서 기업의 ESG 수준을 평가하고, 실제 이해관계자들이 어떻게 기업을 인식하고 있는지를 분석해 주는 기능은 내재된 시야를 넓히는 데 매우 유용하다.

단, 외부 ESG 컨설팅은 단기 프로젝트 중심으로 운영될 가능성이 높고, 기업의 조직 문화나 내부 의사결정 구조에 대한 이해는 상대적으로 부족할 수 있다. 따라서, 외부에서 제시된 전략이 기업에 실질적으로 뿌리내리기 위해서는 내부 ESG 팀의 후속 실행이 필수적이다.

다. 내부컨설팅과 외부컨설팅의 상호 보완적 협력의 필요성

지속가능경영이 기업 전략의 중심으로 구축되면서, ESG 과제를 해결하기 위한 컨설팅 수요도 크게 증가하고 있다. 이 과정에서 기업 내부의 기능 조직(내부컨설팅)과 외부 전문가 집단(외부컨설팅)은 각각 고유한 역할을 수행하며, 상호보완적인 협업 구조를 통해 ESG 전략의 실효성을 높이고 있다.

- 내부컨설팅은 기업의 문화, 시스템, 조직 구조를 깊이 이해하고 있으며, 실무와 연결된 실행력 측면에서 강점을 가진다. 내부 인력은 ESG 전략이 일상적인 경영 의사결정과 어떻게 맞물려야 하는지에 대한 현실적 통찰을 제공하며, 전략 수립 이후 실행과 피드백까지 책임 있게 관리할 수 있다. 지속적인 모니터링과 조직 내 수용성 확보에 있어서도 내부조직은 핵심적 기반이 된다.

- 외부컨설팅은 객관적 시각과 최신 글로벌 트렌드, 규제 변화에 대한 분석 역량을 바탕으로 기업이 놓치기 쉬운 리스크와 기회를 발굴한다. 또한, GRI, SASB, ISSB 등 복잡한 ESG 공시 기준과 실사형 평가 플랫폼(EcoVadis, CDP, Sedex 등)에 대한 전문지식과 경험을 바탕으로 정교한 전략 수립을 지원한다. 외부 전문가는 기업 외부 이해관계자(투자자, 소비자, 규제기관 등)의 시선에서 전략을 조정하고, 글로벌 경쟁력 확보에 기여할 수 있다.

이 두 체계가 분리되어 작동할 경우 전략과 실행 간 간극이 발생하기 쉽다. 그러나 상호보완적으로 작동할 때, 외부의 전문성과 내부의 실행력이 유기적으로 결합되어 기업의 ESG 전략은 실행 가능한 구조로 정착할 수 있다. 외부는 '전략의 눈'을 제공하고, 내부는 '실행의 손'을 움직인다. 결국 ESG는 단발적 프로젝트가 아니라, 내부와 외부가 함께 구축해 나가는 '지속 가능한 시스템'으로 구축되어야 한다.

3. ESG 경영 컨설턴트의 전문성

ESG 경영이 기업의 지속가능성과 경쟁력을 좌우하는 핵심 전략으로 부상하면서, 이를 실현할 수 있도록 지원하는 ESG 경영 컨설턴트의 역할이 더욱 중요해지고 있다. ESG 경영 컨설턴트는 환경과학, 사회학, 회계, 법률, 금융 등 다양한 분야의 지식을 통합해 복합적인 ESG 이슈를 해석하며, 경영 전략과 실행을 연결하는 전사적 파트너로서 기업의 지속 가능한 가치 창출을 이끈다. ESG는 결국 기업의 존재 방식과 정체성을 다시 설계하는 과정이며, 그 중심에 있는 ESG 경영 컨설턴트는 기업 변화의 동반자로서 통합적 사고와 실행 역량을 갖춘 전문가여야 한다.

3.1 ESG 컨설팅에 필요한 실무 기술과 인증 자격

ESG 컨설팅은 단일 전문영역의 지식으로는 감당할 수 없는 복합적 과제를 다룬다. ESG는 환경문제나 사회적 책임을 분절적으로 대응하는 활동이 아니라, 기업의 핵심 전략과 비즈니스 모델 전반에 영향을 미치는 전사적 이슈이기 때문이다. 이에 따라 ESG 경영 컨설턴트는 특정 분야의 지식만으로는 한계를 가질 수밖에 없으며, 다학제적 시각(Multidisciplinary Perspective)을 갖춘 통합적 전문성의 확보가 필수적이다.

가. 데이터 기반의 분석 및 ESG 공시 역량

ESG 경영의 성과는 말과 선언이 아니라, 수치와 데이터로 입증되어야 한다. 기업이 실제로 환경을 보호하고, 사회적 책임을 이행하며, 투명한 지배구조를 구축하고 있는지를 판단하기 위해서는 정량적 근거가 필요하다. ESG 경영 컨설턴트에게 데이터 기반의 분석 역량과 공시 기준에 대한 깊이 있는 이해가 필수적인 이유가 여기에 있다.

기업의 지속가능성을 평가하는 국제적 기준은 빠르게 진화하고 있으며, 대표적으로 GRI, SASB, IFRS S1·S2(국제지속가능성공시기준) 등이 있다. 이들은 각각 환경·사회·지배구조 요소를 어떻게 식별하고, 어떤 데이터를 기반으로 보고해야 하는지를 규정하고 있으며, 기업이 시장과 투자자, 이해관계자에게 신뢰받는 ESG 정보를 전달할 수 있도록 설계되어 있다.

ESG 경영 컨설턴트는 이러한 기준들을 정확히 해석하고, 기업의 실무 환경에 맞게 적용하며, 데이터 수집 → 분석 → 보고 → 전략 반영의 전체 사이클을 설계할 수 있어야 한다.

최근에는 ESG 정보의 디지털화와 실시간성이 강조되면서, AI, 빅데이터, 머신러닝 등 첨단기술을 활용한 ESG 분석 역량이 새롭게 부상하고 있다. 방대한 ESG 데이터를 체계적으로 수집하고, 패턴을 도출하며, 리스크를 예측하는 기술 기반의 분석은 지원 도구가 아니라 핵심 경쟁력으로 자리 잡고 있다. ESG 경영 컨설턴트는 이러한 기술의 흐름을 읽고, ESG 데이터의 해석뿐 아니라 전략적 의사결정까지 연결할 수 있는 데이터 기반 전략 설계자로 성장해야 한다.

나. 전략 수립과 프로젝트 관리 능력

ESG 컨설팅은 진단이나 평가에 그치지 않는다. 초기 진단과 전략 수립 단계에서부터 실행, 모니터링, 공시까지 이어지는 전 과정을 유기적으로 연결하고 조율하는 종합적인 컨설팅 역량이 요구된다. 따라서 ESG 경영 컨설턴트는 전체 흐름을 설계하고 조율할 수 있는 전략적 통찰과 실행관리 능력을 함께 갖추어야 한다.

무엇보다 ESG는 기업 내부의 여러 기능과 부서가 동시에 관여하는 복합 과제이다. 환경 전략은 생산 및 공급망 부서와 연결되고, 사회적 책임은 인사·노무·법무 부서와 협력해야 하며, 지배구조 개선은 이사회와 경영진의 참여가 전제되어야 한다. ESG 경영 컨설턴트는 이러한 부서 간의 이해관계와 역할을 정리하고, 실현 가능한 전략 목표를 설정하며, 전사적 실행을 유도할 수 있는 로드맵(Roadmap)과 실행계획(Implementation Plan)을 수립해야 한다.

또한 ESG는 정책과 규제의 변화에 민감한 영역이다. EU의 CSRD나 CSDDD, 미국의 SEC 공시안, 각국의 공급망 실사법처럼, ESG 관련 법제도는 매우 빠르게 변화하고 있으며 그 적용 범위도 확장되고 있다. 이에 따라 컨설턴트는 법적·제도적 정합성을 반영한 전략을 수립할 수 있어야 하며, 기업이 잠재적 법적 리스크를 회피하고 지속적으로 규제를 준수할 수 있도록 대응 전략까지 함께 설계해야 한다.

다. 커뮤니케이션 및 이해관계자 조율 능력

ESG는 기업 내부의 전략이나 시스템을 바꾸는 문제에 그치지 않는다. 그것은 기업을 둘러싼 다양한 이해관계자와의 '관계'와 '신뢰'를 재설계하는 과정이다. 따라서 ESG 경영 컨설턴트에게 있어 전문 지식 못지않게 중요한 역량은 커뮤니케이션과 조율 능력이다.

ESG 이슈는 특성상 조직 내부의 여러 부서뿐 아니라, 외부의 다양한 이해관계자들과 밀접하게 얽혀 있다. 경영진, 투자자, 정책 입안자, 시민단체(NGO), 지역사회, 소비자, 언론 등 각 이해관계자는 서로 다른 언어와 관점을 가지고 있으며, 때로는 상반된 요구와 우선순위를 주장하기도 한다. 이러한 상황에서 컨설턴트는 공통의 가치를 도출하고 전략적 공감대를 형성할 수 있는 '전략적 커뮤니케이터'로서의 역할을 수행해야 한다.

커뮤니케이션은 전략적 목적과 공적 책무를 동반한 정교한 조율 과정이다. 컨설턴트는 각 이해관계자의 요구를 구조화하고, 그들의 관점을 전략에 반영할 수 있도록 이해관계자 매핑(Stakeholder Mapping), 이슈 분석(Materiality Assessment), 소통 프레임 설계(Communication Framework) 등의 실무 역량을 보유해야 한다.

무엇보다 중요한 것은 이해관계자 간의 의견 충돌과 이해 상충 상황에서도, 중립성과 신뢰를 바탕으로 갈등을 조율하고 공정한 합의점을 도출할 수 있는 협상력과 공감력이다. ESG는 '옳고 그름'의 문제가 아닌, '무엇을 우선하고 어떻게 실현할 것인가'의 문제이기 때문에, 정답보다 조율 능력과 설득의 기술이 더 중요하게 작용한다.

라. ESG 관련 자격증과 전문 인증

ESG 경영 컨설턴트로서의 전문성과 신뢰성을 확보하기 위해서는 현장 경험뿐 아니라, 객관적으로 검증된 전문 자격과 인증을 갖추는 것이 매우 중요하다. 이는 ESG 프로젝트의 입찰 경쟁력 확보, 고객과의 신뢰 형성, 그리고 복잡한 규제 환경에서의 실무 적합성을 입증하는 강력한 수단이 된다.

대표적인 국제 자격으로는 CFA Institute의 ESG Investing 자격이 있다. 이 자격은 투자자 관점에서 ESG 요소를 통합 분석하는 능력을 검증하며, 자산운용사와 투자기관에서 ESG 통합 전략을 수립할 수 있는 실무 기반을 제공한다. GRI Standards 전문가 인증은 지속가능성 보고서 작성과 공시 체계 설계를 중심으로 하며, 보고 기준 해석과 공시 실무의 핵심 원칙을 체계적으로 다룬다. SASB Fundamentals 인증은 산업별 재무적 중요도(Materiality)에 기반한 ESG 정보 이해와 해석 능력을 중점으로 하며, 투자자 및 회계 관점에서의 ESG 공시 역량을 강화하는 데 초점을 둔다.

환경 및 에너지 분야에서는 LEED(Leadership in Energy and Environmental Design), ISO 14001(환경경영시스템), ISO 50001(에너지경영시스템) 등 국제 인증이 ESG 환경 전략 수립 시 강력한 실무 자산으로 작용한다. 이러한 인증은 기업의 에너지 효율성 개선, 탄소 저감, 친환경 건축 설계 등 구체적 실행 전략을 지원하는 데 있어 실질적인 기준과 평가 도구를 제공한다.

최근에는 각국의 ESG 규제와 감독이 강화되면서, 법률, 컴플라이언스, ESG 회계, 지속가능 금융 관련 자격 또한 주목받고 있다.

또한, 디지털 기술을 활용한 ESG 분석 수요가 높아지면서, AI 기반 ESG 평가 역량, 자동화된 ESG 공시 시스템, 실시간 리스크 모니터링 플랫폼 운용 능력 등도 컨설턴트의 핵심 경쟁력으로 부상하고 있다.

결국 ESG 경영 컨설턴트는 산업별 특성과 규제 환경, 기술 트렌드에 따라 변화하는 ESG 요구에 맞춰 지속적으로 학습하고 성장해야 하는 '지속 가능한 전문가'다.

3.2 ESG 경영 컨설턴트의 핵심역량과 전문 지식

지속가능경영이 기업의 핵심 전략으로 자리 잡으면서, 이에 대한 자문을 수행하는 ESG 경영 컨설턴트의 역할 또한 고도화되고 있다. 과거의 환경 전문가나 회계 기반의 CSR 실무자와는 달리, ESG 경영 컨설턴트는 다양한 전문 분야의 지식을 통합해 경영 전략으로 연결할 수 있어야 한다. 보고서 작성이나 규제 대응에 머무르지 않고, 기업의 장기적 경쟁력과 이해관계자 신뢰를 동시에 설계하는 역할이 요구된다.

가. 경영학 및 지속가능경영 전략의 통합 역량

ESG 경영은 기업의 장기적인 성장과 경쟁력 확보를 위한 핵심 경영 전략으로 부상하고 있다. 이에 따라 ESG 경영 컨설턴트는 경영학의 핵심 원리를 이해하고, 이를 지속가능경영 전략에 통합하는 능력을 갖추어야 한다.

전략적 의사결정(Strategic Decision-Making), 재무 관리(Financial Management), 운영 관리(Operations Management), 마케팅 전략(Marketing Strategy) 등 전통적인 경영학 지식은 ESG 요소를 기업 경영에 내재화하는 데 필수적인 기반이 된다.

ESG는 윤리의 실천이 아니라 전략의 전환이다. 따라서 ESG 경영 컨설턴트는 지속가능경영을 기업의 비즈니스 모델과 전략 수준에서 통합하는 능력을 갖추어야 한다. 이는 경영학 전반에 대한 이해를 기반으로, ESG 요소를 비즈니스 프로세스·성과지표·조직문화에 내재화하는 역량으로 구체화된다.

전략적 ESG는 제품과 서비스의 차별화를 넘어서, 기업의 사명(Mission)과 비전(Vision), 핵심역량과 시장 포지셔닝까지 재구성하는 과정을 포함한다. 따라서 ESG 경영 컨설턴트는 경영전략, 변화관리, KPI 설계, 이해관계자 분석 등의 영역에서 전문성을 확보해야 하며, ESG를 '별도 활동'이 아닌 '핵심 전략'으로 전환하는 구조 설계를 주도할 수 있어야 한다.

<ESG와 지속가능 경영의 상관관계>

ESG 요소	지속가능 경영과의 관계
환경 (Environment)	기후변화 대응, 탄소중립, 친환경 기술 도입, 재생 가능 에너지 활용 등을 통해 환경적 지속가능성을 확보하며, ESG 컨설턴트는 이를 위한 전략 수립을 지원함
사회 (Social)	노동 인권 보호, 다양성과 포용성, 지역사회 기여 활동을 통해 윤리적 기업 문화와 신뢰를 구축하고, 사회적 지속가능성을 달성함
지배구조 (Governance)	투명한 경영, 윤리적 의사결정, 책임 있는 거버넌스를 통해 지속 가능한 운영 체계를 구축하고, 장기적인 경영 안정성과 투자자 신뢰를 확보함

나. 금융 및 투자 전략에 대한 이해

ESG는 점차 금융의 언어로 번역되고 있다. ESG 성과가 기업의 자본 비용에 영향을 미치고, 투자유치 및 IPO 과정에서도 중요한 평가 기준으로 작용하기 때문이다.

ESG 경영 컨설턴트는 이와 같은 자본시장과 투자 흐름을 이해하고, 기업이 금융기관·투자자와 소통하는 ESG 언어를 구사할 수 있어야 한다. 구체적으로는 ESG 통합 투자의 원칙, 책임투자(PRI), 녹색금융 및 지속가능채권(Green/Sustainability

Bonds), ESG 등급 평가 기준(MSCI, Sustainalytics 등)에 대한 이해가 필수다. 또한 기업의 ESG 전략이 장기적인 재무성과로 연결되도록 리스크 관리와 가치평가(Value Creation) 프레임워크를 설계하는 역할도 요구된다.

〈ESG 금융 전략의 기업 영향〉

영역	ESG 금융 전략이 기업에 미치는 영향
자본 조달 비용 절감과 재무 안정성 강화	지속 가능 투자자의 관심 유도 → 신용등급 상승 및 대출 금리 인하 → 자본 조달 비용 절감 및 재무 안정성 강화
장기적인 주주 가치 증대와 기업가치 상승	ESG 성과 우수 → 소비자·투자자·규제기관의 신뢰 확보 → 브랜드 가치·시장 경쟁력 강화 → 주가 상승과 기업가치 제고
ESG 리스크 관리 및 지속 가능한 성장 기반 마련	기후 변화, 인권, 지배구조 등 리스크 평가 및 대응 → 비재무 리스크 최소화 → 지속 가능 성장 기반 마련

다. 환경과학 및 기후 변화 대응 전략

ESG의 E(Environment)는 가장 직접적이고 정량적인 리스크 영역이자, 규제와 실사의 핵심 대상이다. 탄소배출, 에너지 효율, 수자원 사용, 폐기물 관리, 생물다양성 등 다양한 환경 이슈를 이해하고, 이에 대한 데이터를 해석할 수 있는 역량은 컨설턴트의 필수 자산이다.

특히 IFRS S2(기후관련재무정보공시), SBTi(과학 기반 감축목표), TNFD(자연관련 공시), ISO 14064/50001과 같은 국제 기준은 컨설턴트가 전략 수립에 적용할 수 있어야 하는 필수 도구다. LCA(전 과정 평가), Scope 1·2·3 탄소배출 측정, 탄소중립 목표 수립 및 감축 시나리오 설계 등 실무 기반의 환경전략 설계 역량도 병행되어야 한다.

라. 사회적 책임 및 노동 인권 문제 해결 역량

ESG의 S(Social)는 공급망 전반에 걸친 인권 실사, 다양성과 포용, 고용의 질, 지역사회 기여 등 정량화하기 어려운 비재무 리스크를 다룬다. 특히 CSDDD(지속가능성 실사 지침), OECD 다국적기업 가이드라인, UNGP(기업과 인권에 관한 지침)와 같은 국제기준을 기반으로, 기업이 사회적 책임을 체계적으로 이행할 수 있도록 돕는 능력이 요구된다.

ESG 경영 컨설턴트는 인권 실사(Human Rights Due Diligence) 체계 설계, 공급망 리스크 분석, 노동기준 준수, DE&I(Diversity, Equity & Inclusion) 프로그램 구축 등 조직의 사회적 신뢰를 확보하는 데 핵심적 역할을 수행한다. 사회적 영역은 정량지표만으로 파악하기 어려운 감성적 신뢰와 연결되어 있기 때문에, 공감력과 현장 커뮤니케이션 능력 또한 중요한 역량이다.

<사회적 책임 및 노동 인권 전략이 기업에 미치는 영향>

영향 요소	설명
규제 준수 및 법적 리스크 감소	강제노동 금지법(UFLPA)과 같은 글로벌 규제로 인해 노동 인권 보호는 필수 요건이 되었으며, ESG 컨설팅을 통해 법적 리스크를 사전에 방지하고 인권 실사 체계를 구축할 수 있다.
기업 평판 관리 및 브랜드 가치 상승	윤리적 소비에 대한 관심이 증가하면서, 노동 인권을 존중하는 기업은 브랜드 이미지 개선 및 글로벌 ESG 평가에서 높은 점수를 획득할 수 있다.
ESG 투자 유치 및 장기적인 재무성과 개선	글로벌 투자자들은 사회적 책임을 다하는 기업에 대한 투자 비중을 확대하고 있으며, ESG 성과는 장기적 투자 유치 가능성을 결정짓는 핵심 요소로 작용한다.
인재 확보 및 직원 만족도 향상	윤리적 경영과 포용적 기업 문화는 우수 인재 유치에 기여하며, 직원 만족도와 생산성 향상에 따른 장기적인 인재 확보 전략 수립에 도움이 된다.

마. 지배구조 및 윤리적 경영에 대한 전략적 조율 능력

ESG의 G(Governance)는 조직의 의사결정 구조와 리더십, 감사 및 감독 시스템, 윤리와 투명성에 관한 영역이다. ESG 경영이 지속 가능하려면, 그 철학과 전략이 이사회와 최고경영진의 인식과 실천으로 연결되어야 하며, 이를 조직 내 시스템과 문화로 제도화하는 과정이 필수적이다.

ESG 경영 컨설턴트는 이사회 구성의 다양성과 전문성 평가, 경영진 성과 보상 체계 내 ESG 연계, 윤리규범 및 내부고발제도, 이해상충 방지 정책 등 '지배구조의 전략화' 과정을 설계할 수 있어야 한다. 또한 글로벌 투자자들이 중시하는 Stewardship Code, Say-on-Pay, 이사회 ESG 위원회 구성 등 글로벌 거버넌스 기준도 이해하고 기업에 적용할 수 있는 실무 역량이 필요하다.

ESG 경영 컨설턴트는 환경, 사회, 지배구조라는 세 영역의 전문 지식은 물론, 이를 통합하여 기업 전략으로 연결하는 종합적 설계 역량을 요구받는다. 개별 역량도 중요하지만, 각 영역의 연결고리를 파악하고 전체 전략 구조 안에서 ESG를 실천 가능한 실행안으로 설계할 수 있는 조율 능력이야말로 진정한 차별화 요소다.

컨설턴트는 정보의 전달자가 아니라 전략의 번역자이자 실행의 촉진자다. ESG 경영이 시대적 요구이자 지속가능한 기업의 기본 조건으로 자리매김하는 지금, ESG 경영 컨설턴트의 전문성과 조율 역량은 그 어느 때보다 중요한 경쟁력으로 작용한다.

Part 5
ESG 보고서와 커뮤니케이션

제10장 지속가능성보고서(Sustainability Report)

1. 지속가능성보고서의 개념과 필요성

지속가능성보고서(Sustainability Report)는 기업이 환경(E), 사회(S), 지배구조(G) 측면에서 수행한 활동과 그에 따른 성과를 이해관계자에게 투명하게 공개하는 문서다. 재무 정보만으로는 설명할 수 없는 기업의 지속가능성과 비재무적 가치를 전달하며, 투자자·소비자·규제기관 등과의 신뢰를 구축하는 핵심 수단이다.

1.1 지속가능성보고서(Sustainability Report)의 의미

지속가능성보고서(Sustainability Report)는 기업이 환경(E), 사회(S), 지배구조(G) 분야에서 수행한 활동과 성과, 그리고 향후 계획을 체계적으로 정리하여 외부 이해관계자에게 공개하는 공식 문서이다. 이는 비재무적 요소를 어떻게 관리하고 있는지를 투명하게 보여 주는 핵심적인 정보 전달 수단이다. 투자자, 고객, 규제당국, 임직원, 지역사회 등 다양한 이해관계자들은 이를 통해 기업의 책임성과 지속가능성을 평가하게 된다.

가. ESG 전략 실행을 위한 지속가능경영보고서

기존의 기업 보고서는 주로 재무적 성과에 초점을 맞추었으나, ESG 경영이 기업 경영의 핵심 원칙으로 자리 잡으면서 지속가능경영보고서는 환경 보호, 사회적 책임, 윤리적 지배구조 등 포괄적인 영역을 다루는 전략 문서로 진화하고 있다. 이러한 보고서는 기업이 단기 수익을 넘어 장기적인 가치 창출을 지향하고 있다는 점을 명확히 전달하며, 기업의 철학과 전략적 방향성을 보여 주는 수단으로 기능한다.

지속가능성을 경영의 중심에 두고 있는 기업일수록, 이 보고서를 통해 자사의 ESG 경영 수준과 사회적 기여도, 리스크 대응 능력을 종합적으로 설명하고자 하며, 이는 이해관계자의 신뢰와 지지를 확보하는 데 중요한 역할을 한다.

지속가능성보고서는 글로벌 공시 기준에 따라 작성되는 것이 일반적이다. 대표적인 국제 기준으로는 글로벌 지속가능성 보고 이니셔티브(GRI), 지속가능회계기준위원회(SASB), 국제지속가능성기준위원회(IFRS, ISSB) 등이 있으며, 각 기준은 산업별 특성과 공시 목적에 따라 다양한 항목을 요구한다. 이러한 기준을 기반으로 보고서를 작성하면 기업의 ESG 성과를 객관적이고 정량적으로 평가할 수 있으며, 글로벌 투자자 및 규제 기관의 요구에 부합하는 공신력을 확보할 수 있다. 보고서는 연례(Annual) 또는 분기별(Quarterly)로 발행되며, 일부 기업은 보고 내용의 신뢰성을 제고하기 위해 제3자 기관의 검증(Third-Party Assurance)을 받기도 한다. 이는 기업의 ESG 데이터에 대한 신뢰도를 높이고, 외부 평가기관이나 투자자에게 긍정적인 신호를 제공하는 수단으로 작용한다.

나. 지속가능성보고서 작성 절차

지속가능성보고서(Sustainability Report)는 기업의 지속가능성 전략을 스토리로 풀어내는 전략적 커뮤니케이션 도구이다. 이를 작성하는 과정은 기업이 환경적·사회적·지배구조 측면에서 어떻게 책임을 다하고 있는지를 체계적으로 정리하고, 이해관계자와의 신뢰 기반을 구축하는 데 중점을 둔다.

1단계: 보고서 목적 및 이해관계자 파악

보고서의 목적을 명확히 설정하고, 대상 독자(청중)를 분석하는 것이다. 기업은 보고서를 통해 달성하고자 하는 목표를 구체화해야 하며, 동시에 주요 이해관계자들의 관심사와 정보 요구를 분석해야 한다. 이를 통해 정보의 수신자에게 실질적인 가치를 전달할 수 있다.

2단계: 핵심 메시지 도출

보고서가 성과 나열이 아닌 전략적 문서가 되기 위해서는, 기업의 지속가능성과 관련된 핵심 메시지를 명확히 정의해야 한다. 이는 기업의 ESG 활동 중 가장 강조하고 싶은 가치나 비전, 주요 성과 등을 일관된 스토리라인으로 구성하는 작업이다. 핵심 메시지는 보고서 전반의 내용을 관통하는 중심축이 되며, 독자가 기억해야 할 핵심 인상을 형성한다.

3단계: 보고서 구조 구성

지속가능성보고서는 일반적으로 '도입-본론-결론'의 구조를 따르며, 이 과정에서 기업의 스토리텔링 기법을 효과적으로 활용한다. 도입에서는 기업의 미션, 비전, 지속가능성에 대한 철학을 제시하고, 본론에서는 ESG 활동의 성과, 구체적인 이니셔티브, 도전 과제와 해결 과정 등을 서술한다. 결론에서는 향후 전략과 지속가능성에 대한 다짐을 통해 신뢰성과 미래 지향성을 강조한다.

4단계: 시각 자료 및 개인 사례 활용

보고서의 전달력을 높이기 위해 차트, 그래프, 이미지 등 시각적 요소를 적절히 활용해야 한다. 이는 복잡한 ESG 데이터를 보다 직관적으로 전달하는 데 효과적이다. 또한 고객, 임직원, 지역 주민 등의 실제 사례나 인터뷰를 포함함으로써 독자에게 정서적 공감을 이끌어 낼 수 있으며, 보고서에 인간적 서사를 더한다.

5단계: 명확하고 간결한 언어 사용

지속가능성보고서는 다양한 이해관계자들이 읽는 문서이기 때문에, 과도한 전문용어나 모호한 표현은 피하고, 누구나 쉽게 이해할 수 있는 명확하고 간결한 문장을 사용해야 한다. 특히 글로벌 이해관계자를 고려할 경우, 국제적으로 통용되는 ESG 용어 체계와 표현 규범에 따라 다국어 번역도 신중히 고려해야 한다.

6단계: 내부 검토 및 외부 피드백 수렴

보고서 초안이 완성된 후에는 내부 부서 간의 교차 검토 및 외부 전문가나 이해관계자의 의견을 반영하는 과정이 필수적이다. 이를 통해 보고서의 사실성, 신뢰성, 표현력 등이 보완되며, ESG 정보의 투명성과 정합성이 확보된다. 일부 기업은 이 단계에서 제3자 검증(Assurance)을 받아 객관성을 강화하기도 한다.

7단계: 주기적 발행과 지속적 개선

지속가능성보고서는 일회성 문서가 아니라, 매년 정기적으로 발행되며 지속적으로 개선되어야 한다. 이전 보고서의 한계점을 분석하고, 동종 업계 및 글로벌 선도기업의 사례를 참고하여 새로운 공시 기준과 ESG 트렌드를 반영해야 한다. 이는 기업의 지속가능경영 수준이 점진적으로 진화하고 있다는 신뢰 신호로 작용한다.

즉, 지속가능성보고서는 기업이 어떤 지속가능성 철학과 전략을 가지고 행동하고 있는지를 이해관계자에게 명확히 설명하는 스토리텔링 도구이다.

다. 지속가능성보고서가 중요한 이유

1) 투자 유치와 금융시장의 변화

지속가능성보고서는 ESG 투자가 확대되는 글로벌 금융 시장에서 기업의 자본 조달 및 투자 유치에 필수적인 자료로 자리 잡고 있다. 기관 투자자와 자산운용사들은 ESG 성과를 평가하여 투자 결정을 내리며, ESG 정보를 충분히 제공하지 않는 기업에 대한 투자 비중을 축소하는 경향을 보인다. 대표적으로 블랙록, 뱅가드, 스테이트 스트리트와 같은 자산운용사들은 ESG 성과를 고려한 포트폴리오 운영 전략을 채택하고 있다.

지속가능 금융 상품의 확장도 보고서의 중요성을 높이고 있다. 녹색 채권이나 지속가능채권 등의 금융상품을 활용하려면, 기업의 ESG 성과를 보고서를 통해 체계적으로 공개해야 하며, 이는 ESG 평가기관의 등급에도 영향을 미친다. MSCI, S&P Global, Sustainalytics 등의 평가기관은 지속가능성보고서를 주요 평가자료로 활용하며, 낮은 ESG 등급은 금융 비용 증가와 투자자 이탈로 이어질 수 있다. 결과적으로 보고서를 충실히 작성하는 기업은 투자자 신뢰 확보와 자본 조달 측면에서 유리한 위치를 선점할 수 있다.

2) ESG 규제 강화와 공시 의무화

전 세계적으로 ESG 공시 의무화가 빠르게 확대되고 있으며, 이는 기업 운영의 필수 요소로 자리 잡고 있다. 유럽연합은 2023년 '기업 지속가능보고 지침(CSRD)'을 도입하여, 2024년부터 모든 대기업과 금융기관에 강화된 ESG 공시 기준을 적용하고 있다. 미국도 2026년부터 상장기업의 기후 관련 리스크 공시를 의무화할 예정이다. 한국 역시 2030년까지 모든 KOSPI 상장사에 대해 ESG 공시 의무화를 단계적으로 추진하고 있다.

이러한 규제는 기업의 투명성 제고와 리스크관리 강화를 목표로 한다. ESG 공시는 기업이 직면할 수 있는 법적, 환경적, 사회적 리스크를 사전에 식별하고 대응할 수 있는 체계를 마련해 주며, 글로벌 규제 환경 변화에 대한 민첩한 대응을 가능하게 한다. ESG 공시를 통해 기업은 법적 리스크를 최소화하고, 글로벌 공급망과의 신뢰 관계를 유지할 수 있다.

3) 기업의 브랜드 가치와 평판 향상

지속가능성 보고서는 기업의 브랜드 이미지와 평판을 제고하는 데 있어 중요한 역할을 한다. 기업이 ESG 정보를 투명하게 공개하면, 투자자뿐 아니라 소비자, NGO, 미디어 등 다양한 이해관계자에게 신뢰를 제공할 수 있다. 이는 기업이 책임 있는 경영을 실천하고 있다는 신호로 작용하며, 시장에서 긍정적인 평가를 받을 가능성을 높인다.

특히, 윤리적 경영, 인권 보호, 기후 변화 대응 등 민감한 사회적 이슈에 대한 기업의 입장을 명확히 밝히는 것은 브랜드에 대한 대중의 인식을 개선하는 데 기여한다. 이는 소비자 충성도 향상, 우수 인재 유치, 전략적 파트너십 확보 등 비재무적 이익으로 이어질 수 있으며, 장기적으로는 기업의 평판 자산을 형성하는 기반이 된다.

4) 리스크관리 및 장기적인 지속가능성 확보

지속가능성 보고서는 ESG 리스크를 체계적으로 파악하고 관리하는 데 핵심적인 도구이다. 환경 규제, 기후변화, 노동 문제, 공급망 내 인권침해 등의 리스크는 기업의 재무 성과뿐 아니라 평판과 생존에 직접적인 영향을 미칠 수 있다. 보고서를 통해 이러한 리스크를 사전에 식별하고 대응 전략을 수립하면, 예기치 못한 손실을 줄이고 안정적인 경영 환경을 조성할 수 있다.

또한, 지속가능성 보고서는 단기 이익보다 장기적인 기업 성장 전략 수립을 가능하게 한다. 환경 보호, 사회적 책임, 윤리적 경영 등의 가치 기반 경영은 투자자와 소비자의 신뢰를 구축하고, 자본 비용 절감, 규제 대응력 강화, 경쟁력 확보 등의 성과로 연결된다. ESG 리스크를 효과적으로 관리하는 기업은 글로벌 경제 환경 변화 속에서도 지속 가능한 성장을 추구할 수 있으며, 보고서는 그 기반이 되는 핵심 수단이 된다.

1.2 ESG 보고를 위한 글로벌 프레임워크의 이해와 활용

ESG 보고를 위한 글로벌 프레임워크는 기업이 지속가능성 정보를 신뢰성 있고 일관되게 공개할 수 있도록 돕는 국제 기준이다. 대표적인 프레임워크로는 GRI, SASB, ISSB 등이 있으며, 각각 산업별 특성, 공시 목적, 이해관계자 요구에 따라 차별화된 접근을 제공한다. 기업은 단일 또는 복수의 프레임워크를 활용해 자사에 적합한 ESG 보고 체계를 구축할 수 있다. 이는 지속가능성 보고의 신뢰성과 비교 가능성을 높이고, 글로벌 투자자 및 이해관계자와의 소통 기반을 강화하는 데 기여한다.

참고로, 금융안정위원회(FSB)는 기후 관련 금융 정보의 공개를 강화하기 위해 2015년에 기후 관련 금융공시태스크포스(TCFD)를 설립한 바 있다. 이후 TCFD는 ESG 보고지침의 핵심 기준으로 구축되었으나 2023년 현황 보고서 발표 이후 금융안정위원회(FSB)의 결정에 따라 공식적으로 해체되었다. 이후 TCFD의 기능과 역할은 ISSB(국제지속가능성기준위원회)로 이관되었다.

항목	GRI	SASB	ISSB
목적	조직의 ESG 영향과 이해관계자에게 미치는 영향 공개	투자자에게 재무적으로 중요한 지속가능성 정보 제공	글로벌 통합 지속가능성 공시기준 제시 및 투자자 정보 제공
대상 기업	모든 기업 (대기업, 중소기업 포함)	상장 기업 및 투자자 대상 기업	전 세계 상장기업 및 자본시장 참여 기업
보고 방식	이해관계자 중심의 영향 기반 보고	재무적 중요성 중심의 산업별 핵심 이슈 보고	재무적 중요성과 지속가능성 관련 위험·기회 중심 보고
핵심 요소	경제, 환경, 사회 전반의 영향과 대응 전략	산업별로 재무에 중요한 ESG 주제 및 핵심 성과 지표(KPI)	기후·ESG 관련 리스크, 기회, 전략, 지배구조, 성과 지표
적용 지역	전 세계(특히 유럽 및 국제 NGO 중심)	미국 중심(글로벌 확대 중)	국제적으로 통합된 기준

가. GRI(Global Reporting Initiative)

GRI 보고서 구조는 보편적 표준(Universal Standards), 부분별 표준(Sector Standards), 주제별 표준(Topic Standards)으로 구성되었다. 기업이 일반적인 공시 항목뿐 아니라 산업 특화된 이슈, 환경·사회·지배구조에 대한 개별 항목까지 체계적으로 공시할 수 있도록 지원함으로써 글로벌 ESG 공시 표준으로서 기업의 투명성과 지속가능성을 높이는 데 핵심적인 역할을 하고 있다.

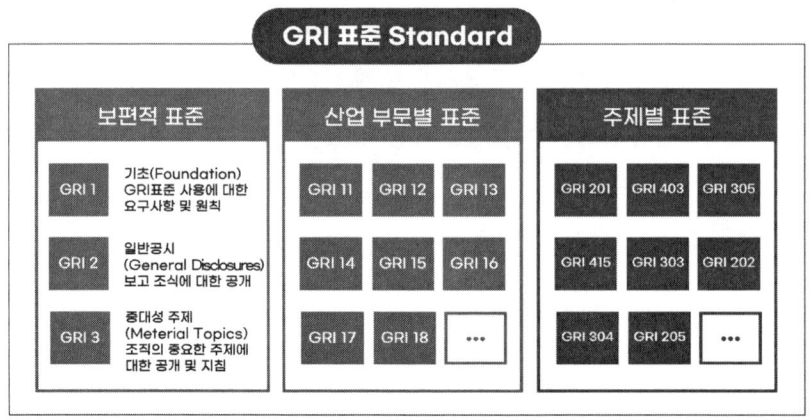

GRI(Global Reporting Initiative)는 기업과 조직이 ESG 관련 정보를 체계적으로 공개할 수 있도록 지원하는 국제 지속가능성 보고 기준이다. 1997년 미국의 비영리단체인 지속가능성 보고 재단(Sustainability Reporting Foundation, SRF)에 의해 설립된 이래, 현재 전 세계적으로 가장 널리 사용되는 ESG 보고 프레임워크로 자리 잡고 있다.

핵심 목적은 지속가능성 정보를 투명하게 공개하고, 기업의 사회적·환경적 영향을 줄이는 동시에 장기적인 책임 경영을 실천하도록 촉진하는 데 있다. 기업의 규모, 업종, 지역에 관계없이 활용 가능한 보편적 기준을 제공하며, EU의 기업 지속가능성 보고 지침(CSRD) 등 다양한 국제 규제와도 연계되어 있어 글로벌 시장 진출 및 경쟁력 확보에 중요한 역할을 한다.

1) GRI의 중요성과 특징

GRI 프레임워크의 중요성은 다음 세 가지 측면에서 설명할 수 있다.

① 가장 널리 사용되는 국제적 지속가능성 보고 기준으로, 현재 100개국 이상 10,000개 이상의 기업이 GRI를 기반으로 ESG 보고서를 작성하고 있으며, ESG 경영을 전략적으로 활용하는 기반이 된다.

② ESG 정보 공개의 투명성과 신뢰성을 높이는 데 기여한다. GRI는 기업이 데이터를 일관된 형식으로 공개하도록 가이드라인을 제시하며, 투자자·정부·소비자가 기업을 비교하고 평가할 수 있도록 돕는다.

③ 국제 규제 및 투자 트렌드와의 정합성을 통해 글로벌 ESG 흐름과 연결된다. GRI는 CSRD, IFRS의 ISSB 기준, 미국 SEC의 ESG 공시 규제 등과 연계되며,

블랙록(BlackRock)과 뱅가드(Vanguard) 등 글로벌 투자기관들도 이를 투자 판단 자료로 활용하고 있다.

2) GRI 표준의 구성

GRI 표준의 기준은 "www.globalreporting.org"에서 구체적으로 확인할 수 있으며, 다음과 같은 구성과 특징을 가지고 있다.

GRI 유니버설 표준(GRI Universal Standards)

모든 기업과 조직이 공통적으로 준수해야 하는 기본 보고 기준으로 GRI 1(시스템 개요), GRI 2(일반 공시), GRI 3(핵심주제) 등이 포함된다.

GRI 산업별 표준(GRI Sector Standards)

산업별 핵심 ESG 이슈를 반영한 보고 기준으로 각 산업에서 중요한 지속가능성 이슈를 반영하도록 설계되었다.

GRI 주제별 표준(GRI Topic Standards)

ESG의 세부적인 영역을 다룬 보고 기준이다.

- 환경(E): 온실가스 배출, 에너지 사용, 수자원 보호, 폐기물 관리 등의 항목이 포함
- 사회적(S): 노동기준, 인권 보호, 다양성과 포용성, 지역사회 기여 등이 포함
- 거버넌스(G): 윤리 경영, 반부패 정책, 이사회 구성 및 책임 등이 주요 평가 항목으로 적용

3) GRI 기반 ESG 보고서 작성 절차

1단계: 보고 범위와 핵심 주제 도출

기업은 자체 ESG 전략과 이해관계자의 요구를 반영하여 보고 범위와 핵심 주제를 선정한다. 이 과정에서는 기업의 사업 특성과 사회·환경적 영향을 고려하여, 보고서에서 다루어야 할 주요 ESG 이슈를 결정한다.

2단계: 데이터의 수집 및 분석

이 단계에서는 환경(E) 측면에서는 에너지 사용량과 온실가스 배출량, 사회(S) 측면에서는 노동 조건, 인권, 다양성 등, 지배구조(G) 측면에서는 이사회 구성, 윤리경영 정책 등과 같은 항목에 대한 데이터를 체계적으로 수집하고 분석한다.

3단계: 단계는 GRI 기준에 맞춘 보고서 작성

수집된 데이터를 바탕으로 기업의 지속가능성 전략과 성과를 정량적 지표와 정성적 설명을 병행하여 명확하게 서술한다. 이때, 독자의 이해를 높이기 위해 주요 수치와 사례, 정책 등을 구체적으로 기술하는 것이 중요하다.

작성된 보고서는 외부 검증을 거쳐 공시된다. 기업은 제3자의 검증을 통해 보고서의 신뢰성을 높이며, 이를 투자자 및 이해관계자에게 투명하게 공개함으로써 ESG 경영에 대한 책임성과 신뢰를 확보하게 된다.

"www.globalreporting.org"의 [Start Here → Standards → Download GRI Standards]에서 최신 GRI 기준 PDF 다운로드가 가능하며, 중대성 평가 안내서, 섹터별 가이드, 보고서 작성 툴킷 등 실무 문서도 제공한다.

4) GRI와 ESG 경영시스템의 통합

GRI는 기업의 ESG 경영시스템 구축을 위한 전략적 기반으로 작동한다.

기업은 GRI를 활용함으로써 ESG 관련 이슈를 전사적인 경영 전략에 통합하고, 실행 가능한 시스템으로 체계화할 수 있다. 환경(E) 측면에서는 온실가스 배출, 에너지 사용, 환경 관련 법규 준수 등이 주요 항목으로 포함된다. 사회(S) 영역에서는 직원 교육과 복리후생, 인권 보호, 협력사 관리 등 포괄적인 사회적 책임 요소가 다뤄진다. 지배구조(G) 분야에서는 이사회 독립성, 윤리 규범의 수립, 감사체계의 운영 등이 주요 지표로 적용된다.

GRI는 한국형 ESG 평가 기준인 K-ESG 가이드라인과도 연계되어 있으며, 실행 기준이 부속서 형태로 제공되어 기업들이 구체적인 기준에 따라 ESG 활동을 추진할 수 있도록 지원한다. 이 기준은 각 항목별 실행 목적과 평가 지표를 명확히 제시하고 있어, 기업이 중장기 ESG 전략을 수립하고 자체 점검 및 지속적인 개선을 실현하는 데 있어 실질적인 지침이 된다.

GRI는 ESG 보고를 위한 전 세계적 기준으로서, 책임 있는 경영과 지속 가능한 성장의 촉진 도구로 기능한다. 기업은 GRI를 활용해 법적 요구를 충족하는 동시에, 투자자 신뢰, 소비자 신뢰, 브랜드 가치를 확보할 수 있다. 나아가 조직 내 ESG 경영체계를 정착시켜 지속 가능한 경쟁력을 강화하는 전략적 수단으로 활용해야 한다.

나. SASB(Sustainability Accounting Standards Board)

SASB는 기업의 재무 성과와 연결된 지속가능성 정보를 투자자와 이해관계자에게 효과적으로 제공할 수 있도록 개발된 ESG 보고 표준이다. 2011년 미국에서 설립된 SASB는 산업별 맞춤형 기준을 통해 ESG 정보의 재무적 중요성을 강조하며, 기업의 지속가능성 요소가 수익성과 위험에 어떤 영향을 미치는지 분석할 수 있는 토대를 마련한다.

이러한 접근 방식은 투자자가 기업의 ESG 성과를 명확하게 평가하고, 의사결정에 반영할 수 있도록 지원한다. 2021년 이후 SASB는 국제지속가능성기준위원회(ISSB)와 통합되어, 현재는 IFRS 재단 산하에서 지속가능성 공시의 핵심 기준 중 하나로 활용되고 있다.

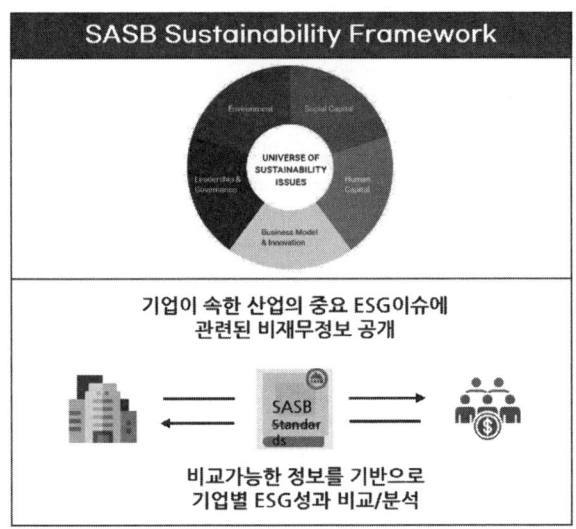

1) 산업별 특화 기준 제공

GRI가 모든 산업에 적용 가능한 보편적 기준을 제시하는 데 비해, SASB는 11개 산업군에 걸친 77개 세부 산업별 표준을 마련해 각 산업이 직면한 고유한 지속가능성 이슈를 반영한다. 예를 들어, 항공 산업에서는 연료 효율성과 탄소배출이 핵심 항목으로 설정되며, 소비재 산업에서는 공급망 관리와 제품 안전성, 금융 산업에서는 책임 있는 대출 정책과 ESG 투자 포트폴리오 구성이 중점적으로 다뤄진다.

이와 같은 산업별 접근 방식은 기업이 자신의 사업 특성에 맞는 ESG 요소를 중심으로 보고서를 구성할 수 있도록 하며, 투자자들은 동일 산업 내 기업 간의 ESG 성과를 정량적으로 비교할 수 있는 장점을 제공한다.

2) ESG 정보의 구조화된 보고를 위한 명확한 기준을 제시

ESG 요소 각 영역별로 세부적인 성과지표가 제시된다. 환경 부문에는 온실가스 배출량, 수자원 이용, 생물다양성 보호 등의 항목이 포함되며, 사회 영역은 노동환경, 직원 안전, 다양성 및 고객 데이터 보호 등을 다룬다.

지배구조 부문에서는 이사회 구성의 투명성, 윤리경영 방침, 리스크관리 체계 등 기업 운영의 책임성과 관련된 지표들이 포함된다. 이러한 기준은 기업이 ESG 리스크와 기회를 재무적 관점에서 체계적으로 분석하고, 전략에 반영하는 데 도움을 준다.

3) SASB 보고서 작성 단계

1단계: 산업별 표준 선택

기업은 자사의 업종에 해당하는 SASB 산업 기준을 선택하고, 해당 기준에 포함된 핵심 ESG 항목을 파악한다.

2단계: 데이터 수집 및 분석

SASB 지표에 따라 ESG 성과를 정량화하고 이와 관련된 재무적 영향을 분석한다.

3단계: 보고서 작성 단계

수집된 데이터를 바탕으로 이해관계자와 투자자에게 제공할 보고서를 체계적으로 구성한다.

4단계: 지속적 평가 및 개선

보고 이후 기업은 ESG 성과를 주기적으로 재점검하고, SASB 기준에 따라 전략적 조정을 진행한다.

ESG 보고서 작성 전, SASB 공식 사이트 "sasb.org"에서 Materiality Finder로 산업별 중대 이슈를 분석하고, 정량 지표(PDF 기준)를 우선 정리한 뒤, GRI 등 타 기준과 비교해 멀티 Standard 기반의 보고서를 체계적으로 구성할 수 있다.

SASB는 ESG와 재무성과 간의 연계성을 강조하며, 전략 중심의 지속가능성 경영을 촉진하는 도구로 정립되고 있다. 기업은 이를 활용해 단기적인 수치 보고를 넘어, ESG 리스크와 기회를 통합적으로 관리하고 장기적 성장을 도모할 수 있다. 특히 미국 증권거래위원회(SEC)의 ESG 공시기준 강화 움직임과 맞물려, SASB는 북미 및 글로벌 금융 시장에서 중요한 기준으로 주목받고 있다.

다. ISSB의 지속가능성 보고서

2021년, IFRS 재단은 국제 자본시장에서 일관성 있는 지속가능성 공시 기준을 마련하기 위해 국제지속가능성기준위원회(ISSB, International Sustainability Standards Board)를 설립하였다.

ISSB는 ESG 이슈와 관련된 정보를 재무적 관점에서 공개할 수 있도록 글로벌 통합 기준을 제시하고 있으며, 그 핵심 목적은 투자자 중심의 의사결정을 지원하는 데 있다. 이는 기존의 다양한 ESG 공시 프레임워크에서 나타났던 중복과 혼선을 줄이고, 보다 신뢰도 높은 정보 전달을 가능하게 한다는 점에서 큰 의미를 지닌다.

1) 핵심 기준: IFRS S1과 S2

ISSB는 지속가능성 공시의 글로벌 기준을 마련하기 위해 IFRS S1과 S2 핵심 기준을 제정하였다.

IFRS S1(일반요구사항)

기업의 전반적인 지속가능성과 관련된 리스크와 기회를 포괄적으로 공시할 수 있도록 설계되어 있다. 이 기준은 ESG 요소 전반에 걸친 정보를 일관성 있게 제공함으로써, 투자자들이 기업의 장기적인 지속가능성을 평가하는 데 도움을 준다.

IFRS S2(기후관련공시)

기후변화에 초점을 맞춘 공시 기준이다. IFRS S2는 기존의 TCFD(Task Force on Climate-related Financial Disclosures) 권고안을 기반으로 하여, 기후 관련 리스크와 기회에 대한 보다 구체적이고 구조화된 공시를 요구한다. 주요 공시 항목에는 기후 리스크에 대한 시나리오 분석, 온실가스 배출량(Scope 1, 2, 3), 감축 목표와 이행 계획 등이 포함된다. 이 기준은 정량적 지표뿐만 아니라 정성적 정보까지 포함하는, 기후변화가 기업 재무에 미치는 영향을 명확하게 드러내는 데 중점을 둔다.

ISSB 홈페이지 "www.ifrs.org/issb/"에서는 IFRS S1·S2 기준서를 포함해 산업별 적용 가이드, 타 기준과의 비교자료, 글로벌 공시 동향 등 ESG 보고서 작성을 위한 실질적인 기준과 참고자료를 종합적으로 확인할 수 있다.

2) 보고 방식의 특징

ISSB의 보고 방식은 '단일 중요성(Single Materiality)' 원칙을 중심으로 구성되어 있다는 점에서 다른 ESG 공시 프레임워크와 구별된다. 이는 ESG 요소 중에서 기업의 재무적 성과에 실질적인 영향을 미치는 정보만을 중심으로 공시하도록 하는 접근 방식이다. 반면, GRI(Global Reporting Initiative)와 같은 프레임워크는 기업의 재무성과뿐만 아니라 이해관계자에게 중요한 비재무적 정보까지 포함하는 '이중 중요성(Double Materiality)' 원칙을 채택하고 있어, 공시의 범위와 해석에 차이를 보인다. 또한, ISSB는 보고 방식에 있어 유연성을 제공한다.

기업은 지속가능성 정보를 기존의 재무제표와 통합하여 공시할 수도 있고, 필요에 따라 별도의 지속가능성 보고서로 분리하여 작성할 수도 있다. 이러한 보고 방식은 기업의 내부 시스템이나 산업 특성에 따라 맞춤형 공시 전략을 수립할 수 있도록 돕는다.

3) 국제 연계성과 수용 현황

ISSB 기준은 국제적 정합성과 연계성을 강화하는 방향으로 빠르게 진화하고 있다. 특히 유럽연합의 CSRD(기업 지속가능성 보고 지침), 미국 증권거래위원회(SEC)의 기후 정보 공시 규정 등 주요 국가 및 지역의 ESG 정책과의 정책적 일관성을 확보해 나가고 있으며, GRI, SASB, TCFD, CDP 등 기존의 글로벌 프레임워크와도 표준 통합 및 상호 연계 작업이 활발히 진행되고 있다.

이러한 흐름에 발맞추어, 일부 국가에서는 2024년부터 ISSB 기준에 따른 보고를 의무화하거나, 자발적 채택이 가능하도록 법제화를 추진하고 있다. 이는 ISSB가 글로벌 지속가능성 공시의 중심축으로 확립되고 있음을 보여 주는 중요한 신호이며, 향후 ESG 공시의 국제표준으로서의 위상을 구축할 것으로 예상된다.

기업에게 ISSB 기준은 공시의 틀을 넘어선, 투자자의 신뢰를 확보하고 글로벌 시장에서 자본 조달의 유리한 조건을 마련하는 핵심적인 수단이 되고 있다. 특히 다국적 거래처나 글로벌 투자기관과의 관계에서, ISSB 기준에 부합하는 ESG 보고 역량은 실제 거래 조건에 직접적인 영향을 미칠 수 있기 때문에, 이 기준이 향후 지속가능성 보고의 국제표준으로 확고히 자리 잡을 가능성이 높다. 따라서 ISSB의 지속가능성 보고서는 ESG 정보를 재무 중심의 언어로 체계화하여 이해관계자에게 신뢰성과 비교 가능성을 제공함으로써, 기업의 전략적 경영과 지속가능성 강화에 핵심적인 역할을 하는 도구로 인식되어야 한다.

1.3 ESG 보고서를 위한 규제 요건

ESG 공시는 과거의 자발적인 정보 제공에서 벗어나, 이제는 법적 의무로 각국 정부와 국제기구는 관련 공시기준을 지속적으로 정비하고 있다. 이에 따라 기업들은 지속가능성 보고서를 작성할 때 관련 법적 요건을 철저히 반영해야 하며, 이를 소홀히 할 경우, 법적제재, 투자자 신뢰 하락, 자본 조달 비용 상승 등의 실질적 불이익을 초래할 수 있다.

가. 유럽연합(EU)의 CSRD

2022년 제정된 기업 지속가능성 보고 지침(CSRD, Corporate Sustainability Reporting Directive)은 기존의 비재무 정보공시 지침(NFRD)을 대체하며, ESG 공시를 대기업과 금융기관에 대해 의무화하였다. CSRD에 따라 기업들은 환경적·사회적·지배구조 측면에서의 리스크와 기회 분석, 지속가능성 전략, 성과지표 등을 보고해야 하며, 제3자 검증을 통해 정보의 신뢰성을 확보해야 한다. 또한 EU 택소노미에 부합하는 보고가 요구되며, EU 내 활동 기업뿐만 아니라 EU 시장에서 사업을 영위하는 비EU 기업에게도 적용되어 사실상 글로벌 규제로 기능하고 있다.

나. 미국 SEC의 기후공시 규정

미국은 증권거래위원회(SEC)를 중심으로 ESG 공시 의무화를 추진 중이다. 2022년 SEC는 기후변화 관련 정보공개를 골자로 한 규정을 제시하였고, 기업들에게 탄소배출량, 기후 리스크가 재무에 미치는 영향, 감축목표 및 전략 등을 보고서에 포함하도록 요구하고 있다. 명확한 기후 대응 전략이 부재할 경우, 투자자 보호 차원에서 법적제재가 가능하며, 이는 미국 내 상장기업뿐만 아니라 미국 자본시장에 접근하는 글로벌 기업들에도 영향을 미친다. 결과적으로, 미국의 ESG 공시 규정은 글로벌 기업 전반에 걸쳐 공시 부담을 확대시키고 있다.

다. 국제 기준: ISSB의 공시기준

국제회계기준(IFRS)재단 산하의 국제 지속가능성 기준위원회(ISSB, International Sustainability Standards Board)는 ESG 공시의 글로벌 표준화를 주도하고 있다. ISSB는 기존의 다양한 ESG 보고 프레임워크(GRI, SASB 등)를 통합하여 일관되고 비교 가능한 기준을 마련하고 있으며, 기후 전략, ESG 리스크 평가, 지속가능성 성과지표의 공개를 핵심 요소로 강조한다. 기업이 ISSB 기준에 따라 공시할 경우, 국제 투자자들로부터 높은 신뢰를 확보할 수 있어 글로벌 경쟁력 제고에 유리하게 작용한다.

라. 아시아 주요국의 규제 동향

아시아에서도 ESG 공시제도가 빠르게 확산되고 있다.

한국은 금융위원회와 금융감독원을 중심으로 2026년부터 단계적으로 ESG 공시를 의무화할 예정이며, 2030년부터는 모든 코스피 상장기업에 적용될 계획이다. 일본은 2023년부터 대기업을 중심으로 ESG 공시 강화 정책을 시행하고 있으며, 중국은 ESG 공시 가이드라인을 발표하고 지속가능성 보고서 작성을 장려하는 방향으로 제도를 설계하고 있다.

ESG 공시는 기업이 환경 및 사회적 리스크를 얼마나 효과적으로 관리하고 있는지를 입증하는 수단이며, 투명한 정보공개는 투자자와 이해관계자에게 신뢰를 제공하는 핵심 요인이 된다. 공시를 소홀히 할 경우, 법적 리스크뿐 아니라 장기적인 시장 경쟁력 저하로 이어질 수 있다. 이에 따라 기업은 ESG 공시 요구사항을 면밀히 분석하고, 글로벌 기준에 부합하는 지속가능성 보고서를 체계적으로 작성해야 한다. ESG 경영 컨설턴트 또한 변화하는 규제 환경에 민첩하게 대응하며, 기업이 효과적인 전략을 수립하고 실행할 수 있도록 실질적인 자문을 제공해야 한다.

2. 글로벌 표준 기반 ESG 보고서 작성 전략

ESG 공시는 이제 기업의 지속가능경영을 외부 이해관계자에게 투명하게 전달하는 핵심 수단으로 기능하고 있다. 특히 글로벌 투자자와 규제 당국의 기대 수준이 높아지면서, 국제적으로 통용되는 보고 기준을 바탕으로 ESG 보고서를 작성하는 것이 중요해지고 있다. 그러나 ESG 관련 공시기준은 국가별로 상이하고, 보고 프레임워크 또한 다양하게 존재하여 기업 입장에서는 혼란을 겪기 쉽다. 이에 따라 기업은 자사에 적합한 기준을 선택하고, 이를 일관되게 반영하는 전략적 접근이 필요하다.

대표적인 글로벌 ESG 보고 기준으로는 GRI, SASB, ISSB가 있다. 이들 프레임워크는 각각의 목적과 관점에 따라 ESG 정보의 공개 방식과 강조하는 요소가 다르다. 이러한 기준들은 상호보완적으로 활용될 수 있으며, 단일 프레임워크에 의존하기보다는 기업의 산업 특성, 주요 이해관계자, 공시 목적에 따라 복합적으로 적용하는 것이 바람직하다.

ESG 보고서의 목적은 기업이 진정성 있게 지속가능성을 추구하고 있는지를 외부 이해관계자에게 설득력 있게 보여 주는 데 있다. 이를 위해 ESG 데이터의 수집부터 공시까지 전 과정에 걸쳐 체계적인 관리가 이루어져야 하며, 공시 기준의 적절한 적용과 보고서의 완성도는 투자자 신뢰, 브랜드 가치 그리고 규제 대응 역량을 결정짓는 핵심 요소가 된다.

2.1 지속가능성경영보고서 작성 프로세스

보고서 작성은 네 가지 주요 단계로 구성되며, 각 단계는 명확한 목적과 실행 프로세스를 포함한다.

단계	설명
보고 목표 및 범위 설정	기업이 지속가능성 보고서의 핵심 메시지와 보고 기준(GRI, SASB, TCFD 등)을 결정하고, ESG 주요 요소의 우선순위를 정하는 단계
데이터 수집 및 분석	부서에서 환경, 사회, 지배구조(ESG) 관련 데이터를 수집하고 분석하여, 공시 기준과 비교하여 개선해야 할 부분을 파악하는 과정
보고서 작성 및 검증	수집된 데이터를 바탕으로 지속가능성 보고서를 작성하고, 제3자 검증을 통해 신뢰성과 투명성을 확보하는 단계
보고서 공개 및 커뮤니케이션	보고서를 웹사이트, 투자자 브리핑, ESG 컨퍼런스 등을 통해 배포하고, 지속적인 업데이트 및 이해관계자 피드백을 반영하는 과정

1단계: 보고 목표 및 범위 설정

기업은 어떤 이해관계자에게 어떤 메시지를 전달할 것인지, 그리고 보고 범위를 어디까지 설정할 것인지에 대한 전략적 판단이 필요하다. 이를 위해 GRI, SASB, ISSB 등 국제적으로 통용되는 보고 기준을 검토하고, 자사의 업종, 경영 철학, 주요 ESG 이슈에 따라 적합한 기준을 선정해야 한다. 이 과정에서 중요성 평가(Materiality Assessment)를 통해 ESG 항목별 우선순위를 도출하는 것이 효과적이다.

2단계: 데이터 수집 및 분석

정확한 보고를 위해서는 전사적인 ESG 관련 데이터 수집 체계를 구축해야 한다. 환경 분야에서는 탄소배출, 에너지 사용, 자원 절감 등의 정량 데이터를 수집하고, 사회 분야에서는 직원 복지, 고용 다양성, 인권 정책 등의 정성적 지표를 점검한다. 지배구조 측면에서는 이사회 구성, 윤리 강령, 내부 통제 시스템 등을 분석해야 한다. 이 데이터들은 글로벌 기준과의 정합성을 고려해 분석되어야 하며, 실질적인 성과 개선에 연결될 수 있도록 설계되어야 한다. 또한, 데이터 신뢰도를 높이기 위해 제3자 기관의 검증을 받는 경우도 점차 확대되고 있다.

3단계: 보고서 작성 및 검증

보고서는 수집된 데이터를 바탕으로 ESG 전략과 성과를 구조화하여 작성한다. 일반적으로 CEO 메시지, 기업의 비전 및 지속가능성 전략, 핵심 ESG 성과지표, 이해관계자 참여 사례, 미래 목표 등이 포함된다. 각 섹션은 선택한 프레임워크의 기준에 맞춰 구성되며, 정보의 일관성과 비교 가능성을 확보해야 한다. 특히, GRI는 이해관계자 관점을 반영한 전반적 공시를 요구하고, SASB는 산업별 재무적 중요성을 강조하며, IFRS S2는 기후 리스크에 대한 시나리오 기반 분석을 요구한다. 보고서의 신뢰성을 높이기 위해서는 독립적인 외부 검증 기관을 통한 인증 절차를 거치는 것이 일반적이며, 이는 기업의 투명성과 책임성을 입증하는 중요한 수단이 된다.

4단계: 공개 및 커뮤니케이션

작성된 보고서는 다양한 이해관계자에게 전달되어야 하며, 적극적인 커뮤니케이션 전략이 요구된다. 기업 웹사이트, 연차보고서, 주주총회, 미디어 브리핑, ESG 전용 플랫폼 등 다양한 채널을 통해 배포하며, 최근에는 디지털 기반의 ESG 리포팅이 확산되면서 실시간 정보 제공과 상호작용 기능을 갖춘 플랫폼 활용이 증가하고 있다. 지속적으로 ESG 성과를 업데이트하고, 이해관계자의 피드백을 반영하는 순환적 구조를 만드는 것이 중요하다. 이는 단기적인 성과 공개를 넘어 기업의 지속가능성 경영체계를 내재화하는 데 기여한다.

2.2 고품질 지속가능성 보고서 구성법

고품질의 지속가능성 보고서는 기업의 지속가능성 전략과 ESG 경영의 핵심 가치가 어떻게 실현되고 있는지를 명확하고 투명하게 전달하는 데 목적이 있다. 이를 위해서는 보고의 목적 설정에서부터 정보 구성, 데이터 신뢰성 확보, 독자 중심의 설계에 이르기까지 여러 요소를 유기적으로 고려해야 한다.

가. 명확한 목표와 기준 기반의 구성

보고서를 체계적으로 구성하기 위해서는 먼저 보고의 목적과 핵심 메시지를 명확히 설정해야 한다. 기업의 산업군, ESG 전략, 주요 이해관계자 요구에 따라 강조점은 달라질 수 있으며, 이에 따라 적절한 공시 프레임워크를 선택하는 것이 중요하다.

국제적으로는 활용되고 있는 각 기준은 보고서의 초점과 구조에 영향을 미친다. GRI는 이해관계자 기반의 폭넓은 공시를 지향하며, SASB는 산업별 재무적 중요성과 연결된 ESG 이슈에 중점을 둔다. IFRS S2는 기후변화 관련 재무 리스크와 기회에 대한 공시를 요구하고, ISSB는 기존의 다양한 ESG 공시 기준을 통합하여 국제적 비교 가능성을 높이는 데 기여한다. 기업은 자사의 경영 여건과 이해관계자의 정보 수요를 고려하여 이들 기준을 조합하거나 병행해 활용할 수 있다.

나. ESG 데이터의 신뢰성과 구조화

고품질 보고서를 구성하는 핵심 요소는 신뢰할 수 있는 데이터이다. ESG 데이터는 정량적 지표(온실가스 배출량, 재생에너지 사용 비율 등)와 정성적 설명(ESG 전략,

윤리경영 방침 등)으로 구분되며, 이들이 유기적으로 연결되어야 보고서의 신뢰성과 설득력이 확보된다. 특히 시계열 데이터를 통해 ESG 성과의 추이를 보여 주는 것은 보고서의 일관성을 높이고, 지속적 개선 노력을 입증하는 데 효과적이다.

데이터의 정확성과 객관성을 보장하기 위해 외부 검증 절차도 필수적으로 고려해야 한다. 제3자 검증을 통해 ESG 데이터의 신뢰성을 입증하면, 보고서를 읽는 투자자나 규제 기관의 신뢰를 쉽게 얻을 수 있으며, 이는 장기적으로 기업의 평판 및 투자 유치에도 긍정적인 영향을 미친다.

다. 이해관계자 중심 정보 제공

다양한 이해관계자를 대상으로 작성되는 만큼, 수용자 중심의 구성과 메시지 설계가 중요하다. 투자자를 주요 독자로 삼을 경우, ESG 정보가 재무적 성과나 리스크관리와 어떻게 연결되는지를 강조해야 하며, 소비자를 겨냥할 경우, 친환경 제품 개발, 지역사회 공헌, 공정 무역 활동 등 사회적 가치 창출 노력에 무게를 두는 것이 효과적이다. 또한, 규제 기관을 위한 보고서라면 관련 법적 기준을 충실히 반영한 공시 내용이 필요하다.

보고서 작성 초기부터 주요 이해관계자와의 커뮤니케이션을 통해 정보 수요를 파악하고, 이를 바탕으로 보고 항목을 구성하는 것이 바람직하다. 이는 ESG 정보의 수용성과 보고서 활용도를 높이는 데 도움이 된다.

라. ESG 리스크 및 기회에 대한 서술

보고서에서 ESG 리스크와 기회를 어떻게 제시하는지는 기업의 전략적 사고와 리더십을 보여 주는 핵심 포인트다. 환경 리스크의 경우, 탄소규제 강화나 이상기후로 인한 사업 차질 가능성을 진단하고, 이에 대응하는 감축 전략이나 기술 투자 계획을 설명해야 한다. 사회적 리스크는 인권, 노동, 다양성과 관련된 리스크를 포함하며, 관련 정책 및 관리체계를 함께 제시해야 한다. 지배구조 리스크는 윤리 위반, 이사회 운영의 투명성 부족, 내부 통제 미흡 등과 연결되며, 이를 예방·관리하는 절차와 제도를 보고서에 포함해야 한다.

동시에 ESG 관련 기회 요소도 함께 조명함으로써, 기업이 리스크를 넘어 어떻게 지속 가능한 성장을 도모하고 있는지 설득력 있게 전달할 수 있다.

마. 가독성과 접근성 중심의 보고서 설계

보고서의 형식적 완성도 또한 내용만큼 중요하다. ESG 보고서는 다양한 배경을 가진 이해관계자들이 이해하기 쉬워야 하므로, 텍스트와 시각 자료의 균형이 중요하다. 핵심 성과지표는 그래프나 인포그래픽으로 시각화하고, 복잡한 수치는 비교표나 연도별 변화로 직관적으로 제시해야 한다.

ESG 성과를 전략적 맥락 속에서 연결된 스토리로 구성하는 것이 효과적이다. 또한, 디지털화된 보고 방식을 도입하면 정보의 접근성과 활용도를 높일 수 있다. 기업 웹사이트 또는 ESG 전용 플랫폼을 통해 보고서를 인터랙티브하게 제공하고, 검색 기능이나 필터링, 시뮬레이션 도구 등을 포함시키는 방식은 특히 젊은 투자자와 전문가 집단에게 긍정적인 반응을 이끌 수 있다.

고품질 지속가능성 보고서는 ESG 활동을 설명하는 문서가 아니라, 기업이 지속 가능한 경영을 어떻게 실현하고 있는지를 입증하는 전략적 커뮤니케이션 도구이다.

2.3 ESG 보고서의 핵심 구성 요소 이해

ESG 보고서는 기업의 지속가능경영 수준을 파악할 수 있는 가장 중요한 공식 문서이며, 이를 정확히 해석하기 위해서는 각 구성 요소의 의미와 역할을 명확히 이해하는 것이 필수적이다. 보고서의 구조는 정보의 나열이 아니라, 기업이 ESG를 어떤 철학과 전략으로 실천하고 있는지를 드러내는 설계도이기 때문이다.

- 기업 개요 및 지속가능성 전략

이 항목은 기업이 ESG를 바라보는 비전과 철학, 그리고 이를 경영에 어떻게 통합하고 실행하고 있는지를 보여준다. 예컨대 '2050 탄소중립 목표', '윤리적 공급망 운영', '다양성과 포용 전략' 등이 명시되며, ESG 전략이 단순한 마케팅이 아닌 경영 원칙으로 작동하고 있는지 여부를 평가할 수 있는 핵심 항목이다.

- ESG 성과지표(KPI)

성과지표는 ESG 목표 달성 수준을 정량적 데이터로 보여 주는 핵심 기준이다. 환경(E) 탄소 배출량, 에너지 소비, 재활용률 등, 사회(S) 근로자 다양성, 노동권 보호, 지역사회 기여도 등, 지배구조(G) 이사회 구성 비율, 반부패 정책, 내부고발 시스템 등 성과지표는 연도별 비교가 가능하도록 구성되어야 하며, 이를 통해 기업의 지속가능성 향상 추이와 실행력을 객관적으로 분석할 수 있다.

- ESG 리스크 및 기회 분석

이 항목은 기업이 직면한 환경·사회·규제 리스크를 어떻게 인식하고 대응하고 있는지를 보여 준다. 동시에 친환경 제품 개발, ESG 투자 유치 등 전략적 기회 요소도 함께 분석하여, ESG가 단순 대응이 아닌 미래 경쟁우위를 위한 전략인지를 평가할 수 있다.

- ESG 거버넌스 및 관리 체계

ESG 실행의 실질적 추진력을 설명하는 항목으로 ESG 위원회 구성, 경영진 평가에 ESG 목표 반영, 전사적 실행 시스템 운영 등 구체적인 조직 운영 체계와 책임 구조가 담긴다. 특히 ESG 전략과 기업 전체 전략 간의 연계성이 명확히 설명되어야, ESG가 외부 요구가 아닌 내재화된 전략 요소임을 입증할 수 있다.

• 이해관계자 소통 및 공시 전략

기업이 ESG 정보를 투자자, 고객, 직원, NGO 등 다양한 이해관계자에게 어떻게 전달하고 소통하는지를 보여 주는 항목이다.

국제 보고 기준(GRI, SASB, ISSB 등) 준수 여부, 정보의 정기적 갱신 주기, 제3자 검증 수행 여부 등이 핵심 체크 포인트이며, 이는 기업의 정보 신뢰성과 투명성 수준을 판단하는 데 중요하다.

이처럼 ESG 보고서의 구성 요소를 체계적으로 이해하면, 수치나 슬로건이 아닌 기업의 진정한 지속가능경영 수준을 객관적으로 분석할 수 있다. 독자는 보고서의 형식 너머에 담긴 전략적 의도와 실행력을 읽어낼 수 있어야 하며, 이는 ESG 평가, 투자 판단, 리스크 분석의 출발점이 된다.

3. ESG 보고서의 신뢰 구조

3.1 신뢰성 확보를 위한 외부 검증

지속가능성 보고서의 신뢰성을 확보하기 위해서는 독립적인 외부 검증(Third-Party Assurance) 절차를 반드시 수반해야 한다. ESG 정보는 기업의 책임경영 수준을 나타내는 지표로 활용되며, 정확성·투명성·객관성은 평가 기준이 된다. 그러나 기업이 자율적으로 데이터를 수집하고 보고할 경우, 이해관계자는 해당 정보의 신뢰성에 의문을 가질 수 있으며, 이는 ESG 성과가 우수하더라도 시장에서는 저평가되는 결과를 초래할 수 있다.

가. 객관성과 공신력 확보를 위한 전략적 절차

1) 외부 검증의 개념과 필요성

외부 검증은 기업이 보고한 ESG 정보가 사실에 기반하고 왜곡 없이 관리되었는지를 제3자 기관이 독립적으로 평가하는 절차이다. ESG 정보의 공신력을 확보하고 이해관계자의 신뢰를 얻기 위해 필수적인 단계이며, ESG 경영이 보여주기식이 아닌 실질적 전략으로 기능하도록 돕는다.

2) 검증기관의 유형과 선택 기준

검증기관에는 글로벌 회계법인(PwC, Deloitte, EY, KPMG), 전문 검증기관(Bureau Veritas, SGS, DNV), ESG 표준 관련 인증기관(GRI, CDP, ISSB 등)이 있다. 기업은 업종 적합성과 기준 이해도, 전문성과 독립성 등을 기준으로 검증 파트너를 선정해야 하며, 검증기관의 신뢰도는 기업 보고서의 신뢰 수준과 직결된다.

3) ESG 워싱 방지와 검증의 역할

사회 전반에서 ESG 워싱(Greenwashing)에 대한 경계가 높아짐에 따라, ESG 정보의 과장 또는 오용을 방지하기 위한 신뢰 기반의 검증 시스템 구축이 중요해지고 있다. 검증기관은 온실가스 배출량, 에너지 사용, 노동권 이행 등 핵심 성과지표 중심으로 실적의 진위를 평가하며, 보고 수치가 GRI, SASB, ISSB 등 국제 기준에 부합하는지를 교차 검증한다.

나. 글로벌 공시 기준과 내부 개선의 접점

1) ESG 공시 규제와 외부 검증의 연계

EU의 CSRD(지속가능성보고지침)는 ESG 데이터에 대한 외부 검증을 법적 의무로 규정하고 있으며, 미국 SEC도 기후 관련 정보에 대한 검증 기준 도입을 추진 중이다. 이러한 규제 강화 흐름은 ESG 검증을 선택이 아닌 기업 생존 전략의 일부로 만들고 있다.

2) 검증 과정에서의 점검 항목

외부 검증은 단순 수치 확인을 넘어, ESG 데이터의 수집 정확성, 보고 프로세스의 일관성, 성과 모니터링 체계등을 전반적으로 점검한다. 이를 통해 기업 내부의 ESG 관리체계의 미비점이 드러나며, 전략적 보완의 기회로 작용할 수 있다.

3) 검증 기반의 컨설팅과 전략 개선

일부 검증기관은 단순 평가를 넘어 보고서 품질 개선 및 ESG 전략 보완에 대한 컨설팅 서비스를 병행하고 있다. 이는 기업이 단기적 신뢰성을 넘어서, 장기적으로 지속가능성과 기업가치를 통합적으로 구축하는 데 도움이 된다.

4) ESG 리더십의 전략적 자산화

외부 검증은 단지 공시 기준을 충족하기 위한 절차가 아니라, ESG 보고의 신뢰성과 시장 수용성을 동시에 강화하는 전략적 도구다. 검증된 정보는 투자자·고객·정부 등 이해관계자와의 관계 형성에서 결정적인 설득력을 가지며, 기업은 이를 통해 ESG 리더십을 공고히 할 수 있다.

다. 제한적 보증과 합리적 보증

ESG 정보의 검증은 보증 수준에 따라 두 가지 방식으로 구분된다.

1) 제한적 보증(Limited Assurance)

ESG 데이터의 일부를 표본으로 추출하여 검토하는 방식으로, 비교적 간소한 절차를 기반으로 한다. 이는 시간과 비용 부담이 적지만, 보증의 신뢰 수준도 상대적으로 낮다. 주로 초기 ESG 공시나 내부 참고용 보고서에 활용된다.

2) 합리적 보증(Reasonable Assurance)

재무감사에 준하는 수준의 엄격한 검토 절차를 통해, ESG 정보의 전반적 정확성과 신뢰성을 확보하는 방식이다. 검토 범위와 심층성 면에서 더 철저하며, 그만큼 신뢰도 높다. 최근에는 글로벌 규제와 기관투자자들이 합리적 보증을 요구하는 사례가 늘어나고 있으며, 이는 ESG 정보의 공신력 확보와 투자 판단의 핵심 기준으로 작용하고 있다.

기업은 ESG 공시의 목적과 이해관계자의 요구 수준에 따라 적절한 보증 방식을 선택해야 하며, 점차적으로 합리적 보증 체계로의 전환이 요구되는 흐름에 주목할 필요가 있다.

검증 결과는 ESG 보고서에 공식적으로 첨부될 수 있으며, 이는 기업의 지속가능성 성과가 제3자에 의해 객관적으로 평가되었음을 나타내는 증빙자료가 된다. 이는 ESG 평가기관(MSCI, S&P Global, Sustainalytics 등) 및 글로벌 지속가능성 지수(DJSI 등) 편입에 긍정적인 영향을 미치고, ESG 채권 발행 시에도 공신력 있는 데이터로 활용될 수 있다.

3.2 데이터 신뢰성과 비교가능성 검토

ESG 보고서의 가치를 판단하는 핵심 요소 중 하나는 데이터의 신뢰성이다. ESG 보고에 포함된 정보는 기업의 지속가능성 성과를 정량적·정성적으로 평가할 수 있는 기반이 되며, 이해관계자들이 기업의 책임 이행 수준을 객관적으로 판단하는 중요한 자료로 활용된다.

가. 신뢰성과 비교 가능성 확보를 위한 전략적 검토
1) ESG 보고의 가치를 결정하는 핵심, 데이터 신뢰성

ESG 보고서가 진정한 전략 문서로 기능하기 위해서는, 보고된 정보의 정확성·투명성·객관성이 뒷받침되어야 한다. 기업의 지속가능성 성과는 대부분 데이터에 기반하여 평가되며, 투자자와 이해관계자를 비롯한 다양한 외부 집단은 ESG 데이터를 통해 기업의 책임 이행 수준을 판단한다. 이때 데이터가 부정확하거나 과장될 경우, 기업은 책임경영의 신뢰 기반을 잃고, 장기적으로 평판과 가치 모두에 손상을 입을 수 있다.

2) 신뢰할 수 있는 ESG 데이터 확보 전략

데이터 신뢰성을 확보하기 위해서는 다음 세 가지 요소가 필수적이다.
① 정교한 수집 체계: ESG 데이터는 환경, 사회, 지배구조 각 영역별로 여러 부서에서 분산되어 생성된다. 따라서 체계적인 내부 통제와 데이터 정합성 검증 절차를 갖춘 통합 관리 시스템이 필요하다.
② 외부 검증과 이중 점검: 외부 제삼자 검증을 통해 데이터의 객관성과 정확성을 확보함으로써, 보고서의 공신력을 높일 수 있다.
③ 표준화된 기준 준수: GRI, SASB, ISSB 등 국제 공시 기준을 준수하여, 글로벌 시장에서도 비교 가능하고 통용될 수 있는 데이터를 생산해야 한다. 정보가 정

확하고 일관되게 관리되지 않으면, ESG 성과 해석에 오류가 발생하고, 대외 신뢰도 역시 저하될 수밖에 없다.

3) 비교 가능성

ESG 보고의 연속성과 신뢰를 잇는 고리 ESG는 단기 수치보다도 중장기 개선 흐름과 실행 경향을 보여 주는 것이 중요하다. 이를 위해서는 보고된 데이터가 연도별로 일관된 지표와 산정 방식에 따라 관리되고, 비교 가능하게 제시되어야 한다.
① 동일 지표, 동일 산정 방식 유지
② 보고 범위(Scope), 기준(기술적 정의), 단위 등의 연속성 유지
③ 변경이 불가피한 경우, 변경 사유 및 영향 분석 내용을 명확히 공시

이러한 조치는 보고서의 투명성뿐만 아니라 ESG 성과의 신뢰 있는 해석과 평가를 가능하게 한다.

4) ESG 보고서 품질 제고의 방향 정량지표

ESG 성과를 수치화해 보여 주는 수단이며, 정성적 설명은 그 수치의 맥락과 전략적 의미를 해석해 주는 장치다. 이 두 요소가 신뢰할 수 있는 데이터 기반 위에 구축될 때, ESG 보고서는 전략적 가치 창출 도구로 기능할 수 있다. 궁극적으로 기업은 내부 데이터 관리 역량 강화와 외부 검증 연계, 그리고 지속 가능한 데이터 거버넌스 체계 확립을 통해 ESG 보고의 품질을 한층 더 끌어올려야 한다.

나. ESG 정보의 정합성과 기준화

ESG 보고서의 신뢰성과 비교 가능성을 높이기 위해서는 국제적으로 통용되는 보고 기준의 준수가 반드시 필요하다. 기업이 자체적으로 구성한 데이터 구조는 특정 기간이나 특정 조직에는 유효할 수 있지만, 외부 이해관계자에게는 신뢰성·일관성·객

관성 측면에서 설득력을 확보하기 어렵다. 따라서 공통된 기준에 따라 데이터를 수집·분석·보고하는 기준화 작업이 ESG 보고의 출발점이 되어야 한다.

- GRI(Global Reporting Initiative): 산업과 무관하게 적용 가능한 포괄적 ESG 공시 가이드라인을 제공하며, 이해관계자의 관심 이슈 중심으로 기업의 지속가능 활동을 정성·정량적으로 설명하도록 요구한다.

- SASB(Sustainability Accounting Standards Board): 산업별로 재무적으로 중요한 ESG 이슈를 식별하여, 보다 실용적이고 구체적인 공시 기준을 제시한다. 특히 투자자 관점에서 ESG 데이터를 해석할 수 있도록 정렬된 보고 구조를 제공한다.

- ISSB(International Sustainability Standards Board): IFRS S1(지속가능성 전반)과 IFRS S2(기후 정보 공시) 기준을 중심으로 재무적 연결성과 ESG 정보의 통합 공시를 강조한다.

이러한 국제 기준을 도입하면, 기업은 ESG 데이터를 보다 체계적이고 일관되게 구조화할 수 있으며, 국내외 투자자, 기관, NGO 등 다양한 이해관계자들에게 정보의 신뢰성을 입증할 수 있다.

다. 문제점 공개와 개선계획

ESG 정보의 신뢰성을 높이는 또 하나의 중요한 요소는 성과 미달 항목이나 문제점에 대한 투명한 공개다. 기업은 긍정적인 지표만을 강조하기보다는, 부족한 영역과 그 원인을 명확히 밝히고, 향후 개선계획을 함께 제시하는 태도를 견지해야 한다. 이는 ESG 공시의 윤리성과 진정성을 판단하는 핵심 기준이기도 하다.

투자자, 고객, 지역사회, NGO 등 다양한 이해관계자들은 보고된 정보의 완전성을 바탕으로 기업의 책임 이행 수준을 판단한다. 기업이 문제를 숨기기보다는 이를 인정하고 성과 개선을 위한 구체적 계획을 함께 제시할 때, 이해관계자는 이를 지속가능성을 위한 진정성 있는 노력으로 인식하게 된다. 이러한 자세는 단기적 이미지 제고보다 장기적인 신뢰 구축과 브랜드 가치 향상에 실질적인 영향을 미친다.

3.3 ESG 리스크 및 기회 요소 분석

ESG 리스크와 기회 요소의 분석은 지속가능성 보고서의 핵심항목으로, 기업의 전략적 사고와 실행력을 평가하는 기준이 된다.

리스크 분석은 기후변화, 규제, 공급망 등 지속가능성에 위협이 될 수 있는 요소를 식별하고 대응 방안을 마련하는 과정이며, 기회 분석은 친환경 기술, 윤리적 경영 등을 통해 ESG를 기업의 경쟁력과 성장 기회로 전환하는 전략이다. 이를 통해 기업은 리스크 대응을 넘어 지속 가능한 미래를 설계하는 주체로서의 역량을 입증할 수 있다.

가. ESG 리스크 분석

ESG 각 영역의 리스크는 서로 분리되어 작동하지 않고, 상호 연결되어 복합적인 영향을 미치며 기업의 지속 가능성을 저해한다.

따라서 기업은 환경·사회·지배구조 전반에 걸친 통합적 리스크 관리체계를 수립하고, 이를 기반으로 전략을 수립·실행할 필요가 있다.

1) 환경적 리스크(Environmental Risks)

기후변화, 자원 고갈, 오염 등으로 인해 기업의 경영 활동과 재무 성과에 직접적인 영향을 미치는 위험 요소다.

- 기후 물리적 리스크: 이상기후, 해수면 상승, 홍수, 폭염 등으로 이한 생산 중단,

물리적 손실
- 이행리스크: 탄소세, 배출권 거래제, 규제 강화 등으로 인한 비용 증가, 사업 구조 변화 부담
- 자원리스크: 수자원 고갈, 에너지 비용 상승, 공급망 차질 등 자원의 불안정성 수자원 고갈, 에너지 비용 상승, 공급망 차질 등 자원의 불안정성
- 환경오염·배출 리스크: 폐기물 처리 미흡, 수질·대기오염 등으로 인한 법적 제재 및 평판손상

2) 사회적 리스크(Social Risks)

기업이 이해관계자와 맺는 관계에서 발생하는 윤리적, 법적, 평판상의 리스크를 포함한다.

- 노동 및 인권 리스크: 아동노동, 강제노동, 장시간 근무, 차별 등으로 인한 법적·윤리적 책임
- 공급망 리스크: 하청업체의 인권침해, 안전사고, 사회적 분쟁 등으로 인한 연대 책임 발생
- 고객·소비자 리스크: 개인정보 유출, 제품 안전 문제, 소비자 불만 등으로 인한 신뢰 저하
- 지역사회 리스크: 지역사회와의 갈등, 환경 민원, 사회공헌 부족 등으로 인한 기업 이미지 훼손

3) 지배구조적 리스크(Governance Risks)

기업의 의사결정 체계와 내부통제의 취약성에서 비롯되며, 기업 전체의 신뢰성과 지속가능성을 위협한다.

- 이사회 구성의 불균형: 독립성 부족, 다양성 결여, 전문성 미비 등으로 인한 감시 기능 약화

- 내부통제 미흡: 부패, 내부자 거래, 회계 부정 등의 발생 가능성 증가
- 정보 비공개 또는 왜곡: ESG 공시의 불투명성, 정보 은폐 등으로 인한 법적제재 및 투자자 불신
- 이해 상충 및 부패 리스크: 경영진의 사익 추구, 불공정 계약, 윤리 위반 등으로 조직 신뢰도 하락

이와 같은 리스크를 산업별로 진단하고, 사전 예방형 대응 전략을 설계함으로써 기업의 장기 경쟁력을 확보해야 한다.

나. ESG 기회 요소 분석

ESG는 기업의 미래 성장을 위한 기회 발굴의 구조로 작동하고 있다.

환경은 친환경 시장 확대, 사회는 신뢰 기반의 브랜드 강화, 지배구조는 투자 유치와 투명성 제고라는 관점에서 각각 새로운 가치를 창출할 수 있다.

1) 환경적 기회 요소(Environmental Opportunities)

기후변화와 자원 고갈 등의 환경 문제는 리스크이자, 동시에 혁신과 성장을 위한 새로운 기회를 제공한다.

- 친환경 제품·서비스: 개발전기차, 재생에너지, 탄소포집기술(CCUS), 그린 건축 등 수요 확대에 따른 시장창출
- 에너지 효율성 개선: 고효율 설비 도입, 스마트 팩토리 전환 등을 통한 비용 절감 및 경쟁력 강화
- 기후금융·탄소배출권 시장 진입: 녹색채권 발행, 탄소배출권 거래 등 ESG 관련 신규 금융시장 진출 기회
- 순환경제 전환재사용·재활용 중심: 비즈니스 모델 도입을 통한 지속 가능한 비즈니스 구조 확립

2) 사회적 기회 요소(Social Opportunities)

사회적 책임과 이해관계자 배려는 비용이 아니라 브랜드 가치와 고객 충성도를 높이는 전략적 요소로 작용한다.

- 포용적 인재 전략: 다양성과 포용(D&I)을 강화함으로써 창의성과 혁신 역량 확대
- 윤리적 공급망 구축: 사회적 기준을 충족하는 공급망을 통해 브랜드 신뢰도와 글로벌 수출 기회 증가
- 고객 중심 가치 실현: 제품 안전, 개인정보 보호, 공정 마케팅 등으로 고객 충성도 제고
- 지역사회와의 상생: 지역사회 공헌과 협력을 통해 사업 지속성과 사회적 신뢰 확보

3) 지배구조적 기회 요소(Governance Opportunities)

투명하고 책임 있는 경영 체계는 투자 유치, 평판 강화, 위기 대응 역량 제고 측면에서 기업 가치를 장기적으로 높이는 기반이 된다.

- 이사회 다양성과 전문성 강화: 다양한 관점과 전문성의 결합을 통한 전략적 의사결정 역량 향상
- 윤리경영 체계 확립: 부패 리스크 감소와 함께 글로벌 투자자 및 소비자의 신뢰 확보
- ESG 정보의 투명한 공시: 자본시장 접근성 향상 및 지속가능 투자 유치 가능성 증가
- 내부통제 강화: 리스크 예방과 위기 대응 체계의 선진화로 조직 안정성 확보

이러한 기회를 산업별 맥락에서 해석하고, 실행 가능한 전략으로 연결함으로써 기업이 지속가능성과 수익성을 동시에 확보할 수 있어야 한다.